国家治理·依法治国·政治安全

主　编　郑　慧
副主编　张向东

中国社会科学出版社

图书在版编目(CIP)数据

国家治理·依法治国·政治安全 / 郑慧主编 . —北京：中国社会科学出版社，2015.12
ISBN 978 - 7 - 5161 - 7400 - 5

Ⅰ.①国… Ⅱ.①郑… Ⅲ.①社会主义法制—建设—研究—中国②国家安全—研究—中国　Ⅳ.①D920.0②D631

中国版本图书馆 CIP 数据核字(2015)第 313141 号

出 版 人	赵剑英
责任编辑	周晓慧
责任校对	无　介
责任印制	戴　宽

出　版	中国社会科学出版社
社　址	北京鼓楼西大街甲 158 号
邮　编	100720
网　址	http://www.csspw.cn
发 行 部	010 - 84083685
门 市 部	010 - 84029450
经　销	新华书店及其他书店
印　刷	北京明恒达印务有限公司
装　订	廊坊市广阳区广增装订厂
版　次	2015 年 12 月第 1 版
印　次	2015 年 12 月第 1 次印刷
开　本	710×1000　1/16
印　张	25
插　页	2
字　数	412 千字
定　价	92.00 元

凡购买中国社会科学出版社图书，如有质量问题请与本社营销中心联系调换
电话：010 - 84083683
版权所有　侵权必究

目　录

第一编　国家治理

推进国家治理体系和治理能力的现代化 …………………………… (3)
试论国家治理体系和国家治理能力现代化 …………………………… (15)
培育与践行社会主义核心价值体系，推进国家治理现代化 ………… (27)
国家治理体系现代化是全面深化改革的必然要求 …………………… (38)
改革创新体制机制，推进国家治理体系与治理能力现代化 ………… (44)
以完善和发展制度推进国家治理体系和治理能力现代化 …………… (49)
政治体制改革对推进国家治理体系和治理能力现代化的意义 ……… (56)
"国家治理体系和治理能力现代化"的世界政治意义 ………………… (60)
科学认识国家治理现代化问题的几点方法论思考 …………………… (66)
国家现代治理中的三个结构性主题 …………………………………… (72)
浅议中国特色社会主义国家治理现代化的两大主体因素
　　——一个基于当代中国公民理性与政府善治的问题分析 ……… (80)
论国家治理体系现代化的公共性价值诉求 …………………………… (91)
论国家治理体系现代化与治理能力现代化的相互促进 ……………… (106)
制度自信与推进国家治理体系和治理能力现代化 …………………… (113)
增强国家治理体系改革的战略定力 …………………………………… (119)

第二编　依法治国

论法治对国家治理体系和治理能力的意义与价值 …………………… (129)

开启社会主义民主和法治新时代
　　——法治中国建设的当代政治价值 …………………… (138)
国家治理体系与治理能力法治化的理论探析 ……………… (148)
依法治国的蓝图　法治中国的福音
　　——学习十八届四中全会精神 ………………………… (158)
法治建设与国家治理体系和治理能力现代化 ……………… (174)
国家治理的现代化与法治化 ………………………………… (181)
推动国家治理体系与治理能力现代化的法治途径 ………… (192)
法治政府的能力建构与优化策略 …………………………… (202)
以权力法治化推进地方政府治理现代化 …………………… (212)
在法治轨道上推进国家治理体系和治理能力现代化 ……… (215)
中国共产党在国家治理体系中的角色扮演与法律定位 …… (224)
国家治理与法治建设的逻辑
　　——"国家治理与法治建设学术研讨会"综述 ………… (237)

第三编　政治安全

政治安全：安全和国家安全研究议程的新拓展 …………… (245)
现代化进程中政治制度安全的多重内涵 …………………… (261)
新时期中国国家政治安全面临的挑战及其应对 …………… (281)
论政治安全的微观基础与制度逻辑 ………………………… (295)
系统理论视角下政治安全的内涵和特征分析 ……………… (305)
重要战略机遇期共识的凝聚与政治秩序 …………………… (317)
网络边疆的治理
　　——信息化时代维护国家政治安全的新场域 ………… (332)
网络信息技术发展与意识形态安全 ………………………… (347)
国家治理现代化视域下政治安全的内在机理与实现途径 … (359)
政治传播视域下的国内政治安全维护 ……………………… (374)
在国家治理的制度化和法制化中实现政治安全 …………… (391)

第一编　国家治理

推进国家治理体系和治理能力的现代化

郑 言 李 猛*

中共十八届三中全会决议明确提出:"全面深化改革的总目标是完善和发展中国特色社会主义制度,推进国家治理体系和治理能力现代化。"①"国家治理"作为中国共产党执政的新型理念,在未来中国政治和社会发展过程中将发挥独特的作用,正因为如此,有必要对此进行理论上的进一步论证。

一 推进国家治理体系与国家治理能力现代化的必要性

从人类社会的发展进程看,为了缓和日益复杂的社会事务与相对集中的公共权力之间的矛盾,从20世纪80年代开始,世界上许多国家和地区开始尝试重新配置公共权力,试图通过向社会组织、私营部门等开放权力的方式来提高国家管理的弹性与韧性。这股潮流被学术界总结为由"统治"向"治理"的转变。②治理理论的魅力不仅在于其将民主、参与、协商、分权、责任、人权、平等、合作诸多美好的价值融入其中,而且在实践过程中展现出其相对于垂直统治的巨大灵活性,在一定程度上降低了国家管理的成本与风险。因此,治理理论和实践不仅被西方发达国家所推崇,而且被世界银行、经济合作与发展组织、联合国开发计划署等国际组

---

* 郑言:中国社会科学院政治学所研究员、博士生导师;李猛:中国社会科学院研究生院博士研究生。
① 《中共中央关于全面深化改革若干重大问题的决定》,人民出版社2013年版,第3页。
② G. Stoker, "Governance as Theory: Five Propositions," *International Social Science Journal*, 1998, 50 (155): 17-28.

织加以系统总结并向发展中国家推广。

对中国而言，中国的国家治理体系是中国共产党在领导全国人民建设和发展社会主义的过程中建立的一系列与西方不同的制度体系以及体制机制。从历史发展看，中国国家治理体系和国家治理能力基本上适应了中国国情和发展要求，从根本上保障着中国的社会稳定、政治和谐与民族团结以及各项事业的发展。但是，随着中国社会进入社会利益与价值日益分化、社会矛盾集中凸显的时期，进一步推进国家治理体系与国家治理能力现代化的必要性和紧迫性更为突出。

（一）公共需求的日益多样化与政府组织的有限容量之间的矛盾，要求推进国家治理体系与国家治理能力的现代化

与公共事务相对简单的传统社会相比，现代社会不仅需要公共权力承担保卫国家安全、维护社会基本秩序、引导经济健康发展、保持政治体系相对稳定等传统职能，而且开始涉及公民的福利保障、生态环境保护、国际交往合作、推动科技进步等大量新兴事务。如果被动、片面地通过不断建立新的政府部门、增加政府的管理层级、扩充公务员队伍、出台强制性法律法规等方式应对日益复杂的公共需求，不仅可能导致资源的大量浪费，而且会加剧社会整体的税收负担，削弱国家的发展潜力以及合法性。最重要的是，在垂直型体制中信息不对称的情况下，可能导致政府难以有针对性地满足日益复杂的公共需求，导致社会资源配置的不均衡和浪费。为了有效应对公共需求日益多样化与政府组织有限容量之间的矛盾，应在中国共产党的统一领导下，在正确判断民众新要求的基础上，全面改革和完善现有的体制机制、法律法规，实现既能满足民众的当前需求，又能容纳未来发展需要的目标。

（二）经济高速发展与改革目标全面性之间的矛盾，要求推进国家治理体系与国家治理能力的现代化

在经济高速发展的背景下，各种生产要素的高速流动创造了社会发展的基本动力，要求改革一切不利于生产要素流动以及资源优化配置的体制和机制，发挥市场在资源配置中的决定性作用。但是由于信息的不对称，新自由主义经济学的"理性人"假设在实践中难以成立，单纯的市场化改革并不一定能够有利于经济的发展和社会整体利益的提高。诸如片面强调在涉及公众切身利益的教育、医疗、卫生等领域的市场化改革有可能损害社会的公正以及稳定；过度的市场化改革可能会诱发在短时间内破坏生

态环境的短视行为，不利于可持续发展；在以资本和信息为代表的无国界生产要素高速流动的背景下，如果不加警惕地推动市场化改革，可能会使经济平稳发展和国家安全受到威胁。同样，政府对于市场的过度干预同样存在"失灵"的风险，导致经济运行效率以及社会整体效益下降。在可能出现政府和市场双重"失灵"的背景下，如何在坚持社会主义市场化改革的同时，实现维护社会公平正义、保护生态环境、保障国家与经济安全等一系列目标，成为当代中国深化改革过程中不得不面临的难题。为了克服上述矛盾，就需要在党的领导下，认真总结中国改革开放以来以及世界各国的有益做法，在社会主义市场经济体制改革目标的基础上，全方位推进国家治理体系与国家治理能力建设，既使市场在资源配置中起决定性作用，又更好地发挥政府在维护社会公正、社会稳定、生态环境及国家安全等方面的作用，真正做到竞争与社会公正、效益与可持续发展、效率与经济安全等目标之间的兼容与良性互动。

（三）威胁国家安全稳定的因素越来越多与责任主体的相对单一之间的矛盾，要求推进国家治理体系与国家治理能力的现代化

现代社会高度复杂、矛盾丛生，尤其是对于传统与现代、落后与发达、封闭与开放并存的当前中国社会而言，城乡、地域、阶层、团体、民族、行业、劳资之间的矛盾相互交织在一起，任何一种矛盾处理不当，都可能影响社会的稳定和发展。在原有体制内，政府基本上处于所有矛盾的处理与化解过程中。这不仅可能导致矛盾激化的矛头指向政府，而且由于传统政府化解矛盾手段的有限性以及手段过于简单化等问题，导致产生"房屋强拆""耕地违法征用""司法不公""城管暴力执法"等一系列新的矛盾。在西方，由于政治精英通过选举、政党轮替执政等方式在政权与政府之间构筑了一道防火墙，民众的不满和反对更多地集中于特定的政府部门或个体精英上，[①] 从而保证资产阶级政权的相对稳定；而在中国，为了实现真正的民主，"党的领导、人民当家做主、依法治国"三位一体，有机统一，并没有刻意区分政府与政权，这就导致针对政府的社会矛盾很可能被不加区别地强加于政权之上，威胁中国的政治稳定。为了解决国家长治久安与责任主体单一之间的矛盾，一方面需要继续提高经济社会发展

[①] 让—马里·科特雷、克洛德·埃梅里：《选举制度》，张新木译，商务印书馆1996年版，第98—99页。

水平，通过进一步把"蛋糕"做大，为保障社会公平正义奠定更加坚实的物质基础；另一方面需要在党的领导下，全面分析当前各种体制机制与社会发展以及人民群众期待不相适应之处，进一步推进国家治理体系和国家治理能力建设，通过制度保障民众学有所教、劳有所得、病有所医、老有所养、住有所居，从根本上化解错综复杂的社会矛盾。

（四）国际"软实力"竞争的日趋激烈与中国制度优势尚未完全彰显之间的矛盾，要求推进国家治理体系与国家治理能力的现代化

当今世界，国家间竞争的广度、深度与强度超越了以前所有的时代。竞争的内容也由国家间硬实力的比拼转向软实力的较量。而软实力较量的核心则是不同政治制度影响力的比拼。随着国际交流的日益深入，中国民众对于政治发展的期待也不仅仅满足于对稳定、安全、民主等的需要，中国共产党也早已将自由、平等、公平、正义、包容、协商等一系列理念或价值融入政治发展的目标之中。但是，由于西方国家在上述价值的阐释上具有绝对的话语霸权，它们的特殊利益往往被包装在上述美好的词汇中向包括中国在内的发展中国家渗透，试图从根本上变革这些国家的政治制度以符合西方国家的利益。为此，它们不惜扰乱发展中国家正常的政治发展进程，甚至诱发不可逆转的政治灾难。在警惕和抵御全盘西化等错误潮流的基础上，中国共产党带领全国人民，逐步探索出一系列行之有效的国家治理体系及其运作方式，并且在长期的发展过程中展现出其解决社会发展问题的能力和效果，引起了包括发达国家在内的国际社会的重视和研究，为展现中国治理的理论和制度魅力提供了难逢的机遇期。因此，为了从根本上防止西方所谓普世价值和民主制度的渗透与入侵，不仅要坚持理论自信、道路自信和制度自信，加强对中国特色社会主义道路的总结与宣传，而且必须不断推进中国特色社会主义治理体系的发展，通过一个个具体问题的解决，彰显中国国家治理体系的独特魅力[①]，为其他国家化解类似社会问题提供有益的借鉴。

二 中国国家治理体系与国家治理能力及其相互之间的关系

中国推进国家治理体系与国家治理能力现代化的目的是完善和发展中

[①] O. Treib, H. Bahr, G. Falkner, "Modes of Governance: Towards a Conceptual Clarification," *Journal of European Public Policy*, 2007, 14 (1): 1–20.

国特色社会主义制度，这就决定了中国国家治理与西方国家治理具有本质的不同，亦即中国式国家治理的目的不是全盘改革中国的基本政治制度，而是通过整体的、系统的、全方位的治理机制创新来巩固中国特色社会主义基本制度，推进社会主义公平正义以及实现最广大人民群众的福祉。需要指出的是，"现代化"一词规定了中国国家治理体系和国家治理能力建设的方向，意味着在中国，任何国家或组织创造的有利于中国政治建设和社会发展的治理机制都可以吸收与借鉴；同时也意味着对现有的一切不利于中国特色社会主义政治制度发挥作用的体制机制的弊端都要进行改革和创新。

（一）国家治理体系现代化的含义

"国家治理体系是在党领导下管理国家的制度体系，包括经济、政治、文化、社会、生态文明和党的建设等各领域体制机制、法律法规安排，也就是一整套紧密相连、相互协调的国家制度。"[①]中国国家治理体系现代化就是要适应时代特点，通过改革和完善体制机制、法律法规，推动各项制度日益科学完善，实现国家治理的制度化、规范化、程序化。与部分学者所倡导的针对特定问题的西方式治理不同，中国共产党以更为广阔的视野开创性地对中国国家治理做出了新的规定。首先，国家治理不是被动地应付新兴公共事务的"救火队员"，而是"体系化"的社会公共事务管理和政治建设。国家治理体系意味着对各个领域的管理与建设都应该革除积弊、相互借鉴、创新治理模式，实现系统性、整体性和协同性治理；从基层的社区、学校、工厂到中层的政府、社会组织乃至更高层级的区域组织、国际组织，都需要运用制度化和程序化方式进行管理；立法、行政、执法、监督等全部政治过程都应在坚持基本政治制度的前提下创新体制机制、法律法规，使各方面的制度更加科学、更加完善。其次，不同的方式、不同领域、不同过程的国家治理不是各自为政的"散兵游勇"，而是相互配合、相互补充、相互促进的系统化治理。从西方的情况看，治理相对于统治的最大优势在于其灵活性、包容性以及参与性，但是也因此容易导致治理活动的碎片化，大多数治理实践难以有效、持续、健康地发展。中国共产党就是要通过构建上下互动、多层协调、全面推进的方式，

[①] 习近平：《切实把思想统一到党的十八届三中全会精神上来》，《人民日报》2014年1月1日。

创造有利于国家治理顺利推进的制度空间。在中国共产党的领导下，通过建立一种长期、持续、平等、开放、包容的国家治理机制，社会各个主体可以通过理性的交流与互动，超越个体的自我利益与局限，超越经济理性的束缚，逐步形成清晰明确的公共理性，从而为推动国家治理体系的现代化奠定坚实的基础。最后，国家治理的作用空间不仅仅局限于"公民社会"领域，而是发生在广义的"国家"领域。虽然治理理论强调包括政府在内的多元主体自愿合作，但是"当代治理主义观念则体现了'反政府'的价值，它们认为，市场组织存在着失败，但政府组织同样存在着失败，而且'政府失败'带来的危害比'市场失败'的问题可能更大"①。因此，西方治理理论总体上试图通过强化市场与社会的作用来限制政府和国家的权力，但是这种对国家的怀疑和限制往往导致治理活动的碎片化和不可持续。而"国家治理体系"的提出，明确了治理发挥作用的空间是国家，既包括对国家与社会、市场关系的处理，也包括对国家间问题的解决；既充分利用国家与政府现有的制度资源，又创新性地吸收市场与社会所带来的新机制与新手段；既保障国家治理活动的灵活性与适应性，又保障国家治理活动的可持续性。

（二）国家治理能力现代化的含义

"国家治理能力则是运用国家制度管理社会各方面事务的能力，包括改革发展稳定、内政外交国防、治党治国治军等各个方面。"②中国国家治理能力现代化是指不断适应社会主义现代化建设的需要，增强依法和按照制度治国理政的本领，把各方面制度优势转化为管理国家的能力和水平。如果说"国家治理体系"解决的是国家治理的制度性框架问题，那么，"国家治理能力"则是为了解决如何切实发挥国家治理体系的独特功能问题。"（国家）综合治理能力不是政府多项能力的简单相加，而是所有能力构成的一个有机整体。"③首先，"国家治理能力"包含了与整个国家以及公民利益密切相关的所有公共事务和公共事务治理过程，不仅包括对政治、军事、文化、经济、社会等所有领域的治理能力，而且包括对公共产品生产与供给、社会资源协调与分配、公共政策的制定和实施、社会认

---

① 孙柏瑛：《当代政府治理变革中的制度设计与选择》，《中国行政管理》2002年第2期。
② 习近平：《切实把思想统一到党的十八届三中全会精神上来》，《人民日报》2014年1月1日。
③ 施雪华：《政府综合治理能力论》，《浙江社会科学》1995年第5期。

同的维系、国家安全的维护以及国际关系的维持等所有治理过程的能力。换言之,"国家治理能力"勾勒出的是中国特色国家治理能力的"立体化"特征。其次,"国家治理能力"不仅包括人口领土、自然资源、国民生产总值、国家税收、财政收支、军事力量等国家资源的生产与汲取能力,也包括政治过程民主化、经济活动市场化、社会结构扁平化等国家资源管理与分配能力的现代化。此外,应注意的是"国家治理能力"还包括社会整体教育水平、政治社会化程度、公民参与意识和能力、社会认同和凝聚力水平等一系列"软"能力,从实践来看,恰恰是国家治理的"软"能力成为发展中国家治理成败的关键。[①]最后,国家治理能力不是静态的治理水平,而是动态发展的治理能力。在以经济全球化和信息化为标志的现代化浪潮中,社会公共事务和新型社会问题正以爆炸性的速度涌现,新的国家治理体制不仅需要应对现有政府管理体制无法处理的重大挑战,而且需要具有对未来发展过程中出现新问题的预见与管控能力,还需要具有随着新问题的出现而不断发展或衍生出新的国家治理方法和机制的能力。此外,需要说明的是,对国家治理能力的测量没有绝对的标准,要在与世界其他国家的对比中得到彰显。随着冷战的结束,国家间赤裸裸的力量对比已经失去主导地位,"软实力正变得比以往更为突出"[②],而治理能力作为"软实力"的重要组成部分成为国家间竞争的焦点。在经济全球化时代,中国国家治理能力建设不仅需要在与其他国家竞争过程中不断创新,而且需要开放性地吸收其他国家的治理经验和成果,服务于中国的建设和发展。

(三) 国家治理体系与国家治理能力的关系

从理论上讲,国家治理体系与国家治理能力是构成特定国家治理的"骨骼"与"血肉","国家治理体系和治理能力是一个有机整体,相辅相成,有了好的国家治理体系才能提高治理能力,提高国家治理能力才能充分发挥国家治理体系的效能"[③]。国家治理体系与特定国家的政治制度密切相连,国家治理体系从根本上说体现了国家治理的属性和类型。作为一

[①] M. S. Grindle, "Good Enough Governance: Poverty Reduction and Reform in Developing Countries," *Governance*, 2004, 17 (4): 525-548.

[②] J. S. Nye, "Soft Power," *Foreign Policy*, 1990 (80): 153-171.

[③] 习近平:《切实把思想统一到党的十八届三中全会精神上来》,《人民日报》2014年1月1日。

种根本的国家制度,它在特定历史时期、社会阶级结构没有发生质变的情况下具有相对稳定性,国家治理体系规定着国家治理机制的价值取向和服务目标,决定着具体治理机制的发展空间以及国家治理能力的实际效果。而国家治理能力建设属于治理体系发挥作用的途径和方法,具有一定的从属性和灵活性。在国家治理体系建设的进程中,只有具有健全的国家治理能力,国家治理体系才能真正发挥作用,否则,极有可能成为空中楼阁。国家治理能力建设虽然是国家治理体系的具体实现形式,但在实践中又往往不是被动地决定于或是适应于国家治理体系,而是有机地融入发展过程之中,能动地为国家治理体系发挥作用提供渠道、途径和方法。总而言之,国家治理体系与一个国家的基本国情和政治制度相联系,在世界范围内并不存在普遍适用或者唯一的制度模式,大量发展中国家的案例说明[1],照搬照抄脱离实际的别国的治理体系往往会导致国家治理的失败;当然,具体的国家治理体系与国家治理能力建设针对特定问题,所以可以批评性地借鉴其他国家的治理方式和方法。这就要求特定国家在坚持和发展自身特有国家治理体系的基础上,开放性地借鉴人类创造的一切有益的国家治理方式,切实发挥国家治理体系的功能。

三 实现国家治理体系与国家治理能力现代化的着力点

毋庸置疑,推进国家治理体系与国家治理能力现代化是一项极为复杂的系统工程,不仅涉及国家的所有领域,也涉及所有与公共事务相关的过程,任何一个环节的国家治理都需要进行反复研究和探索。本文仅试图从宏观角度阐述中国国家治理体系和国家治理能力构建过程中需要关注的几个重点问题。

(一) 加强党的领导,转变党治国理政的方式

"政党是治理国家不可缺少的工具"[2],毫无疑问,中国共产党作为中国特色社会主义建设事业的领导力量,始终是中国国家治理体系变革的推动力量,"特别是中国共产党创设的各种政治制度和管理制度,对中国现

---

[1] 沙布尔·吉玛、丹尼斯·荣迪内利编:《分权化治理:新概念与新实践》,唐兴贤等译,格致出版社2013年版,第225页。

[2] 罗杰·希尔斯曼:《美国是如何治理的》,曹大鹏译,商务印书馆1986年版,第327页。

代国家的建构起到了决定性的作用"①。在中国共产党的领导下，中国人民民主专政制度，这项制度"既反映了中国革命和建设的发展历程，又反映了我国政权具有广泛的民主性和阶级基础，能够团结一切可以团结的力量，调动一切积极因素"。②为了使这一制度真正落到实处，人民代表大会制度、民族区域自治制度、共产党领导的多党合作与政治协商制度、基层社会群众自治制度、以公有制为主体的多种经济成分并存，以按劳分配为基础的多种分配方式并存等一系列基本制度，为中国治理体系的构建奠定了基本的制度框架。中共十八届三中全会关于治理体系的论述规定了在坚持现有制度的基础上，通过增强具体治理机制的多元化、协同性和互动性来实现国家治理体系与能力的现代化。在继续完善国家治理体系和国家治理框架的基础上，中国共产党需要更多地涉入具体与微观的治理活动之中。众所周知，从世界范围看，政党往往是作为某一利益集团的代表参与到治理过程之中的，虽然很多治理活动是政党发起并组织的，但政党的轮替以及政党利益的短视往往会导致治理实践的中断和不可持续③；资产阶级政党褊狭的利益以及对抗性的利益表达方式也往往会导致治理的失败。因此，中国共产党对于治理过程的领导在没有现成经验可以借鉴的情况下，具体方式的探索与经验的积累必将成为中国对国家治理理论与实践发展的巨大贡献。党的十八大报告明确指出，"要更加注重改进党的领导方式和执政方式，保证党领导人民有效治理国家"，其中尤其要处理好党的领导、人民当家作主与依法治国之间的关系：继续理顺各种权力关系，通过不断地鼓励和引导多元参与以及治理机制创新，逐步使新的国家治理方式制度化和法制化，巩固国家治理成果；在具体的治理过程中，避免通过强制性方式，做好利益的协调者、方向的引导者以及资源的整合者，为国家治理搭建服务平台、创造制度环境以及营造合作氛围等；做好国家治理成果的总结和推广工作。真正做到总揽全局，协调各方。

（二）注重国家治理的法制化和制度化，明确各治理主体的责任

国家治理体系和国家治理能力现代化建设的最主要特点在于其治理的

---

① 刘建军、何俊志、杨建党：《新中国根本政治制度研究》，上海人民出版社2009年版，第16页。

② 陈明显主编：《中华人民共和国政治制度史》，南开大学出版社1998年版，第27页。

③ D. Chavez, "The Watering down of Participatory Budgeting and People Power in Porto Alegre, Brazil," *Participatory Learning and Action*, 2008, 58（1）: 57-60.

整体性与系统性，这势必会导致其过程的复杂性，从而涉及党、政府、社会组织、私营部门以及公民在内的所有主体以及全部的政治、经济和社会过程。因此，有学者呼吁通过分权、放权、授权等方式，给予各级地方政府以及多元主体更多的改革和创新的权力，通过调动全社会的智慧和力量，推动国家全方位的改革和创新，这无疑是未来中国国家治理体系和国家治理能力建设的重要策略之一。但需要指出的是，在全面推进国家治理体系和治理能力现代化的进程中，如果过度强调分权、放权或自愿合作，忽视硬性的制度规定和强制性监督机制，很可能会导致多元主体间责任边界不明确，诱发相互推诿扯皮、争功避责，削弱其共识与合力。在当前中国制度体系需进一步健全和完善，社会规则意识和责任意识尚未完全建立，认识还没有完全统一的情形下，过度强调自愿合作、自我约束、自主创新，显然会加剧责任体系的混乱，不利于理想效果的达成。事前的强制性约束以及清晰的责任划分，虽然可能会在一定程度上削弱整个治理过程的灵活性、参与性与适应性，但却可以保障其可持续性以及适用范围，显然更符合当前中国推进治理体系和治理能力现代化的要求。从宏观上看，推动国家治理体系的现代化，需要在中国共产党的领导下，既要改革不适应社会发展需要的各种体制、机制、法律、法规，又要不断创新，促进各方面制度更加科学、完善，实现党、国家治国理政的制度化、规范化、程序化。从微观上看，在中国共产党的领导下，在民主协商的基础上，参与治理的各方应该在法定的治理路线图、治理规划或者治理责任的约束下，明确治理的目标以及各自的权利、义务，制定完善的绩效评估方法、评估标准，确定评估主体等；建立相对独立的纠纷仲裁机构，确保在全面改革过程中出现的利益、目标以及行为方式等方面的争议能得到及时、有效的处理；建立明确、公正的奖惩机制和责任追究制度，为统一全党意志、统一全社会的思想、形成国家治理体系与治理能力现代化的合力奠定制度基础。

（三）发挥党和政府的引导功能，培育各治理主体按制度办事、依法办事的意识与能力

为了实现国家治理体系和国家治理能力的现代化，不仅要不断完善和改革现有的体制机制、法律法规，而且要使这些体制机制、法律法规切实运行并且发挥作用，这其中就涉及包括党和政府在内的多元治理主体要增强按制度办事、依法办事的意识和能力。长期以来，党和政府在国家治理

领域的核心地位比较突出。然而，由于两千多年的中央集权主义传统以及改革开放前高度集中的政治经济体制，党和政府的管理活动实际上触及社会生活的方方面面，成为社会生产的组织者、公共产品的提供者、社会资源的分配者以及社会稳定的维护者。受到权力结构相对集中、权力层次过多、权力关系比较复杂等因素的影响，"拍脑袋决策""上有政策、下有对策""有法不依、执法不严"等不按制度、不依法办事的现象时有发生，这不仅有可能导致相关决策行为或者行政行为损害人民群众的利益，而且还有可能伤害政府的形象与公信力，对民众的行为模式造成不良影响。此外，长期的被动服从导致公民的理性思考、有序参与、依法办事的意识和能力尚未完全成熟，投机取巧、"走后门""找关系"等不良现象仍广泛存在，使许多制度流于形式，社会普遍的规则意识和制度意识尚未完全形成。面对这种情况，党和政府应当积极发挥模范和引导职能，以身作则并培育各治理主体按制度办事、依法办事的意识与能力：首先应当科学执政、科学行政，应该遵循执政规律并意识到政府能力的有限性，主动将某些领域和环节交由企业、社会组织以及公民自治机构管理，政府应发挥协调、监督和引导等宏观职能的作用，在制度和法律的约束下，实现政府与其他社会治理主体的有序互动。其次要民主执政，将必要的政策制定以及执行过程向民众开放，为多元治理主体的发展提供良好的法律、政策、制度环境，一方面使民众监督党和政府是否具有违法和违规的行为，另一方面锻炼民众的理性参与、有序参与、依法参与意识与能力。最后要依法执政，党和政府要坚持在宪法和法律的范围内活动，带头维护宪法和法律的权威，在法律和制度规定的范围内行使权力、解决社会矛盾、协调利益关系、促进经济发展和社会的全面进步。

（四）推动全面性目标的国家治理，提高国家治理的实际效果

推进国家治理体系和国家治理能力现代化从本质上讲是为了发展和完善社会主义制度，具体来说则是实现完善社会主义市场经济体制，推进社会主义民主建设，促进社会主义文化繁荣，保护生态环境，创新社会建设以及增强党的执政能力等一系列的目标。这就要求中国国家治理体系和国家治理能力建设不应局限于一个领域或几个领域，而是要推进对所有领域的治理。因此需要中国国家治理体系和国家治理能力建设从全局出发进行科学的顶层设计，依托中央全面深化改革领导小组，对不同改革目标之间的联系与冲突进行具体的分析，避免因发展目标之间的冲突而导致治理资

源的分散和浪费。此外，还需要对事后的治理效果进行全面的评价，检验现有国家治理体系的科学性以及国家治理能力的合理性。绩效评估作为一种反馈机制，可以帮助治理责任主体客观地把握社会管理过程中的相关信息，为改进薄弱环节、排除隐性成本、提升国家治理水平提供依据。绩效评估作为一种沟通机制，有助于治理主体和社会公众之间信息的交流与沟通，使治理活动赢得社会公众的支持、理解和信任。绩效评估作为一种教育机制，始终传达着成本意识、公共责任和顾客至上的理念，有助于治理活动参与者整体素质的提升。但需要注意的是，西方政府、学者或者国际组织制定的纷繁复杂的治理绩效评估标准，往往因为问题指向的不同而不适用于中国，因此既要对此加以分析、研究和借鉴，又必须杜绝照搬照抄。这是因为每个国家治理的重点不同，要解决的问题也不同，刻意应用某种标准显然是削足适履。绩效评估应该在科学的基础上，增加其动态性和发展性。在构建绩效评估指标体系的过程中，应当加强公民参与、教育、就业、工资、社会保障覆盖面、环境保护等方面的权重，平衡利润、GDP以及财政等指标的比重。构建客观、多元的绩效评估机构，尤其应注重非政府机构以及公民的评估，同时公开评估标准与过程，加强公众、媒体和相关法定组织的监督。

试论国家治理体系和国家治理能力现代化

郑 慧 何君安[*]

党的十八届三中全会提出"推进国家治理体系和国家治理能力现代化"的重要命题，并将其作为全面深化改革的总目标，这就为广大理论与实际工作者提出了一系列亟待研究的理论和实践问题。

一 问题的提出

"国家治理体系和治理能力是一个国家制度和制度执行能力的集中体现"[①]，是治国理政者运用制度和法律法规以及被赋予的权力治理各方面事务，将制度转化为实际治理效果的体制和行动能力。众所周知，国家治理体系和治理能力有一个随着社会发展不断调整和发展的过程。在人类社会早期，国家还未从社会中完全分化出来，并没有形成独立的国家制度、职权、机构。在阶级社会里，国家逐步从社会中分化出来，具有了独立于社会的正式制度和权力机关。但是，由于社会分裂为不同的阶级，国家是统治阶级手中的工具，因此，国家治理体系中强迫、压制的职能非常突出，对社会公共事务的治理从属于政治统治的需要。近代以来，工业化、市场化打破了僵化的阶级结构、社会结构，公共事务大量增加，加上民主政治的蓬勃兴起，促使国家治理体系发生了深刻的变革。国家机构更加健全，治理主体趋于多元。不仅立法、行政、司法等正式的权力机关相对分

---

[*] 郑慧：中国社会科学院政治学研究所研究员，博士生导师。何君安：西北大学公共管理学院讲师，政治学博士。

[①] 习近平：《切实把思想统一到党的十八届三中全会精神上来》，《人民日报》2014年1月1日。

化、不断完善，而且政党、企业、非政府组织、公民都参与到公共事务的治理活动中，发挥了积极的作用；政府与市场的关系日益明晰。市场按照效率原则配置资源，政府供给公共产品，弥补市场失灵，维护社会的安全、公平秩序。政府和市场具有自己活动的领域和方式，既相互制约，又相互配合；运行机制更加高效、规范。法治日益成为社会普遍认同的国家治理方式，高效率、低成本成为首要追求，责任性、透明性、公正性是必须遵循的准则。国家治理体系呈现出法治化、科学化、多元参与等特征。

但具体到不同的国家和不同的历史发展阶段，情况又有所不同。不同性质的国家，其治理体系的目的不尽相同。近代走上资本主义发展道路的国家，由于生产资料的私有制和利益分野，以及承认这种分野的正当性、合理性，其治理体系与治理方式表面上公平、公开、透明，实际上却是经济上占统治地位的阶级居于绝对地位，从这一体系中获得的利益也最大。普选权的逐步实现和福利国家的出现使资本主义国家的治理体系表面上有了更多的公共性，但仍受利益集团的严重影响。走上社会主义道路的国家，不承认阶级分野的合理性，力求建立保障大多数人利益、为大多数人服务、不仅形式公平而且实质正义的制度和治理体系，由此决定其国家治理体系与国家治理能力的出发点和落脚点与资本主义截然不同。

此外，任何一种历史类型的国家，在不同的历史发展阶段由于所面临的形势和任务有异，其治国理政的方式和行为，国家履行职能的重点和方法的差异十分明显。一般而言，新政权在刚刚建立时，面临着巩固新政权的任务，国家的治理体制和治理方式必须突出安全、稳定职能。而到了政权相对稳定与和平建设时期，就应当更多地表现为提供公共产品和公共服务，促进经济社会的发展，保证发展成果分配的公正性。

近代以来，中国人民通过前仆后继的革命，最终走上了社会主义道路，建立了党的领导、人民民主专政、人民代表大会、多党合作和政治协商等一系列制度。这是符合人类公平正义理想的制度，适应中国的国情和发展要求，具有巨大的优势。但是，社会主义国家如何开展治理活动，以将这些制度优势转变为经济、社会发展的实际效果呢？如何促进经济、社会以较快的速度发展？如何保证发展成果为人民所共享？社会主义国家还能不能搞市场经济？需不需要实行法治？限于当时的历史阶段和社会主义建设经验的不足，加之面临巩固新政权的任务和各种资源的严重短缺，这些都只能根据马克思主义经典作家对未来理想社会的预测及革命年代的经验，通过计划经济、政治运动等方式加以解决，一个时期之后，其弊端逐步暴露出来，社会严重缺乏活力。改革开放以后，逐步确立了社会主义市场经济的体制改革目标，对政治体制、文化体制、社会体制等进行大范围、深层次改革，市场和社会的活力得到释放，中国经济长达30多年的高速增长，民主法治建设也取得了长足的进步。但是，现代社会日新月异的技术革命和一日千里的发展速度决定了改革是一项长期的事业，加上旧体制的惯性，现代化的国家治理体系和治理能力尚未真正形成，政府越位、错位、缺位现象时有发生，市场的资源配置功能没有得到充分发挥，党员领导干部驾驭现代市场经济和复杂局势的能力，依法治国、依法行政的能力还有待提高，唯GDP论英雄、竭泽而渔、形式主义、政绩工程等还有较大的市场。这不利于当前中国经济保持合理的发展速度，如果对此不加以重视，不从治理体系、治理能力上予以应对，还可能会使矛盾不断积累，以致对中国社会产生消极影响。为此，党的十八届三中全会从国家治理体系和治理能力现代化的总体角度提出全面深化改革的要求，这是完善和发展中国特色社会主义制度的必然要求，也是实现社会主义现代化的应有之义。①

二 国家治理体系的现代化

习近平总书记指出："国家治理体系是在党领导下管理国家的制度体系，包括经济、政治、文化、社会、生态文明和党的建设等各领域体制机制、法律法规安排，也就是一整套紧密相连、相互协调的国家制度。"②国家治理体系的现代化就是适应社会主义现代化建设的需要，通过改革创新各种体制机制和法律法规，促进各方面制度更加科学、完善，实现各项事务的治理制度化、规范化、程序化。它回答的是"靠什么治理"的问题。

首先，实现由中国共产党领导的治理主体多元化。中国共产党作为领导各项事业的核心力量，无论在何种情况下都必须统揽全局，协调各方，

---

① 习近平：《切实把思想统一到党的十八届三中全会精神上来》，《人民日报》2014年1月1日。
② 同上。

因此中国共产党必须加强自身建设和执政能力建设,充分发挥治国理政的作用。但是现代社会是各种行业、领域、组织、团体、个人为了追求自身目标而参与决策、自主展开活动的社会,各种社会力量在竞争压力下和法律范围内高效率地活动,释放能量、发挥功能,推动社会的发展。因此,国家治理必须改变过去仅由执政党和政府进行的做法,而将这些多元主体纳入其中,发挥它们的积极作用。同时,现代社会事务越来越复杂,各方面既高度分化、自成一体,又相互关联、相互牵制,结成牵一发而动全身的整体系统。仅仅依靠执政党和政府进行决策很难满足社会方方面面的需要,只有多元主体共同参与,才能增强其科学性、共识性和民意基础,使公共政策更加周全和科学。事实证明,许多社会事务由政府单独管理,由政府全部包揽,就无法引入竞争机制,往往导致政府权力不断扩张,干扰市场运行,诱使部分官员进行寻租,产生腐败现象。若由企业展开有效竞争,就可以降低服务价格,提升服务质量,更好地满足群众的需要。实践证明,政府由一元化管理变为参与治理主体的多元化,能够加强对公权力的监督和约束,保证公权力为公众、公益服务。

其次,增强治理结构、治理主体的协同性。多元主体参与治理形成了复杂的、具有监督和制衡功能的治理结构,但这一结构必须同时具有协同性,否则可能会比一元化治理模式更加低效。古德诺指出,政治与行政需要分开,但又需要政治对行政的控制。"没有这种控制,有条理有进取的政府是不可能存在的。"① 各治理主体只有协同配合,相互协调,才能达到理想效果。应当说,中国巨大的制度优势主要体现在这一点上。党委领导、各部门负责、社会协同参与的体制,使我们的国家治理过程容易达成共识,政策措施能够迅速得到落实,具有资本主义国家难以匹敌的优势。但是,这种体制在运行过程中也存在着一些问题。主要是一些地方党委和政府把这种"协同优势"变成了单纯的统一领导和上令下从,不愿意、不习惯受到约束和监督,也不愿意、不习惯让公众参与到地方事务的治理中来,忽视其他社会主体的独立性和权利,认为治理只是党委和政府的事,公众和其他社会主体只能接受。在新的历史时期,应当正视市场和社会力量不断壮大的事实,深刻认识到社会公众参与公共决策、监督政府活动是不可改变的趋势,主动筹划,从体制、机制、理念、能力等各个方面

---

① 古德诺:《政治与行政》,华夏出版社1987年版,第21页。

适应时代和现实的需要，通过法定程序和法律手段，同时发挥党的群众工作优势，协调好政府与社会以及不同利益群体之间的关系，建立党委、政府与社会磋商、交流的平台，最大限度地凝聚社会共识，将制度的优势更好地发挥出来。

再次，达到治理结构、治理主体间的密切互动。对于现代化的国家治理体系而言，其多主体之间展开密切的互动，互通信息、互相监督、互相配合，才能形成高效运行和协调的"体系"。就互动方式而言，不仅包括正式方式，如召开人民代表大会、党代表大会、政府工作会议、各种情况通报会、新闻宣传、文件传递、党和政府部门的调查研究、立法活动征求民意、行政听证会等；也包括非正式方式，如网上的舆论表达、群众对国家机关及其工作人员提出意见建议、上访、申诉等。目前，中国治理结构中不同主体之间的互动存在着重视主体之间协调性的问题，而相互之间的监督、制约则缺乏制度化的保障或面临着较大阻力，如人大的质询、询问活动较少，对一把手的监督力度较弱等；中小企业、社会组织、普通群众的权利，垄断企业的权力、力量不平衡，从而导致双方的互动不平等，社会和公众的意愿可能被忽视；非法制化的互动方式比较普遍，"潜规则"较多。相当多的社会成员或团体、机构不是遵循法律途径公开、合法地从事活动，而是采取不合法的"灰色活动""公关活动"达到自己的目的；互动渠道欠缺，尤其是利益表达渠道、参与渠道、监督渠道不足，公共信息的公开程度不高，严重影响了其他治理主体积极有效地与政府互动、参与治理活动。

最后，实现国家治理体制机制的全面性、合理性。国家治理体系现代化不仅仅存在多元主体就能够参与公共事务的治理，还需要在实践中不断磨合，最后达到"默契"的程度，才能称得上真正形成了"体系""机制"。因此，这里所说的"国家治理体制机制的全面性"，就是指一个国家的治理体系必须在各个方面、环节都有规则、制度，"实现党、国家、社会各项事务治理制度化、规范化、程序化"。[①] 否则，国家治理体系就是不完整的。当然，这并不是说国家要对各种社会事务统一管辖，不给市场、社会自治组织留下治理的空间，而是无论在哪个领域和环节，都应当

[①] 习近平：《切实把思想统一到党的十八届三中全会精神上来》，《人民日报》2014年1月1日。

有公开的、合法的、公平的遵循规则。国家治理体制机制的合理性是指各种体制、机制、规则必须有公认的、能够经得起检验的精神与原则，就国家来说，体制机制的全面性、合理性意味着出现任何一种情况或问题，每一个部门都知道自己的职责、权能和其他部门的反应，主动行动，相互密切配合。

总之，国家治理体系的现代化，就是适应社会主义现代化建设的需要，通过改革创新各种体制机制和法律法规，促进各方面制度更加科学、完善，实现各项事务治理的制度化、规范化、程序化。达到多元主体共同参与公共事务的治理活动且密切互动、高度协同，社会生活的各个方面、领域都有公开的、稳定的规则、制度。

现代化国家治理体系的建立，能够为一个国家提供一套自我运行、自我调适、自我完善的治理系统，是现代社会特征在国家治理方式、结构上的反映，是社会得到良好治理的前提，具有关键性、根本性、全局性作用。

三　国家治理能力的现代化

国家治理能力"是运用国家制度管理社会各方面事务的能力，包括改革发展稳定、内政外交国防、治党治国治军等各个方面"。"有了好的国家治理体系才能提高治理能力，提高国家治理能力才能充分发挥国家治理体系的效能。"[①] 国家治理能力的现代化，就是指国家治理手段、治理方法的时代化、科学化以及治理结果的有效性，它回答的是"国家治理的本领与效能"问题。

第一，国家治理手段、治理方法的时代化。时代在发展，历史在进步。人的行为只有符合时代的要求和发展趋势才有可能取得成功。那么，当前是一个什么时代？概括起来讲，这个时代的基本特征就是市场化、信息化、全球化。它要求国家治理手段和方法必须是民主的，由社会各阶层、团体通过协商等方法，达成广泛的共识，决定公共事务如何治理；必须是法治的，把法律作为最高准则、严格按照法律开展治理活动；必须是

[①] 习近平：《切实把思想统一到党的十八届三中全会精神上来》，《人民日报》2014年1月1日。

理性化的，注意治理过程的投入产出比；必须是负责任的，为自己的行为承担相应的法律责任、政治责任或道德责任。当然，政府如此，其他治理主体也必须在法律的范围内行使权力，在主张和维护自己权利的同时尊重其他主体的权利，并为自己的行为承担责任。总之，民主、法治、效率、责任就是时代对国家治理方式、方法提出的要求。掌握这些方式、方法、要求，国家治理能力就与现代社会的发展趋势相一致，并因此获得良好的治理效果。有必要指出的是，这种现代化治理方式要求更高、标准更严，在人们还没有形成与其相适应的思维方式、行为方式时，这种治理方式程序之复杂、需要回应的问题之多也可能会使公共事务的治理更加困难。但只有这种方式才符合时代发展的要求，才会收到良好的治理效果。

第二，国家治理方式、方法的科学化。科学是人类按照理性和逻辑的方式认识事物的成果和方法。从广泛的意义上讲，符合科学就意味着人们做事是有道理、有根据的。对国家治理来说，它的科学性包括两个层面：其一是经验科学。如市场经济比计划经济更有效率；绝对的权力导致绝对的腐败；价值规律；社会具有自我协调、自我治理的机制和能力等。其二是理性科学。如对社会事务必须进行科学的规划、管理，自由放任政策只会带来社会动荡；集权的、层级化的政府结构有利于组织社会和管理社会等。对中国来说，实现国家治理方式、方法的科学化，必须"发挥市场在资源配置中的决定性作用""大幅度减少政府对资源的直接配置"，放宽市场准入条件，尊重和保护社会组织、团体的自治权利和参与公共事务的权利，发展各种形式的社会自律、自治。与此同时，要"更好地发挥政府的作用"。建立科学的政府体制，建设法治政府，实现决策的科学化、民主化、提高各级领导干部应对复杂局势的能力等。

第三，国家治理行为、治理过程的程序化。程序公平、程序正义是结果公平、结果正义的重要保障。没有公平、正义的严格程序，治理过程就缺乏严格的规程，就会为那些貌似合理的行为大开绿灯，就没有法治可言。从某种意义上讲，自由平等、民主法治、公平正义等社会主义核心价值的实现都取决于有没有或能不能建立起一套合理的、得到认同和严格实施的程序。因为程序是纠正所有"价值"向相反方向转化的条件。程序可以通过确保不同意见有充分表达的机会，防止自由平等、民主法治、公平正义等"美好事物"向激进化、极端化、民粹化方向演变。对当前中国而言，程序化可以说是在治理行为、治理过程中的一块"短板"，上至各级政府、下至普通民众，均缺乏明确的程序意识和遵守程序的习惯。所以，树立程序意识是必须加紧弥补的一课。同时要增加有关程序，尤其是行政决策前置程序的制度供给，改变没有程序可供遵循或因程序性规定不严格、操作性不强而造成的"可以遵循也可以不遵循"的情况；政府工作人员尤其要带头严格遵循程序，严格按程序办事，在全社会发挥表率作用。

第四，国家治理行为、治理过程的制度化。制度化是近现代国家治理活动取得良好效果必须坚持的基本原则，但不同的时空范围制度化的含义和衡量标准截然不同。在传统社会，制度化的最高目标是将统治者与被统治者之间的统治——服从关系固定化，保障统治者统治地位的稳固。它是依靠宗教和伦理道德的教化作用、暴力机器的恫吓与镇压作用才得以实现的，本身就蕴涵着破坏制度的可能，因此，制度化只能在低水平徘徊，在短期和局部内实现。在现代社会，制度化的含义是所有治理行为、治理过程的规则化、法治化、程序化。它从市场经济那里获得不竭的动力，依靠法律获得最大的保障。"真正实现社会和谐稳定、国家长治久安，还是要靠制度，靠我们在国家治理上的高超能力，靠高素质干部队伍。"[1] 对处于现代社会的国家来说，要实现治理方式的制度化，就必须高度重视制度化建设，努力做到每一个具体行为、步骤都严格按照制度的规定进行。制度化必须使制度具有可操作性和相对稳定性，增强约束力，防止制度变成"纸老虎""稻草人"。从维护社会公平正义和公民权利这一基本原则出发制定和完善各项制度，防止出现制度愈多、公民权利愈难以维护的现象。当前尤其要加紧制定和完善有关约束公权力和规范社会组织的制度，包括"三公经费"的使用和管理制度、财政预算制度和转移支付制度、政府信息公开制度、回应社会关切制度、社会组织成立备案制度、社会组织公开信息接受监督的制度等。通过对这些制度的修改和完善，弥补现有制度体系中存在的几处比较明显的"短板"，为治理行为的制度化创造条件，并真正做到令行禁止，增强"明规则战胜潜规则"的信心。

第五，国家治理结果的有效性。一切治理行为，无论其理论多么完美，理念多么先进，口号多么响亮，最终都要看其实际效果。如果效果不

---

[1] 习近平：《切实把思想统一到党的十八届三中全会精神上来》，《人民日报》2014 年 1 月 1 日。

佳，再完美的理论、理念、口号都难免归于失败。这是实践是检验真理的唯一标准在国家治理问题上的具体体现。对当前的中国社会来说，治理结果的有效性集中体现在民生改善、生态文明建设、社会公平正义、经济结构调整和经济发展方式的转变等方面。要切实改变"唯 GDP 论英雄"的旧观念，真正把改善民生、保障所有人享有公平的机会、民主法治建设、生态环境保护等作为治理目标。同时，严格控制三公支出，加大审计监督、舆论监督力度，控制行政机关人员增长的速度，把"老百姓要过好日子，政府就要过紧日子"的思想落到实处。进一步完善政治与行政体制，建立结构合理、职权匹配、配合密切、行动高效的行政体制，为提高行政效率、改善行政效能提供保证。尤其应当释放市场和社会活力，发挥市场和社会的自治、自律功能，通过政府与社会的合作，提高治理过程的有效性。

总之，国家治理能力现代化是一个包括思想观念、体制机制、行为方式在内的整体。思想观念的现代化、体制机制的合理化、方式与手段的科学化共同构成现代化的治理能力。各级政府、社会团体、企业、公民都要转变思想观念，熟悉现代社会进行或参与公共事务治理活动必须遵循的原则和要求，形成与民主、法治相一致的讲规则、重权利、尚平等、愿协商、求共识的态度，推进现代化国家治理能力的提升。

四 国家治理体系和现代化的相互促进

国家治理体系的现代化与国家治理能力的现代化互为条件，相得益彰。

第一，现代化的治理体系为提升现代化的治理能力提供结构性前提和体制性保障。根据结构功能理论，结构是更具有根本性制约作用的方面，结构的不同决定了系统内部各子系统及其要素所扮演的角色和功能发挥的限度。因此，现代化治理体系的确立，是实现治理能力现代化的体制性前提和结构性保障。治理体系作为一个大的系统或结构，规定了不同主体的地位、属性、关系，进而决定了不同主体的活动方式与能力限度。从这一角度讲，所谓的治理能力就是对治理结构的适应力，治理能力的现代化就是各种主体对现代化治理结构的适应性问题。能够适应多元主体既合作，又监督，依法行事的治理结构，也就具有了现代化的治理能力。因此，培养现代化的治理能力必须同时改革、完善治理体系。不完善国家治理体系，只强调国家治理是难以成功的；治理体系的现代化是一个大的系统工程，牵涉到整个社会结构的现代化，它的最终达成也就形成了一种特定类型的社会环境。而治理能力是包括政府在内的多种治理主体在这一环境下履行其功能、达成其目标的能力。从根本上讲，这些主体只有完全处在现代社会的环境与治理结构中，才能真正具备现代化的治理能力。在这样的环境、结构里，所有的活动也只能是巩固而不是破坏这样的环境和结构。在这个意义上可以说，现代化的治理结构是现代化治理能力的根本保障。

第二，治理能力现代化为现代化治理体系不断发展创造了条件。体系的形成和发展是一个不间断的过程，这一过程需要经过漫长的试验和调适，因此，国家治理体系的现代化是以人们思想观念和行为方式的现代化为前提的。正是改革开放以来中国民众思想观念和行为方式所发生的变化，才对治理结构、治理体系的现代化提出要求、提供动力。因此，需要保护民众的这种改革要求，尊重群众的首创精神，赋予民众更大的自由探索空间；同时，"把摸着石头过河与加强顶层设计结合起来"[1]，最终完成建立现代化国家治理体系的任务。当然，在新的国家治理体系还没有完全建立起来的情况下，具体的主体是可以发挥能动性的，[2] 即是说，没有完全实现现代化的治理体系并不排斥有些干部、阶层、群体或个人具有比较现代化的思想观念和行动能力。因此在一定条件下，允许一些地方、行业、团体率先进行治理方式的探索和创新，建立起现代化的国家治理体系。

第三，治理能力现代化是治理体系、治理方式转型的目的。在治理体系现代化和治理能力现代化哪一个更为根本这一问题上，首先应该说两者都是我们的奋斗目标。因为它们对于实现国家全面现代化的任务来说都具有根本性的意义。但是，归根结底，体系的现代化仍然是为能力的现代化服务的。因此不能有那种建立了一种现代化的治理体系，就万事大吉甚至历史从此终结的想法。因为没有一种体系是完美无缺、永恒不变的，良好体系的维持同样需要大的热情去维护和改善。[3] 因此，国家治理能力的现

---

[1] 《中共中央关于全面深化改革若干重大问题的决定》，《中国共产党第十八届中央委员会第三次会议文件汇编》，人民出版社2013年版。

[2] 郑杭生、李强：《社会学概论新修》，中国人民大学出版社2013年版，第175—176页。

[3] 斯图亚特·密尔：《代议制政府》，商务印书馆1981年版，第7页。

代化才是更为根本的目标，应以现代化治理体系的建立为保障，最终落实到治理能力的不断提升上；在完善治理体系的过程中不断提升治理能力。用国家治理能力的现代化为国家治理体系的现代化铺平道路，顺利地建立起现代化的国家治理体系。

五 国家治理体系和治理能力现代化的重要意义

党的十八届三中全会站在历史发展的新起点、新高度，对中国未来的发展事业做出了全面规划，提出了全面深化改革的战略任务，在政府与市场的关系、发挥市场作用、城镇化、教育、社保、计生、医疗、政治与行政体制改革、反腐败、国家安全等方面做出了一系列新的部署，将对中国的改革事业再次向前推进一步。这些改革任务既是全社会各阶层、群体所想往和期盼的，又因为涉及利益结构调整而不可避免地会遇到阻力。同时，在中国这一超大规模的社会里，要全面实施、顺利推进如此之多的改革任务，就必须做出全盘统筹规划、协调协同，获得各社会团体、阶层、群众的配合、支持和参与，尤其是需要现代化的国家治理体系和国家治理能力作为保障，这就涉及了国家治理体系和治理能力的现代化在完成深化改革任务中的作用和地位问题。

首先，国家治理体系和治理能力的现代化本身就是全面深化改革任务的组成部分之一。党的十八届三中全会提出的改革任务涉及经济、政治、文化、社会、生态文明建设等方面，是一场全面的改革。在这些改革任务中，国家治理体系和治理能力的完善本身就是改革任务的有机组成部分之一。就此而言，它与其他改革是并列的关系，是整个改革任务的一个方面。这种改革从狭义上讲，主要局限在行政体制领域，着力解决"政府干预过多和监管不到位的问题"，服务于发挥市场在资源配置中的决定性作用这一目的，内容是减少行政审批和政府对资源的直接配置，科学界定政府职能，真正形成适应市场经济要求的行政体制、行政方式、行政能力。

其次，国家治理体系和治理能力现代化是全面完成深化改革各项任务的政治保障。国家治理体系和治理能力现代化是其他改革任务顺利实施、全面完成的政治保障。这在政府与市场关系的调整中可见一斑。中共十八届三中全会指出："市场决定资源配置是市场经济的一般规律，健全社会主义市场经济体制必须遵循这条规律，着力解决市场体系不完善、政府干预过多和监管不到位问题。""必须加快形成企业自主经营、公平竞争，消费者自由选择、自主消费，商品和要素自由流动、平等交换的现代市场体系，着力清除市场壁垒，提高资源配置效率和公平性。""最大限度减少中央政府对微观事务的管理，市场机制能有效调节的经济活动，一律取消审批。"由此可见，改革的一个目标就是实现"国家权力向社会的回归"。国家治理体系和治理能力就是为以释放市场活力为主导精神的改革提供配套的体制，治理体制、治理方式的改革将不断开辟新的市场领域和空间。因为政府与市场之间存在着此进彼退、此退彼进的关系。减少政府配置资源的活动，市场就有了更多资源配置的可能，企业就有了更大的活动空间。明乎此理，各级政府就能够进一步增强改革的主动性，减少政府对资源的配置活动，将主要精力用于提供公共产品上，真正做到"市场的归市场，社会的归社会，政府的归政府"，为推进十八届三中全会确定的各项改革任务开辟空间。

最后，国家治理体系和治理能力现代化是全面深化改革的总目标。国家治理体系和治理能力的现代化作为全面深化改革的总目标，从某种意义上而言既是改革的重要任务，也是完成各项改革任务的政治保障。党的十八届三中全会的《决定》明确指出："全面深化改革的总目标是完善和发展中国特色社会主义制度，推进国家治理体系和治理能力现代化。必须更加注重改革的系统性、整体性、协同性，加快发展社会主义市场经济、民主政治、先进文化、和谐社会、生态文明，让一切劳动、知识、技术、管理、资本的活力竞相迸发，让一切创造社会财富的源泉充分涌流，让发展成果更多更公平惠及全体人民。"在各方面形成一整套更加成熟、更加定型的制度，推进国家治理体系和治理能力的现代化，这是完善和发展中国特色社会主义制度的必然要求，是实现社会主义现代化的应有之义。要全面深化改革，就要更加注重改革的系统性、整体性、协同性。必须明确的是，经过30多年的改革开放，广大党员干部和人民群众对理论、道路和制度更加自信，将从着重"改"的阶段向着重"立"的阶段转变，在继续完善现有制度、体制的基础上使制度更加定型，实现国家治理体系和治理能力的现代化。

培育与践行社会主义核心价值体系，推进国家治理现代化

迪 平 何君安[*]

2014年2月17日，习近平总书记在"省部级主要领导干部学习贯彻十八届三中全会精神 全面深化改革专题研讨班开班式"上发表重要讲话，指出："推进国家治理体系和治理能力现代化，要大力培育和弘扬社会主义核心价值体系和核心价值观，加快构建充分反映中国特色、民族特性、时代特征的价值体系。"[①] 那么，构建和培育社会主义核心价值体系与实现国家治理现代化之间具有怎样的逻辑关系？目前运用价值体系促进国家治理的状况如何？怎样充分发挥这种作用？本文试图对这些问题进行研究，提出一些粗浅看法和建议。

一 核心价值体系与国家治理体系、治理能力现代化的内在逻辑关系

人为万物之灵。人的一切活动除了追求其目标的实现之外，还追求由目标的实现以及这种追求过程所体现出来的价值和意义，追求自身的发展和进步、精神的满足和享受。正是这种对价值和意义的追求使人具有了自我超越的能力，显示了人区别于其他动物的"灵性"，赋予了人无限的潜

---

[*] 迪平：中国社会科学院政治学所研究员。何君安：西北大学公共管理学院讲师。
[①] 习近平：《完善和发展中国特色社会主义制度，推进国家治理体系和治理能力现代化》，新华网（http://news.xinhuanet.com/photo/2014-02/17/c_119374303.htm），2014年2月17日。

能。因此，对价值的追求是人之为人的确证和标志之一。

人又是"名副其实的社会动物"，通过参与社会生活，形成自己对生命、生活及世界万物之价值性的理解。在人所追求的诸多价值中，其中一些是一个社会所有成员共同认同的、具有持久生命力、最能表现本民族独特性的价值，是为该社会的核心价值。它实际上是一个民族之精神追求的集中体现，是该民族对自己战胜艰难困苦、玉汝于成、创造出辉煌成就所依靠的精神力量的总结提炼，是民族对于什么样的行为才是合意的、什么样的生命是有意义的等问题进行思考的结果，也是本民族对于理想社会的面貌、特征和理想人格等进行的抽象。由于这些核心价值具有内在逻辑的融贯性，能够对矛盾、复杂、变动不居的世界做出连贯的解释，因而构成了一个有着自身特色、逻辑自洽的体系。它能为人们认识和应对世界提供基本的导引，促进社会形成共同的世界观和"游戏规则"，从而使人们相互理解，构成协调运转的社会有机体。它还能凝聚、动员所有社会成员，使他们处理好个人利益和公共利益、物质利益和精神追求的关系，从而超越当下和眼前，为更高层次的目标奋斗——这是民族、社会、国家得以发展进步的重要力量。

因此，"价值现象具有某种超越的性质，它是产生于现实和实践，又高于现实的现象"[1]。在这种"形上之道"的导引与综摄下，才有了人们对于具体事物的态度、思维和行为选择，有了特定的制度、法律以及国家治理活动。从这一意义上讲，国家及其治理体系、治理方式是在价值体系的导向作用下形成的，是依靠价值体系提供的世界观、精神激励作用和"游戏规则"建构与运行的。正如恩格斯所说："并不是只有经济状况才是原因，才是积极的，而其余一切不过是消极的后果。这是在归根结底不断为自己开辟道路的经济必然性的基础上（政治、法律、哲学、宗教、文学、艺术）的相互作用。"[2]

具体而言，价值体系在实现国家治理及其现代化过程中能够发挥的功能包括：

第一，导向、引导功能。自由、平等、民主、法治、公平、正义和谐、爱国、诚信、友善等价值，都是人们对于理想社会的诉求，是对生命价值的选择，具有精神性和想象性、超越性和完美性、终极性和神圣性。一个社会具有自己的核心价值体系，就会为人们指明社会发展的终极目

---

[1] 李德顺：《价值论》，中国人民大学出版社2007年版，第25页。
[2] 《马克思恩格斯选集》第4卷，人民出版社1995年版，第253页。

标，描绘社会理想状态的"模样",提供个人行为的意义阐释系统,这是社会发展的根本目的和终极方向,是支撑人们克服现实困难的动力源泉。国家治理体系、治理过程以这样的终极目标为方向,以完美、至善的理想社会状态为"摹本",才能获得纠正、消除现实中各种"不善""不义"现象的精神与道义力量,并将当下所做的事看成实现这一理想的具体环节,因而赋予它特殊的意义。缺乏价值导向的国家治理活动,必然缺乏超越感、神圣感、方向感,难以得到公众甚至治理者自身的认同,不但增加了治理成本,降低了治理效率,甚至可能会使"权宜之计"成为主流,使整个社会陷入短视、投机的状态。

近代以来,工业革命、科学革命、政治革命和市场经济的发展,使人们对民主、自由、正义、平等、法治等价值有了更强烈的认同。可以说,这是现代社会具有必然性的价值,适应现代社会的运行机理,符合现代人的人格特征,能够对其做出融惯性解释。[①] 将其确定为社会的核心价值,明确宣布国家要保障自由、实行民主、依法而治、维护正义,将为国家治理体系和治理能力提供现代性的价值导向,引导国家治理体系和治理能力向现代化的方向发展。

第二,凝聚、整合功能。任何社会都需要凝聚与整合。凝聚、整合的方式可以是行政力量、军事力量、法律法规,但更需要一套共同认可的价值体系。托克维尔说:"一个没有共同信仰的社会,就根本无法存在,因为没有共同的思想,就不会有共同的行动,这时虽然有人存在,但构不成社会。因此,为了使社会成立,尤其是为了使社会欣欣向荣,就必须用某种主要的思想把全体公民的精神经常集中起来,并保持其整体性。"[②] 而对于正处在由传统向现代转型的社会来说,凝聚与整合又有着特别重要的意义。因为"传统与现代社会都是稳定的,现代化当中的社会最不稳定"[③]。但是,转型社会的价值体系还应该有一些特殊"气质",即一方面要适应社会的未来发展趋势、方向和生产力要求,能够预见、解释、适应社会未来发展的要求;另一方面又符合民族的文化传统、思维方式和习惯心理,能够得到大多数人的认同。否则,就有可能导致价值体系与社会

[①] 参见张凤阳《现代性的谱系》,江苏人民出版社2012年版,第18—43页。
[②] 托克维尔:《论美国的民主》,董果良译,商务印书馆2002年版,第525页。
[③] 亨廷顿:《变化社会中的政治秩序》,王冠华等译,上海人民出版社2008年版,第5页。

普遍思想观念的断裂。这就需要将现代市场经济所需要的自由、平等、法治、正义等价值和传统社会的和谐、友善、仁爱等价值结合起来①，尤其是在单纯强调前者已经导致了很多社会问题的情况下。这样，国家治理体系和治理方式以融合了传统价值与现代价值的综合性价值体系为导向，会增强人们对国家及其行为的认同，更稳健地推动国家治理体系和治理能力向现代化方向演进。

第三，激励、促动功能。把自由、法治、正义、平等、民主等价值作为治理国家的价值导向，改革不符合这些价值要求的体制机制、法律法规，废除和纠正与这些价值不相适应的习惯做法，可以促进国家治理体系改变传统的集权体制和命令式行政，走上依法而治、保障公民权利和发挥市场与社会自治功能的新路。将这样一套价值体系深入干部的头脑中，能够使各级干部不再将权力和特权相混淆，不再从高人一等的社会地位中体会"成就感"，而是真正从自己的职业成就中获得喜悦，从与其他社会成员的平等身份和自己的平民作风中树立权威，从真正实现自我的生命价值中得到精神满足。将这些价值深入社会全体成员的心中，能够逐渐使社会成员摆脱依附观念和投机意识，消除对"潜规则"的依赖，树立起服从法律、尊重规则、公平竞争、正大光明做事的习惯，为现代化国家治理体系的形成和现代化治理能力的提升奠定基础。

此外有必要指出：利用价值体系促进国家治理、达成国家目标还是中国特有的优势之一。中华民族有这样的传统和丰富经验，善于通过对价值体系的宣传教育以促进社会和谐，帮助国家调动社会资源以实现其目标。国家的制度、体制和具体活动，与价值体系相互渗透与贯穿，结合得非常紧密。国家善于将价值体系内化到各级官员的心中，使其将治理公共事务的工作与弘扬社会价值体系结合起来。当代中国在实现国家治理体系、治理能力现代化的过程中，必须更好地继承和发挥这些优势。

以上所论都是价值体系对国家治理的促进作用。反过来，国家治理体系和治理能力的现代化对于加快培育和形成社会主义核心价值体系也具有重要作用。国家采用的治理体系和治理方式本身就具有价值导向功能，可以极大地影响一个社会的价值观和价值准则。国家以管理社会的实际效果

---

① 《杜维明 VS 袁伟时：究竟怎样对待中国传统文化》，共识网（http：//www.21ccom.net/articles/sxwh/shsc/article_ 2010120225643.html），2010 年 12 月 1 日。

证明着自己所尊奉的价值体系的合理性，巩固着该价值体系的主导地位。国家依靠其特有的力量和途径，保障着特定价值体系的实现，通过教育和宣传促进着该价值体系的内化。

中共十八大以来，以习近平总书记为核心的新一届中央领导集体大力减少行政审批，让市场主体和社会力量"舒筋骨、展活力"；改革户籍制度、司法体制、纪检监察体制、废除劳动教养制度，尤其是深入开展反腐败斗争、切实践行群众路线，坚决做到"有腐必反"。这些做法扩大了企业的自由度，弘扬了自由、法治、公平、正义等价值，有利于各级干部形成新的权力观，改变全社会积习已久的"潜规则"心理，树立法治信仰、规则意识、诚信标准，对社会主义核心价值体系的培育、发展和社会化产生了重要影响。

二 当前核心价值体系方面存在的问题及其对国家治理的影响

中国共产党一直重视运用价值体系凝聚社会力量、动员社会支持。尤其是十六大以来，中央更是把这项工作提到前所未有的高度，党和国家领导人多次就这一问题发表重要讲话，使全党对构建中国特色社会主义核心价值的认识更加深刻、行动更加自觉。经过探索，党的十八大报告提出了"三个倡导"，即"倡导富强、民主、文明、和谐，倡导自由、平等、公正、法治，倡导爱国、敬业、诚信、友善，积极培育社会主义核心价值观"[①]。这是对社会主义核心价值体系比较明确的表述，表明认识又向前迈进了一步。

但是，在全球化和社会转型的背景下，当前价值领域还存在一些问题，对国家治理带来了不利影响。价值体系与国家治理的渗透与融入程度还有待增强。具体来说，在价值领域及其与国家治理的结合上，目前存在的问题有：

一是价值体系自身尚处于培育和形成过程之中，还未完全成熟、定型。自近代中国融入世界体系开始，以儒家思想为主导的传统价值就屡次

[①] 胡锦涛：《坚定不移沿着中国特色社会主义道路前进 为全面建成小康社会而奋斗》，人民网（http://cpc.people.com.cn/n/2012/1118/c64094-19612151-6.html），2012年11月8日。

遭遇严峻挑战。今天，虽然传统在"复兴"，但是，这种"复兴"不是原有价值的简单"重复"，而是要在融合现代价值的基础上进行"重构"与"创新"，而这一定是一个长期的过程。与此同时，对市场经济所需要的自由、平等、法治、正义等价值还停留在理性认识阶段，远没有深入人们的思想观念之中，成为生活方式、思维方式、行为模式的组成部分。价值问题是一个"体系性"问题，需要人们根据社会发展状况对传统与现代、个人与社会、物质与精神、伦理与功利、民族与世界的本质、关系不断反思，才能最终形成既稳定成熟，又容许"异见"；既包容社会多种需要，又有特定倾向性的逻辑自洽的体系。诚如有的学者所言："要准确地把握价值现象的本质和特征，就必须深入全面地理解人类的生活实践，实事求是地考察人类生活实践的表现和逻辑，才能得出科学有效的结论。"[①] 而"现代价值观念在一定的国家、民族的传统中的生成过程……实际上是一种观念上的革命"[②]。但是，从改革开放算起，中国社会的真正现代化只有短短三十多年的时间，价值体系自身还不可能完全成熟、定型。

在这种情况下，一方面，社会生活中价值混乱、价值错误、价值颠倒、价值虚无的现象还在一定范围内存在，客观上增加了治理的难度。另一方面，国家治理过程、治理方式也难免"导向不明"。如当前在一些干部中特权观念、享乐主义、奢靡之风浓厚，既缺乏传统士大夫"忧国忧民"的情怀和老一代共产党员走群众路线的自觉，又没有树立起现代人的职业理想和敬业精神。对于法律、制度、政策、纪律缺乏严格执行的勇气，缺乏自我约束意识，游走于正式规定与"潜规则"之间。这样的治理方式、治理能力与许多干部模糊的价值认知、价值追求有着密切关系。

二是价值体系促进国家治理的功能还没有充分发挥。价值体系对包括公职人员在内的全社会都有引导、规范、聚合等功能。中国共产党也一直重视运用价值体系促进国家治理。但一方面，市场经济下"功利性人格"的产生具有一定的必然性；另一方面，由于近年来党的纪律在一定程度上有些松弛，制度尚不严密，违背价值准则的行为不能及时得到惩处，由此，价值体系的规约、导向功能受到损害，甚至出现老实人吃亏的逆向激

---

① 李德顺：《价值论》，中国人民大学出版社 2007 年版，第 25 页。
② 江畅：《论价值观念现代化的中国特色——从现代价值观念的国家特色、民族特色和传统特色说起》，《人文杂志》2004 年第 2 期。

励,导致价值体系更多地停留在宣示、口号、理想层面,而不是各级政府部门和干部的实际行动准则,国家治理过程的规范化、制度化、法治化程度不高,随意决策、变通执行、滥用权力的现象比较普遍。

三是某些体制、法律规定与价值体系不相适应,导致价值要求难以落实。价值是必须落实的,不落实的价值,不仅不能发挥各项积极功能,还可能成为"反讽"工具,起到相反的作用。目前,在体制方面,存在着与价值要求不相适应、导致价值难以落实的情况。如司法机关独立行使审判、监督等职权是公平正义的重要保证,也是现代国家治理体系的重要特征。但是,普遍的属地化管理使司法机关受到地方干预的可能性较大。而在司法审判过程中,又存在着审理者不审判、审判者不审理的情况,导致冤案、错案难以追责。又如,纪检监察机关负责对干部进行监督,但是,过去的体制很难解决同体监督、一把手监督的难题。再如,保障公民合法财产权是法治的基石。但是,现有的行政、财税体制和绩效考核办法导致地方"土地财政"现象难以在短期内得到纠正,又使得暴力强拆事件不断发生,破坏了公民的财产权,损害了政府的权威。还有干部"带病提拔"问题、被处分干部违规复出问题、三公经费超预算问题、招投标暗箱操作问题等,都因为体制改革不到位而难以得到解决,使得公开、公平、公正的价值受到阻隔,难以落实。

四是价值体系尚未充分内化导致治理活动常常背离价值体系。价值体系只有内化到干部和全体民众心中,成为人们的思维方式、行为模式,才能最大限度地使国家治理行为符合价值要求,充分现代化。当前,人们虽然普遍认同和接受自由、平等、民主、法治、正义等价值,但是,许多人对这些价值的内涵、要求、条件、关系都是一知半解,日常交往规则也并不遵循这些价值的要求,导致这些价值只是人们理性上承认的"好东西",但却与日常的思维、行为有相当的隔阂。如很多人把那些勇于维护权利、坚持原则、敢于打破潜规则的人看成是"异类",或多或少地进行排斥;少有人知道民主、法治、正义的前提是每个人都遵循公共规则、关心公共事务、履行公民责任,而是普遍持有公共事务与己无关的态度,更有甚者视公共财产为"无主物",千方百计地"挖墙脚";缺乏诚信和契约意识,对违背规则的行为不以为意,甚至沾沾自喜等。在这种情况下,政府等公共权力机关只能"管制"社会,较多地干预市场,使政府与市场的界限模糊不清,治理活动不适应现代社会的需要。

三 建议与设想

全面深化改革，实现国家治理体系和治理能力的现代化，这是以习近平总书记为核心的新一届中央领导集体在总结中国三十多年来经济社会发展进步根本经验的基础上，根据对制约中国进一步发展的障碍因素的科学把握而做出的重大战略决策。实现这一目标，不能仅仅局限在国家治理体系和治理能力本身上，而是要和构建中国特色社会主义核心价值体系结合起来，为实现国家治理现代化创造环境、明确方向、提供动力、培植基础。

第一，加快构建反映中国特色、时代特征、民族特性的价值体系的步伐。价值的虚无、价值观的混乱，对任何社会来说都是值得重视的事情。美国近年来兴起的施特劳斯学派，就是针对自由主义思想高歌猛进所导致的价值虚无主义而产生的反拨。虽然施特劳斯仍是为西方制度辩护的，但是，他批判价值中立、价值祛除的观点对我们还是有启发的。他指出：任何民族、社会都建立在一些具有特别倾向性的"信仰"基础上，即任何政治社会都是一个"封闭的社会"。近代以来，西方高举"理性"的大旗，用"进步"观念取代了"自然正当"概念，结果是"理性发展得越高，虚无主义也就发展得越深，我们也就越无法成为社会的忠诚成员"[1]。当代中国虽然不至于像西方社会有些人那样美丑不分、以丑为美，但是，功利型人格、"一切向钱看"的思想还是比较普遍的。相当多的人把"金钱""财富"当成生活的唯一目的，财富的多寡即意味着能力的高低和人生的成功与失败，而追求财富又不按照规则进行，投机行为普遍，更不用说思考生命意义这类终极问题了。现代人在收获物质丰裕的同时，精神世界的空白、生命意义的"悬空"这种现象在中国也出现了。

价值的虚无、价值观的混乱非常不利于形成清廉高效、运转协调的国家治理体系。一方面，它降低了社会的凝聚力，增加了分歧，歧见的产生，使社会难以达成共识；另一方面，使治理者自己可能失去对事业、职业的神圣感、使命感、责任感，仅仅将其视为谋利的工具。要改变这种状况，就必须加快核心价值体系的构建。在内容上，核心价值要进一步凝

---

[1] 列奥·施特劳斯：《自然权利与历史》，彭刚译，三联书店2001年版，第6页。

练。在原则、方法上，要树立既继承传统又面向现代的态度，既发挥国家引导作用又尊重社会的自发性，既弘扬集体性价值又承认和尊重个体价值，既承认客观的价值标准又促进人们自觉提升其主体心性，既照顾到人们的现实需要又具有终极性和超越意义。在价值体系的教育、宣传方面，要对传统与现代、本土与世界、客观与主观、社会与个人、物质与精神、道德与功利等各类价值加以综合平衡，真实地向公众阐述这些价值的内涵、演变、要求、后果等，以使人们做出鉴别，加以体会，最后形成融贯的、现代性的中华民族价值系统。要逐步实现主流媒体和民间舆论在价值宣传、价值理解方面的一致，缩小两者的差距，不能一方面期许过高，给人留下空洞、虚幻的感觉；另一方面又太过"现实"，缺乏导向作用。要加快改革现有体制、推进国家治理体系的现代化，提升按照现代社会的要求治理国家的能力，切实做到干部清正、政府清廉、政治清明。一个清廉、法治、公正、真正为人民服务的政府，将会极大地改变社会风气，促进正确价值观的形成。

第二，进一步发扬善于利用价值体系促进国家治理目标实现的优势和传统。中国传统政治文明有一个重要特点，即国家要行使教化民众的职责。孔子甚至认为，教化人民是比让人民生活得好更重要、更高级的目标[1]，反过来，也只有通过对人民进行教化，才能从根本上将国家和社会治理好。[2] 今天，有关观点当然会有所变化——除了教育人民外，国家还要受到约束，要允许和鼓励人民自己去探索、创新、试验，但是，通过价值体系的构建和弘扬实现国家治理目标这一点却不会改变。要继承中华民族的传统，将价值系统视为国家治理体系的重要组成部分，维护国家意识形态安全，繁荣哲学社会科学，发挥学术研究机构和理论界的作用，加强对核心价值体系和价值观的研究与阐发。教育部门要真正让核心价值进入学生头脑。各级党组织和政府机构、企事业单位、社区都要将核心价值融入日常管理工作中。要旗帜鲜明地宣传中华民族传统价值体系中的精华部分，宣传民族复兴、国家富强的"中国梦"，宣传公平正义、民主法治、自由平等，让这些核心价值成为人们的信仰和行为尺度，自觉按照这些价

---

[1] "子曰：庶矣哉！""既庶矣，又何加焉？""曰：富之。""既富之，又何加焉？""曰：教之。"（《论语·子路》）

[2] "道之以政，齐之以刑，民免而无耻；道之以德，齐之以礼，有耻且格。"（《论语·为政》）

值规约自己的生活，促进社会的治理。

第三，要合理、明确地确定价值体系排序。合理的价值排序能够将多元价值之间的矛盾、冲突转化为和谐共存，更有利于人们形成共同的价值认同。在诸核心价值中，在当前的社会现实面前，应该赋予法治一定的优先性，给予特别的重视。因为法治是现代国家治理最重要的特征和方式，是当代中国各阶层、群体"共识度"最高的价值，对解决中国当前的社会矛盾有很强的针对性，对建构核心价值体系和实现国家治理体系、治理能力的现代化具有"突破口"的作用。将法治要求贯彻到政治建设、经济建设、文化建设、社会建设等领域，贯彻到政府管理、企业竞争和公民个人行为等层面，可以在不影响经济社会稳定发展的前提下，"牵引"、带动整个社会的"精神气质"、行为习惯、思维方式发生变化，使人们养成"按明规则办事"的习惯，树立起自觉服从规则、敬畏法律、对自己的行为负责、光明正大做事、坦诚真挚等美德。

在确立法治价值优先性的同时，还要关注那些具有超越意义、终极意义的价值，让人们追求更加高尚、更有意义的生活。在传统社会里，儒家思想为士大夫提供了兼济天下、忧怀万民的高尚追求；近代，国家独立、民族富强为先进的人们提供了百死无悔、勇于献身的精神动力；在继承优秀传统的同时，倡导志愿精神、服务精神、公民精神、职业精神、荣誉意识，帮助人们在市场经济环境下"自我超拔"，追求更高的境界和更有价值的生活。

第四，综合协调推进诸价值的落实。在价值落实方面，既要有所优先，也要综合协调推进，不应当顾此失彼。毫无疑问，容易被回避的价值主要是自由、平等以及与之相关的人权等。事实上，自由、平等、人权并非"洪水猛兽"，教育和传播它们也未必会引起混乱。相反，对自由、平等、人权的正确理解，恰恰是法治的条件，也是国家治理体系和治理能力现代化的条件。不能设想：在大多数民众对自由、平等、人权的内涵、条件一知半解的情况下，这个国家会实现治理方式、治理能力的现代化。政府应该向人民群众实事求是地说明这些价值的含义及其发展演变，说明它们对个人行为提出的更高要求——对自己的行为负责、关心和参与公共事务，说明中国传统文化中对这些价值的理解及其与西方的不同，以及如何将这些"泊来价值"融合到本土价值体系中去。这样，价值体系才是完整的、真实的。

第五，通过推进国家治理体系和治理能力的现代化，使核心价值的内容更加明确、要求得以贯彻、作用得以彰显。国家治理体系的状况和治理能力的高低对社会核心价值系统具有重要影响。十八大以来，中央开展的反腐败斗争和依法治国实践，极大地严明了党的纪律，堵塞了制度漏洞，弘扬了社会正气，改变了一些人错误的思想观念和价值判断，使人们对法治、公平、正义等价值的信心大为增强。人们坚信，随着更多改革措施的出台，随着国家治理体系和治理能力进一步向现代化的迈进，社会风气会进一步好转，社会主义核心价值体系的内容会更加明确，引导与规约作用会进一步彰显。

国家治理体系现代化是全面深化改革的必然要求

周 平[*]

在"推进国家治理体系和治理能力现代化"中,国家治理体系现代化和国家治理能力现代化是一个有机的整体。其中,国家治理体系是国家治理的制度架构,而国家治理能力则是国家治理体系发挥作用的表现,内含于国家治理体系之中。因此,推进国家治理体系和治理能力现代化之根本,当是构建现代化的国家治理体系。这个目标必须也只能通过全面深化改革才能达成。从这个意义上说,构建现代国家治理体系是全面深化改革的核心任务。

一 推进国家治理体系现代化,必须准确把握国家治理体系的内涵

"国家治理体系现代化"这个命题,是党的十八届三中全会首次提出的。然而,近年来,西方的治理概念在中国颇为流行,影响甚大。与此同时,中国历史上传统的国家治理观念的影响也仍然存在。许多文献中的国家治理概念,指的都是传统的国家治理。在这样的条件下,把握推进国家治理体系现代化这一重大命题的内涵,必须厘清现代国家治理体系与相关概念之间的区别。

近年来,由西方传入中国的治理概念,强调国家或政府向社会让渡权力,主张经由政府、企业、社会组织共同协商而解决社会面临的突出问

---

[*] 周平:云南大学公共管理学院教授。

题。这样的治理实质上是社会的公共治理。而党的十八届三中全会提出的"推进国家治理体系和治理能力现代化",其核心是国家治理,而不是公共治理。国家治理的实质,是充分发挥国家权力的作用,在国家的范围内动员和调配资源,解决国家范围内的各种突出问题。

"国家治理体系现代化"这个命题中的国家治理,与中国历史上的国家治理也有所不同。中国历史上的国家治理或传统的国家治理,虽然高度重视和强调国家权力的运用,但国家治理的目的是维护王朝的统治,因而不承认或不关注其他社会主体的作用,国家权力不受法律制度的约束,不关心人民群众的感受和利益。而"国家治理体系现代化"这个命题所要求的国家治理是现代国家治理,与传统的国家治理存在着本质区别。

"国家治理体系现代化"这个命题,不仅要求实行现代国家治理,而且要构建一个现代化的国家治理体系。这样的"国家治理体系"是一个制度化的治理架构,它不仅要有完整和科学的制度安排,而且必须建立协调有效的组织体系,形成保证制度和组织体系灵活运行的机制。同时,这样的制度架构还必须能够有效形成和充分发挥国家治理能力,有效地解决国家发展中所面临的现实矛盾和问题。

推进国家治理体系现代化或构建现代化的国家治理体系,是社会主义政治文明建设的重要任务。因此,构建现代化的国家治理体系,不仅要坚持走中国特色社会主义政治发展道路,贯彻中国共产党民主执政、依法执政、科学执政的基本要求,还必须体现现代社会和现代治理的要求。具体来说,主要有以下几个方面:

第一,要适应社会发展。在30多年的改革开放进程中,中国的现代化快速推进,中国社会正在由传统社会向现代社会转型。现代化的国家治理体系,必须适应中国社会现代发展的要求,以与现代社会运行机制和发展要求相适应的方式组织和运行。

第二,要发扬人民民主。在社会快速现代化的过程中,人民的受教育程度、思想观念、公民意识、交往方式、利益要求等都发生了深刻的改变。现代化的国家治理体系,要有利于人民的参与和利益表达。

第三,要坚持依法治国。将国家治理的规则法律化、制度化,既是现代法治的基本精神,也是现代国家治理的基本要求。国家治理体系的现代化,必须将依法治国的要求内含于其中,能够保证国家治理在法治的轨道上运行。

第四，要规范权力运行。国家治理体系的核心，是国家权力的运用。离开国家权力，国家治理就无从谈起。但是，在现代化的国家治理体系中，国家权力及其他社会权力都必须按照既定的规范运行，不允许任何组织和个人有超越法律的权力，不让国家权力被滥用。

第五，要讲求成本效益。国家治理过程必然消耗大量的资源，形成治理成本。但是，现代化的国家治理体系，不能只考虑结果而不计成本。相反，它必须以最小的成本争取最大的效益。

二　推进国家治理体系现代化，必须与国家发展的更高目标相结合

党的十八届三中全会，将"推进国家治理体系和治理能力现代化"设定为全面深化改革的总体目标。但是，不论是全面深化改革还是"推进国家治理体系和治理能力现代化"，都是为了实现国家发展的更高层次目标，打造中国发展的升级版，最终实现中国梦。因此，从这个意义上说，国家治理体系现代化或构建现代化的国家治理体系，不过是实现国家发展更高层次目标的路径选择。

自党的十一届三中全会开启改革进程以来，中国改革开放已经经过了30多个年头，并不断走向深入。以邓小平为核心的党的领导集体，不仅做出了将工作的重心转移到经济建设上来和改革开放的重大决策，而且克服艰难险阻，领导人民开展了广泛而深入的改革，取得了巨大的成绩；以江泽民为核心的党的领导集体，领导人民沿着改革开放的道路继续前进，基本建成了小康社会；以胡锦涛为总书记的党的领导集体，领导人民继续深入进行改革开放，在全面建设小康社会的进程中取得了伟大胜利。在不断深入的改革开放的推动下，中国的现代化进程以前所未有的速度向前推进，经济建设、政治建设、文化建设和社会建设都取得了举世瞩目的成就，中国社会发生了巨大而深刻的变化。

中国改革开放和现代化的快速推进，正好是在全球化快速和向纵深发展的背景下展开的。经过30多年的改革开放和快速发展，中国也越来越融入世界体系之中。中国建设和发展受到国际环境的深刻影响，中国的建设和发展也深刻地影响着世界。中国已经快速地崛起，并且还将继续保持强劲的发展势头。

然而，也必须看到，随着改革开放的不断深入，改革进程中遇到的矛盾和问题越来越多，解决矛盾和问题的难度也越来越大。而且，现在遇到的矛盾和问题，不论是在经济领域、政治领域、文化领域、社会领域，还是在生态文明建设、党的建设中，都不是孤立存在的，许多的矛盾和问题相互紧密地联系在一起，甚至是牵一发而动全身。国内的问题与国际的问题也常常紧密相关。因此，关于改革步入深水区的表述，是有着丰富而深刻的内涵的。

与此同时，人民群众在改革开放和现代化建设取得伟大成就的基础上，都获得了实际的利益——尽管不同阶层、不同群体获得的利益有所不同，但全体人民都在改革开放和经济社会发展的基础上获得了利益，这是不可否认的。不过，已有的现实利益的满足又会催生更大的利益要求。在改革开放取得伟大成就的同时，人民群众的新要求和新期待也在不断攀升。

以习近平为代表的党的领导集体，不仅不回避问题和困难，而且以更大的气魄、勇气和毅力，积极回应人民群众的新要求和新期待，提出了国家发展的更高层次目标，使富强、民主、文明、和谐的国家发展目标有了更高的要求，即率领人民全面完成国家的崛起，实现伟大的中国梦。要实现这样的伟大目标，就必须在深刻分析和把握中国现实的基础上，进行科学的顶层设计，转变或提升国家治理方式，进而通过全面深化的升级版的改革，打造一个现代化的国家治理体系，实现对国家的全面治理、科学治理、有效治理、和谐治理。

构建起这样的国家治理体系，国家就能持续发展和长治久安，最终实现中国梦。从某种意义上说，全面深化改革的成就的取得，国家发展更高层次目标的实现，都有赖于现代化的国家治理体系的构建和能力的有效发挥。构建现代化的国家治理体系，是中国进一步发展的关键所在。

三　构建现代化的国家治理体系，必须充分挖掘和利用各种有利资源

构建现代化的国家治理体系，并非提法或概念的简单转变。党的十八届三中全会提出的"推进国家治理体系和治理能力现代化"，不仅是一个新的表述或新的提法，更是一个重大的政治决策，被确定为全面深化改革

的总目标。换句话说，涉及经济建设、政治建设、文化建设、社会建设和生态文明建设、党的建设各个领域的全面深化改革，最终都是围绕着完善和发展中国特色社会主义制度、推进国家治理体系和治理能力现代化而展开的。从这个意义上看，构建现代化的国家治理体系，意味着国家治理思维和治理方式的转换。

通过全面深化改革来推进国家治理体系和治理能力现代化的要求，既肯定了长期以来党领导人民建立的国家治理体系的地位和作用，也明确了现行的国家治理体系和治理能力尚未达到现代化水平的现实，因此才要通过全面深化改革去进一步构建和完善国家治理体系。

新中国成立以来，为了稳定人民民主政权并建立新的政治和社会秩序，中国十分重视国家的政治统治功能，构建了基于统治目的的国家治理体系；改革开放以来，为了推进全面的改革和现代化，中国十分重视国家管理，构建了基于管理目的的国家治理体系，或者说，在国家治理体系中强化了管理。今天，在全面深化改革的过程中，为了适应国家的现代发展，实现更高层次的发展目标，中国必须打造一个基于全面的国家治理目的的国家治理体系，整体性解决改革步入深水区以后所面临的若干难题。

《中共中央关于全面深化改革若干重大问题的决定》提出了"到2020年，在重要领域和关键环节改革上取得决定性成果""形成系统完备、科学规范、运行有效的制度体系"的要求，这就意味着在7年内要初步实现国家治理体系的现代化，构建起现代国家治理体系。要在十分紧迫的时间内完成如此艰巨的任务，首先，要根据新的形势和任务，以及新形势下中国改革和建设的总体设计，对现有的国家治理体系进行全面的审视，在保留现有国家治理体系积极因素的同时，剥离和消除消极的和不能满足要求的因素；其次，要根据形势和任务的要求，对现有的国家治理体系进行改革和调整，使其能够承担起更加艰巨和繁重的使命；再次，还要根据形势和任务的要求，进行制度创新、机制创新，增加新的制度要素和组织要素。只有通过这样的扬弃、调整和创新过程，才能逐渐构建起现代化的国家治理体系。

构建现代化的国家治理体系，总体上是一项涉及制度安排、组织架构和运行机制等多方面内容的重大创新。要使这样的重大创新取得实效，必须充分挖掘和利用以下几种资源：一是制度资源。党领导人民建立的社会主义制度，是一个巨大的制度资源宝库。构建现代化的国家治理体系，必须挖掘其中的各种资源，尽可能地发挥各项制度在国家治理方面的功能。二是组织资源。支撑社会主义的各项制度运行的组织体系，蕴涵着治国理政的巨大力量。构建现代化的国家治理体系，必须根据国家治理体系的新思维，充分发挥这个组织体系的功效。三是文化资源。在中国历史上长期的治国理政实践中所形成的国家治理文化，不仅有值得挖掘和借鉴的经验，也有若干值得学习和汲取的治国理政的智慧。四是社会资源。在社会转型的过程中，社会不仅创造了新的治理形式，而且形成了新的机制。构建现代化的国家治理体系，可以也应该从中汲取一些东西。五是经验资源。在现代国家治理体系的构建中，中国近年来积累的经验，以及国外的国家治理的成功经验，都值得总结和汲取。通过这样的方式，就能少走弯路。

改革创新体制机制，推进国家治理体系与治理能力现代化

一 兵[*]

推进国家治理体系与治理能力现代化是一项复杂的系统工程，改革与创新体制机制是重要的途径和方法。众所周知，任何一个国家均具有体现其本质的制度体系。特定的制度体系是由历史与国情特别是经济结构和社会结构所决定的，因此世界上有多少国家就有多少种制度模式。与此同时，一般也具有实现制度的体制机制。体制机制作为体现和实现特定制度体系的方法和途径，能动地为制度治理能力的充分发挥提供有力的支撑。中国共产党在领导革命与建设过程中通过不断探索总结，构建了中国特色的社会主义制度体系和体制机制，为中国社会提供了基本的治理框架。在新的历史条件下，推进国家治理体系和治理能力现代化，就是要在坚持中国特色社会主义基本制度体系的基础上，改革一切不利于实现中国特色社会主义制度体系效能的体制机制，创造有利于解决发展过程中出现问题的新的体制机制，促进中国特色社会主义制度的完善和发展。

一 明确国家治理目标的根本性，全面改革创新体制机制

中共十八届三中全会报告明确指出："全面深化改革的总目标是完善和发展中国特色社会主义制度，推进国家治理体系和国家治理能力的现代化。"由此可见，推动国家治理体系和治理能力现代化是服务于完善和发展中国特色社会主义制度这一总目标的。在改革逐步进入"深水区"的

---

[*] 一兵：中国社会科学院政治学所研究员，博士生导师。

当下，单刀直入的改革难以促动中国社会的整体发展进程。因此，必须全面深化各个领域的改革。

其一，进一步推动经济体制机制改革和创新。中国的经济体制改革在推动经济高速、持续发展，解决金融危机等世界性经济难题等方面虽然显现出自己的优势，但是政府与市场、投资与消费、稳增长与调结构、垄断与竞争等经济发展所面临的深层次矛盾不断突出。要解决这些问题，不仅需要继续完善市场规则，而且要调整和优化政府与市场、中央与地方、国有企业与私营企业、企业与员工等多元主体之间的权责关系，通过经济领域体制机制的改革创新，全面推动各种关系的协调与优化。

其二，积极推动政治体制机制改革和创新。政治领域的体制机制创新为包括经济领域在内的其他领域的治理活动提供了有效的制度保障。政治体制机制的不断完善，有利于人民群众充分享有管理国家、经济、文化社会事务的权利，从制度上保障治理过程的人民参与和治理成果的人民共享；不断加强党的建设以及执政体制、执政方式的创新，有助于提升党科学执政、民主执政、依法执政的能力与水平，有效地承担起国家治理过程中利益的协调者、方向的引导者以及资源的整合者的职责；行政体制的改革和创新，有利于转变政府职能、提高公务员队伍的素质、增强国家机关的活力，从而增强政府在调节经济发展、解决社会矛盾、协调利益关系、促进社会生产等方面的引导和调控能力。

其三，大胆推进社会领域体制机制的改革。在利益多元、组织多样、观念分化以及矛盾凸显的中国社会里，国家治理事务空前复杂。亟须继续推进社会领域的体制机制改革和创新，为社会的发展提供良好的法律、政策、制度环境，通过税收优惠、资金扶持、人员培训等方式，为社会发展提供优良的环境。社会治理职能的完善既有利于弥补政府能力的有限性和市场的逐利性等固有缺陷，也有助于提升公民自我教育、自我管理、自我服务的能力，为国家治理体系的完善提供源源不断的动力。

其四，大力启动文化体制机制改革。不可否认，由于在世界范围内，话语权仍掌握在西方国家手中。部分国家始终以冷战思维对中国的制度体系和国家治理模式横加指责。由于西方利益和偏见被巧妙地包装在所谓的民主、自由、正义等价值中，并通过多种媒介向中国传播，导致部分人对中国道路产生了怀疑。这种情形极大地干扰了中国国家治理的正确发展方向。为了从根本上防止西方所谓普世价值和民主制度的渗透与入侵，必须从观念和价值上坚持道路自信、理论自信和制度自信。为此需要不断加强相关领域的体制机制改革创新，利用一切可利用的渠道提升中国治理的"软实力"，彰显中国国家治理的独特魅力。

二 认识国家治理问题的复杂性，注重改革创新体制机制的协调性

众所周知，国家治理体系和治理能力的现代化进程面临着诸多具体的治理问题。随着经济全球化与信息化进程的加快，资本、信息、人员等生产要素的高速流动，不断冲击着已经形成的各种关系，制造出纷繁复杂的问题与矛盾。在这种态势下，如果仅仅着眼于具体治理方式的改革创新，忽略相互之间的联系与作用，不仅可能造成治理资源的极大浪费，而且可能诱发问题的性质转变以及社会矛盾的恶化。因此，应关注不同领域、不同问题之间改革创新的协调性，防止因为改革措施的碎片化而削弱改革的效果。

其一，关注不同改革创新领域之间的协调。随着社会的进步，社会领域之间的界限愈发模糊，任何针对特定领域的改革必定会牵一发而动全身。因此，改革创新体制机制必须在党中央的统一领导下，制定科学的改革创新规划；在明确不同领域改革间相互联系的基础上，建立完善改革创新治理体制机制的综合协调性机构，从而保障不同领域改革创新的目标、步骤、手段以及资源之间的协调一致。

其二，关注不同改革创新手段之间的协调。国家治理具有明显的务实特征，更加强调问题的解决和管理的实效性。一切有利于特定治理问题解决或缓解的方式、方法、手段或者模式都可以用于国家治理过程。由于不同治理方式的应用条件、适用范围、价值内涵以及实际效果之间并不一致，很容易导致不同改革创新方式间的冲突与内耗，所以，改革创新治理体制机制必须对不同的方式、手段进行科学的评估，明确其适用范围与条件，避免东拼西凑或削足适履。

其三，关注改革创新所涉及的利益关系之间的协调。从本质上讲，任何体制机制的改革创新都是利益关系的重新调整。在改革逐步深入的情况下，利益关系呈现出多样化、复杂化和失序化的趋势，尤其是随着社会发展成果的积淀，一些系统性的不合理利益格局呈现出固化的态势，成为改

革创新过程中的障碍之一。因此，改革创新体制机制不能仅将注意力投入新方法、新技术或者新制度的应用上，而且应该深入分析治理过程中可能触及的利益关系，通过建立利益协调机制、利益补偿机制等方式，尽可能扩大人民群众共享改革成果的范围，提升改革创新的程度，实现短期利益与长远利益的有机结合。

三 把握国家治理方式的动态性，推动治理体制机制的现代化

　　特定治理体制机制是历史的和动态的，过去有利于社会发展的治理机制可能无法适应新时期国家治理的需求。随着中国社会、经济的高速发展，国内与国际、传统与现代、单一与多元、封闭与开放、发展与稳定、生存与环境等多重矛盾交织在一起，导致新的治理问题层出不穷，因此也必须不断改革、创新体制机制，运用现代化的手段和方法解决层出不穷的新问题。努力做到治理体系、治理手段、治理方法的时代化。适应民主、法治、效率、责任对国家治理方式、方法所提出的要求。革新国家治理思想，打破权力本位、部门思维、家长思维、官僚思维等不适应复杂多元社会发展的思维模式，真正确立服务本位、大局思维、民主思维、市场思维；切实转变政府职能，减少政府对于微观经济和社会管理活动的过度干预，真正把改善民生、保障所有人享有公平的机会、民主法治建设、生态环境保护等作为治理目标；认识改革的困难，在党中央的统一部署下努力革除一切不适应实践发展要求的体制机制、法律法规，为新问题的解决留出充足的创新空间。

　　此外，创新治理体制机制，实现国家治理现代化的目的是要通过创新切实提高国家治理的效能，切实解决国家经济、社会发展过程中所出现的复杂问题。党和国家应当站在整体的高度，结合当前中国发展过程中的突出和急迫问题，保障创新的空间和创新的可持续性，鼓励直面社会问题的基层部门和组织的治理模式创新；借鉴世界上所有发达国家以及发展中国家在治理国家过程中所创造的有益和具有启发意义的治理机制，以解决中国具体的治理问题，并建立完善的创新评估机制，对新型治理体制机制的实施效果进行总结评估与跟踪监督。

四 认知国家治理体系的过程性和差异性，渐进地改革、创新治理体制机制

国家治理体系构建不是一日之功，国家治理能力的提升也非一日之力，任何国家治理模式都是在长期解决具体问题的过程中逐步成长起来的。邓小平提出"恐怕再有三十年时间，我们才会在各方面形成一套更加成熟、更加定型的制度"；十八届三中全会也提出："到二〇二〇年，在重要领域和关键环节改革上取得决定性成果……使各方面制度更加成熟更加定型。"中国国家治理体系的不断改革和创新就是围绕完善和发展中国特色社会主义制度，利用一切有利于推动国家治理体系和治理能力现代化的体制机制，包括中国共产党执政60多年来逐步积累的经验和取得的丰硕成果，统筹新旧体制机制之间的关系：首先，在治理方式创新的过程中以实际效果，而非以"新旧"区分来对待体制机制；其次，基于对现有体制机制的深刻了解与把握，关注改革创新的渐进性和传承性；再次，认识改革创新的多层性，只要有利于治理实效的提升，任何层次的改革与创新都同等重要；最后，充分认识改革的艰巨性，任何破旧立新不仅需要巨大的改革成本，而且可能会遭受巨大的阻力，在特定情形下，采取继续拓展现有治理体制机制的发展空间，不失为一种稳妥有效的改革策略。

毫无疑问，国家治理体系服务于特定国家的根本制度和阶段性发展目标，在世界范围内并不存在普遍适用或者唯一的治理模式。所以，各国家需要基于自身的国情，在长期的探索中构建自己的国家治理体系。新中国成立以来，特别是改革开放30多年来，中国共产党始终不断地创新和完善国家治理体系，并在维持经济增长、保持政治稳定、克服全球金融危机、应对重大自然灾害等多个方面展现出西方治理模式无法比拟的优势。当然，随着改革开放的不断深入和社会主义现代化进程的加快，各式各样的新问题、新矛盾也不断出现。为此，应该树立制度自信，始终坚持国家治理体系与治理能力的本土化。尤其必须明确的是中国改革和创新治理体制机制，绝不是用新的概念或者模式来评判中国现实和设计未来的模式。本土化也不意味着封闭化，而是要以更加开阔的视野大胆汲取世界各国治理体制机制的有益经验和做法，为我所用。

以完善和发展制度推进国家治理
体系和治理能力现代化

张贤明[*]

"国家治理体系与治理能力是一个国家制度和制度执行力的集中体现",那么国家治理体系与治理能力现代化也就意味着国家制度体系和制度执行力的现代化,因而完善与发展制度对于推进国家治理体系和治理能力现代化的重要意义不言而喻。在此意义上,"推动中国特色社会主义制度更加成熟更加定型,为党和国家事业发展、为人民幸福安康、为社会和谐稳定、为国家长治久安提供一整套更完备、更稳定、更管用的制度体系"已然成为当前面临的重大历史任务。通过进一步完善和发展制度推进国家治理体系与治理能力现代化,也必然成为当下中国全面深化改革最基本的路径选择。本文认为,在以完善和发展制度推进国家治理体系与治理能力现代化的进程中,需要把握以下几个主要问题。

第一,通过进一步完善和发展制度,提升制度体系的认同度和整合力,推进国家治理体系与国家治理能力现代化。众所周知,人民当家作主是中国社会主义政治建设的重要目标和根本任务,也是实现国家治理体系与治理能力现代化的强大动力和坚实基础。因而将人民群众的利益诉求进行合理有效的协调和综合,使制度体系符合最广大人民的根本利益和内在要求,才能最大限度地提升中国特色社会主义制度的认同度和整合力,强化制度执行力,推进国家治理体系与治理能力现代化。改革开放之初,中国就已经开始从制度角度思考国家治理体系问题,认识到"领导制度、组织制度问题更带有根本性、全局性、稳定性和长期性"。多年改革开放

---

[*] 张贤明:吉林大学行政学院教授。

所取得的辉煌成就已经证明中国的制度建设是卓有成效的，国家治理体系和治理能力总体而言也适应了中国国情和发展要求。与此同时，应该清楚地认识到，由于种种原因所导致的利益冲突和社会矛盾的激化不仅降低了相关群体对于具体制度甚至是重要制度的认同度，而且极大地影响了国家的有效治理。只有社会公众真正参与构建的制度才能得到广泛的认同，具备强大的整合力，才能转化为社会公众内在的行为规则，才能得到自觉遵守和维护；制度的价值也才能通过有效执行而得到充分实现；也只有认真对待公民权利和利益的制度，才能赢得人民的信赖和尊重，国家治理体系与治理能力才能不断现代化。当下中国现有的利益表达机制与推进国家治理体系和治理能力现代化的要求还有很大差距，加强开放式、低成本的利益表达机制势在必行。社会主义的本质要求改革发展事业始终围绕代表和维护最广大人民的根本利益来进行，随着利益分化的日益深入和利益群体自我意识的不断觉醒，要求确保每个利益群体都能够在政治生活中表达自己的利益诉求，并确保这种诉求能够得到社会公众的普遍关注和决策系统的合理关切。如果部分社会群体的呼声受制于各种主客观因素而难以通过正常的制度化渠道得以有效表达，就会反过来强化他们在社会利益格局中的不利地位。形成这种状况的重要原因之一，就是在现有的一些制度安排中，部分社会群体不仅在一定程度上被削弱了利益表达的能力，而且在一定程度上也使他们丧失了利益表达的意愿和动力。然而，开放式、低成本的利益表达机制既是促进社会公众参与制度化的基本途径，事实上也是现代化的基本要求，因为"现代化意味着所有集团——新的和旧的，传统的和现代的——在它们与其他组织发生关系时都意识到自身是作为组织存在的，意识到各自的利益和要求"。总之，制度的完善与发展是推进国家治理体系与治理能力现代化的前提，只有不断完善和发展包括利益表达机制在内的民主政治制度，提升制度体系的认同度和整合力，才能为国家治理体系与治理能力现代化夯实坚实的基础。

第二，通过实现制度的法治化、规范化、程序化，充分保障其权威性与执行力，推进国家治理体系与国家治理能力的现代化。国家治理体系现代化要求"中国特色社会主义制度更加成熟更加定型"，而法治化既是检验制度成熟程度的衡量尺度，也是推进制度定型的基本方式。因为法治是维护秩序的必要保障，经由集中民意，通过民主程序建构的制度只有上升为法律或者以法律为后盾，才能获得强制性的权威，保证制度所蕴含的价值指向、运行范围和运行机制具体并可行。在此意义上，完善的法律制度体系是国家治理体系现代化的重要内容，国家和社会各项治理工作的法治化则是国家治理能力现代化的核心要求。没有可靠的法治作为保障，制度就会缺失权威性和执行力，国家治理体系的现代化就无从谈起，治理能力也必然成为水中月、镜中花。为此就要把制度建设的成果及时地以法律的形式固定下来并保持法律的稳定性。如果制度没有及时以法律的形式予以固定，或者法律因为领导人或领导人看法的改变而改变，缺乏应有的稳定性，那么整个制度体系就会失去权威性和约束力，就会妨碍国家和社会的治理效果。法律的规范作用除了约束之外，还在于引导人们的行为。其作用发挥得如何，取决于人们对法律是否有稳定的预期。如果法律制度缺乏稳定性，甚至朝令夕改，此时合法的行为彼时却成为非法的行为，人们就无法明确地预见自己行为的可能后果，行为就会受制于盲目的、自发的力量甚至各种意想不到的偶然因素，不仅会导致法治的崩溃，而且可能会造成社会失序、治理失效。要用法律和制度有效地约束权力，明晰权力运行的边界与范围。现代法治的精髓是制约权力，其基本要求则是依法办事，尤其要求公共权力的行使者遵守法律、依法办事。只有所有组织和个人，尤其是公共权力的行使者能够严格依法办事、接受法律的监督和约束，国家治理才可能步入法治化、现代化的轨道。十八大报告提出"党领导人民制定宪法和法律，党必须在宪法和法律范围内活动。任何组织或者个人都不得有超越宪法和法律的特权，绝不允许以言代法、以权压法、徇私枉法"，归根结底就是要明确"法大于权"的治理原则。要以法治思维和法治方式推进各项工作，确保改革在法律的框架内进行。十八大报告明确要求领导干部提高"运用法治思维和法治方式深化改革、推动发展、化解矛盾、维护稳定能力"；习近平总书记在中央全面深化改革领导小组第二次会议上强调，凡属重大改革都要于法有据，在整个改革过程中，要高度重视运用法治思维和法治方式。这充分说明了法治思维和法治方式在推进国家治理现代化进程中的重要意义，以往通过改革试点总结经验，再通过立法总结和巩固改革经验的立法模式将成为历史，而重大改革都要于法有据则意味着要确保一切改革举措都在法治轨道上进行。当然，对于创新需求也不能简单地以在现行法律法规上没有依据或者不能突破而予以否定，而是要从立法上及时研究、提出解决问题的思路和办法。法律法规需要立即改废的，就应及时启动立法程序；立即改废的条件暂不成熟而实践又迫切需要的，可以考虑通过特别授权的方式允许先行先试。总之，法治化是国家治理现代化的核心，推进国家治理体系和治理能力现代化的过程也是建设法治中国的过程，必须坚持依法治国、依法执政、依法行政的共同推进，坚持法治国家、法治政府、法治社会一体化建设。

第三，通过优化制度体系的内部结构、提升制度结构的科学性与运行效能，推进国家治理体系与国家治理能力的现代化。只有充分发挥制度的整体作用以保障制度的整体性、系统性、协调性，建构科学合理的制度体系，使其紧密衔接，才能彰显其规范行为、整合利益和协调关系的作用，确保制度各组成部分和构成要素围绕既定目标协调运行。从国家治理体系与治理能力现代化的角度出发，在完善和发展中国特色社会主义制度的过程中，必须以优化制度体系的内部结构为着眼点不断提升制度结构的科学性与运行效能。首先，建立科学合理的权责关系。经典民主理论对于权力来源问题的回答奠定了现代政治理论的价值基础，但是构建一个优良的政治秩序，在明确权力归属问题之后必须进一步探索权力如何使用，怎样进行有效治理的问题。在现代民主政治条件下，公共权力所有者和公共权力行使者之间的分离所造成的权责背离现象的普遍存在说明：要实现国家和社会治理的良善状态，就必须遵循权责一致的原则构建科学合理的权责关系。因此在公共权力行使者产生之后，还必须明确公共权力行使的范围、规则及其所应担负的责任，即国家机关和政治组织之间应有明确的功能和权责界限，政治体制内部、上下左右的权责要分明，并以法律来确定这些功能和权责，既使公共权力在行使时有章可循，又为社会公众提供公共权力行使正确与否的判断标准和评价尺度，以推进国家治理体系和治理能力的现代化。其次，超越治理碎片化。作为一种公共事务管理新模式的治理理论为人们描绘了一幅多中心多主体共同治理公共事务的理想图景。但治理理论本身也存在着一些无法充分证明的问题，存在着相应的局限和风险，甚至可能会遭遇治理失败，其根源就在于多元化治理主体之间的关系问题。特别是当下中国面临的现实存在着双重矛盾：一方面，治理主体的分化程度不够、多元化不足，治理结构过于偏重政府主体，市场主体和社会主体偏弱；另一方面，治理主体之间协同性不高、碎片化现象突出。为此需要通过协同机制的建设，明确治理主体的利益，增加彼此信任，规范行动空间，实现共同目标，从而提升国家治理现代化的总体效果。最后，注重执政党和政府在治理体系中的特殊作用。尽管源自西方的治理理论强调主体的多元化和主体间的平等，但当下中国在治理结构中执政党的领导地位以及政府在治理过程中的主导作用，是适合中国国情和发展现实的，这一客观需要应该受到应有的重视。

  第四，通过增强制度自信，凝聚共识并坚守社会主义核心价值观，推进国家治理体系与国家治理能力的现代化。毫无疑问，只有把推进国家治理体系和国家治理能力现代化与完善和发展中国特色社会主义制度联系起来，才能完整地理解和把握全面深化改革的总目标，即推进国家治理体系和国家治理能力的现代化要以完善和发展中国特色社会主义制度为基本方向。当然，进一步完善和发展中国特色社会主义制度也需要通过推进国家治理体系和治理能力的现代化来实现。割裂了两者的联系，就会使制度建设失去正确的方向。与此同时，国家治理的有效程度往往取决于社会共识的凝聚程度，因为一个缺乏基本社会共识的国家根本谈不上有效治理。一是要凝聚对于国家和民族、对社会主义基本制度的认同。现代化本身是一个过程，实现国家治理体系和治理能力的现代化要求适应与把握现代社会的特点及其发展趋势。在实现中华民族伟大复兴的长期过程中，伴随着利益结构分化和重组，社会关系的调整会引发社会观念的变迁，如何凝聚社会各阶层的共识，形成推动社会发展的合力显得尤为重要。对于进入改革攻坚克难阶段的中国而言，全社会只有坚定国家统一和民族团结的信念，坚定对社会主义基本制度的认同和自信，才能顺利推进国家治理体系和治理能力的现代化。二是要凝聚对于中国特色社会主义核心价值理念的共识。社会主义核心价值理念作为科学地反映中国特色社会主义的精神理念，与国家发展和民族复兴的宏伟目标、社会主义基本制度的重要原则具有内在逻辑性，在汇集全国各民族群众智慧和力量的同时起到了振奋人民行动热忱，激发人民创造活力的积极作用。只有不断强化、凝练中国特色社会主义核心价值理念的能力，才能为全面深化改革赋予必要的价值引领，为实现国家治理体系和治理能力的现代化提供理念共识。三是凝聚对于改革开放的共识。改革开放是当代中国最鲜明的主题，必须站在新的历史起点上全面深化改革，最大限度地集中全党全社会的智慧，调动一切积极因素，明确改革的基本性质、原则目标，以及改革的途径与进程，为全面深化改革规划清晰的时间表和路线图，才能凝聚对于改革开放是实现中华民族伟大复兴中国梦的共识和力量，以改革开放推进国家治理体系和国家治理能力的现代化。

第五，通过循序渐进的变革过程，推进国家治理体系与国家治理能力的现代化。国家治理体系与国家治理能力的现代化不可能一步到位。邓小平曾这样指出："恐怕再有三十年的时间，我们才会在各方面形成一整套更加成熟、更加定型的制度。在这个制度下的方针、政策，也将更加定型化。"党的十八届三中全会提出："到二〇二〇年，在重要领域和关键环节改革上取得决定性成果，完成本决定提出的改革任务，形成系统完备、科学规范、运行有效的制度体系，使各方面制度更加成熟更加定型。"它为国家治理体系和治理能力现代化确定的"时间表"与邓小平当年提出的制度定型化的"时间表"基本吻合，既反映了当下中国国家治理体系的长期发展、渐进改进和内生性演化，又表明了中国国家治理体系改进和完善是有主张、有定力的自我完善和发展。国家治理体系的现代化是一个长期积累、逐步推进的过程，是新旧体制并存、新体制逐步代替旧体制的过程。在这个过程中，新旧体制并存极有可能因为彼此不相容而发生摩擦和冲突，造成新体制还没有建立起来、旧体制已失去作用的情况，使政治体制陷入矛盾之中，国家治理处于紊乱状态。要使新旧体制都在规范的轨道上运行，避免出现权力失范现象，只能稳步推进累进式的国家治理体系改革，通过渐进式的改革去实现体制的根本性转化与完善。众所周知，现有国家治理体系中制度体系的弊端不但不能一下子就加以消除，相反，在新体制还没有建立起来之前，仍然需要原有的旧体制发挥作用，尽管这个旧体制最终将被替代。古今中外的历史经验已经反复证明，对于任何一个社会来讲，秩序都是必要的，它是政治社会追求或遵从的基本目标，只要现存政治统治不是极度衰败从而完全丧失其合理性，某种程度的政治秩序不仅是统治阶级所追求的，而且是大多数社会成员所愿意遵从或容忍的。完善和发展中国特色社会主义制度，推进国家治理体系和治理能力的现代化，既要兴利除弊，又要保证新旧体制的平稳过渡，是一件必须十分谨慎实施的任务。

第六，通过适应时代变化与实践发展不断创新体制机制，推进国家治理体系和国家治理能力的现代化。毫无疑问，国家治理体系与国家治理能力的现代化与任何事物一样是一个与时俱进的过程。经过 30 多年的改革开放，中国的改革已经进入关键期，诸多问题的解决只有通过全面深化改革才能予以解决。面临新的形势与任务更需要充分挖掘、汇聚改革的动力，最大限度地减少阻力。不可否认，中国特色的社会主义现代化建设处于社会结构持续变迁、社会利益全面重组的历史阶段,市场经济体制的健全和政府职能的重构不仅为改革提供了现实动力,同时许多新情况、新矛盾、新问题和新挑战对改革提出了新的要求。全面深化改革需要挖掘和汇聚改革动力,寻找新的突破口。应当大胆改善领导方式、转变政府职能、培育社会力量,总结新中国成立以来,特别是改革开放以来的实践经验,不断强化制度建设和制度供给的能力,充分释放中国特色社会主义制度的优越性,坚持历史唯物主义指导国家治理体系与国家治理能力的现代化进程,发挥人民群众的主体地位和首创精神,尊重群众的意愿和利益,从而以坚定的决心和毅力克服阻力。敢于担当,不断创新,以推进国家治理体系与国家治理能力现代化。可以肯定地讲,在经济建设、政治建设、社会建设、文化建设、生态文明和党的建设的过程中,任何安于现状并止步不前的做法只会使社会发展遭受严重损失,长期积累下来的发展成果也会付之东流并极有可能导致社会矛盾的尖锐,引发社会的动荡不安。需要指出的是,创新并不是简单地照搬照抄其他国家的既有模式,只有立足中国国情,坚持社会主义原则,在中国共产党的正确领导下借鉴人类文明的积极成果,锐意改革积极进取,中国特色的国家治理体系与国家治理能力现代化才能顺利推进。

政治体制改革对推进国家治理体系和治理能力现代化的意义

程竹汝[*]

《中共中央关于全面深化改革若干重大问题的决定》所确定的改革总目标是,"完善和发展中国特色社会主义制度,推进国家治理体系和治理能力现代化"。国家治理体系和治理能力现代化作为改革目标,反映了执政党对国家发展和进步的新认识,是马克思主义国家理论的重大创新。在理论上,尽管国家治理体系和治理能力的内涵及所涉及的要素非常广泛,但政治体系无疑是其中最具核心和基础地位的构成部分。因为任何国家治理体系和治理能力均不可缺少权威和政策两个要素,而政治体系就是专门用来生产这两个要素的。就此而言,在发展的意义上,国家治理体系和治理能力现代化不过是政治(制度)现代化的重要内容和必然结果。

国家治理体系和治理能力现代化的提出与两个前提密切相关。一是理论前提,即社会主义政治文明建设理论和依法治国、建设社会主义法治国家理论,这些理论中所包括的制度现代化内涵与国家治理体系和治理能力现代化紧密地联系在一起。二是现实前提,即随着改革开放以来中国社会结构多维度的深刻变迁,社会政治参与的要求日益增强,社会公平正义的缺失不断积累,公共权力规范性问题久拖不决,这些问题的长期积累意味着它们的解决已不可能依靠以往对某些制度单方面的、枝节性的改革。上述两方面的因素相叠加,使得具有系统性改革特征的国家治理体系和治理能力现代化命题呼之欲出。

在习近平关于《决定》的说明中,政治体制改革的重点指向了三个

---

[*] 程竹汝:中共上海市委党校科社部教授。

方面：推进协商民主广泛多层制度化发展；改革司法体制和运行机制；健全反腐败领导体制和工作机制。这样的改革布局是有充分理由的：一方面，改革的三个重点正好与上述中国政治领域长期积累的突出问题相适应；另一方面，它们都是推进国家治理体系和治理能力现代化的次级命题，都对推进国家治理体系和治理能力现代化具有重要意义。

一 拓展协商民主构成国家治理体系和治理能力现代化的必然要求

现代化的治理是民主的治理。在当代中国，协商民主是中国特色社会主义民主的基本形式之一，具有不可替代的功能，对国家治理体系和治理能力现代化的意义重大。因此，拓展协商民主构成了国家治理体系和治理能力现代化的必然要求。

选择协商民主广泛多层制度化发展作为应对长期以来有序政治参与压力的对策，或者说，作为发展中国特色社会主义民主的重点，主要有三个理由：一是协商民主具有中国自身独特的政治逻辑，具备明显的现实性。"协商民主是我国社会主义民主政治的特有形式和独特优势"。首先，协商民主在中华人民共和国史上是有传统和基础的。其次，协商民主是改革开放以来民主建设的重要体现。这期间，协商民主从多党合作和人民政协的政治协商，发展到人大、政府、司法机关的政策协商，又拓展到基层社会的事务协商，表现出解决有序政治参与问题的良好前景。最后，协商民主是中国人民民主的基本实现形式。协商民主的基本价值就是通过普遍有序的参与而影响公共政策。正因为协商民主在中国的特有逻辑，"十八大"才有充足的理由将其从民主的一般形式提升到民主的制度形式；党的十八届三中全会的《决定》又将其定义为中国民主的特有形式。

推进协商民主广泛、多层制度化发展作为深化政治体制改革的重点，具有明显的现实针对性。它是适应中国社会结构、利益、观念的深度变迁，各种矛盾的复杂多变，公民政治参与意识不断发展而形成的具有顶层设计意义的制度安排。拓展协商民主有利于国家治理体系和治理能力的现代化。

二 建立公正、高效、权威的司法体制是推行国家治理体系和治理能力现代化的题中之义

改革司法体制和运行机制作为政治体制改革的又一重点,一方面是因为"群众对司法不公的意见比较集中,司法公信力不足很大程度上与司法体制和工作机制不合理有关";另一方面则是因为独立、公正、高效的社会主义司法体制本身就是国家治理体系和治理能力现代化的基本构成。国家治理体系和治理能力现代化的一个重要标志是法律权威的形成。而法律权威的生成则有赖于健全的司法体系和有效的司法功能,在任何社会里,法律权威都可以被看作是司法发挥作用的一个结果。

国家治理体系的基本任务是维护和构建社会秩序,而司法体系直接承载了这一任务,它构成了社会秩序的重要基础。司法在社会秩序构成序列中具有特殊功能——人们寻求公正的最终制度化途径。公正与社会秩序之间的内在联系是一个涉及人类本性和社会秩序构成基础的根本性问题。尽管社会秩序的构成涉及极为复杂的社会机理,但人们对一个可指望的"公正"的期盼则无疑是社会秩序构成逻辑中的重要因素。从历史上看,凡是社会秩序混乱的时代或国家,毫无例外地都缺少一个有效的、具有适应性的司法体系。因此,中国市场经济秩序的深入发展、社会风尚的改善、公平正义的实现,乃至权力的规范化在很大程度上都依赖于一个良性的司法体系。

随着社会主义市场经济的日益成熟和法治秩序的渐进发展,中国迫切需要一个与社会的文明变迁相适应的司法体系。这样一个体系对中国的现代化事业是极端重要的,它既关涉到经济的持续发展,也从根本上影响着国家治理的状态和水平。由于任何社会的安危在很大程度上都系于其是否能够保持一个产出公正的司法体系,中国人民正为之奋斗的现代化事业与这个系统的关系就具有了更多的现实性和关联性。

三 健全权力运行制约和监督体系是国家治理体系和治理能力现代化的核心问题

如果说建立公正、高效、权威的司法体制是国家治理体系和治理能力

现代化的一个基本方面的话，那么，健全权力运行制约和监督体系就涉及国家治理体系和治理能力现代化的核心领域。国家治理体系与权力的规范化存在着复杂的关联。一方面，实现权力的规范化、将权力关到制度的笼子里，是现代国家治理追求的一个意义重大的目标，是国家治理体系现代化的结果和标志；另一方面，现实的规范化程度还不高的权力则构成国家治理体系的重要部分，它对政府治理、市场治理，社会治理均产生着现实性的影响。因此，中国国家治理体系和治理能力现代化的核心问题就是实现权力的规范化。就此而言，《决定》将政治体制改革的重点之一聚焦于健全反腐败领导体制和工作机制，不仅具有解决现实问题的针对性，而且对国家治理体系和治理能力现代化的意义重大。

改革开放的设计师把解决人治还是法治问题作为中国政治体制改革的主要内容之一。法治之于人治的根本区别则在于：国家权力的运行是否严格依法而行，直接规范政府权力的法律越多、越严密，这个国家的政府权力运行越规范。而制度安排越科学，法律在事实上保持对政府权力的制约程度就越高。《决定》所聚焦的反腐败领导体制和工作机制的改革就属于上述制度要素的一部分。将党章规定的纪委双重领导体制具体化、制度化和程序化，明确查办腐败案件以上级纪委领导为主，线索处置和案件查办在向同级党委报告的同时必须向上级纪委报告；为了从组织上保障上述要求的落实，规定对各级纪委书记、副书记的提名和考察以上级纪委会同组织部门为主。这些具有现实针对性的改革措施，将极大地增强反腐败领导体制和工作机制的效率和适应性。把公民四权定位为对权力运行制约和监督机制有效性的保障，完全有希望形成一个能够有效解决权力规范性问题的治理体系。

"国家治理体系和治理能力现代化"的世界政治意义

杨光斌[*]

一个世界性大国不能没有自己的话语权，甚至不能没有引领时代和世界潮流的话语权，否则，这样的大国必然会在相互争夺主导权的世界政治中处于守势。可以欣喜地看到，中国正在形成引领世界的话语权。2013年8月19日，习近平总书记在全国宣传部长会议上的讲话中明确提出，中国要有自己的"新概念新范畴新表述"，而"国家治理体系和治理能力现代化"就是中国自己的新概念新表述。在2014年2月17日中央党校开班式上，习近平总书记再次系统地阐述了这一新概念的内涵。

"国家治理体系和治理能力现代化"一经提出，就引发中国思想界的强烈认同和回应，学术界和实业界为此举办的研讨会数不胜数，媒体更是铺天盖地地予以报道。改革开放以来，很少有哪一个官方概念像"国家治理"一样引起学术界如此强烈的呼应，这样的积极反应自然会传递到国际社会。美国的《外交政策》杂志开始讨论中国的"国家治理"概念，世界银行副行长也专门到北京，找中国专家咨询以更好地理解这个概念。

一 "新概念"的含义

在本文看来，习近平总书记在中央党校开班式上所讲的新概念应该包括五方面的内容：第一，制度和制度绩效的统一性。一个制度的好坏，老百姓是否最终接受，说到底是由这个制度的"制度执行能力"，即由制度

---

[*] 杨光斌：中国人民大学国际关系学院教授。

绩效所决定的，坊间流行的"好制度"，如果不能实现有效治理，最终也会失去合法性。从"冷战"时期两大阵营相互竞争，推销自己的"好制度"，到冷战后很多国家实行"好制度"后所出现的"民主的回潮""无效的民主"甚至是政治衰败，都是由于徒有"好制度"的空壳而无实际的好绩效所导致的。

第二，政治属性。这是前提性的应有之义，"国家治理体系和治理能力现代化"是为了完善中国特色社会主义制度，因而抽象的概念是有政治价值属性的，那就是社会主义。

第三，价值观。任何一种政治制度都不能没有相应的价值体系作为支撑，既然是社会主义的，作为一种制度建设必然离不开价值观建设，因此国家治理体系当然包括社会主义核心价值观。

第四，历史条件。将"国家治理"置于社会主义的旗帜下加以阐述，是由其历史条件所决定的，因为任何政体，哪怕是人们心目中所谓的"好制度""好政体"，如果脱离了一个国家的历史条件即国情和民情，都会变成祸害百姓的坏制度，因此，真正的好制度是基于自己历史条件基础上的"长期发展、渐进改革、内生性演化的结果"。

第五，适应性与包容性。适应性和包容性是中华民族之所以是中华民族的一个根本特征或者历史写照，作为坚持和完善中国特色社会主义制度的国家治理体系与治理能力现代化的改革，必须在坚持制度自信的同时绝不故步自封，而要自信地进行自我变革，否则，"制度自信也不可能彻底、不可能久远"。

上述五个方面是习近平总书记在中央党校开班式上的讲话所传递的信息。如何建设或者说将"国家治理体系"建设成什么模式则具体体现在《中共中央关于全面深化改革若干重大问题的决定》之中，而这个决定的精神则在党的十八届三中全会之前关于全面改革的政治局会议上就已体现出来，即改革地方政府职能、上海自贸区和廉政建设。据此，"国家治理体系和治理能力现代化"是由以下几个概念性变量构成的"模式"：

首先，国家有能力。所谓"国家能力"就是权力中枢超越社会利益集团和部门政治的约束而将自己的意志变为现实的能力。国家能力的实现一是要有一个强有力的没有部门利益的决策机关，二是政府在市场经济中合理地发挥作用。党的十八届三中全会决定成立的中央全面深化改革领导小组是一个比20世纪七八十年代的国家体制改革委员会更没有部门利益色彩的超级改革机构。另外，更重要的是，在强调市场的决定性作用的同时，没有忘记政府这只看得见的手，因为市场失灵现象屡见不鲜，最近的失灵就是2008年开始的国际金融危机。有了专司改革的超级机构和对政府作用的合理定位，国家改革意愿、顶层设计就能转变为现实的能力。

其次，权力有边界。与前几次以机构调整为主的改革相比，本轮改革的最大亮点是围绕政府职能转变，将形成权力有边界、权力受约束的有限政府。中国过去的几次改革的伟大成就不容置疑，但是，和任何制度变迁的规律一样，改革也会带来"非预期结果"。过去改革的一个非预期结果便是：因没有相应的政府职能改革而使得政府占有的资源越来越多，以及由此形成的社会结构利益集团化。由于没有以转变"职能"为主，而且以国家控制资源为导向，国家垄断的行业就越来越多，官商勾结加垄断联盟就形成了中国社会结构的利益集团化。为此，必须压缩政府的权力边界。《中共中央关于全面深化改革若干重大问题的决定》中的大多数条款都属于压缩政府的权力边界。让市场在资源分配中发挥决定性作用就意味着政府应退出相应的领域，比如上海自贸区的负面清单制度等一系列改革要求。压缩政府权力边界的收益是难以估量的。

最后，权力受约束。过去地方一把手成为腐败重灾区，这是因为一把手既管人事资源又管经济资源，权力空前增大而又不受约束。有鉴于此，如何约束和监督权力就成为《中共中央关于全面深化改革若干重大问题的决定》的一个重点。这个《决定》加强了地方人大的财政监督权和人事决定权，同时改革司法体制和纪检体制，实行省以下法院的垂直管理，上级纪检部门提名下级纪检负责人，这些无疑从纵横两方面加大了对地方一把手的约束。从权力的纵横方向制约地方一把手，实在是当务之急且切中要害。

"事业单位去行政化"既压缩了政府的权力边界，也制约了政府权力。"建立公开透明的预算制度"意味着，每一分钱到哪里、怎么花，都有了明确的规定，而预算不再是一笔糊涂账。公开透明的预算制度，既约束了财政主管部门的权力，又保护了掌握财政分配权的干部。预算公开透明，事实上就向有限政府迈出了一大步。

这样，"推进国家治理体系和治理能力现代化"这一改革总目标事实上是可以量化的，是看得见、摸得着的一个又一个具体的制度安排的总和，是一个"有能力的有限政府"。这个概念既是"有主张、有定力"的制度自信和道路自信的生动体现,也是中华民族的光荣传统即"不断地学习他人的好东西,把他人的好东西化成自己的好东西"的体现。

权力有边界和权力受制约均是现代政治的基本要求,比如,发达国家美国是这样,发展中国家印度和墨西哥也是这样。但是,这种类型政府的问题是,无论印度、墨西哥这样的发展中国家,还是美国这样的发达国家都面临着国家治理难题,因为彼此制约的权力最后变成了福山所说的"否决型政体",这样的体制不仅导致美国联邦政府关门停摆,还使得泛滥的枪支难以得到有效控制,保护多数下层阶级的全民医保方案屡屡流产。美国尚且如此,对很多发展中国家来说,如果国家无能力而仅有有限政府的标准,那简直就是灾难,因此有能力的国家同样是现代政治不可或缺的前提性要求。

国家有能力,既是中华民族悠久的"民本"国家观的体现,也是中国共产党组织国家、领导国家与生俱来的能力,或者说是中国固有的政治优势,对此不能放弃而应该坚守之。有能力的国家加上有权力边界和权力约束,就构成了一个国家治理体系模式,即"有能力的有限政府",它应该是中国不同于自由民主式政体而保障中国梦实现的可行的制度模式。

二 "新概念"的世界政治话语权意义

众所周知,"冷战"起源于意识形态之争,世界由此进入了宗教式的话语权之争和观念之争。"冷战"事实上变成了世界范围内观念上的"热战",结果美国打赢了一场没有硝烟的"热战"。后冷战时代的话语权之争的烈度并没有减轻,美国政治家公开宣布要用互联网所传播的观念"扳倒中国"(take China down)。

美国要用什么观念"扳倒中国"?自然是美国式的自由民主观念,看一看中国社会科学中的译著就能知道这一点,民主理论方面的译著基本上都是关于自由民主的。读什么书就有什么样的观念,结果中国思想界和互联网上体现出来的社会思潮,基本上都是自由民主观念。自由民主理论是怎么来的呢?为了应对"人类大步进入社会主义",熊彼特首先把人民主权理论改造为民主就是选举产生政治家的过程,"熊彼特式民主"经过罗伯特达尔、萨托利等人的系统论证,"选举式民主"就成为自由民主理论的根本标尺。在理论上,以"选举式民主为核心的自由民主"存在结构性硬伤，因为民主是一个政体概念，自然包括谁统治以及围绕统治权而建立起来的权力组织（亚里士多德的定义），其中包括常说的自由、法治，以及处理中央与地方关系的单一制和联邦制，处理政治与经济关系的市场经济制度，以及处理国家与社会关系的相关制度安排，比如国家统合主义等。因此，仅仅靠"选举式民主"怎么能代表一个国家的政体呢？也就是说，政体是一个官民关系的概念，是权力关系的总称。单向度的选举充其量是政体的一个方面，而不是根本方面，根本方面就是罗尔斯所说的"宪法政治是第一位的"，作为选举政治的日常政治是第二位的。作为自由民主核心的"选举式民主"在实践中更有问题，当年熊彼特提出这样的概念时美国黑人的权利在哪里？更重要的是，"选举式民主"其实表现为"党争民主"，因为大众政治靠政党去组织，而很多发展中国家，政党依托的群众基础无外乎就是自己的族群和教派，结果"党争民主"演变为社会撕裂甚至是国家的解体，今天的埃及、泰国、乌克兰等国家的政治悲剧莫不源于"党争民主"。就是这样一个理论上存在硬伤而实践上又危害重重的理论，在中国思想界却大行其道，成为一种主导性的社会思潮：凡是最客观地评价中国政府和国家的，都会被一边倒地加以否定；凡是说美国好、说民主好、说西方好的，则会得到一边倒地肯定。这就是互联网所表现出来的社会思潮现状。

产生上述问题的原因自然是多方面的，其中一个重要原因就是中国没有原创性的新概念和理论，由此导致的后果是严重的。与可比的发展中国家如俄罗斯、印度、墨西哥、印尼、巴基斯坦、埃及等国家相比，中国在实践上虽然做得最好，但很多人却依然认为中国不是一个正常国家甚至认为中国政治存在合法性危机。这种结论的产生一定是基于产生于特定国家依据历史经验而形成的理论和教科书式的标准答案上的，用"世界的中国"即西方中心论看中国，中国永远是错的；而如果中国真的像20世纪90年代的俄罗斯一样变成西方，目前以西方中心论看待中国的学者势必会和很多俄罗斯知识分子一样捶胸顿足、追悔莫及。

为此，中国必须有基于自己历史文化和政治实践的"新概念新范畴新表述"。基于中国历史文化和现实政治的"国家治理"是一个好概念。比如，国际社会如果用民主观念对中国和印度进行比较，印度似乎占优势；而如果用治理标准比较二者，中国肯定是赢家。别说是和印度比较了，就是和所有的其他发展中国家比较，中国都是治理意义上的赢家。到底是良政重要还是观念重要？对民众/普通公民/人民大众来说当然是良政。

"国家治理"概念在世界政治中的优势不仅来自中国良好的政治实践，而且这个概念本身真实地反映了国家政治的方方面面，是中国人战略性务实主义的深刻洞见。同时，自20世纪90年代以来，"治理"和"民主"是世界上两个最流行的概念或话语。比较而言，"治理"概念更务实且能体现一个国家的综合指标，而"民主"则更具意识形态性质，况且民主选举只是政治制度和政治生活中的一个方面，而以一个方面代替所有其他方面最终则是无效治理、无效民主，甚至是国家失败。在这种国际大背景下，到了21世纪初，"治理"则越发成为国际社会更加主导性的话语。因此用"国家治理"与西方鼓吹的自由民主对话，不但能使国际社会更容易理解中国，也更能彰显中国发展的优势所在。

也正是因为这个概念在理论上的国际性以及所体现的中国自身的优势，才引得国内学术界如此强烈的呼应和国际社会的高度注目。

"国家治理"概念是中国国家与社会积极互动的产物。学术界经年讨论的治理、国家治理理论最终成为国家的话语和政策方向之后，学术界以更加积极的姿态推进对"国家治理"的理解。国家和社会都传递正能量，这样的积极方向应该得到进一步的强化，这样就会有更大的空间和更多的领域去发掘"新概念新范畴新表述"。比如，在《中共中央关于全面深化改革若干重大问题的决定》中，政治上改革的一项主要任务就是建立全面的协商民主制度，而民主在我党的历史上和中国的现实政治中都是最重要的，因而也是出现频率最高的词汇，同时也是国际社会绕不开的一个话语。为此，是不是应该把"民主"和"治理"相互嵌入，从而形成一个"可治理的民主"（英文"governable democracy"，可以直接说成是"治理民主"，就像"liberal democracy"即"自由主义的民主"可译成"自由民主"一样）。在理论上，这是一个可以和"自由民主"直接对话的、在同一个量级上的上位概念，其他的民主概念如选举民主、协商民主、行政民主等都是民主的下位概念。在实践上，"治理民主"无疑更优越于"自由民主"，因而是一个超越"自由民主"的概念。

科学认识国家治理现代化问题的几点方法论思考

张凤阳[*]

党的十八届三中全会通过的决议将"完善和发展中国特色社会主义制度，推进国家治理体系和治理能力现代化"，确定为全面深化改革的"总目标"。这暗含的逻辑假设是，中国当下的国家治理体系和治理能力，尽管具备了值得首肯的基础和潜质，但比照现代经济、社会、文化变迁对国家治理提出的更高要求，总体来说还有很大的进步空间。这个进步空间究竟关涉哪些丰富内容，需要在理论与实践探索中一步一步地揭示和厘定，但准确把握"推进国家治理体系和治理能力现代化"的实质意涵，就要解决一个"如何认识"的方法论问题。

一 以社会发展进程中不断增生的公共问题为基本着眼点

泛泛地讨论治国理政的问题遍于任何时代的任何政治体系，但今天谈论这个问题若脱开现代社会变迁的条件约束，事实上是不得要领的。改革开放多年来，中国社会发生了一系列结构性变化。从"计划"到"市场"是人们描述这种变化的常用语。此外，从"封闭社会"到"开放社会"、从"凝固社会"到"流动社会"、从"乡村社会"到"城市社会"、从"匀质社会"到"多元社会"等方面的演进，近年来也每每为学者所提及。当然还包括一个互联网和新传媒时代的"虚拟社会"的迅速成长。

伴随着深刻而全面的社会变革，当今中国出现了并仍在增生大量前所

---

[*] 张凤阳：南京大学政府管理学院教授。

未见的公共问题。说到底，推进国家治理的现代化，无非是要通过体制机制创新，使国家治理体系能够有效适应现代性公共问题的治理要求。因此，准确把握社会变革中涌现的公共问题的性质，乃是推进国家治理现代化的基本着眼点。正像有学者所指出的那样，作为应对和化解公共问题的工具，国家治理体系与其面临的公共问题的契合度越高，国家治理的能力也就越强。从这个角度来看，在计划时代形成的用于管理封闭社会、凝固社会、匀质社会的一系列控制导向的习惯做法就不好直接移植到市场时代的开放社会、流动社会、多元社会、虚拟社会的治理之中，即使这些做法在过去有不少是行之有效的成功经验。

为辨识转型过程中涌现的公共问题的现代性质不妨举一个"民生"的例子。改革开放以来，随着社会主义现代化建设的不断推进，构建公平、可持续的"全覆盖"社会保障体系，逐步被提到了中国国家治理的议事日程上。广义的社会保障，除政府托底的人道救助之外，还涉及生命周期中的前端就业、后端养老和贯穿全程的医保。但是，在当今中国的相关制度安排中，民生福利保障职能不仅分散于社保、民政、卫生和计生等政府部门，还见诸工会、妇联、残联等人民团体，"碎片化"特征十分明显。这样的治理结构难免会导致政出多门、推诿扯皮等问题，既不利于降低行政成本，更不利于提高公共服务质量。类似的例子事实上还有许多。由此不难想象，当下的政府管理体制离国家治理的现代化要求还有多大差距。

二 用前瞻性眼光看待国家治理"现代化"要求

在西方学者建构的诸多分析框架中，"传统—现代"的二元对立曾相当有影响力。这个框架借助传统的衬托而凸显出现代性的取向，对理解人类文明演进的大势颇有启发。但是，如果局限于先发国家的既往历史，在静态形式上设定一些抽象指标，以为获得了这些指标就等于给国家治理体系和治理能力的现代化画上了句号，那就太过简单和片面了。

事实上，"治理"理论是在20世纪后期由西方提出的，就是因为先发国家在发展中遇到了一些可称为后工业社会或后现代社会情境下的新型公共问题。恰当应对和妥善处理这些问题，自然不能使用传统时代的简单控制办法就是具有现代特性的代议制框架和科层制管理模式也不好照本因袭了。重理政府、社会、市场的关系，向社会组织、私营部门等放权，通过多中心合作方式克服垂直统制的缺陷，增加国家治理的弹性，更好地满足民众不断提高的公共服务要求成了治理变革的必然选择。可见，即便在西方发达国家，治理体系的改进和治理能力的提升也是一个未完的过程。

可以毫不夸张地说，当今中国的国家治理是人类有史以来最为复杂的。这不仅因为中国拥有13亿多人口，有着多样化的民族构成，还因为中国这个有着五千年文明传统的国度正在全方位地进行社会变革，传统、现代、后现代的多重成分共时态地交织在一起。在这样的背景下思考国家治理的现代化问题，不仅应超越传统的简单管制模式，按照民主化、法治化、规范化、程序化的治理要求推进现代化的制度建设，而且要有前瞻眼光，充分考虑经济全球化时代和后工业社会所衍生的高度复杂的社会公共事务，创新灵活的组织形式和治理样式，使国家治理体系获得能够容纳未来发展目标的足够弹性。

因此在今日中国，推进国家治理体系和治理能力的现代化既不能盲目套用西方路数，更不可将效仿样本理解为西方国家在百年前就大致定型的那一种。如果说党的领导、人民当家作主、依法治国的有机统一，确定了达成良好国家治理的基本原则，那么，全面深化改革的目标任务就是要通过实践探索，将这一原则落实为能够因应不断变化着的世情和国情的灵活而高效的国家治理体制机制。在这个意义上，推进国家治理的"现代化"本质上是一个永续的过程，不仅是现在时，而且是将来时，就像十八届三中全会通过的《中共中央关于全面深化改革若干重大问题的决定》所强调的那样，实践发展永无止境，解放思想永无止境，改革开放永无止境。

三　在常态国家治理与公共危机管理之间做审慎界分

现代化进程势必会打破传统时代的封闭和隔绝，愈益密切的交往增强了人们之间的社会化联系，但与此同时，也使任何偶发的波动会产生难以预料的溢出效应社会风险空前加剧了。今日中国不仅面临着现代化进程所带来的一般风险，还出现了后工业社会高科技发展所衍生的新的风险征兆，而经济全球化浪潮则又给本已复杂的风险共生链条增加了一个国际变量。在这种背景下构建能够有效应对种种风险挑战的公共安全防控体系，就成了推进国家治理现代化的重要组成部分。

一旦不断积聚的风险被某种偶然因素触发，便很可能演化为局部性乃至全局性的公共危机。依靠着革命年代的传统，借助一些现代的手段和方法，中国政府在应对和处置突发公共危机事件方面表现出了很强的能力。这种能力当然重要，但必须强调指出的是，非常状态下的权力集中，各种资源的集约调配，以及对公众行为的刚性管控，并不适合常态意义上的现代国家治理，应该且必须在两者之间做出审慎的界分。

问题的复杂性在于，今日中国社会同时又是一个因利益关系调整而充满了矛盾摩擦的紧张社会。群体性事件的高发，即为典型的外部表现。这样的特殊背景，一方面使社会管理背负着一个"维稳"的重任；另一方面，也很容易造成"维稳"对社会管理的某种功能替代。遗憾的是，经由"一票否决"政绩考核方式的强势诱导，这种功能替代在许多地方的治理实践中变成了现实。当然不能否认稳定之于良好国家治理的重要性，但是，既有的"维稳模式"要不要改进，则是另一个问题。不少学者指出，管制型、运动式、高成本的"维稳"，不仅阻滞了公民正当、合理的利益表达，妨碍了长效利益均衡机制的构建，而且其过度的体制性防卫，也助长了官民对抗情绪，严重伤害了公众对政府的信任。所谓"越是维稳越不稳"的恶性循环，表明现行"维稳"模式已不再能持续、惯性地运转下去，至于将这种模式无节制地推广的冲动就更要加以防范了。推进国家治理的现代化，从社会领域的制度创新来看不是延展政府权力的触角，而是要政府简政放权，激发社会的活力，使社会能够在有序竞争与互利合作中自主创新。这也是党的十八届三中全会的基本精神。

常态的国家治理需要收缩政府权能的边界，需要尊重公民正当的利益表达和民主参与要求，更需要基于协商、对话、互补的多中心合作。从根本上说，一种具有广泛包容性的利益均衡机制和蕴含着巨大协同能量的多中心合作治理网络建构起来并能持续地良性运转，社会风险就在源头上得到了有效治理，整个国家也就能够在高水平而不是低水平上达成持久稳定，实现长治久安。今天，尤其应该在维护合作关系、开展合作行动方面去理解国家治理能力的提升。

四　将社会协同和公民有序参与视为国家治理现代化的必备要素

思考当今中国国家治理现代化问题，不能忽略两个重要的前置条件。一是社会分层的多元化。这个条件意味着，不同的群体往往有不同的利益和偏好，相互间可能兼容，可能交错，也可能发生逆向摩擦。在这种情况下，公共政策受益面的社会分布是不均匀的。因此，政府的施政取向不宜高调地定位在出台人人同等满意的公共政策上，而应落脚在构建公正的制度与程序，借助不同群体的利益表达及其相互间的谈判协商制定和执行资源分配相对均衡的公共政策。二是政治生活的民主化。建设高度的社会主义民主既是长远的发展目标，也是现实公共生活的实际进程。民主化时代的社会成员对政府本有着更高的期许和更严的要求，再加上越来越多地接受高等教育又能熟练掌握和使用互联网等技术工具，因而也就难免会对政府施政发出苛责的批评声音。

《中共中央关于全面深化改革若干重大问题的决定》强调要"全面正确履行政府职能"，进一步简政放权，"最大限度减少政府对微观事务的管理"。在这样的条件约束下，要有效应对不断增生的社会公共事务，必须培育和强化社会本身的自治能力。其实，现代国家治理的成功经验恰恰表明，法律框架内活动的社会组织尤其是它们之间的协同合作，不仅能够弥补政府能力的不足，更好地满足民众的公共服务要求，而且其本身也是社会稳定的促进力量。具体表现在：第一，通过社会组织内部的沟通和自我约束可以形成主流的理性意见，从而缩小个别激进观点的市场，大大增强群体行为的可预期性。第二，借助社会组织之间的合作协商，利用集体谈判的方式，可以自行解决不同群体之间的矛盾，有效防止群体矛盾向社会冲突的转化。第三，即便仍需政府介入，政府官员也不必再面对散沙式的诉求，不仅大量节约了工作成本，还可充分利用制度化的调处模式，妥善化解或平抑群体矛盾。从这个意义上说，向社会组织开放合法的活动空间，是和谐社会建设的重要内容，也是现代国家治理的一个基本取向。

应该承认，由于社会剧烈的变革过程中大幅度的利益调整，市场经济的某种非规范运作，资源分配的社会不公、贫富分化及弱势群体向上流动的受阻，部分官员的滥权和腐败，公民教育的欠缺和失效，等等，当今中国还存在着相当程度的利益矛盾,远未达到"和谐"的社会建设目标。但必须指出的是,良好的国家治理并不在于一劳永逸地消除所有矛盾,而在于构建一套能够容纳矛盾并能以和平方式化解矛盾的弹性的体制机制。国家治理在形式上指向"事",实质上却指向"人"。在民主化和网络化时代,时代公民权利意识的觉醒和参与冲动的高涨是一种无法阻遏的发展大势。因此,构建弹性的体制机制,就必须充分保障公民个人及公民群体利益表达的正当权利,通过一系列法律法规的建立健全对公民个人及公民群体的利益表达进行规范,确认其程序、规则和边界,从而使公民参与成为可预期的体制化行为。这样,进一步加强社会主义民主政治建设和法治中国建设就成了推进国家治理体系和治理能力现代化的关节点。

国家现代治理中的三个结构性主题

陈明明[*]

一

　　大约自 20 世纪 90 年代起，西方学术界尤其政治学、经济学和管理学领域流行的"governance"传入中国并被译为"治理"以后，这个词语获得了或被赋予了某种特殊的新意。按照治理理论的主要创始人之一詹姆斯·罗西瑙（James N. Rosenau）的界定，治理是指一种由共同目标和多元主体支持的活动与过程，这种活动与过程未必由政府来实施，亦无须依靠国家的强制力量来实现，治理远比统治的内涵更加丰富，既可以由政府居间主导，也可以由非政府力量驱动和参与，既可以包括正式的机制，也可以包括非正式的非政府的机制。[①] 在中国学术界，正是"治理"这种多元的、多中心的公共管理特征，倡导政府部门与非政府部门、公共机构与私人机构的互动合作精神，被认为契合了 30 余年国家与社会关系的深刻变革以及市场和社会力量的成长趋势，因而受到热烈的关注。党的十八届三中全会决定提出"国家治理体系和治理能力的现代化"的总目标，第一次把"治理"写入了执政党的最高文件，进一步激发了人们对"治理"的无限想象和促进"优良公共生活"（"善治"）的要求。不过，在众多的阐释和解析中，关于"治理"，尤其是"国家治理"的理解，仍然存在着一些并非无关紧要的差异。对中国这样的处于现代化进程中的超大国家来说，把治理的意义放在属于中国特定问题的背景下来把握，考察国家治

---

[*] 陈明明：复旦大学国际关系与公共事务学院教授。
[①] 詹姆斯·罗西瑙：《没有政府的治理》，江西人民出版社 2001 年版，第 5—8 页。

理在中国现代国家建设中所面临的结构约束以及行动逻辑,可能更有助于深化对这一概念及其价值的认识。

二

比较政治经济学认为,国际和国内环境是一个国家发展的重要制约条件,内外环境施加的压力会影响一个国家对发展方式的选择,一定的发展方式会促使国家寻求与之相适应的社会政治结构,而社会政治结构决定了国家内部的权力分配结构,国家内部的权力分配结构又影响到未来的政策和治理方式。中国通常被认为是一个集权的国家,这大体是不错的,不过有两点需要注意:其一,中国的治理模式中不存在"没有政府的治理",甚至也不存在"小政府"的治理,"多元"和"多中心"只是治理的一个面向,国家治理的集权特征,其理由和逻辑需要从中国所处的内外环境和所面临的内外压力来认识和理解。其二,即使是在集权导向的治理实践中,中国也存在着大量的分权式改革,分权逻辑的作用不仅调动了社会和个人的积极性,还提供了一种制衡的机制,使个人的权力转化为制度化的权力,无限的权力转化为有限的权力,任性的权力转化为依法行使的权力。中国的国家治理正是在这种双重逻辑作用下运行的。另外,从民主化的角度批评中国治理模式的人指出,中国缺乏全国性的一人一票的选举民主,这也是一个事实,但没有全国性的选举不等于中国的地方和基层没有民主的实践和制度,反过来说,中国未来即使有了全国性的大选,也不意味着中国必然有良好的治理,评价国家治理的优劣,不仅要看民主,还要看国家是否能推动经济发展,实现社会稳定,促进人民团结和扩大公民自由空间。国家治理的逻辑实际上是由国家所处的内外环境及其压力决定的。

越来越多的人注意到,在现代化极其复杂的环境下,由于超大型国家(人口和疆域规模)和人均资源相对贫弱的尖锐矛盾,国家面临的调控、动员、分配和管治的压力不断增加,强化国家在这些方面的能力,使之适应现代化平稳转型的需要,是国家建设亟待解决的问题。国家能力的强弱取决于国家建制的合理性,因而以国家能力建设为向度的国家建设也包括了政府管理体制和管理模式在内的政权制度体系的改革创新问题,这方面的工作远未完成。在社会控权方面,如何培育具有自主组织和管理特性的社会交往空间，支持和保障公民对政府权力的制约和监督，并使之制度化、规范化和程序化，也越来越成为国家治理的重要内容。

从这个视角出发可以看到，改革开放以来中国国家治理的基本进程是围绕着三个结构性主题展开的：（1）政府与公民关系；（2）中央与地方关系；（3）政党与国家关系。这三组结构的合乎现代政府原理的制度安排决定了治理体系的好坏，在市场和社会成长起来的今天，在政治上是影响全局的。

三

第一个结构是政党与公民关系。在中国，政府与公民的关系大多是从国家与社会关系、政府与市场关系的角度来阐释的，前者关注的是社会、政治结构的变迁，后者强调的是资源配置体制的转换，两者都深刻地影响和扩充了政府与公民关系的性质和范围。不过，在某种意义上，国家与社会关系的政治哲学思考和政府与市场的政治经济学构设，仍然不能替代政府与公民关系的政治学视角，这就是直接构成政府与公民关系内核的"官民关系"。作为管理者阶层和被管理者阶层二元分立的官民关系一直存在着韦伯意义上的现代性的紧张，这本来就是官僚制的宿命，在一个社会分层结构（阶级分野）被多元利益分解，中间阶级数量较大，而政府大体能维持其相对独立性的国家，官民矛盾或掩盖于其他矛盾之中，或被其他矛盾所冲淡，官民矛盾并不必然成为突出的社会政治问题，因而政府对社会的治理有较大的回旋余地。然而，近年来的一些调查数据表明，中国现阶段各种社会矛盾对应的群体中，官民矛盾却位居各种社会矛盾之首，成为经济社会发展不能承受之重。[1] 此中最大的原因有三：其一，本是"社会公仆"角色的官员（管理者），在社会分层结构变化中，挟组织、经济和文化资源的优势在不到20年间竟位至结构顶层，不仅与基层民众构成

---

[1] 汝信：《2004年：中国社会形势分析与预测》，社会科学文献出版社2004年版；郑杭生：《中国人民大学中国社会发展报告2007》，中国人民大学出版社2007年版；李培林：《中国社会和谐稳定报告》，社会科学文献出版社2008年版；吴忠民：《当代中国社会"官民矛盾"问题特征分析》，《教学与研究》2012年第3期。

塔状阶梯上遥遥相对的两端,[①] 而且与中间阶级也有相当的差距,形成了一个"总体性精英"阶层。[②] 其二,不少地方政府在招商引资过程中或为强势资本集团所"俘获",或本身演变成"与民争利"的利益集团(如对"土地财政"的高度依赖,对征地拆迁的暗箱操作),极大地损害了城乡居民的利益。其三,政府在公共决策和公共服务提供方面缺乏民主公开的制度约束,迷信 GDP 主义,热衷于形象工程,压制和堵塞言路,罔顾民生、分配公平和环境的可持续发展。这样,官民矛盾便和阶层矛盾、劳资矛盾、贫富矛盾、国企民企矛盾等社会矛盾交织在一起,并成为各种矛盾的焦点,使得大量的"群体性事件"的矛头指向政府,严重削弱了政府的公信力。在一个政府主导型的现代化过程中,政府缺乏有效的制度化的民众监督势必会变为专横腐败的政府,政府丧失了公共权力的自主性势必会沦为唯少数人马首是瞻的政府,政府背离了社会主义的民主公平价值势必会成为权贵主义的政府。这是目前中国国家治理亟待解决的最具挑战性的问题。中共十八大以来,执政高层以开展群众路线教育、颁布和落实八条规定、大规模反腐惩贪为先导,希望通过整顿吏治、刷新政风、改善民生、保障权利、约束公权来遏制或缓解官民矛盾,取得了不俗的成绩。不过,作为国家治理结构的重要环节之一,政府与公民关系仍然有待于从现代政府原理的顶层设计战略着眼,对关涉政府与公民的组织结构、行为规则、权力关系和利益格局给予革命性的调整和制度性的再造。

四

第二个结构是中央与地方关系。改革开放以来,传统的中央高度集权模式让位于中央集权和地方分权并存的格局,计划体制下的中央权力集中过多、管控过严的状况,以及地方权力与职责长期背离的运行状态有了较大改观,地方政府拥有越来越多的自主权,逐渐成为一级公共管理的主体。地方自主性的成长,地方政府竞争力和地方社会活力的增加,是 30 余年持续繁荣的重要原因。但是,地方自主性的成长又造成了地方主义的

[①] 陆学艺:《当代中国社会阶层研究报告》,社会科学文献出版社 2002 年版,第 10—26 页。

[②] 孙立平:《转型与断裂:改革以来中国社会结构的变迁》,清华大学出版社 2004 年版,第 289 页。

兴起，其中最明显的表现是地方保护主义，如地方政府通过行政规制手段（以部门文件）对外来企业和生产要素收取的不合理费用，以设置进入壁垒保护本地商企；地方政府运用行政审批性的技术控制手段（建立技术标准、认证制度、卫生检疫制度、检验程序、包装规格和标签标准）提高外来产品的技术要求，人为设租，排除外来竞争；地方政府直接介入本地企业或资源的微观运行，为保护本地企业、排斥外地企业进入本地并购，直接策划、干预乃至包办本地企业的资产重组活动。加上政府监管责任缺失所导致的重复建设、过度投资、结构趋同、产能过剩、环境污染等，在很大程度上也都是地方政府地方保护和市场分割的结果，这对中央权威的全局治理构成了很大威胁。中央与地方关系的张力至今仍然依靠政治要素（执政党的组织系统）来约束，而缺乏足够的制度要素（国家结构和法律关系）来解决二者的博弈。以财政体制为例，中央虽然可以控制地方的预算内收入，但无力控制地方的预算外收入和非预算收入，这首先是因为监督的成本很高，中央无法控制地方财政的所有项目；其次是中央与地方在事权上的分割不尽合理，使得中央不得不在一定程度上容忍地方的预算外行为，否则就不能保证地方政府的"正常运转"。因此每一次中央做出的收权之举或制定旨在限制地方自由裁量权的政策越严厉，驱使地方政府经营预算外收入的动力越强，通过所控制的资源开辟新的攫取领域的冲动就越大，[1] 这正是中国国家治理的软肋之一。

现代国家治理的经验表明，中央与地方关系的制度性分权，有赖于按照现代政府原理对政府责任体系与行政问责进行制度化建构。现代政府原理的首要原则即主权在民原则，衍生原则即代议民主原则和政府权责一致原则。中国政治制度中的地方政府具有双重性：一方面要对上级政府负责，另一方面要对本级人大负责。中央永远不可能对地方行为明察秋毫，而地方官员的行为机制又对上级的偏好最为敏感，如果能大大提高官员对民意偏好的敏感度，局面将会大为改观。[2] 这意味着要从根本上约束地方官员的机会主义行为，必须将人民代表大会的权力真正延伸并落实到对地方政府治理模式的监督和制约上。在目前中央政府与地方政府职权关系尚

---

[1] 沈荣华：《地方政府改革与深化行政管理体制改革研究》，经济科学出版社 2013 年版，第 140 页。

[2] 同上书，第 145 页。

无法律明确规定的条件下,中央政府对地方政府问责除了依靠政党系统的强大机制外,最合适的方式就是利用现有的人大制度资源,这当然又有赖于人大制度的进一步改革包括代表产生、代表履责、代表与选民关系等制度的改革,而在未来的制度设计中,中央与地方的权力、责任和利益的科学配置及合理调适,包括中央与地方关系的冲突,还需要引入一系列宪政要件来加以系统解决。

五

第三个结构是政党与国家关系。在一般的政治理论中,政党是介于国家与社会界面的组织,这种理论预设了政党的"社会政治角色"属性,隐含着政党须通过动员社会支持(选举)以"合法进入"国家的结论(政党组阁)。[①] 然而,中国政治革命的逻辑已经赋予了政党内在的"国家身份":中国共产党运用革命手段"缔造"了新的国家,在某种意义上,它就是这个国家的本质,或是这个国家最深刻的内容。改革开放以来,在市场经济体制建构的过程中,政党与国家的关系发生了某种变化,中国共产党将它的执政合法性定位于代表先进生产力、先进文化和最广大人民的根本利益,而不是像以往那样诉诸阶级、阶级革命这些意识形态色彩鲜明的口号,极大地扩展了党的社会包容性和群众性基础,因而呈现出某种"世俗化"的倾向,美国政治学者沈大伟(David Shambaugh)以"收缩与调适"为题对中国共产党的"世俗化"过程做了描述。在意识形态领域,所谓"收缩",主要就是指扬弃原来的超越性目标中的乌托邦成分,撤出或减弱对一些领域的控制,放下身段以适应世俗化的要求和品味;而"调适"则是有意识地利用市场、商业资源,和传统媒体和新媒体合作,通过话语与意义的创造性转换来重建党的政治凝聚力。[②]

但是,这并不意味着中国共产党放弃了它的使命型政党、动员型政党或意识形态型政党的特征。第一,党仍然强调它的先锋队的政党性质,这种强调延续了中国革命和列宁主义的传统,在意识形态上,它对未来社会

[①] 戴维·米勒、韦农·波格丹诺:《布莱克维尔政治学百科全书》,中国政法大学出版社2002年版,第561—562页。

[②] 沈大伟:《中国共产党"收缩与调适"》第6章"重建中国共产党:意识形态之维",中央编译出版社2012年版。

理想和"终极价值"的体认和论证仍然被认为在理论上是有效的,在行动上是有约束力的。第二,党仍然强调它是中国现代化事业不可替代的领导力量,这种强调来自它对中国国情即社会结构、历史文化、资源禀赋、问题危机的认知,在主观上,它充满了引领民族复兴"舍我其谁"、主持国家大计"当仁不让"的强烈的历史意识,在客观上,它仍然起着维系中国社会平稳转型的权威保障作用。第三,党仍然强调它在整个国家政治生活中的轴心和支配作用,对重大事项和决策的决定性作用,这种强调和它追求"长期执政"的目标紧密联系在一起,因而不允许有摆脱一党控制或挑战现存政治秩序的任何倾向存在。这是目前政党与国家关系的基本规定。这样,在使命型政党和世俗化政党两种趋势之间便发生了某种紧张关系。如何调整这些关系,实际上构成了中国国家治理的重要内容。

十七大以来的党的政治报告都提出,共产党要按照科学执政、民主执政、依法执政的要求,改善领导方式和执政方式。这里所说的"科学执政、民主执政、依法执政"的实质是指在政党与国家之间,党通过什么方式实现对国家政权的掌控,在现代国家新的历史条件下,实际上属于党的执政权如何运用的问题。这些问题在过去10年里关于"从革命党到执政党"的研究中已多有讨论,① 但将理论转化为制度仍有很长的路要走。重温这些观点不是没有意义的——首先,政党不是国家,即使党缔造了国家,但国家一经成立,便具有公共权力的相对独立性,党的决定对国家机关来说,都是建议性质的,不是强制性质的,党与国家机关在组织上也不具有上下隶属关系,所以党不能对国家机关直接发号施令。其次,既然政党不是国家,党又要"领导"国家,党就必须合法地进入国家,所谓"合法进入"就是循国家之宪法和法律规定及提供的既定路径和程序"进入"之,具体地说,就是党通过人大代表的制度化选举形成"议会多数"而控制人大,通过党在人大的"议会多数"控制立法过程,同时通过向人大推荐自己的干部人选并经人大选举确认,控制行政当局(政府),这个理路是所有代议制政府的理路。再次,政党"进入"国家后要合法地

---

① 这方面的论著极多,论文更是不可计数,较有代表性的著述有王长江、姜跃的《现代政党执政方式比较研究》(上海人民出版社2002年版),林尚立的《中国共产党执政方略》(上海社会科学院出版社2002年版),张恒山、李林、刘永艳、封丽霞的《法治与党的执政方式研究》(法律出版社2004年版),李忠杰、金钊的《中国共产党执政理论新体系》(人民出版社2006年版),等等。

运作国家，党对国家的"领导"不是直接通过干预或以党权代替政权实现的，而是通过国家机关内部的党组织，以及兼具国家公职人员身份的党员干部，按照法定的程序以国家的名义来实现的。最后，由党的执政权的合法运用可以看出，党既然不能凌驾于国家之上，党的组织及其领导人自然也没有超越宪法和法律的特权。总之，在政党与国家关系上，共产党执政方式面临的最大问题，在于它能否正确地解决现代国家治理中政党与国家的法律关系，而判断党的执政方式是否走向成熟，其重要标志之一则要看它能否成功地把宪法的最高权威和法律的刚性约束内化为党的行为的理性自觉。

浅议中国特色社会主义国家治理现代化的两大主体因素

——一个基于当代中国公民理性与政府善治的问题分析

李 涛 王新强[*]

自中共十八届三中全会提出国家治理体系与国家治理能力现代化以来,学术界便围绕着现代国家治理问题展开了热烈讨论。本文认为,要实现中国特色社会主义国家治理现代化,需要围绕公民理性与政府善治两大主体因素展开讨论。

一 公民理性、政府善治与国家治理现代化的内涵分析

理性大体上包括古典纯粹理性、近代实践理性与理性态度三个部分。古典纯粹理性主要源于古希腊斯多葛学派,它认为,宇宙整体是个理性存在,人类是宇宙的一个部分,因而人类分享了宇宙理性;近代实践理性源于文艺复兴时期人的发现和经验主义哲学。其特点是认为理性是人的属性,是人的感性、知性、推理、判断、选择的综合思维能力,其代表人物是康德与黑格尔;理性态度是指一种明智的认识问题的态度,大体包括独立的逻辑思维和表达、全面的求真求规律、承认人的理性局限和宽容等几个方面。众所周知,国家治理能力的影响因素除了制度体系与制度执行力

---

[*] 李涛:北京师范大学马克思主义学院教授;王新强:北京师范大学马克思主义学院2012级博士研究生。

以外，还有一个极其重要的因素，即治理主体的理性程度，这既包括官员理性，也包括公民理性。从官员理性角度看，如果公共权力运作仅限于人治与策治，不敢或者不善于运用法治手段，那么纵使有最完备的国家治理体系，国家治理现代化也将难以实现，社会也不可能达到理想的善治状态。从某种意义上说，官员理性程度将会直接影响公民理性程度。进一步讲，假如公民理性受到官员理性的负面影响而呈现出零增长或负增长状态，其结果势必会影响公民对中国共产党、对中国特色社会主义制度以及相关行政问责内容与态度的理性认知。因此，提高国家治理能力亟须建立一整套民主选拔官员体系，真正让那些政治素质高、法治观念强、业务能力棒、群众基础好的官员走上领导岗位，并通过对官员的教育与培训不断提高其理性程度，以此影响、带动公民理性的正增长，实现全体公民"对公民身份、国家与个体关系的认知能力和对公共事务的价值判断，包括公共观念、法制观念、责任伦理、义务感、志愿意识、自律性等内容"的理性认知。从这个意义上说，能否通过官员理性培育形成理想状态的公民理性，是能否提高国家治理现代化能力的关键环节。

　　善治是当代国际社会科学的前沿理论之一。20世纪90年代以来，善治理论家们根据国际政治、经济发展的新趋势，提出了新的国家治理模式以及衡量国家治理成效的规范化标准。政府善治就是"政府与社会、政府与公民、政府与市场对公共事务的互动合作管理，是国家与公民社会的一种宽容为本、合而不同、合而共生的互促互进关系，是两者关系的最佳状态"，其实质"是国家公共权力与公民基本权利的和谐互动，发展趋向是国家公共权力向公民社会的个人基本权利转移，即还权于民，权为民所用"。政府善治是多中心的、自主的，既分工合作又互为补充的现代化国家治理模式，政府组织、第三部门以及公民社会均应该在政府善治过程中发挥其自身应有的作用，政府善治的最终目的是向社会提供公共服务、维护社会公共秩序，并在此基础上实现公共利益最大化。从这个意义上说，政府善治也是国家治理现代化的内在需求。

　　国家治理现代化是一个带有全球性色彩的命题。西方国家在经历工业化、后工业化发展所带来的社会治理危机后，逐步探索出以公民理性与政府善治为主要内容的国家治理新模式。就中国而言，在中共十八届三中全会上，习近平总书记将中国特色社会主义国家治理现代化概括为国家治理体系现代化与国家治理能力现代化两个部分，并将这一目标作为巩固、完善和发展中国特色社会主义制度的核心内容。他强调要以 15 个领域和 60 项具体改革为载体，逐步实现国家治理体系和国家治理能力现代化，并确保到 2020 年使改革取得决定性成果。纵观习近平总书记的讲话，可以发现中国特色社会主义国家治理体系与国家治理能力现代化，至少应该包含以下四个方面：一是国家治理民主化，即公共治理和制度安排都必须保障人民当家作主，所有公共政策要从根本上体现人民的意志和人民的主体地位；二是国家治理法治化，即宪法和法律成为公共治理的最高权威，在法律面前人人平等，不允许任何组织和个人有超越法律的权力；三是国家治理效率化，即国家治理现代化应当有效维护社会稳定和社会秩序，有利于提高行政效率和经济效益；四是国家治理协调化。国家治理现代化是一个有机的制度系统，从中央到地方各个层级，从政府治理到社会治理，各种制度安排作为一个统一的整体相互协调，密不可分。要做到以上四点，关键是要实现公共权力运行制度化、规范化，自觉做到政府治理、企业治理和社会治理在规范完善的制度安排与公共秩序范围内良性运转。要做到这一点，既需要公民理性，也需要政府善治。也就是说，要实现中国特色社会主义国家治理体系与国家治理能力现代化，需要以培育公民理性与提高政府善治能力作为基本前提。

二　西方国家应对治理危机所采取的公民理性与政府善治策略为中国特色社会主义国家治理现代化提供了经验借鉴

纵观人类近现代史，世界主要国家大致经历了两次大的历史转型：一是工业化转型；二是后工业化转型，这两次转型都带来了大致相同的治理危机。在应对治理危机的过程中，西方国家大都采取了公民理性与政府善治应对策略，这为中国特色社会主义国家治理现代化提供了经验借鉴。

西方国家在工业化、后工业化转型过程中带来了严峻的社会治理危机。纵观资本主义发展史，可以发现资本主义在创造了大量社会财富的同时，也带来了大量的社会矛盾和冲突。恩格斯发表于 1845 年的《英国工人阶级状况》中指出，从工人破坏机器到此起彼伏的工人运动再到 20 世纪的社会主义运动，以及两次世界大战和经济大萧条等，都揭示了西方国家工业化转型所带来的种种社会冲突和矛盾。另外，一些历史学家也对西方国家工业化转型时期的各类经济、社会、政治问题进行了剖析，他们大都认为工业化转型时期产生了大量的社会经济问题和社会冲突,危机笼罩着整个国家与社会,而在种种危机和冲突中,阶级冲突占据着核心地位。始于 20 世纪 50 年代末期的后工业化转型同样给西方国家带来了严峻的治理危机。60 年代末期,在欧洲主要国家和美国爆发的社会骚乱和由此引发的被法国当代社会学家阿兰·图海纳(Alain Touraine)称为"新社会运动"的发展,应该被看做是这次转型危机最具有象征性的历史事件。图海纳认为,"新社会运动""成为新的斗争的开始,而不只是一场危机事件的危机时刻"。20 世纪 70 年代由三位著名学者合作完成的给三边委员会的研究报告,对西方国家后工业化转型所带来的治理危机进行了务实主义的分析:法国学者米歇尔·克罗齐认为,源于内部政治和经济混乱引起的欧洲治理危机,其政治后果是直接造成了决策体系的权威衰退、官僚体制的超负荷、公民的无责任感;美国学者萨缪尔·亨廷顿认为,美国的治理危机是社会和文化迅速变化和动乱的产物,并与美国进入所谓的后工业社会以及戏剧性的民主复兴运动有关,其直接政治后果是造成了民主政治的混乱与失衡;日本学者绵贯让治认为,日本的治理危机来自社会的压力和政治统治层面的混乱,如城市化和教育程度带来的政治浪漫主义,新一代在政治信仰、社会价值观和经济价值观上的变化,国家统治能力方面领导力的衰败和决策延缓以及多党系统的政治纠葛等,这是造成治理危机的主要原因。西方国家在工业化、后工业化转型期间所带来的社会治理危机,迫使执政者采取了公民理性与政府善治的应对策略。

西方国家为应对治理危机所采取的公民理性与政府善治策略为中国特色社会主义国家治理现代化提供了经验借鉴。首先,西方国家通过社会组织培育公民理性,以此应对治理危机,实现国家治理的现代化。在市场经济与社会化大生产条件下,所有公民都无一例外地存在于一定的社会组织中。社会组织在集合该组织范围内所有公民利益诉求与意愿表达的同时,也承担了对公民理想与信念等公共理性的培训职能。通过社会组织,西方国家顺利地实现了国家权力向社会权力的逐级过渡,同时也较为顺利地培育了公民理性。其次,西方国家通过公共行政改革较好地实现了政府善治,这主要表现在以下两个方面:一是从政府垄断转向市场参与。罗斯福新政在延缓资本主义国家治理危机的同时,也带来了"巨型国家"症的严重后果,其主要表现为绩效下降、腐败严重、官僚主义以及财政赤字等。为此,西方国家进行了以公共事业和公共服务为主要内容的市场化改革,通过国有企业与公用事业的产权转移,由市场和社会承担其部分生产和服务功能,以此化解资本主义国家中存在的各种社会矛盾。二是管理机构从科层制转向扁平化。经典的韦伯管理模式曾经红极一时,但最终带来了繁琐、低效、僵化的科层制官僚机构。庞大、臃肿的科层制管理机构不仅耗费极大,而且不利于横向交流。通过建立层级较少的平板式而非金字塔式管理结构,能够使政府更多地接触社会和公民,便于有效应对治理危机。关于西方国家在应对治理危机、实现国家治理现代化过程中所表现出来的培育公民理性与实现政府善治的例证还有很多,囿于篇幅,此不赘述。

三 传统社会主义全能型国家治理模式对中国特色社会主义国家治理现代化的启示

传统社会主义全能型国家治理模式启示中国特色社会主义国家治理现代化要培育公民理性与提高政府善治能力。苏联等社会主义国家在国家治理过程中均表现出高度的全能性特征,它把社会主义当成一种高度同质、高度统一的社会,而在其社会经济发展本身尚不能为这种同质和统一提供基础的时候,便较多地使用执政党和国家政权的力量。新中国采用了苏联国家治理模式,并在治理过程中表现出了一元性、阶级性与政党性等全能型特征。

在传统社会主义时期,全能型国家治理主体具有宪法规定的一元性特征。我国在传统社会主义时期共产生了三部宪法性文件,分别是1949年《中国人民政治协商会议共同纲领》、1954年《宪法》和1975年《宪法》。三部宪法性文件都明确指出了中国的治理主体是工人阶级、工农联盟。随着三大改造的完成,剥削阶级已经不复存在,工人阶级和农民阶级作为中国革命和建设的积极参与者、无产阶级专政的自觉维护者,其根本利益是一致的。无论是在新民主主义革命还是社会主义革命时期,工人阶级、农民阶级都作为利益共同体参与国家政治生活和社会生活,此时的工农联盟内部未曾出现利益分化。这样,以工人阶级为领导、以工农联盟为基础的全能型国家治理模式便天然地具有了一元性特征。

在传统社会主义时期,全能型国家治理模式的阶级性主要表现为以阶级斗争与阶级动员作为主要工作机制。马克思主义认为,在阶级社会里,阶级斗争是无法调和的，阶级斗争构成了阶级社会发展的主要动力。阶级斗争与阶级动员密切相关。所谓阶级动员，就是指组织和动员广大劳动者，以合法的阶级斗争方式来进行阶级改造，以此为社会发展创造必要的阶级基础和政治资源。阶级动员与阶级斗争是全能型国家治理模式的两个必要环节，通过阶级动员与阶级斗争，既能够对异己力量实行无产阶级专政，又能够实现统治阶级的内部团结，这是其优势所在。当然，阶级动员与阶级斗争也有潜在的不足，这种不足容易使市民社会因为领袖个人魅力而产生盲目崇拜。中国共产党在长期的革命斗争中已经熟练地掌握了这种阶级动员和阶级斗争的方法，由夺权党转变为执政党后，这一方法会自然而然地渗透到国家治理模式中来，并升华为全能型国家治理模式的主要工作机制。

在传统社会主义时期，全能型国家治理模式的政党性主要表现为以各级党组织和国家政权机构作为主要组织载体。在革命战争时期，中国共产党集中了部分国家权力与社会功能，并先于国家和社会取得了政治合法性。为了取得革命战争的胜利，中国共产党分布于各地区、各领域的党组织形成了巨大的凝聚力、号召力、战斗力。新中国成立后，中国共产党的战斗堡垒迅速因袭为以党组织为核心的党政一体化结构，中共党组织形成了一个封闭式回路，国家行政机构则外挂和依附于这个回路之上。这种国家治理模式具有很强的政治性，有效地保证了社会资源快速、高效的整合，有力地支持了源于党中央的各种社会运动的开展。在传统社会主义时期，中国共产党正是用这种方式并以最快的速度完成了全能型国家治理模式的总体目标。

通过以上分析可以看出，传统社会主义国家治理模式一般来说能够带来高效的工作进度并能够较好地达到预期目的，社会主义改造的提前完成、社会主义制度的初步建立即是很好的例证。但是，由于全能型国家治理模式漠视公民理性与政府善治，又必然会对国家治理带来潜在危害，十年"文化大革命"即是不堪回首的一例。从国家治理的角度上看，传统社会主义国家治理模式的成功之处，在于坚持了中国共产党的正确领导，坚持了社会主义道路；其不足之处在于忽视了公民理性与政府善治的培育工作，这是传统社会主义全能型国家治理模式对中国特色社会主义国家治理现代化的启示所在。

四 中国特色社会主义国家治理现代化要求以公民理性与政府善治作为基础支撑

改革开放以来,随着中国工业化、民主化与城市化进程的持续加速,国家治理现代化建设也面临着抗争政治的严重干扰。当前,中国抗争政治的内容主要表现在移民上访、选举上访、抗税斗争、土地维权、拆迁维权、环境抗争、弱势群体的利益抗争等方面;抗争政治的形式主要表现为依法抗争、依理抗争、依礼抗争、以死抗争等几个方面。从本质上讲,公民抗争是国家民主与社会进步的表现。但是,也应该清醒地认识到,正当的抗争政治往往会由于公民理性意识淡薄或者是政府善治意识缺失而出现变异,最终引发暴力对抗或者是大规模的群体性事件。面对新情况新问题,传统的"阶级斗争"治理策略显然已难以奏效,西方国家反映资产阶级利益诉求的公民理性与政府善治策略也不能满足中国特色社会主义国家治理现代化的内在需求。因此以符合中国当代国情的公民理性与政府善治作为基础支撑,推进中国特色社会主义国家治理现代化,便成为历史发展的客观需要。

(一)中国特色社会主义国家治理现代化要求以公民理性作为基础支撑

公民理性是包括观念、伦理、感觉、意识等诸多因素的综合范畴,从某种意义上说,中国特色社会主义核心价值观就是当代公民理性的首要体现。习近平总书记在中央党校省部级主要领导干部学习贯彻十八届三中全会精神,全面深化改革专题研讨班上指出,推进国家治理体系和治理能力现代化,要大力培育和弘扬社会主义核心价值体系和核心价值观。具体来说,中国特色社会主义核心价值观指导下的公民理性对中国特色社会主义国家治理现代化的基础支撑作用,主要表现为理性地对待中国共产党的领导、理性地对待中国特色社会主义制度、理性地表达利益诉求与行政问责三个方面。

理性地对待中国共产党的领导。现代西方国家流行着一种颇具共识性的说法,那就是一个(或几个)政党执掌国家权力,需要经过人民的授权。否则,就不能认为该政党的执政具有合法性。如果执政党失去了合法性基础,又如何能够实现国家治理现代化?事实上,中国共产党的执政地位不仅来源于历史的选择、人民的选择，更多地来源于现实的选择。中国共产党执政地位的现实选择可能有两种倾向："一种是实现社会主义民主的性质，保证最广大人民的当家作主，发挥了政府最大的为人民服务的效能，维护和实现了人民的根本利益；但苏东的教训也证明存在另一种可能性，就是与人民处于脱离或对立的状态，家长制和专断盛行，权力和资本勾结，官僚集团成为特权集团。党和政府丧失了人民的支持、拥护和赞成。这两种可能性并存，关键是党和政府能否保持为人民服务的性质。"改革开放以来，中国共产党先后以"人民支持不支持，人民赞成不赞成，人民拥护不拥护"，是否"代表最广大人民群众的根本利益"，是否"以人为本"作为检验其执政合法性的现实标准。只要中国共产党坚持为人民服务，其执政合法性就不会丧失。因此，能否理性判断以及在何种程度上判断中国共产党"全心全意为人民服务"的性质，是公民能否理性地对待中国共产党领导的基本前提。

理性地对待中国特色社会主义制度。近年来，一些西方学者通过否定中国特色社会主义民主进而否定中国特色社会主义制度。中国学者关于民主问题的讨论大致上形成了两种观点：一种观点认为，民主是一种值得追求的普世价值；另一种观点认为，"民主政治具有不同的制度表现形式，几乎是一国一种制度"，因此民主具有内生性，不具有普世性。上述争论给予这样一种启示，即"民主的普世论和内生论都没有形成普遍共识，民主的观念需要由各国民主实践的经验加以丰富和拓展"。民主制度的差异性，不是国家治理现代化能否实现的根本判断标准。就中国特色社会主义国家治理现代化来说，其制度建构与道路选择最终取决于中国最广大人民和中国社会发展的客观需要，除此之外，无任何现成模式可以照抄照搬。当前，由于中国仍然处于社会主义初级阶段，国家治理现代化"制度起点高，基础比较低"，这决定了中国特色社会主义国家治理现代化的实现不是一个短期过程。新时期国家治理模式要求在改善国家治理体系、提高国家治理能力，最大限度地发挥政府公权力为人民服务的同时，还要积极吸收西方国家百年治理经验，在此基础上实现中国特色社会主义国家治理的现代化。这一切均需要以理性对待中国特色社会主义制度为前提。

理性表达利益诉求与行政问责。在现代社会中，政治参与是全体公民的基本政治权利。从国家治理现代化的角度说，一个国家要想赢得公民的支持，就应该设计出可容纳更多利益诉求的表达机制。事实上，改革开放以来，执政党一方面不断完善人民代表大会制度、政治协商制度、基层民主自治制度等基本政治制度，另一方面也不断扩大公民政治参与的途径，如推行听证会制度、信访制度、设立行政信箱等一系列便于公民参与的新举措。但在实际运作中，公民政治参与仍然因为系统的封闭性、民主性不足等缺陷而不能很好地进行利益诉求与意愿表达。可以说，国家治理现代化还面临着条件限制与人为因素干扰诸多局限性。在这种情况下，网络政治参与中关于利益诉求与行政问责的非理性现象开始泛滥，现实政治参与中的恐怖、暴力现象渐露端倪。中国特色社会主义国家治理现代化需要开辟更多的（既包括现实中的，也包括网络中的）理性表达利益诉求与行政问责的相关制度设计，赋予公民利益诉求与行政问责更多的权利与保障，以此培育公民理性。具体来说，应该加强公民利益诉求与行政问责文化建设，以此培养公民利益诉求与行政问责表达能力；公开政府行政程序，以此为公民利益表达与行政问责提供足够的依据；进一步界定利益表达与行政问责的相关内容；建立和运用多种有效的利益表达与行政问责制度；增强对公民参与利益表达与行政问责行为的支持和激励。

（二）中国特色社会主义国家治理现代化要求以政府善治作为基础支撑

政府善治是政府与社会、公民、市场等多元化治理主体对公共事务的良性互动、合作管理。因此，政府善治为中国特色社会主义国家治理现代化提供的基础支撑主要表现为立足于中国国情实现政府善治，运用现代国家制度保障政府善治，制定法律规范约束政府善治三个方面。

立足于中国国情实现政府善治，避免误入"最优治理实践"陷阱，是中国特色社会主义国家治理现代化的首要前提。政府、市场、公民社会是政府善治的三大主体，由于其具体结合方式是多样化的，因此必然存在着多样化的国家治理模式。然而，20世纪八九十年代奉行新自由主义的西方主流经济学家和国际组织却向发展中国家和转型国家推行"华盛顿共识"自由化改革方案，并将其称为"最优治理实践"（Best-Practice Governance）。"华盛顿共识"倡导政府从社会经济中撤出的"最小国家"战略，由于它忽略了发展中国家和转型国家既有制度设计与历史传统，因此注定会走向失败。就中国来说，由于市场与社会潜在的自组织能力和自我发展能力还很薄弱，因此政府治理的完全撤退，必然会带来秩序的混乱与社会的分裂，这充分说明中国特色社会主义国家治理模式的构建需要立足中国国情，并需要经历一个循序渐进的适应性调整过程。对这一点，弗朗西斯·福山的观点颇具启发意义：要想提高欠发达国家的制度能力，外来援助者就必须改变他们的期望值，他们不应将事先设计的蓝图强加给受援国，而是要通过提供资源来激励当地人设计和实施其制度改革与国家治理模式构建方案，任何外来援助都不能替代当地社会的实际适应能力。当然，中国特色社会主义国家治理模式的构建，也需要在肯定中国特色社会主义国家治理体系治理能力的同时看到其不足之处，并善于借鉴古今中外治国理政的经验教训加以改进。如中国古代政治文明中蕴含着大量治国理政的经验和理论，西方资本主义文明在其发展过程中也积累了大量治理现代资本主义国家和社会的经验、做法和系统理论，这些都是在推进国家治理体系和治理能力现代化进程中可以对比、分析和吸收借鉴的。

运用现代国家制度保障政府善治，是中国特色社会主义国家治理现代化的题中应有之义。从本质上说，国家治理就是政治行为主体、经济行为主体以及其他社会行为主体在各自目标偏好的引导下采取不同行为策略，进行互动博弈的过程。"从新制度经济学的角度来看，只有通过制度构建，形成一种有效的激励约束结构，才能规制或缓解各种机会主义行为，克服个体理性与集体理性的悖论，将人类行为导入财富创造性活动，而避免其从事诸如寻租、腐败等非生产性和分利性活动。"现代国家制度主要包括三个方面的内容：法治、分权和民主，三者作为一个整体相互支持，缺一不可。如果从国家治理的角度来看，现代国家制度的意义不仅限于约束政府行为，它还是维系政府、市场、社会三者均衡的手段。例如，法治不仅有约束政府的机会，也有在此基础上约束私人机会主义行为的含义；分权不仅意味着政府治理中中央到地方的分权制衡，还意味着政府与市场、国家与公民社会的分权制衡；至于民主，更是一种依赖社会来选择和监督政府的机制。实际上，现代国家制度本身就是政府主体、市场主体和社会主体长期博弈、反复协调所形成的一种制度均衡，以此保障政府善治，更有利于实现中国特色社会主义国家治理的现代化。

制定法律规范约束政府善治，主要是围绕政府、市场、社会对公共事务的管理范围、权限以及相互关系做出政府善治主体的法律界定。随着市场经济的深入发展，中国经济体制和社会结构发生了深刻变化，出现了新的社会阶层与公共利益，形成了新的治理空间。因此，以政府、市场、公民为多元治理主体的国家治理现代化就成了时代和社会发展的需要。现代综合治理模式下的政府、市场和公民社会都有其各自发挥作用的空间，如果任意扩张一种治理方式，必然会产生雅诺什·科尔奈所说的"三个谬误"。第一个谬误是对政府治理主体的过度迷信。公共选择理论、新制度经济学以及新公共管理理论都对导致"政府失灵"的潜在缺陷进行了深刻分析：由于政治主体的理性局限，官僚机构的自利倾向，政府科层结构固有的信息、决策、激励等低效弊端使得政府治理无法达到帕累托最优效率边界，用政府主体替代市场主体、社会主体可能会带来更大的损失。第二个谬误是对市场治理主体的过度迷信。经济学对导致"市场失灵"的内在因素也进行了深刻分析：由于市场治理存在规模经济、外部性、信息不对称以及收入分配等问题，市场自发的资源配置和秩序管理能力达不到国家治理现代化的要求。第三个谬误是对社会治理主体的过度迷信。尽管公民社会、非政府组织、非营利机构以及社会资本在资源配置与秩序管理方面具有政府治理主体和市场治理主体所不具备的优势，但社会治理主体本身也存在着失灵的可能性。一方面，如科尔奈所言，公民社会并非是既远离"肮脏"的政治又远离"利润饥饿"的绝对"清洁"的第三种治理方式。相反，大多数社会组织既需要市场治理主体的资金支持，又需要政府治理主体的政治支持，因此脱离了经济与政治、市场与政府，社会治理将只剩下一副空虚的外壳。另一方面，中国公民社会的发育还远未成熟，在许多情况下它尚不能有效整合社会利益，消除政府失灵和市场失灵的负面效应，反而可能被少数既得利益集团恶意炒作，作为影响政府决策并与国家对抗的工具。基于上述原因，中国特色社会主义国家治理现代化需要围绕政府、市场、公民社会三种治理主体的管理范围、权限以及相互关系做出法律界定，使之相互协调、相互平衡，从而不断完善国家治理体系、提高国家治理能力，并在此基础上实现中国特色社会主义国家治理现代化。

总之，实现中国特色社会主义国家治理现代化不是一蹴而就的事情。我们既需要借鉴西方国家的百年治理经验，也需要总结传统社会主义国家治理的相关理论与实践，在此基础上以公民理性与政府善治作为基础支撑，以此推动中国特色社会主义国家治理现代化的历史发展进程。

论国家治理体系现代化的公共性价值诉求

张雅勤[*]

对于任何国家而言，构建适应社会—历史—文化特征的国家治理体系都是实现国家有效治理、有序变迁和可持续发展的前提条件。国家治理作为一种人类有意识的认识—实践活动，必然蕴含着治理主体的价值认知与选择，因而国家治理体系作为一个复杂的系统，不仅包括制度、结构、功能和手段等"硬件部分"，也必然离不开治理价值和理念等"软件要素"，否则就会沦为失去"灵魂"的空壳。正是在这一意义上，中国当前提出的"国家治理体系和治理能力现代化"目标，既是对当前中国国家建设面临的历史使命的战略性概括，也是对过去国家治理过程中"价值无涉"发展的纠偏。因此，在研究国家治理的组织体制、运行机制和技术手段现代化的战略目标和实现路径中，对价值诉求的追问就具有了迫切而重要的意义。比如，支撑当代中国国家治理体系现代化的基本观念应该是什么？国家在治理体系的现代化改革中应遵循怎样的价值基础和行动逻辑？衡量的标准是什么？这些问题实际上是从价值观上解答国家治理体系现代化改革将走向哪里，为什么走，怎么走以及走的结果等问题。也只有正确回应了这些"元问题"，国家治理主体在具体治理行为中的目标定位、问题建构、社会动员、资源配置、技术手段应用的考量等，才拥有了理念根基与"道义"基础。

---

[*] 张雅勤：武汉科技大学黄家湖校区文法与经济学院公共管理系。

一 "国家统治/管理体系"向"国家治理体系"转型的价值轨迹

确切来讲,在前资本主义的奴隶制时代和封建制时代,"国家治理体系"实质上是一种"国家统治体系",因为这一时期,国家的经济、文化、社会管理职能极其有限,其治理行为的直接目的表现为阶级统治。在这一被称为"传统社会"的历史阶段中,统治者几乎掌握和控制了一切社会资源,这决定了这种治理的直接目标是通过获得稳定的统治秩序来维护这种利益分配格局。为了达致这一目标,国家治理的过程就表现为根据社会等级关系的要求去不断地强化权力支配方式,并在对权力的强化过程中生成权力制度。在这种以权力为基础的"统治型"国家治理体系中,君权神授、皇权至上、等级、特权、官本位等价值理念,以王权为中心的政治价值,牢牢地维系着不自由、不平等的经济、政治、社会与文化秩序。当然,出于巩固统治的需要,国家统治者也会履行少量的社会管理职能,甚至在治理行为中显现一定的"非统治性",比如,中国古代社会基层的"官绅共治"和西欧封建社会中的"采邑分封制"等,似乎体现了一定的自治精神与公益取向。① 然而,正如哈贝马斯和布鲁纳所分析的,"私人占有和公共主权这一矛盾,封建制度并不具备"②,"我们在庄园和领主所行之的权力中遇到的就是一种次一级的公共权力……但是,它和现代私法制度所规定的私有权是截然不同的"③,以人身依附和等级制为特征的封建社会国家治理体系之中,一定程度的"自治"与"共治"仅仅是作为王权统治的"衍生品"而存在的,一旦超越统治共同体之外,就显现出阶级统治的真实面目。所以,在传统社会中,作为阶级统治工具的

---

① 这一表象迷惑了不少人,不少学者将封建社会政权末梢的"基层自治"作为现代"公共治理"理念的来源。比如,费正清评论说"中华帝国有个不可思议的地方,就是它能用一个很小的官员编制,来统治如此众多的人口",并认为这一"不可思议"问题的答案,很大程度在于基层的合作共治(参见麦克法夸克、费正清《剑桥中华人民共和国史:革命的中国的兴起(1949—1965)》,中国社会科学出版社1998年版)。

② 尤根·哈贝马斯:《公共领域的结构转型》,曹卫东等译,学林出版社1999年版,第5页。

③ 安东尼·阿姆斯特丹姆、杰尔森·布鲁纳:《关注美国法律》,于兆波等译,吉林人民出版社2004年版,第186页。

国家治理体系在属性上具有的仅仅是一种"共同性"①，即从统治阶级内部利益出发行使国家职能的性质，根本不具备根据全社会成员的普遍性利益要求开展公务活动和处理公共事务的"公共"性质。

随着传统社会向现代社会的演进，国家在政权性质与治理目标、方式上逐渐发生根本转型。从17世纪开始，西方国家陆续开始了旨在废除封建王权并建立资本主义政权的政治革命。资本主义革命以社会契约论为理论指导，通过政治权力的再分配以及在此基础上的制度重建，用人民主权理念以及国家权力制衡原则为现代国家治理体系的构建提供了一个基本框架。具体而言，"主权在民"原则彻底消除了农业社会中君主、贵族与臣民之间的身份鸿沟，将社会中所有成员纳入了"公民"这一平等的身份中，建立起一种普遍的、对每一个社会成员都具有同等约束力的法律体系，从而在人们身份平等的基础上构建起了不同于传统社会中"权力治理"而以法律制度为依据的国家治理体系；在政治实践中，主权在民原则又被置于宪法的框架之下成为一种选举制度，即代议民主制。代议民主制"容许所有的人在国家主权中拥有一份"② 开放性和平等性，使得资产阶级的政治领域祛除了权力意志与统治秩序，从而打破了传统社会以王权为中心的封闭的治理体系。

然而，考察国家治理体系的演进历史，可以发现，虽然资产阶级革命胜利的成果是建立起了现代国家，也理应建立起与之相适应的以"自由平等"为价值内核的现代国家治理体系，然而实际上，在资产阶级建国后的相当长一段时期里，统治型国家治理模式仍然得以延续。比如，《联邦党人文集》中有较大篇幅倡导建立"强权和集权的政府"，对此，伦纳德·怀特认为，该主张显现了当权者明显的精英主义和集权统治倾向："联邦党人偏爱行政机构，是他们对人们缺乏信任的忠实写照。在他们看来，对公共政策明智而合理的理解只能来自于受到良好教育和关心国家事务的人，这些人训练有素，经验丰富；简言之，只能来自于上层阶级。"③ 可见，资本主义早期的国家治理体系虽然在性质上与前资本主义社会相

---

① 对于"共同性"更具体的描述请参见 张雅勤《行政公共性的生成源流与历史反思》(《中国行政管理》2012年第6期) 和《探索重塑公共行政公共性的路径》(《甘肃行政学院学报》2011年第1期)。

② 约翰·密尔：《代议制政府》，汪瑄译，商务印书馆1997年版，第27页。

③ Leonard D. White, *The Federalist* (New York：Macmillan, 1948), p. 510.

异，但是出于巩固政权的需要，在国家治理上仍然具有浓厚的统治色彩，具体表现为，国家治理体系主要依靠国家权力的三权分立与制衡机制、人民主权的委托—代理机制、中央与地方政府之间的分权机制、政党的功能补充与制衡机制以及为资本主义服务的暴力维安机制，从而维持资本主义国家的政权和政治秩序的稳定。

到了工业社会中期，随着国家政权稳固性的增强，资本主义国家逐渐开始用社会管理职能取代统治职能的进程。尤其是到了19世纪80年代前后，英美等主要资本主义国家通过建立文官制度，使得行政系统正式与政治领域分化。至此，西方国家治理才真正脱离了"统治"的特征，治理活动更多地成为一种对公共事务的管理活动，它在治理目标和治理方式上与农业社会的统治型治理模式有着根本的区别：其一，与统治者将"统治秩序"作为目的不同，管理者的管理活动直接以"效率"为目标，以社会财富的极大增进为己任；其二，社会化的大生产和普遍化的市场经济呼唤和造就了社会成员的平等关系，从而为建立起一种普遍的、对每一个社会成员都具有同等约束力的法律制度体系提供了可能，因而，进入工业社会以后，国家治理体系以"法治"为治理方式。从内在逻辑看，作为治理主导价值的"效率"与作为治理主要手段的"法治"之间是密切相关的。"效率"的中性与客观的属性要求管理者应该秉持中立和公正的原则，这要求国家在不同社会成员的利益诉求之间寻找一个合理的平衡点。那么，国家如何做到这一点呢？西方资本主义国家的选择是，将国家的社会治理行为改造成一种彻底的"管理行为"：一方面，在治理过程中引入一般管理的基本理论与方法，在组织结构、运行机制以及行政行为上都力求达到科学化、技术化，以实现对市场更强更好的宏观调控；另一方面，在"政治—行政二分"原则下对国家治理进行科学化、技术化建构，亦即在国家体系"价值中立"的基础上，以法制手段提升社会的经济效率、维护社会秩序。

20世纪中期以后，经济危机以及世界大战的创伤使人们意识到"政治—行政二分"原则的缺陷，20世纪60年代产生的"新公共行政学派"对政府行政行为的政治意蕴的宣扬，使得人们进一步反思国家治理中"公平"价值的实质内涵及其实现路径。人们逐渐认识到，一方面，政府必须在各种政治力量之间发挥协调作用，其行政行为不可能脱离政治色彩，这就使得政府无法真正做到"价值中立"，因此，祛除国家治理行为的政治属性无疑是荒谬的；另一方面，政府要在实质意义上维护社会公平，仅仅靠不偏不倚执行政策是远远不够的，政府必须具备代表性、回应性，具体表现在反映公众意志、积极回应公众要求、重视弱势群体和履行社会责任、以社会普遍利益为行动目标取向。20世纪70年代，西方出现了所谓"政府失灵"的问题，表明这种"管理型"国家治理模式不再适应社会发展的要求。在这样的背景下，从20世纪80年代开始，全球兴起了一场名为"新公共管理运动"的行政改革浪潮。从表面看来，新公共管理运动是从加强治理技术的角度对政府的职能、运行体制、机构设计等方面进行的调整，而实际上，其意义不仅仅如此。一方面，从新公共管理所倡导的企业家政府、民营化和顾客导向等管理理念与行为方式上看，政府治理行为的回应性、开放性以及主动性都得到了极大提升；另一方面，更重要的是，新公共管理运动通过鼓励和倡导公共服务外包造就了社会多元治理主体，从而带来了社会治理关系的根本性变化。可见，这场行政改革实质上是一场包含着建构新型国家治理模式的运动，它使得西方国家治理体系从"管理型"向实质意义上的"治理型"转变，这也是学者们把这场运动称作"重塑政府运动"的原因。

　　回顾西方国家治理体系及其主导价值的演进脉络，可以得出这样的结论：其一，国家治理体系在不同的社会形态中呈现出不同的形态与性质。在农业社会和工业社会早期，国家治理体系是一套以"权治"为手段，以暴力机关为后盾，以维护社会政治稳定和统治秩序为目的的"国家统治体系"；从工业社会中期开始，国家治理体系是涵括了立宪、选举、立法、行政、司法、军事、政党等制度机制，以提高社会生产效率为目标的"国家管理体系"；而在迈向后工业社会的进程中，国家治理体系逐渐成为一个多元治理主体基于行政体制、经济体制和社会体制对国家实施治理的系统的、动态的制度运行系统。其二，国家治理体系和治理价值体系是同构的。正如恩格斯所说"国家不外是资产者为了在国内外相互保障自己的财产和利益所必然要采取的一种组织形式"[①]，国家治理体系虽然在内涵上是一个国家治理制度及其基础上构建的组织与机制，但总是会体现或倡导一定的观念和准则，即国家治理的价值。国家治理价值是抽象的，总是蕴含在具体的国家治理方式之中，并且通过价值指引和感召，表现和

　　[①] 《马克思恩格斯选集》第1卷，人民出版社1972年版，第69页。

规定着国家治理体系的性质和特征。其三，蕴含在国家治理体系中的价值导向，其演进过程是一条趋向"公共性"的路径。从"统治秩序"价值到"管理效率"价值再到"自由平等"为主导价值基础上的公平、民主、人权、法治、公共利益等一系列价值的演变，国家治理价值的变迁显现出一条沿着向阿伦特、哈贝马斯对"公共性"理解靠拢的演进逻辑。正是对公共性的追求，使得国家治理体系的公共性从无到有，从不偏不倚的原则去开展治理活动的"价值中立"演变为反映公众的意志、回应公众的要求、以一切社会普遍利益为目标取向的原则与理念。

二 公共性：当代中国国家治理体系的核心价值导向

如果从"治国理政"的意义来阐释"治理"，可以说，在中国农业社会里，国家已经开始了对国家和社会的治理活动，并在封建王朝的发展中形成了一定的体系与制度。这种治理活动显然是由国家单方面来承担的，在"王朝"观念或"天下"观念的指引下，所追求的是一种站在统治者的角度实现"良政"的愿望。与这一治理目标和价值追求相适应，儒家思想所推崇的"仁、义、礼、智、信"等价值成为维系社会整合和秩序稳定的文化黏合剂，并与传统社会的治理制度和组织一起，维护着统治者的治理权威和道德威信。可见，中国古代社会的国家治理是一种以统治的形式来实现等级秩序的社会治理方式。这一时期，公共权力以国家权力的面目出现，在现实运行中又更多地体现为一种文化权力，通过维护有利于统治阶级根本利益的社会秩序，进而贯彻统治阶级的意志。尽管统治者会利用统治思想鼓吹"大公无私"的理念，但是这种"公共"意识在实质上是与人民大众完全脱离的，因而只是形式上的、表面上的、名义上的。

新中国成立以后，中国共产党在社会主义改造过程中重建了新的国家治理体系，这一新型国家治理体系具有了全新的属性：其一，超越了传统的家族主义的社会观念，确立了国家观念和意识；其二，超越了由小农经济所决定的"马铃薯式"的分散的社会结构和无政府主义观念，使国家和社会成为一个有机的整体。[1] 对此，中国共产党一方面通过阶级斗争和所有制改造打破了既有的社会结构和社会组织，另一方面则把总体性和全

---

[1] 林尚立：《当代中国政治形态研究》，天津人民出版社2000年版，第147页。

能性的革命思维带入了国家建设中,依照苏联的经验形成了全能主义国家并建立起了带有浓厚"全能主义"色彩的国家治理体系。按照舒曼(Franz Schumann)的描述,这种以单位制为细胞、以纵向政党组织为中介、高度中央集权的治理体制"像一个由不同种类的砖块和石头组成的巨大建筑,而意识形态和组织则充当着这个巨大建筑物的黏合剂"①。在这种高度组织化和政治化的全能主义国家治理中,国家通过对几乎全部重要的信息资源和物质财富的牢牢掌控,对社会进行着全面和严密的控制。因此,在改革开放之前,在权力高度集中的价值理念与意识形态下,国家权力通过强制性的治理制度与机制渗透至社会的每一个角落,进而形成了以计划经济、中央集权、党政不分、政企不分为特征的高度政治化和行政化的"总体性社会"。

从1978年开始,中国重新启动了曾经被"全能主义"国家治理模式和"文化大革命"中断的社会现代化进程,逐渐完成了国家模式变革的任务。在改革开放进程中,国家治理的指导思想从传统僵化的意识形态,逐步发展为诸如"猫论""发展是硬道理""三个有利于"等实用主义理念,"逐渐完成了国家治理中心任务从阶级斗争到经济建设的重大转变,'四个现代化'和'经济工作'被确立为'中国最大的政治'"②,满足民众不断增长的生活需求,建设"小康社会"成为国家治理的核心目标。在这种价值导向的指引下,中国"发展型国家"③治理模式及其一种命名为"发展主义"的意识形态逐渐形成。"发展主义"实质上是一种"经济增长压倒一切"的思维,这种思维将追求GDP增长作为国家治理的中心任务,以投资和出口为主要动力,以经济增长作为治理绩效考核的重要指标。在发展主义推动下,中国经济保持了长时期的快速增长,2003年,中国人均GDP突破1000美元,经济增长开始进入黄金发展期。

跨入21世纪以后,基于对"发展主义"的深刻反思,中国开始进入经济建设与社会建设并重的新时代,推动科学发展、促进社会和谐日益成

---

① 转引自 Yongnian Zheng, *Globalization and State Transformation in China* (Cambridge: Cambridge University Press, 2002), p. 17.

② 《邓小平文选》第2卷,人民出版社1994年版,第234页。

③ "发展型国家"(developmental state)概念最早由约翰逊(C. Johnson)于1982年提出,用以理解东亚国家在经济增长中的重要作用。参见 Chalmers Johnson, *The Developmental State: Odyssey of a Concept* (Ithaca and London: Cornell University Press, 1999), p. 53.

为中国社会发展的主题。通过确立可持续发展的新目标、转变经济发展方式、开展以改善民生为重点的社会建设、构建和谐社会、转变市场管制方式、重新调整中央与地方关系以及区域间关系等举措，中国开始了在民生时代探求国家治理模式转型的进程。可以看到，在对国家治理的改革路径及其目标的思考中，中国提出了"构建服务型政府"的改革方向，中共十八大又提出了"建设人民满意的服务型政府"的发展目标，更是将增进政府公共性的这一目标推向了战略地位。并且基于实现服务型政府构建和国家有效治理的需要，党的十八届三中全会提出要"构建系统完备、科学规范、运行有效的制度体系，使各方面制度更加成熟更加定型"，这无疑是对中国政府新型行政体制构建的前瞻性规划，也体现了对整个国家治理变革趋势的科学性把握。

　　国家治理模式不是任意选择的，常常与一个国家的历史演变过程有着深刻关系，有着明显的途径依赖性。① 由于现代性在中国展开的特殊历史情境，中国国家治理体系从建构的那一刻起，就深深地打上了鲜明的中国特色的烙印，其发展演变更是显现出一条有别于西方的道路。从新中国成立以来60余年的治理实践看，中国的国家治理作为人类治理历史的一个组成部分，从"全能主义"理念下国家覆盖社会所有领域的管理体系，再到强调公平、公正和谐、以法治化和制度化为特征的现代国家治理体系，充分显现了人类国家治理体系及其主导价值从"传统"向"现代"演进的规律与逻辑。在整个国家治理体系中，政府无疑是最重要的主体，政府治理的理念精神和行动逻辑，直接决定着国家治理的价值导向和目标定位。回顾30余年的行政改革历程，中国在行政改革目标、行政价值体系、行政职能领域、行政管理体制等方面取得了一系列不菲的成就，在发展进步的背后，所体现的正是政府公共性逐渐回归和不断增强的逻辑。

　　当然，也必须清醒地看到，尽管相对于改革开放之前的全能型治理，以及改革前期的经济建设型治理，中国国家治理模式已经取得了巨大的进展，并且开始迈上法治化、规范化的轨道，但是，正如斐鲁恂（Lucian Pye）所说："中国尚未从传统国家转型成一个现代国家。国家看似强大，

---

① Levi Margaret, *Of Rule and Revenue* (Berkeley, California: University of California Press, 1988), p. 85.

但制度很脆弱。"① 从治理实践上看，社会贫富差距、阶层利益固化、公共利益部门化、失业问题、官民矛盾激化等不断扩大的社会矛盾，生态系统退化严重、环境污染直线上升等环境问题，使得改革进程出现"零和博弈"的态势，成为国家治理良性运行的重大障碍。对治理领域出现的现实问题，固然能够从社会转型的"改革阵痛"来进行解释，然而从深层次来看，这些问题实质上是根深蒂固的"发展主义"意识惯性与公平正义理念之间张力的显现。当前，由于"发展型国家"的积极效应在中国还没有释放殆尽，特别是由于 GDP 导向的政绩观的强势存在，使得各级政府的"发展主义"治理思维仍然偏强。"由发展、生产力和竞争力定义的经济发展，构成了国家优先考虑的目标。通过对任何平等和社会福利不做出承诺，避免了目标的冲突。"② 可见，正是"发展主义"对公正、民生问题的忽视，使得国家治理在价值导向上出现了多元化的局面，甚至引发了多种冲突与矛盾，突出体现在这样几个方面：其一是公平与效率的矛盾。国家治理中对效率优先原则的强调，在促进经济高速发展的同时，也导致了分配不公、贫富差距拉大、社会群体之间关系紧张等一系列后果。其二是特殊利益与公共利益的矛盾。在放权改革的刺激下，社会公共利益得到了解构与分化，各种利益群体或阶层都从自身出发谋求或维护自身利益的最大化，从而对国家治理主体的权威分配、公共资源的配置进行侵扰与干涉。其三是权威与自治的矛盾。这一矛盾实质上体现的也是"国家本位"与"社会本位"思维的冲突。"发展主义"思维在实质上与"国家主义"是一脉相承的，强调国家权力集中，倡导政府在治理活动中的强化、管制、规范、分配和整合的功能与能力。然而，随着市民社会的发展，公民产生了越来越强烈的对自由权利和广泛政治参与的向往，这挑战了既有的"国家主导"的思维逻辑，打乱了现有治理秩序结构的形态与节奏。

价值冲突本质上是利益冲突，它实质上反映的是治理主体、主客体之间以及客体之间的利益对立、利益排斥和利益争夺的状态。多元利益冲突构成了国家治理模式转型中道路选择的特殊场景，而事实上，也形成了国

---

① 斐鲁恂：《中国人的政治心理》，艾思明译，洞察出版社 1988 年版，第 12 页。
② Ziya Onis, " The Logic of the Developmental State," *Comparative Politics*, 1991, 24 (1), 111.

家及其政府在开展公共行政活动过程中的常态化问题，因为政府"不可避免地要面对那种权衡多样而常常冲突的期待的困难任务，这种相互竞争的要素之间的权衡被视为公共行政的精华"①，从而拷问着政府在多元利益纷争中公正分配的能力。那么，在多元价值和利益冲突面前，国家及其政府应该坚守怎样的价值，凝聚怎样的共识？张康之教授指出："社会治理体系中，核心价值是贯穿在体系构成的一切方面的，从制度、体制到行为模式等，都必然是基本治理价值的具体存在形态和实现路径。"② 可见，在社会治理过程中，国家及其政府作为治理主体必然受到一个总体价值或中轴价值的引导与贯穿性规约，并通过这一核心价值来统摄多元具体价值，以此化解利益冲突，形成价值共识。很明显，按照国家治理演变的规律，这一中轴价值就是社会公共利益，而在对公共利益的维护与追求中，政府获得并体现了公共性。作为公共价值的权威分配者，政府正当性源自于在调整复杂利益关系和化解利益冲突中所秉持的公共性原则，因此，政府必须以实质公共性为价值导向，推动国家治理体系现代化，通过建构合理的治理制度、体系和机制来激发正义，维护良知。

三 以实质公共性推动国家治理体系现代化

在公共行政学的语境下，所谓公共性，是指行政主体在秉持社会公共利益至上性方面的价值判断，并在制度和行为上将维护和实现公共利益作为思考与行动的根本出发点和最终旨归的一种"利他"属性，并且，这种公共性的实质内涵需要在行政主体、行政体制、行政方式、行政理念等形式方面加以体现。③ 从应然层面看，公共性的形式与实质是统一的，"实质公共性"通过"形式公共性"加以体现，并且因形式的改进和完善而得以更加充分的实现，然而，不管是西方还是中国的治理现实，展现的都是一幅公共性"形"与"实"分离的状况。比如，从西方公共行政发

---

① 罗蔚：《公共行政学中的伦理话语》，周霞编译，中国人民大学出版社2011年版，第39页。
② 张康之：《社会治理中的价值》，《国家行政学院学报》2003年第5期。
③ 对"实质公共性"与"形式公共性"的内涵及其特征的更具体的描述请参见张雅勤《行政公共性的生成渊流与历史反思》，《中国行政管理》2012年第6期；张雅勤《对公共行政公共性的概念解析》，《浙江学刊》2012年第1期。

展来看，以官僚制为基础的"公共行政"与政党分肥制下"名流士绅"型的行政管理相比，其公共性程度有了明显的进步，但是基于"政治—行政二分"原则的设计，行政的公共性体现为政府及其行政的"价值中立"，即政府不带有任何价值倾向，仅仅在科学化、技术化的路径中去追求政治决策实施的效率，反而忘却了行政活动"追求和维护公共利益"这一根本目的所在。那么，为什么会出现公共性在形式与实质上不统一的状况？究其根本，这是因为公共行政在具有公共性的同时，作为一种管理活动又必然具有"管理性"，这就意味着公共行政的价值体系既包含着公正、公平、正义、自由、民主和责任等"公共性价值"，也包含着科学、效率、效益、技术合理等"管理性"价值。当行政主体重视技术理性而忽视价值理性的时候，就会出现"管理性"价值侵蚀甚至吞噬"公共性"价值的情况，进而使得行政模式虽然表面上服务于公共利益，具有公共性的特征，但在实质性意义上，它如同哈贝马斯所描述的欧洲中世纪"代表型公共领域"中仅仅具有象征性意义的"公共性"一样，成为一种徒有其表的虚伪的公共性。

吉登斯在《现代性与自我认同》中分析公共世界的衰落时指出，人类在公共性困境面前会出现一个"压抑的回潮"，即对公共性的衰落所作的反向性努力，呼唤公共性的重新彰显。从西方国家的情况来看，从20世纪中后期开始，由于理论上新公共行政学的影响和实践中政府回应性的提升与公民参与的增强对"政治—行政"二分原则的突破，"公共行政"这个概念开始向"代表性"的意蕴回归，即显现出积极回应公众要求、充分反映公众意志的内容，出现了从"形式"走向"实质"的趋势。这说明，人们开始意识到，现代政府在社会治理中的核心任务，不仅仅是从功利主义的角度关注如何有效地管理和组织社会公共资源，还必须慎重地考虑如何公正地在不同的利益需求中分配公共资源以维护公共利益。当然，由于官僚制的内在弊病和资本主义阶级属性的限制，西方政府的治理实践依然是在工业社会的现代性框架下进行而不可能从根本上突破形式的桎梏，不过，有理由相信，作为人民当家作主的社会主义国家，中国在根本上具有实现公共性的"形式"与"实质"统一共融的可能性与优越性，只不过"发展主义"思维和经济逻辑导向使得手段性价值遮蔽了目的性价值，使得当前中国治理领域出现了实质公共性缺失的问题。在中国"议行合一"的体制框架内，政府作为最重要的国家治理角色，其公共行政活动则是国家治理社会公共事务的具体展开。因此，无论是治理结构的优化、市场体系的成熟还是公民社会的成长，最终都取决于政府角色的现代化转型。在这种情况下，政府不仅要具有完整科学的制度安排，要建立起协调合理的组织体系，形成保证制度和组织体系灵活运行的机制来有效解决国家发展中面临的现实矛盾和问题，而且，还必须能够坚定地秉持公共性原则，在市场逻辑主导的社会里，基于"公共性"的伦理自觉来公正地进行社会利益的协调、市场规范的维护和社会资源的再分配。当前，中国提出"国家治理体系和治理能力现代化"的战略目标，理应是基于对后工业时代的要求而谋求国家治理体系的进一步发展与革新的历史过程。而这一现代化的进程，绝不应是技术上的小修小补，更不是西方"现代性"老路的经验复制，而是一场在"形式公共性"与"实质公共性"统一的价值原点基础上，从方法论、主体论和价值论出发实现全新转型的社会治理模式变迁的过程。

1. 在方法论上，"国家治理体系现代化"是实现价值理性与技术理性的统一，超越西方"现代性"逻辑的"现代化"。"发展型国家理论是韦伯主义的，只强调合法性、理性和工具性，只强调经济官僚在发展中的作用，它把官僚看作是不食人间烟火的国家利益代表，把国家看作是纯粹理性的工具。"[1] 这种韦伯主义立场大大增进了国家治理的科学化、专业化和现代化的特征，极大地促进了政府行政效率的提高和行政水平的进步。然而，工具理性对公共行政的过分统摄，也使得政府对于公共利益、社会公正、公民权利、社会责任等价值日益漠然。可见，社会治理体系从传统向现代的转型，就要解决工具理性挤压和遮蔽价值理性的问题，进而追寻两种理性融合共生的可能性路径。事实上，不仅是公共行政领域，即使是从整个国家治理的内容构成来看，工具理性和价值理性也是两个不可分割的有机部分。因为"建基于'公共性'之性质，承载着'公共责任'之使命，公共行政不但无法真正作'事实与价值'的二元切割，相应地，行政理性也无法实现'工具理性'和'价值理性'的分离"[2]。一方面，社会的发展不可能摒弃工具理性，工具理性所蕴含的规范化、精确化与操

---

[1] Richard Boyd, Tak Wing Ngo, *Asian States: Beyond the Developmental Perspective Politics in Asia* (London: Taylor & Francis, 2004), p. 1.

[2] 乔治·弗雷德里克森：《公共行政的精神》，张成福译，中国人民大学出版社2003年版，第23页。

作性推动了科学与技术的高速发展，带来了现代工业文明的辉煌成就；另一方面，价值理性也是社会发展所必需的，因为价值理性关注的是人的价值和人的生存意义，强调社会的平等正义和人类幸福。可见，一个良性发展的社会应该基于工具理性与价值理性的有机统一之上，而不是厚此薄彼。因此，批判工具理性，并不旨在否定工具理性本身，而是要基于工具理性对价值理性的"挤压"进行反思和批判，从而处理好两种基本理性的关系，即让价值理性统摄和引导工具理性，为其发挥作用提供目标和前提。从国家治理的视阈来看，国家治理的工具理性应当从属于价值理性，因为只有在价值理性的指引下，治理活动才是具有正当性和合法性的。由此可见，国家治理体系现代化的实质内涵，应该是在实现和促进公共利益这一目标的导向下，将工具理性和价值理性这两重属性进行整合、统一和结合，使得二者在"公共性"的指引下前进，将经济、效率等价值放置于公平、正义、责任和回应等民主宪政的框架体系之中，体现出鲜活的价值色彩。

2. 在主体论上，"国家治理体系现代化"是打破了治理格局的"中心—边缘"特征，以"合作共治"为愿景的"现代化"。行政"公共性"的出现，是整个社会共同体的公共属性随着社会结构的变迁而出现的领域化分类的结果。鉴于在现实中公共权力领域的公共性总是不充分甚至是被扭曲的，现代社会越来越强调社会公共性对国家及其政府公共性的补充与纠正，即通过公共领域与私人领域之间的和谐互动来实现国家治理领域中的实质公共性。因此，正如杰索普所说："国家可以被界定为社会性嵌入的、社会合法化的和策略性选择的制度、组织、社会力量以及围绕着（或至少与其有密切关系的）想象的政治共同体作出集体性约束的决定而组织起来的相对统一的整体。"① 国家开展公共事务治理的过程不应该是政府单方面行使权力的过程，而应该体现为政府与市场、社会的互动。事实上，当前困扰中国社会治理的主要矛盾和问题，诸如分配不均、环境污染、食品安全、贪污腐败等，也只有通过以多元主体参与的社会共治，才能从根本上加以解决。就目前而论，中国国家治理体系中的"合作共治"应该包括以下要件：其一，在总体格局上，共治的架构是"党委领导、政府负责、社会协调、公众参与"的新型国家治理体系；其二，在主观

---

① Bob Jessop, *The Future of the Capitalist State* (Cambridge: Polity Press, 2002), p.237.

意愿上，共治强调社会主体参与国家治理的自觉、自愿而非行政强制和政治动员；其三，在实现路径上，共治主张向社会购买服务，通过公共服务外包发挥市场机制、行业自律和社会监督作用；其四，在实现动力上，共治倡导培育"参与型公民"，重视培育行业协会、企业工会和民间慈善组织，建立多元化的公众参与机制和渠道，把社会能办好的事尽量交给社会承担，形成社会治理的合力。概言之，要实现国家治理主体的合作共治，当务之急是要转变治理理念、健全法规制度、健全共治机制，以政府引导之力，形成社会共识，构建各方互动、共同参与、责任共担、成果共享的共治格局。

3. 在价值论上，"国家治理体系现代化"是突破了经济发展逻辑、将维护社会公正作为治理目标的"现代化"。无论是从社会契约理论出发，还是从现代社会的现实要求来看，公平正义作为社会共同体的基本精神和道德目标，理应成为政府必须守护的价值。正如罗尔斯所说："在一个由公众承认的政治正义观念加以有效调节的秩序良好社会里，每一个人都接受相同的正义原则。"[①] 公平正义理念指引下的政府应当同时具有有效地增进公共资源效益和公平分配社会公共资源的两大功能，即实现效率与公平的统一。具体而言，对于公平价值的强调，并不排斥政府对效率价值的重视，但是，效率必须以公平为前提和基础，效率的增进应当以有利于促进公平和实现公平为目标归宿。公正原则拷问着政府对公共利益的界定与把握标准，显现着政府履行"公共性"的制度基础和能力。从中国当前国家治理的实际来看，实行公正原则，必须仰仗政府明确自身治理行为的必要规则，并以此为依据确立一系列基本制度，从而充分实现以下职能：一是超越自利性诱导和被既得利益集团绑架的诱惑；二是建立促进机会平等和差异包容的制度平台，增强政治体制的开放性和容纳能力，以机会平等和程序正义促进社会的融合；三是保障服务于民众基本而普惠的经济、政治与社会权利，合理配置公共资源和调整利益关系；四是弥补"市场失灵"，监管市场不规范的行为，保障市场竞争的基本秩序，防范市场行为对公民基本权利的侵犯。

---

① 约翰·罗尔斯：《作为公平的正义——正义新论》，姚大志译，三联书店2002年版，第45页。

四 结论

总之,"国家治理体系的现代化"是中国在社会转型的条件下进一步推动社会治理体系转型的重大战略选择,是一场实现中国社会治理制度、方式和手段现代化的改革过程,更是一场更新中国国家治理的根本理念与价值的历史进程。这是因为社会转型不仅是新旧制度冲突、轮替的时期,也是多元理念、价值和利益碰撞和博弈的阶段。近年来,中国国家治理领域凸显的诸多社会矛盾和问题,实际上也是发展理念、发展价值与社会发展实际矛盾与冲突的显现,而这些矛盾冲突源自于社会结构的变化以及利益分配结合的失衡,从而导致利益主体对指引分配的准则和实现利益结构的方式产生了争议。当前,国家治理体系的发展到了传统向现代转型的历史关键期,快速的社会变迁、充满焦灼的不确定性、利益的分化以及改革归属的纷争将会更为明显和强烈。在这一过程中,中国政府更需要站在明晰的"公共性"立场上,准确地把握国家治理体系转型的立场、方向、重点、次序、节奏及手段选择问题,更需要运用公平正义、服务精神、有限政府、权利保障和社会共治等这些社会发展的基本原则,来统摄和契合多元价值和利益,力求形成冲突各方的融合或达成价值共识,才能真正为建设"美好中国"、实现"美好梦想"提供价值指引和理念基石。

论国家治理体系现代化与治理能力现代化的相互促进

魏晓文[*]

国家治理体系现代化和治理能力现代化，即实现国家治理体系的制度化、科学化、规范化、程序化，使国家治理主体能够依法治国，并将中国特色社会主义制度优势转化为治国理政的效能。国家治理体系和治理能力二者相辅相成，是辩证统一的整体。国家治理体系的现代化，是有效提升国家治理能力的重要基础；国家治理能力现代化，则是充分发挥国家治理体系效能的必要保障。可见，国家治理体系现代化与国家治理能力现代化相互促进、缺一不可。

推进国家治理体系与治理能力现代化既受制于这个国家的历史传统、经济状况、生产力水平等因素，也需要同这个国家的整体发展进程相适应。中国改革开放所取得的辉煌成就，从某种意义上而言得益于不断推进国家治理体系和国家治理能力建设的相互促进。当前，中国所处的社会主义初级阶段的基本国情没有变，中国社会主义现代化建设事业在逐步推进的过程中，各种结构性矛盾和问题纷纷显露，经济发展方式、利益格局、社会系统、生活方式、价值观念等需要进行深层次的结构性变革。这种结构性变革，需要通过推进国家治理体系现代化和治理能力现代化二者相辅相成、相互促进才能完成。

---

[*] 魏晓文：大连理工大学马克思主义学院教授。

一

中国特色社会主义的独特优势归根结底要通过国家治理得以体现。正因为如此，立足于历史与现实、本土与国际、理论与实践等多重维度，审视和破解国家治理体系和治理能力自身在相互促进过程中所存在的结构性矛盾和问题，才能够在消解这些矛盾和问题的进程中不断实现良性互动。

首先，从国家治理体系与治理能力的关系来看，国家治理能力的有效性是实现国家治理体系价值诉求的有力保障。中国特色社会主义的本质属性决定了国家治理体系的价值诉求集中表现为良好的国家治理，包括发挥社会主义制度优势，维护社会秩序与公平正义，增进社会共识与认同等内容，这是中国特色社会主义制度的优越性在国家治理方面的具体表现，同时还要通过国家治理能力有效性的充分发挥得以实现。中国国家治理能力的有效性，既不同于资本主义条件下所推崇的自由市场经济那样，单纯和过度强调市场的自发调节作用，以及追求"小政府、大社会"或"弱政府、强社会"的状态，那样实际上割裂了政党、政府、市场、社会之间的有机联系，也不同于传统社会主义条件下国家、政府的全能型角色，过分强调国家、政府的中心地位，而是政党、政府、市场、社会能够各得其所，它们之间实现相互促进、相得益彰的过程和状态。

当前，中国国家治理体系的价值诉求与治理能力有效性之间还存在着一定程度的结构性矛盾。中国特色社会主义的本质规定及制度优势决定的国家治理体系所追求的目标，在一定程度上还局限于理论基础上的逻辑推理，很多目标在实践中尚未完全实现。比如，政党功能有待于进一步优化、开发，政府的权力和职责有待于进一步规范与监督，市场的地位和作用有待于进一步明确和发挥，社会的活力、秩序和公平正义有待于进一步增强，政党、政府、市场、社会之间的关系需要进一步改善，等等。国家治理体系价值诉求与治理能力有效性之间所存在的结构性矛盾和问题在很大程度上制约和影响了国家治理体系和治理能力现代化的互动过程。

其次，从国家治理主体及关系、构成要素及结构、治理过程及方式等方面来看，国家治理体系就是国家在政党、政府、市场、社会等主体，经济、政治、文化、社会、生态等领域和环节围绕着权力配置、利益协调、职能界定等方面所进行的治理理念、制度、体制及具体政策的规划、制定与实施。国家治理能力则表现为国家治理体系各组成部分在实践中的关系调整及其所产生的实际效果。国家治理体系和治理能力的现代化，就是使国家治理实现多元参与和协商共治，使构成要素及其结构关系实现制度化、规范化、程序化，使国家在各个领域的权力配置、利益协调、职能界定更加民主化、科学化、法治化、明晰化，从而把独具特色的中国社会主义制度优势转化为现实的国家治理效能。一方面，中国共产党的性质、宗旨和地位，以及中国的国家性质、政权组织形式等因素，决定了党和国家在权力、利益、职能等方面具有高度一致性。党和国家更加注重整体和长远利益，更注重利益的协调与整合，这是中国特色社会主义优越性赋予国家治理体系和治理能力的独特优势。这种一致性决定了国家治理体系中央层面和顶层设计中的权力配置、利益协调、职能界定等更注重整体、长远和根本，更注重权力与利益的有效协调和职责与义务的有机统一。这种一致性也决定了国家治理体系的基点是保持自身特色的同时着眼于内在优势的充分发挥确保国家具有发展动力和持续竞争力同时维护社会的公平正义及增进人民福祉；另一方面，国家治理体系的不同层级、不同部门、不同地域在权力配置、利益协调、职能界定等方面又具有明显的差异性，国家治理体系地方层面和执行环节中的权力配置、利益协调、职能界定等则更注重局部、当前和现实，更注重自身权力的占有和使用，更注重自身利益的实现更注重体现权力的职责行使而忽视、转嫁甚至掩盖自身与权力、利益、责任相结合的义务履行。中国国家治理体系中这种中央和国家层面权力、利益、职能的高度一致性，与地方层面权力、利益、职责、义务的明显差异性之间的结构性矛盾在国家治理实践中往往造成中央与地方关系某种程度上的不协调，中央和国家层面往往被迫承担局部和当前利益受损产生的负面影响，而地方层面却争功推责。国家治理体系的顶层设计往往在具体执行过程中被不同部门、地域和个体利益所弱化。显然，这种国家治理体系中的内在结构性矛盾，及其在当前所引发的现实性问题会影响治理能力的充分发挥，进而制约着国家治理体系和治理能力现代化的相互促进。

最后，从国家治理的资源来看，以中国特色社会主义制度体系为核心的国家治理体系，基本上是在传承中国传统社会与文化中的国家治理资源、发展的马克思主义理论与实践中的国家治理资源、借鉴西方的国家治理资源等基础上形成发展起来的。一方面，这种资源结构使得中国国家治理体系和治理能力拥有独具特色的历史传承、民族特点、文化养成、理论构建，这些都在完善国家治理体系和提升治理能力中发挥着自身优势；另一方面，由于治理资源分别产生和发展于不同的时空背景下，在当代中国国家治理实践中相互交织与碰撞，又不可避免地带有各自的负面影响及其在交织碰撞中所产生的深层次结构性矛盾和问题，这些矛盾和问题影响着国家治理体系的完善和治理能力的提升。

当代中国国家治理体系是在中国几千年历史传承、文化传统、经济社会发展的基础上内生性演化发展而来的，这种独特的历史文化传承使得国家治理体系和治理能力既具有价值理念等方面的特色与优势，在体系惯性和路径依赖方面也具有诸多具体的治理制度、机制本身的内在结构性矛盾。从治理主体来看，传统社会国家形态中的统治关系使得中央作为最高权威的治理主体与地方和个人的被治理对象相分离，进而产生中央与地方、国家与社会及个人的矛盾。这种矛盾扩展至国家治理结构的上下级关系之中，往往导致"上有政策，下有对策"的局面，国家的治理理念、目标、意志乃至具体的政策措施被不同程度地消解、扭曲和利用。从治理方式来看，产生于传统社会与文化中的人治思维在现代社会里依然存在，依法治国的基本方略虽然已经成为社会共识，但在实践中却经常遭到人治思维及其传统的阻挠和破坏；形成于传统社会的官本位意识依然在政府乃至个人身上时有表露；脱胎于专制传统与集权社会的运动式治理模式依然在很多领域和环节上发挥着作用。这种与传统社会和文化相关联的治理思维及其所主导的治理方式的存在，使得国家治理过程经常被人为打断或受到一些强制性力量的干预，制度本身所具有的稳定性、规范性、权威性经常遭到削弱，往往会影响国家治理体系和治理能力现代化的进程，进而影响二者之间的相互促进。

中国国家治理体系是以马克思主义为指导，同时又在与中国社会发展实际相融合的过程中形成发展起来的。这种理论与实践的结合使得中国的国家治理体系和治理能力在其本质属性上具有其制度性优势，这种优势又随着理论与实践相结合的进程而不断彰显出来。这一国家治理体系在继承和发展马克思主义理论精髓的同时，由于受到历史发展程度、社会认知程度等各种因素的影响和制约，不可避免地带有由于历史局限性及认知局限性所产生的实践偏差。中国曾经仿照苏联模式构建起高度集中统一的国家治理体系，这种国家治理体系与传统的中国社会结构相互作用，形成了十分稳固的国家运行基础。这种苏联模式的弊端与传统中国社会结构弊端的双重耦合所产生的外溢负效应更是对现有国家治理体系构成了严重威胁，对现有的国家治理能力构成严重消解。尽管改革开放以来，中国一直努力摆脱苏联模式的弊端和传统中国社会结构的弊端所带来的消极影响，但不可否认，这种影响仍然在很大程度上存在着并发挥着作用。

当代中国国家治理体系又大胆地学习和借鉴了其他国家或地区的具体体制及运行机制，这就使得中国国家治理体系和治理能力具有了现代化进程中的后发优势。诚然，西方国家在长期的治理实践中积累了丰富的国家治理文明成果，中国在改革开放的过程中也借鉴了很多有益的经验，但这一过程不同程度地存在着对西方国家治理文明成果的抽象、片面、碎片化地照搬，存在着盲目崇拜基础上的过度迷信，存在着脱离中国现实国情的简单运用等情况。其结果往往导致在西方行之有效的理论、制度、机制等在中国国家治理实践中的水土不服或事与愿违，这在很大程度上弱化了中国自身国家治理体系内部结构的优化及国家治理能力的有效发挥。

二

从中国特色社会主义现代化建设的总进程来看，必须从中国现代化的实践逻辑出发，清晰地界定和科学地把握国家治理体系和治理能力的内涵与目标，合理研判和处理国家治理体系的价值理念、内在结构、资源构成及其关系，推进国家治理体系和治理能力现代化的相互促进，进而为实现中华民族伟大复兴的中国梦提供有力的支撑。

首先，推动实现国家治理体系与治理能力的良性互动。中国国家治理体系的诉求价值是要通过国家治理能力的有效性得以体现的，而不能仅仅局限于单纯的政治价值预判和意识形态之争，尤其不能简单地用西方国家民主、专制等二元思维和判断标准来评判和限制中国探索适合自己国情的国家治理方式。当今世界上很多发展中国家照搬了西方国家的治理体系，实践证明并不能充分体现自身国家治理的价值诉求，更不能充分实现自身所期望的治理绩效。因此要实现国家治理体系和治理能力现代化的相互促进必须将国家治理体系的价值诉求寓于治理能力的有效性之中，通过国家治理体系的价值诉求引领和提升治理能力，用国家治理能力的有效性来彰显价值诉求，从而实现二者的良性互动。

其次，推动实现国家治理体系主体、结构和功能的合理定位。在国家治理体系中，对包括政党、政府、市场、社会在内的多元主体的地位、结构和职能需要做出符合国情的科学定位，对不同主体的权力配置与监督、利益关系、职责归属等需要逐步实现规范化、制度化和程序化。在当前条件下，中国共产党应发挥其作为中国特色社会主义建设事业的领导核心的作用和稳固其中坚力量的地位，做到总揽全局、协调各方，处理好党的领导、人民当家作主与依法治国之间的关系，成为在国家治理中扮演制度设计者和实践领导者的角色至关重要。对于参政党而言，要准确定位其作为参政党的地位及政治协商、参政议政、民主监督职能与实现形式，不断推进执政党与参政党之间的良性互动。对于政府而言，要科学确定政府的权力边界及职责义务，确定其宏观调控的职能定位及实现方式，并通过法律、制度的途径使之明确。对于市场而言，要科学引导和利用其在资源配置中起决定性作用的地位及相应的职责并探索有效的实现形式。对社会而言，要探索社会组织、成员参与国家治理的渠道，拓展和完善其利益表达的空间和方式，形成党委领导、政府负责、社会协同、公众参与的社会管理格局。

需要指出的是，中国国家治理体系中主体、结构和功能的定位与调整要体现中国特色社会主义的本质规定和独特优势。这种本质规定和独特优势既来自于社会主义对资本主义固有局限和矛盾的超越与规避，也来自于中国现代化进程中的本土实践创新。由此所发生的国家治理体系主体、结构和功能的定位与调整必然要求既突破西方治理理论与实践中政党、政府、市场、社会的关系局限及其所呈现出的对抗性竞争、排他性自治等非此即彼、此消彼长的对立局面，也要突破传统社会主义国家治理理论与实践的束缚，使得不同治理主体及其功能各得其所又相得益彰，从而形成具有中国特色并彰显其独特优势的力量格局，衍生出独具特色的治理能力。

最后，推动实现国家治理体系资源构成及其与中国国情的有机融合与创新，在构建中国特色国家治理理论的过程中掌握国家治理话语权。传承中国传统社会与文化中的国家治理资源、发展马克思主义理论与实践中的国家治理资源、借鉴西方的国家治理资源。在当代中国国家治理实践中，只有强调传承、发展、借鉴与创新，才能使这些资源充分适应和融入中国国情及中国特色社会主义现代化建设的总进程，为中国国家治理体系的完善及国家治理能力的提升提供思想和文化基础，在实践中只有坚持中国特色社会主义道路自信、理论自信、制度自信，才能更好地推进国家治理体系和治理能力现代化的互动，真正彰显中国特色社会主义制度所具有的独特优势，进而为实现中华民族伟大复兴的中国梦提供强大支撑和不竭动力。

制度自信与推进国家治理体系和治理能力现代化

柏维春[*]

中共十八届三中全会明确提出的推进国家治理体系和治理能力现代化,引起社会各界的高度重视与热烈讨论。然而,就总体而言,研究和讨论主要集中于国家治理体系和治理能力现代化的内涵及实现途径等问题上,对于国家治理体系与治理能力现代化的前提——坚持中国特色社会主义制度这个根本性问题的研究还有待于进一步深化。本文认为,坚信与坚守中国特色社会主义制度,对顺利推进国家治理体系与国家治理能力现代化具有重大意义与价值。

一 坚持制度自信是推进中国国家治理体系和治理能力现代化的前提

国家治理体系和治理能力现代化是国家现代化总进程的重要组成部分,是制约甚至决定其他领域现代化的关键因素,这也是党的十八届三中全会提出此命题的原因所在。国家治理的现代性是现代国家的固有属性,是现代政治文明的重要标志。应该看到,社会主义国家的历史方位本身,就没有超越现代政治文明中的现代国家范畴,必须承认国家治理体系和治理能力现代化在本质上是中国特色社会主义在制度层面的基本要求,因此坚信与坚守中国特色社会主义根本制度和基本制度,是国家治理体系和治理能力现代化的基本前提。

---

[*] 柏维春:东北师范大学政法学院教授。

制度自信是坚定道路自信与理论自信的重要保障。党的十八大首次提出"三个自信"，毋庸置疑，这是中国共产党领导人民历经 90 多年奋斗和创造的最伟大成果，是中国社会主义改革、建设和发展在长期实践过程中所形成的最鲜明特色。失去"三个自信"，既否定了中国社会主义革命和建设的历史，也无法立足于中国特色社会主义事业的现实，更无法全面建成小康社会。制度自信使理论体系得以"物化"，即固化为国家政治生活的基本准则，没有坚定的制度自信作为坚强保障，理论体系就无法转化为现实力量，理论就会变成空想空谈。同样，制度使道路的延展有了"方向标示"和"通行规则"，离开了制度保障，就会迷失方向，甚至走向西化。需要强调的是，制度自信既指对中国特色社会主义制度的坚定信心，也包含着对此制度的坚守。

制度自信是改革开放和全面深化改革的动力之源。行动的勇气源于理性、自信与坚守。毫无疑问，中国的改革开放源于对社会主义本质特别是根本制度和基本制度的自信与坚守，以此为基础推进中国特色社会主义制度的自我完善和发展。"没有坚定的制度自信就不可能有全面深化改革的勇气，——我们全面深化改革，是要使中国特色社会主义制度更好。"① 制度自信与坚守所提供的逻辑起点、制度保证和正确方向，使得中国有足够的勇气和动力在各个领域全面深化各类体制改革，在各个层次上不断创新和发展。所以，失去对中国特色社会主义制度的自信和坚守，全面深化改革，就必然会失去方向，国家治理将迷失根本目标，国家治理现代化就可能转向全盘"西化"。

制度自信是全面深化改革总目标不可分割的组成部分。其丰富内涵应当包括：一是法治原则，其基本途径是在法治前提下的系统化制度安排及其有效执行。总目标把全面深化改革的核心定位在制度上，充分体现了国家治理的内在要求。二是对待中国特色社会主义制度的基本立场是在坚持前提下的完善和发展，完善和发展是为了更好地坚持形成更为坚定的制度自信。三是完善和发展中国特色社会主义制度与国家治理体系和治理能力现代化，这二者都是追求的目标，前者是前提和方向，后者是途径和表现形式。

---

① 习近平：《完善和发展中国特色社会主义制度，推进国家治理体系和治理能力现代化》，《光明日报》2014 年 2 月 18 日第 1 版。

二 中国国家治理体系和治理能力现代化是增强制度自信的现实途径

如前所论，国家治理体系和治理能力现代化需要以制度自信作为前提和保证，然而，唯有不断推进国家治理体系和治理能力现代化，实现制度创新和执行能力的提升，制度自信才能持久而坚定。

制度自信植根于成熟定型的现代制度体系中。首先，国家治理体系和治理能力现代化体现为制度体系的现代化。国家治理体系的核心要素是国家制度体系，国家治理体系现代化的关键是国家制度体系现代化。国家制度体系现代化具有一般标准或基本标志：一是制度价值取向的民主、法治、公平、效率等属性；二是制度领域和内容的全面覆盖即全含性；三是制度表现形式具有系统、科学、规范、可行等特征；四是制度类型的层次性；五是制度关系的统一协调，即相容性。其次，制度体系现代化是制度自信的基本原因。理论研究和实践发展证明，现代国家产生和发展的重要原因在于现代制度体系的生成及不断优化，国家现代化过程内在地表现为制度体系现代化的过程，制度体系现代化是形成制度优势的基本原因，这种优势又随着现代化进程的不断推进而得以强化。制度优势及其强化是制度自信形成并得以持续的基本根据。最后，制度体系是增强中国特色社会主义制度自信的途径和动力。毫无疑问，之所以能够做到中国特色社会主义制度自信，是因为对中国根本和基本制度本质的深刻把握和认同，中国特色社会主义根本制度与基本制度一方面体现了国家制度的现代属性；另一方面制度优势的强化、制度自信的持续坚定，则需要经历制度体系向现代化方向的整体性变迁。

制度自信有赖于制度执行能力的持续提升。制度体系现代化是国家治理体系和治理能力现代化的组成部分，但非全部。国家治理体系和治理能力现代化应当是国家治理体系现代化与国家治理能力现代化的有机结合。首先，国家治理能力是指制度执行能力，因此，国家治理能力现代化，主要是指制度执行能力的现代化。其次，制度体系与制度执行能力互为条件。一方面制度体系是基础，没有制度体系现代化，制度执行能力现代化将无所依据和无的放矢，制度执行能力现代化寓于制度体系现代化之中；另一方面，制度体系的价值在于其功效的充分释放，制度执行能力现代化是发挥制度体系功能的关键途径,制度自信也因此获得了现实依据。在制度质量恒定条件下,制度执行能力是制度价值与功能实现的决定性力量。显然,制度执行能力现代化与制度体系现代化对于国家治理体系与国家治理能力现代化的意义是等量齐观的。由此观之,制度执行能力与制度自信、制度执行能力现代化与制度自信度提升之间存在着必然联系。再次,制度执行能力现代化,内在地表现为公共部门及公职人员正确理解制度能力、严格遵守制度能力、坚持原则前提下的灵活适用制度能力、改革创新能力、科学决策能力以及沟通协调能力,外在地表现为依法治理能力、民主协商能力、公共服务能力、动员整合能力以及风险化解能力,等等。最后,中国特色社会主义制度自信既取决于制度体系的现代化,又决定于制度执行能力的现代化程度。因此,国家机关及其公职人员在具备上述具体能力的同时,从中国实际出发更应该"提高党科学执政、民主执政、依法执政水平,提高国家机构履职能力,提高人民群众依法管理国家事务、经济社会文化事务、自身事务的能力,实现党、国家、社会各项事务治理制度化、规范化、程序化,不断提高运用中国特色社会主义制度有效治理国家的能力"。

要想真正增强制度自信,必须革除体制机制的弊端。就理论而言,制度自信是对国家制度整体的自信,即制度体系自信。但从实践领域看,制度自信既可能出自对国家整个制度体系的自信,也可能是对核心制度的自信。对核心制度的自信并不必然代表对制度体系的自信,制度体系中的任何组成部分存在瑕疵,都会影响制度自信的程度及其持续性。就中国目前情况而言,坚定制度自信需要打破路径依赖——以核心制度优势掩盖制度体系的缺憾。新中国成立以来,特别是改革开放以来,中国经济社会发展所取得的巨大成就,昭示了中国根本制度与基本制度的生机活力和独特优势。而制约根本制度与基本制度优势充分展示的,恰恰是社会生活各领域的体制与机制问题。所以,在中国国家制度体系现代化进程中,应采取的基本态度和原则是,在坚持前提下完善,在完善过程中发展。需要坚持的是根本制度和基本制度,需要完善的是实现中国特色社会主义核心制度的途径——体制、机制。通过体制改革与机制创新推动中国特色社会主义制度体系不断完善和发展,为制度体系自信增添动力。

因此必须通过制度创新革除体制、机制的弊端,激发和释放中国特色社会主义根本制度与基本制度的活力与功能,增强制度自信。具体而言,既要深化经济体制改革，核心是处理好政府与市场的关系，减少政府对微观经济领域的干预，发挥市场对资源配置的决定性作用，提高资源配置效率，以不断增加和提升人民群众生存和持续发展所需的物质总量和质量；又要深化政治体制改革和行政体制改革，丰富以民主和法治为核心价值的制度安排，约束公共权力，在保证人民群众获得生存和持续发展的各种资源时，体现公平正义；还要深化文化体制改革，核心是培育和弘扬社会主义核心价值体系和核心价值观，以此引领并作用于经济、政治、社会生活，在国家、社会、公民等各个层面达成人的生存和发展至上的价值、精神和道德共识。除此以外，还要深化社会治理体制改革，激发社会组织的活力，鼓励和支持人民群众依法有序地参与社会治理，夯实社会治理的社会组织基础和群众基础。

三 国家治理体系和治理能力现代化的中国特色是制度自信的内在要求

站在历史的高度，观察和分析中国国家治理体系和治理能力现代化，其进程与成果无疑是人类文明发展总体进程中的一部分，应该具有实际上也必须具有显著的时代性。更为重要的是，中国国家治理体系和治理能力现代化又是中国国家现代化总进程中的重要组成部分，因此，这一进程具有更为显著的民族性。正是民族性与时代性的相容并蓄，使得中国国家治理体系和治理能力现代化具有了中国特色的品质，这种品质正是坚定制度自信所不可替代的。

制度自信要求在推进中国国家治理体系和治理能力现代化进程中体现出时代特征。坚定制度自信绝对不是对本国现有制度体系故步自封，对中华民族以外的人类制度文明成果盲目拒斥。推进国家治理体系与治理能力现代化如失去时代特征，就会失去比较和借鉴，国家治理的民族性和中国特色就更难以凸显。可以肯定地讲，中国国家治理体系和治理能力现代化的时代性特征，既是制度自信的条件，更是制度自信的体现。中华民族正是由于在漫长的历史演进过程中，不断大胆地学习他人的先进经验和做法，兼容并蓄、海纳百川，才形成了自己的民族特色。众所周知，国家治理体系和治理能力现代化中的"治理"概念肇始于西方国家，20世纪后期在国际上广泛流行。尽管政治学意义上的治理是一种政治行为，但从管理理论和管理技术角度看，治理是公共权威为实现公共利益而进行的管理活动和管理过程；治理的最高境界内含着民主、法治、参与、公正、透明、责任、廉洁等不可或缺的基本要素。

　　制度自信要求中国国家治理体系和治理能力现代化具有鲜明的中国特色。尽管从表面和形式上看，"治理"具有超越社会制度的一般性技术和工具价值，但此概念也绝对承载着绕不过和回避不了的特定社会制度背景以及由此决定的特定使命。因此，中国国家治理体系和治理能力现代化必须是坚持中国基本经济、政治、社会制度立场下的中国特色的治理现代化，否则，制度自信可能演化为对制度的"不自信"。首先，中国特色的国家治理，是坚持中国共产党"总揽全局、统筹各方"前提下的治理，是有明确领导核心的合作治理；是坚持党的领导、人民当家作主、依法治国有机统一的治理，而不是没有前提条件的绝对"多中心"或"无中心"治理。其次，中国特色的治理是坚持中国根本制度和基本制度前提下的治理，是以各领域体制改革与机制创新为重点，而非改变中国特色社会主义根本制度与基本制度的性质。再次，中国特色的国家治理，是既包括满足公共利益、提供公共服务等治理公共事务能力及其现代化的治理，也包括关于改革发展稳定、内政国防外交、治党治国治军等治理政务能力及其现代化的治理，而不是孤立地强调某一个或某方面的治理能力及现代化。最后，中国特色的治理既要在国家治理体系和治理能力现代化过程中坚守中国特色社会主义旗帜、道路和制度等政治方向和原则，也是大胆学习、借鉴其他国家治理成功经验的有益做法的过程。

增强国家治理体系改革的战略定力

赵中源[*]

习近平总书记指出："改进和完善国家治理体系，要有主张、有定力。"所谓定力，是一种在复杂形势下抵制诱惑、排除干扰、把注意力集中在主要目标和首要挑战上的能力。古人云："知止而后有定，定而后能静，静而后能安，安而后能虑，虑而后能得。"战略定力则是基于宏观与全局高度，着眼长远目标，实施战略行动的决心与毅力。经过多年的改革开放，中国新一轮改革已经进入"啃骨头"的攻坚阶段，一些深层次的矛盾与问题逐步累积与显现，如何改进和完善国家治理体系，从根本上革除制约改革发展的体制、机制弊端，成为摆在我们面前的首要问题。习近平总书记强调要"有主张""有定力"，为改进与完善国家治理体系做了战略指引。所谓"有主张"，就是要有"善于观大势、谋大事"的战略思维，即把握现代国家治理的内在规律，着眼国家治理的价值目标，科学谋划，精心布局，协调推进。"有定力"，就是要保持国家大政方针的持之以恒与重大改革的"于法有据"。在二者的逻辑关系上，"有主张"是前提，是内核，"定力"是基于"主张"而生并对"主张"加以肯定、规制与提升的内力。定力蕴含着动与静两个基本层面的内涵，是动与静的有机统一，"静"就是对"主张"的自信与坚持；"动"则是对"主张"的适时规制与完善。立足完善中国特色社会主义制度的总体目标，增强国家治理体系改革的战略定力，需要解决好以下四个方面的问题。

---

[*] 赵中源：广州大学政治与公民教育学院教授。

一 在推进国家治理体系改革中坚持制度自信与自觉

国家治理体系是一个国家制度的集中体现。中国特色社会主义的制度体系,"就是人民代表大会制度的根本政治制度,中国共产党领导的多党合作和政治协商制度、民族区域自治制度以及基层群众自治制度等基本政治制度,中国特色社会主义法律体系,公有制为主体、多种所有制经济共同发展的基本经济制度,以及建立在这些制度基础上的经济体制、政治体制、文化体制、社会体制等各项具体制度"。这是一套相互衔接、相互作用的制度体系,是中国共产党领导中国人民治理国家的基本依据。改进和完善国家治理体系,旨在构建更为"系统完备、科学规范、运行有效"的中国特色社会主义制度体系,使各方面制度更加成熟、更为定型、更具科学性,因此是中国特色社会主义制度的自我发展与完善,是中国共产党推进国家治理现代化的历史自觉。

战略定力源于制度自信,制度自信源于制度的正当性、科学性与实效性。这三个要素的汇集构成了制度的特色、优势、价值与生命力。"正当性"是基于经验和理性两个维度上的最大"合理性",即经验层面上的社会普遍认同与理性层面上的道德哲学合理性。制度正当性体现为其符合规则设计的一般逻辑与准则,并最大限度地反映和满足社会公众的意志与利益。科学性是对客观事物的本质和内在规律的把握与尊重,制度的科学性则是对国家治理的基本规律、制度发展的基本逻辑以及基本国情的把握与尊重。制度的实效性即一定时期内制度实施的客观效果。在国家治理实践中,制度的特色、优势、价值与生命力往往更多地通过制度的绩效,即该制度对社会治理的正向效应以及由此产生的社会认同加以彰显,而制度自信恰恰来自于对制度效能的深刻认识与高度认同。

中国特色社会主义国家治理体系是党领导人民在探索中国特色社会主义的实践基础上不断改进和发展起来的,经历了从"摸着石头过河"到完善中国特色社会主义制度总目标确立的艰难探索历程。当然,这一制度体系,也包含了对外来有益经验的借鉴与吸收,因此,是一套既尊重国家治理一般规律,又具有鲜明中国特色和优势的制度体系。尊重人民的主体地位与首创精神,是中国特色社会主义制度体系的核心理念与价值追求,这也赋予这一制度体系以价值与生命力。从制度设计理念上看,中国特色社会主义制度体系在战略层面上完整地体现了党的领导、人民当家作主与依法治国有机统一的原则性，而在技术操作层面上，又表现出相应的灵活性与务实性，它强调民主协商与高效执行的统一、市场功能与政府责任的统一、中央治理和地方自主的统一、政府主导与多元合作的统一，等等。这些以促进社会力量合理配置与有机整合为特质的制度安排，在国家治理实践中表现出强大的社会资源整合力、社会关系协调力、社会意志凝聚力、社会力量动员力，以及社会危机应对力，有力地推进了中国经济社会的持续、快速发展，很好地展现了中国特色社会主义制度能够集中力量办大事的独特优势，这就是认同中国特色社会主义制度并自觉坚持制度自信的现实依据，更是在改进和完善国家治理体系中始终保持战略定力的底气与信心所在。

二 在革除体制机制弊端中保持深化改革的勇气与魄力

制度自信不等于制度自满。习近平总书记指出："坚定制度自信，不是要故步自封，而是要不断革除体制机制弊端让我们的制度成熟而持久。"[①] 人类社会任何一项制度或制度体系都是基于一定时期的经济社会发展基础，并尽可能满足这一时期国家治理与社会发展需要而出现的，因此制度在具有鲜明的时效性的同时也有着与生俱来的时限性，要保持其旺盛的生命力，就需要根据时代发展与社会环境的变化不断加以改进与完善，这既是社会进步的客观要求，也是制度发展的内在规定。

国际社会公认的衡量一个国家治理体系现代化有五个参考指标：公共权力运行制度化和程序化程度；公共政策的制定在多大程度上体现了人民意志；国家的法治程度；国家治理体系的行政效率和经济效率以及国家治理体系内在的协调功能。从以上视角审视中国的制度建设和制度效能，不难发现，在国家治理总体上取得巨大进步的同时，一些现行体制机制弊端仍不同程度地存在着，如公共权力制约机制不健全，公共利益的部门化，官员腐败和特权问题突出，民众政治参与渠道不畅通，合法权益得不到有效维护，以及政府的公共服务相对不足，政府行政成本与效率的不匹配，

[①] 习近平：《完善和发展中国特色社会主义制度，推进国家治理体系和治理能力现代化》，《光明日报》2014 年 2 月 18 日第 1 版。

社会组织发育不健全，政府层级沟通不畅等，这些都制约着国家治理体系的运行与效果，国家治理体系改革势在必行。

需要指出的是，与此前的普惠式改革相比，新一轮改革面临的问题和困难要复杂与艰巨得多。经过多年的改革沉淀，一些体制机制弊端的负效应在利益重组中日趋明显，现阶段社会利益多元化与利益关系的失序促成了社会群体的分化，以及不同利益群体的产生与发展，与此相伴生的是一些系统性的不合理利益格局的固化，"在固化的利益格局里，权力异化是典型特征"，而权力寻租又进一步加剧了社会群体利益的分化与冲突，一些深层次社会问题和风险便因此产生。如何处理好改革发展与稳定的关系，保持现代化进程的连续性；如何在推进发展的同时，更好地协调公平与效率的关系；如何革除现行体制机制弊端，进一步促进社会和谐与提升人民福祉等，这些问题的解决不仅需要勇气和胆识，更需要有效的办法。无论从哲学逻辑还是实践经验来看，完善制度体系及其落实机制是我们破解改革难题的根本所在，其中"领导制度、组织制度问题更带有根本性、全局性、稳定性和长期性"。推进领导制度与组织制度改革，一是要坚持党的领导、人民当家作主与依法治国的有机统一，摆正党委与国家政权组织的关系，建构通过国家政权组织实现党对国家和社会领导的有效机制。二是要坚持和完善中国共产党领导的多党合作和政治协商制度，健全党同民主党派合作共事的机制。三是要团结和整合广泛的社会力量，不断健全党的群众工作的制度机制。四是要完善领导班子议事与决策制度，推进党内生活的民主化、规范化、制度化。

三 在学习借鉴外来经验中保持中国治理的特色与优势

习近平总书记明确指出："一个国家选择什么样的治理体系，是由这个国家的历史传承、文化传统、经济社会发展水平决定的，是由这个国家的人民决定的。我国今天的国家治理体系，是在我国历史传承、文化传统、经济社会发展的基础上长期发展、渐进改进、内生性演化的结果。"[1]增强国家治理体系改革的战略定力，意味着在学习、借鉴外来经验中对自

---

[1] 习近平：《完善和发展中国特色社会主义制度，推进国家治理体系和治理能力现代化》，《光明日报》2014年2月18日第1版。

身治理体系特色和优势的认识和保持。

从世界范围来看，治理模式可以区分为以美国为代表的"政府市场模式"和以东亚、拉美国家为代表的"政府—生产者模式"。以美国为代表的"政府市场模式"的显著特点是市场导向，甚至认为政府也是一个市场，强调市场在国家治理中的独特地位和作用，而"政府—生产者模式"强调政府对生产的干预作用，认为政府应该承担起社会生产者与社会福利保障者的责任。改革开放以来逐步形成的中国国家治理体系则强调运行机制的逐步市场化，政府在引导社会发展方面的作用，以及注重推进以"民享"为目标导向的社会建设等，具有鲜明的中国特色。从20世纪90年代热议的"中国奇迹"到21世纪初的"北京共识"，再到"中国模式"的讨论，其背后折射的不仅是对中国经济体制改革成功的肯定，更有对中国国家治理体制和治理模式的认可。

保持特色并不排斥学习借鉴外来经验。众所周知，国家治理体系是人类认识和改造世界的智慧结晶，尽管各国的治理体系与价值取向不尽相同，但从特定的时空考察，它们都有其合理性与优势。回顾改革开放以来中国国家治理体系改革中所推行的"听证制度""问责制度""一站式服务"等模式都不乏对西方发达国家相关做法与经验的吸收和借鉴。实践证明，海纳百川，兼容并蓄，对国家治理体系与治理能力现代化有着极大地促进作用。当然借鉴不等于照搬，"照搬照抄别国经验，别国模式从来都不能得到成功。"这是改革开放以来中国一直坚持的基本判断，也是在改革开放实践中被反复证实的正确结论。借鉴和吸收国外的成功经验，目的在于对中国特色社会主义国家治理体系的补充和完善，有助于形成中国治理体系的特色与优势。在技术层面，既要反对西方中心主义与教条主义，反对简单地把西方的做法与经验视为"绝对普遍性"，也要全面而非片面地坚持历史唯物主义的基本原则，以谦虚的态度、科学的精神和高度的历史责任感，深化对西方发达国家的治理体系与治理经验的综合性研究，在博采众长中探寻和把握现代化国家治理的基本规律。

四 在遵循治理基本规律中不断追求国家治理的价值目标

价值追求是治理体系的灵魂，决定着国家治理的方向与成效。"治理"所具有的法治导向、民主导向、服务导向和责任导向，昭示着中国国家治理体系改革不再局限于维护社会稳定的初级价值目标,而是立足于有利于激发社会活力,有助于扩大人民民主,有助于实现社会公平正义与提升人民福祉等更高层面的价值追求。这是一个综合的、发展的、长远的指标体系,其实现程度受制于方方面面的因素,需要我们在循序渐进中不断加以实现。

社会的活力水平是一个国家治理水平与发展状态的直接表征。激发社会活力,在于营造"一切有利于社会进步的创造愿望得到尊重,创造活动得到支持,创造才能得到发挥,创造成果得到肯定"的社会氛围与制度环境。社会活力的源头在公众,主线是利益,主要载体是市场与社会组织。市场在社会资源配置中起着决定性作用,而资源与利益紧密相连,都是社会关系建构中的基础性要素,因此,激发社会活力的基础在于进一步完善社会主义市场经济体制,健全发挥市场决定性地位与政府辅助性作用的协调机制,促进国家经济的健康发展以及发展利益的规范流动。社会组织是基于一定的利益需要而产生的,是现代国家治理主体中越来越重要的一极,除了利益实现与自治功能外,还具有明显的社会缓冲与沟通功能。因此,积极培育和引导社会组织,注重党委政府与社会组织的互动,发挥其在促进社会发展与和谐中的积极作用,是国家治理现代化的题中之义。

人民民主是社会主义的生命,也是推进国家治理现代化的根本要求与集中体现。改革开放以来,通过改革选举制度、完善民主协商制度、简政放权与推行村民和社区自治等,形成了较为完整的人民民主的实现与保障机制。由于多方面的原因,一些具体制度仍处在探索与完善之中,需要进一步做出努力:一是进一步构建民主参与平台,畅通民主诉求渠道,动员和支持人民在更大范围内依法直接行使民主权利;二是在国家与社会治理、民族区域自治、城乡社区自治等各个领域,发展更加充分的人民民主,使人民群众的意志得到更多的体现;三是围绕人民民主的各个要素与环节,不断探索和完善相关制度机制,推进人民民主高效、规范、有序运行;四是协调民主与集中、民主与法治的关系。杜绝民粹主义思维,防止民主的无序与盲动。

公平正义是社会主义制度的本质属性。国家治理体系改革的重要任务之一,就是建构促进社会公平正义的制度体系,促进社会和谐与提升民生幸福,使公民的人格尊严、发展机会、利益表达、社会参与等得到充分而公平的保障,并合法与均等地享受就业、教育、医疗、文化等社会公共资源。促进公平正义需要在认识上进一步摆正公平与效率的关系，坚持发展为了人民，发展依靠人民，发展成果由全体人民共享。通过实施积极的就业政策、健全社会保障体系、完善收入分配调节机制、增加信息透明度、加大社会公共资源供给以及依法惩处权力腐败等，建构以权利公平、机会公平、规则公平为主要内容的社会公平保障体系。人民福祉固然要以发展经济为基础，但幸福作为一种人的主观感受，社会的民主开放、公平正义与充满活力，往往会带来比单纯的物质享受更深刻、更持久的幸福与荣耀感。

第二编　依法治国

论法治对国家治理体系和治理能力的意义与价值

郑 慧[*]

《中共中央关于全面推进依法治国若干重大问题的决定》提出了"建设中国特色社会主义法治体系，建设社会主义法治国家"的总目标，并将"依法治国"确定为"实现国家治理体系和治理能力现代化的必然要求"，法治在国家治理的层面被提升到了"事关我们党执政兴国，事关人民幸福安康，事关党和国家长治久安"的高度。这是对中共十八届三中全会全面深化改革的总目标"完善和发展中国特色社会主义制度，推进国家治理体系和治理能力现代化"的进一步具体化和可操作化。具体而言，法是现代国家治理的依据，国家治理体系以法治为基础，国家治理能力以法治为保障，法治在推进国家治理现代化的过程中发挥着无可替代的基础性作用。

一 法治奠定国家治理体系的基础

"国家治理体系是在党领导下管理国家的制度体系，包括经济、政治、文化、社会、生态文明和党的建设等各领域体制机制、法律法规安排，也就是一整套紧密相连、相互协调的国家制度"[①]，从根本上讲就是国家制度体系。而国家制度的构建和运行必须以宪法为根本依据，合宪性是制度存在的前提。作为法治赖以存在的规则性实体，宪法和法律法规及

---

[*] 郑慧：中国社会科学院政治学研究所研究员。
[①] 习近平：《切实把思想统一到党的十八届三中全会精神上来》，《人民日报》2014年1月1日。

其所衍生的法治体系本身就是国家制度的重要组成部分；同时也是其他国家制度协调运行的保证；法治所体现的国家治理体系现代化的价值导向，是治理体系发展所必须依存的规则。

（一）宪法是国家治理体系的根本法依据

众所周知，宪法作为国家的根本大法和法治体系中派生其他一切法律的"母法"与法治的实体性规范，是法治形成和发展的基础。国家治理体系以宪法所赋予的合法性为首要前提，国家制度的确立、运行均以宪法为依据。中国特色社会主义法治的形成和发展就以现行宪法为基础和规范。在宪法演进的过程中，中国特色社会主义政治制度逐步得以发展和完善，成为国家治理体系形成、发展并走向现代化的基础。具体而言，现行宪法关于国家基本制度的规定及其模式设计为国家治理体系奠定了根本法基础，国家治理体系便是宪法规定的国家基本制度的具体展开。中国特色的国家治理体系依托于现行宪法关于国家基本制度的规定，反映和体现中国社会主义建设的现实需求和改革开放的客观需要。

现行宪法确定了国家治理体系的主体结构。中国共产党领导下的国家党政机关、民主党派、人民团体、社会组织，以及包括以工人、农民和知识分子为主体的全体社会主义劳动者、社会主义事业的建设者在内共同构成治理主体结构。与此同时，从治理客体、治理事务、治理权能等角度规定了各类治理主体参与国家治理的有效途径和方式。现行宪法从中国的历史必然性和时代特征尤其是社会的本质要求出发，确定了中国的基本制度，具体而言，确立了人民民主专政制度、人民代表大会制度、共产党领导的多党合作政治协商制度、民族区域自治制度以及基层民主制度。这些制度涵盖了政治领域的方方面面，为国家治理体系提供了坚实的政治基础。现行宪法明文规定了"坚持公有制为主体、多种所有制经济共同发展"的所有制结构，"坚持按劳分配为主体、多种分配方式并存"的分配制度以及社会主义市场经济的重要的宪法地位，赋予非公有制经济发展的宪法权利。宪法规定国家依法保护公民的私有财产权，为经济体制提供了可靠保障和更强的驱动力；宪法强调发展社会主义教育事业和为人民服务、为社会主义服务的文学艺术事业等各项文化事业，从制度上保证了凝聚共识、探索真理，以文化为国家治理提供人力资源和智力支撑；宪法强调和遵循和平共处五项基本原则，等等。现行宪法以科学和民主的立法程序用国家根本大法的形式把上述基本制度固定下来，成为国家治理体系的根本法基础。国家治理体系的发展和完善必须以宪法规定的基本制度和基本原则为指导。

(二)法治体系是国家治理体系的有机组成部分

"中国特色社会主义国家治理体系由一整套制度构成,包括以中国共产党党章为统领的党内法规制度体系、以党的基本路线为统领的政策制度体系、以宪法为统领的法律制度体系。"①以宪法为统领的法律法规体系,及其所衍生的规章制度体系本身就是国家治理体系的重要内容。国家治理体系中各项国家制度的形成和发展必须得到既有宪法和法律法规的支持,而既存制度的运行也必须依托于相关法律法规的支持、约束和规范。法律法规所特有的国家强制力又使得国家治理体系在遇到挑战和破坏时,可以通过相应的惩罚措施来维护制度的权威。从根本上讲,法在国家治理中的这些特殊作用使得国家治理体系最终在实质上均表现为法治化的国家制度体系。法治的内在价值就在于它能通过法的特殊作用引起社会的组织结构发生倾向于权利保障的改变②,促进国家治理体系的法治化。古今中外的事实证明,法治化的国家治理体系才更具有生命力。

完备的法律法规体系是国家治理体系法治化的基础性前提,强调法律法规的科学性、规范性和完备程度,以保证有法可依,否则,必然会导致国家治理回归传统;高效的法治实施体系所强调的是通过富有成效的法治实施制度来杜绝有法不依,从而保障国家治理体系实际运行、落地生根;严密的法治监督体系所强调的是通过落实强有力的监督机制,保障国家治理体系从设计理念到具体制度规范及其运行的各个环节都处于公开状态,使其不存在人为的偏私和区别对待,保证国家治理体系的平等和公正;有力的法治保障体系就是要依托于国家强制力,从制度设计上确保国家治理的权威性;完善的党内法规体系就是要确保党在整个国家治理体系中发挥领导作用,科学合理地调控国家治理体系实际运行的组织制度保证。由此可见,中国特色社会主义法治体系既是国家治理体系的重要组成部分,又是推动国家治理体系协调运行的关键环节。因此,"建设中国特色社会主义法治体系"的提出,有利于实现法治对于国家治理体系的有机嵌入,促使国家治理体系的进一步规范化和科学化。

---

① 张文显:《法治与国家治理现代化》,《中国法学》2014年第4期。
② 王人博:《论法治》,山东人民出版社1989年版,第152页。

（三）法治是国家治理体系的价值导向

法治既是一个有阶级性的概念，也是一个带有价值性的充满活力的概念。①法治的阶级性决定了国家治理体系的性质和结构特征，法治的价值理念则为国家治理体系提供了价值导向。

"法律体现着不同阶级的意志和利益"②，以法为实体要素并服务于阶级社会国家治理的法治不可能是超阶级的抽象概念。法治的阶级性决定了各种历史形态法治的本质区别，从而也决定了不同国家治理体系之间的性质和结构特征的根本性差别。资产阶级的法治则是实现资产阶级专政的工具，其基本原则只是保护资本家的私人占有制。与此相适应，资本主义的国家制度体系在政治上主要以"三权分立"为基本特征，经济上以资本、市场和剩余价值为核心要素，维护资本主义社会关系和秩序的一系列具体制度。社会主义法治是建立在以生产资料社会主义公有制为主体基础之上的，人民当家作主的法治。中国社会主义法治的显著特征体现就在于"保证了其本质的先进性和利益代表的最广泛性"③。建立在社会主义法治基础之上的中国国家治理体系是以党的领导、人民当家作主和依法治国三者有机统一为重要特征，以人民民主专政和人民代表大会制为政治统领，以公有制为主体、多种所有制经济共同发展为经济基础，涵盖了文化、教育、内政、外交、国防等国家建设各领域的国家制度体系。这种国家治理体系具有更大的优越性，主要体现为国家治理体系在社会主义法治的规范和调整下表现为一个有序的、动态的制度运行系统，具有系统性、整体性、协同性和长效性的特征。中国共产党的领导保证了国家治理体系内部制度之间的相互协调、相互促进，避免出现像西方治理制度运行中的碎片化问题；国家治理体系"明确了治理发挥作用的空间是国家，既包括国家与社会、市场关系的处理，也包括国家间问题的解决；既充分利用国家与政府现有的制度资源，又创新性地吸收市场与社会带来的新机制与新手段；既保障国家治理活动的灵活性与适应性，又保障国家治理活动的可持续性"④。

---

① 王人博：《论法治》，山东人民出版社1989年版，第137页。
② 李步云：《法治概念的科学性》，《法学研究》1982年第1期。
③ 郑言：《正确看待新中国60年的法治建设》，《探索》2010年第1期。
④ 郑言：《推进国家治理体系与国家治理能力现代化》，《吉林大学社会科学学报》2014年第2期。

国家治理体系作为构筑于宪法和法律法规之上的治理手段和治理工具，在为国家治理提供了制度基础的同时，也提供了重要的价值参照。平等、秩序、人权、公正等，这些基本的法治价值理念确立了国家治理体系赖以建立的价值目标。平等是法治的基础，国家治理体系必须建立在平等价值基础上，要求在治理范围内每一个成员的最基本权益得到具体制度设计和制度运行机制的等同关照，每一成员都在制度体系下获得相应发展的平等机会。秩序作为法治所追求的首要价值，是人类赖以存在的前提，是生活和生产得以延续和发展的条件；同时秩序也是国家治理体系有效性和效率性的直接保障与国家治理体系建构最为关切的目标。国家治理体系就是通过相应制度设计和运行机制使人们能够规范、有序地在制度框架下参与国家治理。公平正义是法治的核心价值追求，也是国家治理体系合理性与权威性的基础和依据。国家治理范畴内的权利公平、机会公平、规则公平、司法公正等的实现程度是否合理地体现了人民民主的理念和民众的公平正义诉求，全方位地考验着国家治理体系的正义性和权威性。国家治理体系应该充分体现法治关于人权理念的终极价值追求。"确认和保障权利是法治的真谛，尊重和保障人权是国家治理的精髓所在。"[①]法治的人权价值要求国家治理体系在制度设计和运行机制上必须以保障公民的基本权利为出发点和归宿，即在人权的基本内涵指导下根据客观条件建立确保公民基本权利的相应具体制度，不断通过制度建设和制度的有效运行来推动人权的发展。

总之，法治作为一个由法治理念、法治体系构成的统一整体，深刻地影响并作用于国家治理体系，成为国家治理体系的基础。同时，法治体系作为国家治理体系的有机组成部分，为国家治理体系建构了重要的制度支撑；法治理念作为国家治理体系的基础性价值导向，引导着国家治理体系的发展。

二　法治提升国家的治理能力

国家治理能力的实质就是制度的执行能力，"是运用国家制度管理社会各方面事务的能力，包括改革发展稳定、内政外交国防、治党治国治军

[①] 张文显：《法治与国家治理现代化》，《中国法学》2014年第4期。

等各个方面"①。本质上就是将国家治理体系所造就的制度优势转化为实际治理成果的能力和水平。国家治理应当是一个多元主体参与的动态化协同治理过程，国家治理能力的提升也是一个多主体协同，整体性发展的过程。国家治理能力包括党的执政能力、人大系统的立法能力、政府系统的行政能力、司法系统的司法能力，以及人民群众和社会组织参与管理国家事务能力等，是一个复杂的体系。不同的治理主体之间在角色的专业性、规则的有效性、机构的自主性、行为的规范性等方面存在的客观差距，造成了不同治理能力之间的差异。法治本身所特有的组织管理、规范校正、惩戒救济、激励引导功能可以协调平衡不同治理主体之间在关于治理的思想观念、利益取向等方面的差异和冲突，借助合法性和权威性的引导整体性地提升国家治理能力，是提升国家治理能力的有效方式。主要表现为一方面法治通过赋权，规范和激励各类国家治理主体参与国家治理，为在积极参与的基础上提升国家治理能力创造了条件；另一方面法治通过特有的约束作用和惩处功能使国家治理能力依托国家强制力来确立合法性，保障国家治理主体在法治的轨道上有效地参与国家治理，实现治理能力的整体性提升。中共十八届四中全会明确提出了推进法治建设的总体目标、基本原则和具体任务，从中国社会主义法治建设的实际出发，为以法治方式提升国家治理能力指明了方向，设计了符合中国国情的独特路径。

（一）法治的规范和激励作用为国家治理能力的提升奠定基础

毫无疑问，法治具有明确的规范功能。在国家治理的过程中法治为治理主体提供了明确的行为规范，设置了治理活动法定的运行轨道，指引着国家治理能力发展和提升的合理空间。在一般情况下，治理主体只要遵循法治轨道，正常发挥法治组织的管理作用，是能够实现治理目标的。然而，在治理主体参与国家治理的过程中，无论是权力的运用，还是权利的追求都可能出现绝对化的趋势，而绝对化的权力或权利都是对治理能力的破坏，将严重影响国家治理的有效性。面对这种可能性，法治的规范校正功能，甚至是惩戒功能则可以在必要时发挥重要的作用。法治的规范功能促使国家治理的各类主体正确理解权力与权利及其相互关系，使权力与权利自觉接受法治规范，从而保证治理行为沿着正确的轨道趋向和实现预期的治理目标。

---

① 习近平：《切实把思想统一到党的十八届三中全会精神上来》，《人民日报》2014 年 1 月 1 日。

诚然，规范和惩戒并不是法治功能的全部，其实法律"也有激励性和激励功能。……激励是法律的文明基因，社会越文明，法治越进步，就越重视发挥法律的激励功能"①。法治的激励功能可以调动治理主体参与国家治理的积极性和能动性，而积极地参与治理是提升参与治理能力和水平的重要前提。参与治理动力不足或没有能力参与治理都会影响国家治理能力的提升。从一定意义上讲，国家治理应当是有权的治理，而法治的激励功能恰恰是通过赋权的方式实现的。赋权就是通过宪法和法律法规明文规定，各类国家治理主体具有相应职权或权利，从而使各类治理主体对法有清楚的理解、遵守和运用，可以使自身间接或直接受益，法治实际运行所产生的利益驱动，必然提升其参与治理的积极性与能动性，这就为整体性国家治理能力的提升创造了必要的条件。

（二）法治保障国家治理能力的合法性

国家治理能力以合法性为前提，宪法和法律法规的相关规定是国家治理能力产生的依据。宪法特有的赋权和限权功能为国家治理能力的实际运行划定了明确的合法性空间。中国现行宪法明确规定了人民享有的参与国家治理的权利，同时也明确规定了其遵守宪法和法律的义务。现行宪法确立了依法治国、国家尊重和保障人权、合法的私有财产不受侵犯的原则，构建了包括平等权、政治权利和自由、人身自由、社会经济权利、获得救济的权利、社会生活权利在内的基本权利自由体系。公民所享有的平等、广泛、真实的权利自由是其具有参与国家治理的依据。宪法还规定了公民必须承担的相应义务，即不得损害国家、集体和他人的利益。这明确了公民国家治理能力的宪法界限。现行宪法明确规定了在执行国家制度过程中各级各类国家机构相应的职权、职责。如全国人民代表大会有修宪权、立法权等具体职权，而地方人民代表大会则有制定地方性法规等职权；国务院有行政立法权、提案权，以及较为广泛的全国性行政事务管理权等职权，而各级地方政府则相应地有制定地方性行政法规、管理地方行政事务的职权；各级司法机关也按照宪法规定有不同的职权。宪法所规定的各类、各级国家机构的相应职权为其提供了国家治理能力的合法性依据，也明确了其所具有的国家治理能力界限。此外，现行宪法也明确了各民主党派、社会团体和经济组织、群众性自治组织的活动原则和活动空间。宪法

---

① 刘武俊：《激活法律的激励因子》，《福建日报》2012年10月31日。

和法律法规关于相关主体治理能力的法治化规定,通过法治运行实践使治理能力获得了必要的检验校正,保障了相应主体治理能力的合法性,有利于整体性地强化和提升国家治理能力。

宪法的上述规定为国家治理能力提供了根本法依据,其他法律法规则依据宪法对国家治理能力及其运行和发展做了具体性规定。宪法和法律法规所规定的相应权利和职权是国家治理能力的起点和根据,同时,所规定的相应权利和义务也是国家治理能力运行中的法定界限,这就形成了法治为国家治理能力所设定的合法性空间。法治具有明确的惩戒功能,表现为对于超越合法性空间的一切行为都将予以制裁惩处。惩戒不仅仅意味着对行为性质的价值判断,更有行为禁止、利益补偿,以至于需要相应主体为自己的违法行为付出自由和生命的代价等方式。依托于国家强制力的法治惩罚功能,突出了法治的权威性。

(三)法治的发展有利于促使国家治理能力的提高

法治本身与时俱进的动态发展,有利于促进国家治理能力的发展,立法、执法、守法、司法等法治各环节的发展对于提升国家治理能力都具有十分重要的意义。《中共中央关于全面推进依法治国若干重大问题的决定》在明确提出推进法治建设的总体目标、基本原则,指明社会主义法治的发展方向的同时,也提出了发展社会主义法治的具体任务,为以法治方式提升国家治理能力设计了符合中国国情的独特路径,明确指出"完善以宪法为核心的中国特色社会主义法律体系,加强宪法实施是通过立法目的、原则、体制机制、侧重点的规划和突出宪法实施对于立法乃至法治的重要意义,强调以高质量的立法确保法治运行有良好的开端"。

"深入推进依法行政,加快建设法治政府"①,是通过强化法治政府建设和依法行政、依宪行政来强调以高效的执法推动法治运行的;"保证公正司法,提高司法公信力"②,是从司法救济的底线性出发强调司法对于法治的保障作用的;"增强全民法治观念,推进法治社会建设"③,是从法治建设的群众基础出发,以整体性的法治观念提升来防止对法治的破坏性消费,强调守法是法治运行的基础;"加强法治工作队伍建设"④,是从法

---

① 《中共中央关于全面推进依法治国若干重大问题的决定》,人民出版社2014年版。
② 同上。
③ 同上。
④ 同上。

治与人的关系出发，强调法治建设中的法律职业人因素对法治发展的重要作用；"加强和改进党对全面推进依法治国的领导"①，是强调党的依法执政能力。法治建设具体任务完整地涵盖了法治运行的全过程，并从法律职业人因素的重要影响和党的领导的重要作用角度做了整体性规划，这是推进中国社会主义法治建设的有力举措，也为提升国家治理能力创造了新方式和契机。

总之，法治是国家治理现代化的标志和内在要求。国家治理在从传统走向现代化的过程中，法治化是一个不可逾越的发展阶段。法治意味着告别人治，把法治理念、法治精神、法治原则和法治方法贯穿到国家治理的各个层面。法治在国家治理中的作用是否得以发挥，国家治理法治化的程度是反映和体现国家治理现代化进程的重要因素。

---

① 《中共中央关于全面推进依法治国若干重大问题的决定》，人民出版社2014年版。

开启社会主义民主和法治新时代

——法治中国建设的当代政治价值

包心鉴[*]

法治是人类政治文明的重大成果，是现代国家治理的基本方式。世界现代化的历史进程表明，正确处理法治和人治的关系，实行以民主为基础的现代法治，是建设现代国家的关键环节。凡是顺利实现现代化的国家，都较好地解决了法治与人治的关系，实施依法治国；反之，一些国家在走向现代化进程中陷入这样或那样的"危机"与"陷阱"中，都是严重忽视法治的结果。法治与社会主义发展史更是有着内在的密切联系。一些社会主义国家所以出现挫折甚至内乱，归根到底是囿于人治思维与模式，未能走上依法治国的道路，人存政举，人亡政息。在社会主义中国走过的历史征途上，既有法治彰显所带来的政通人和，也有法治懈怠所造成的严重挫折。正是在深入总结历史经验尤其是世界社会主义正反经验的基础上，着眼推进中国特色社会主义新发展，夺取中国特色社会主义新胜利，以习近平为总书记的党中央高举民主与法治的旗帜，鲜明地提出"坚持走中国特色社会主义法治道路，建设中国特色社会主义法治体系"的纲领与目标，加快了法治中国建设的历史步伐。法治中国建设，在世界社会主义发展史，尤其是中国特色社会主义发展进程中具有特殊的价值和意义。党的十八届三中全会关于全面深化改革的战略部署，十八届四中全会关于全面推进依法治国的战略谋划，开辟了依靠民主与法治推进国家治理现代化

---

[*] 包心鉴：中国政治学会副会长，山东大学博士生导师，济南大学政治与公共管理学院院长。

的新征程，开启了社会主义民主和法治的新时代。

一 深化了对社会主义本质的新认识

法治中国建设的重大政治价值，首先在于把中国特色社会主义与现代法治有机联系在一起，进一步深化了对社会主义本质的新认识。

由于复杂的历史因素，社会主义发展史上普遍存在着对法治建设重视不够甚至人为地破坏法治的现象，从而出现前苏联东欧国家的沉痛教训。历史经验表明，能否重视法治，是否坚持法治，直接关系到能否本质地坚持和发展社会主义。正是抓住了这个要害问题，邓小平精辟地指出："斯大林严重破坏社会主义法制，毛泽东同志就说出，这样的事情在英、法、美这样的西方国家不可能发生。"令人遗憾的是，毛泽东"虽然认识到这一点，但是由于没有在实际上解决领导制度问题以及其他一些原因，仍然导致了'文化大革命'的十年浩劫。这个教训是极其深刻的"[1]。针对这一根本性教训，邓小平明确指出：坚持和发展社会主义，"必须使民主制度化、法律化，使这种制度和法律不因领导人的改变而改变，不因领导人的看法和注意力的改变而改变"[2]。邓小平反复强调：深化政治体制改革，必须"处理好法治和人治的关系"[3]；建设有中国特色的社会主义，"必须把民主和集中、民主和法制、民主和纪律、民主和党的领导结合起来"[4]。为此，他明确指出，"应该集中力量制定刑法、民法、诉讼法和其他各种必要的法律""做到有法可依、有法必依，执法必严，违法必究"[5]。在邓小平民主与法治思想的指导和推动下，党的十一届三中全会开启了法治建设新征程。从那时到现在，当代中国法治化步伐逐步加快，法治化水平逐步提升，党对法治建设与社会主义本质联系的认识也逐步深化。党的十五大明确提出依法治国的基本方略，十六届四中全会明确将依法执政确立为党执政的基本方式，十八大明确提出法治是治国理政的基本方式，十八届三中全会明确提出推进法治中国建设的改革任务。尤其是十

---

[1] 《邓小平文选》第 2 卷，人民出版社 1994 年版，第 333 页。
[2] 同上书，第 146 页。
[3] 《邓小平文选》第 3 卷，人民出版社 1993 年版，第 177 页。
[4] 《邓小平文选》第 2 卷，人民出版社 1994 年版，第 176 页。
[5] 同上书，第 146—147 页。

八届四中全会明确将全面推进依法治国的总目标定位为"建设中国特色社会主义法治体系，建设社会主义法治国家"，系统回答了建设法治中国要突破的一系列重大问题。法治中国建设的理论与实践深刻表明党对社会主义法治建设的认识已上升到一个新阶段，中国特色社会主义民主法治化已进入一个新境界。

党的十八届四中全会关于全面推进依法治国的重要决定，习近平关于法治中国建设的一系列重要讲话，一个创新之处和突出特点就是把法治建设放到中国特色社会主义本质层面加以科学定位，从中国特色社会主义创新发展的视角对全面推进依法治国进行本质揭示。在党的十八届四中全会上的重要讲话中，习近平深刻指出："全面推进依法治国是关系我们党执政兴国、关系人民幸福安康、关系党和国家长治久安的重大战略问题，是完善和发展中国特色社会主义制度、推进国家治理体系和治理能力现代化的重要方面。"[1] 在省部级主要领导干部学习贯彻十八届四中全会精神专题研讨班上的重要讲话中，习近平明确强调："我们要坚持的中国特色社会主义法治道路，本质上是中国特色社会主义道路在法治领域的具体体现；我们要发展的中国特色社会主义法治理论，本质上是中国特色社会主义理论体系在法治问题上的理论成果；我们要建设的中国特色社会主义法治体系，本质上是中国特色社会主义制度的法律表现形式。"[2] 这些精辟论述，紧紧围绕中国特色社会主义道路、理论体系、制度的本质，对中国特色社会主义的法治道路、法治理论、法治体系进行了科学定位和深刻揭示，进一步彰显了法治中国建设在深化社会主义本质认识上的重大政治价值。

二 丰富了全面建成小康社会的新内涵

党的十八大以来，以习近平为总书记的党中央着眼实现"两个一百年"的奋斗目标和中华民族伟大复兴的中国梦，优化治国理政，谋求全面发展，明确提出并形成了全面建成小康社会、全面深化改革、全面依法

---

[1] 《中共中央关于全面推进依法治国若干重大问题的决定》，人民出版社 2014 年版，第 44 页。

[2] 习近平：《2015 年 2 月 2 日在省部级主要领导干部学习贯彻十八届四中全会精神 全面推进依法治国专题研讨班上的重要讲话》，《人民日报》2015 年 2 月 3 日。

治国、全面从严治党的重大战略布局。"四个全面"战略布局，既有战略目标，也有战略举措，每一个"全面"都具有重大战略意义。而全面建成小康社会，则是中国现阶段发展的战略目标，是实现中华民族伟大复兴中国梦的最关键一步，是科学社会主义在当代中国的具体而生动的实践，具有统领全局的重大意义。全面深化改革、全面依法治国、全面从严治党，是实现全面建成小康战略目标的重大战略举措，它们既服务于全面建成小康社会的伟大实践，又从不同的领域和角度进一步赋予全面建成小康社会以丰富内涵。其中，全面推进依法治国，加快法治中国建设，对于深刻把握全面建成小康社会的科学内涵，为全面建成小康社会提供强有力的制度和法治保障，具有特殊的价值和意义。

小康是中国优秀传统文化智慧的结晶，是中华民族对美好生活的向往，是勤劳淳朴的中国百姓对安定幸福生活的恒久守望。30多年的中国改革开放，将这一千多年来的朴素愿望上升为国家发展战略，成为建设富强民主文明和谐的现代化国家的重要基础，成为实现中华民族走向伟大复兴的重要支点。随着改革实践的不断深入，党对小康社会内涵的认识不断深化。从改革开放之初邓小平明确提出的"小康之家"，到几年之后邓小平反复论述的"小康社会"；从党的十六大关于"全面建设小康社会"战略目标的谋划，到党的十八大关于"全面建成小康社会"奋斗目标的确立，当代中国的小康内涵愈益涵盖经济社会发展的各个层面，小康标准逐渐由单向度扩展为多向度。作为国家发展战略，作为建设现代化强国和实现民族复兴的基础工程，全面建成小康社会的关键在于"全面"二字，即不仅包括经济持续健康发展，而且包括人民民主不断扩大、社会主义法治更加完备、文化软实力显著增强、人民生活水平全面提高、生态文明建设取得重大进步。全面小康社会的中国，不仅是富裕的中国，而且是法治的中国、和谐的中国、美丽的中国。从现在起到建党100周年，还有不到6年的时间，在这一关键发展时期，能否高度重视法治中国建设、加快全面依法治国步伐，直接关系到全面建成小康社会目标的顺利实现。

当前，全面建成小康社会进入决定性阶段，改革进入了攻坚期和深水区。中国面对的改革发展稳定任务之重前所未有，矛盾风险挑战也前所未有，人民群众对幸福安康生活和国家长治久安的期望也达到了前所未有的高度。在这样一个关键的发展时期，依法治国在党和国家工作全局中的地位更加突出，作用更加重大。只有全面推进依法治国，充分发挥法治的引领和规范作用，才能更好地维护和运用中国发展的重要战略机遇期，更好地统筹社会力量、平衡社会利益、调节社会关系、规范社会行为，使中国社会在深刻变革中既生机勃勃又井然有序，实现经济发展、政治清明、文化昌盛、社会公正、生态良好，在更高程度上维护国家的长治久安，促进社会公平正义、增进人民福祉。正是站在这样一个历史制高点上，党的十八届四中全会《决定》明确指出：全面推进依法治国，"事关我们党执政兴国，事关人民幸福安康，事关党和国家长治久安"，归根到底事关中国特色社会主义的持久发展。

加快法治中国建设步伐，是党执政兴国的根本保证。中国共产党是中国特色社会主义事业的领导核心，担负着团结、带领人民全面建成小康社会，实现中华民族伟大复兴的重任。坚持党的领导，是全面建成小康社会的最根本保证，也是中国特色社会主义民主法治建设的最本质特征。在全面建成小康社会的历史进程中，怎样才能有效地坚持党的领导、实现党执政兴国的宗旨与任务？最根本的就是要坚持党的领导和社会主义法治的内在一致性，充分发挥法治在党执政兴国中的根本保证作用。其中，最重要的是把党领导人民制定和实施宪法法律同党坚持在宪法法律范围内活动统一起来，使党的主张通过法定程序成为国家意志；同时坚持在法律面前人人平等，任何组织或者个人都不得有超越宪法法律的特权，一切违反宪法法律的行为都必须予以追究。

加快法治中国建设步伐，是人民幸福安康的根本保证。人民是社会主义事业的主体力量，又是社会主义发展的最大受益者；全面小康社会归根到底是人民当家作主权利得到切实维护的社会，是人民生活水平得以全面提高的社会。正是从这样一个本质特征和发展宗旨出发，党的十八大把"必须坚持人民主体地位"作为在新的历史条件下夺取中国特色社会主义新胜利的首要的基本要求，强调要发挥人民的主人翁精神，确保人民当家作主权利。十八届三中全会进一步强调要以促进社会公平正义、增进人民福祉为全面深化改革的出发点和落脚点，让蕴藏在人民群众中的一切劳动、知识、技术、管理、资本的活力竞相迸发，让一切创造社会财富的源泉充分涌流，让发展成果更多更公平地惠及全体人民。无论是人民当家作主的政治权利，还是增进人民福祉的经济权利和文化权利，都离不开完善的法治作保障。法律的权威源自人民的内心拥护和真诚信仰，人民权益的实现离不开法律的权威和法治的尊严。只有全面推进依法治国，运用法律武器和法治手段遏制和消除社会不公正和侵犯人民群众权益的现象，同时提升广大人民的法律意识和法治觉悟，使全体人民都成为社会主义法治的忠实崇尚者、自觉遵守者、坚定捍卫者，才能真正实现人民幸福安康、社会全面小康。

加快法治中国建设步伐，是国家长治久安的根本保证。国家长治久安是人民利益之基、生命之本；全面小康社会是国家长治久安、人民共享平安的社会。对于国家长治久安尤其是国家政治安全来说，法治中国建设具有更加特殊的价值和意义。只有法治才是长治，只有遵法才能久安。依靠现代法治实现长治久安，在中国现阶段的一个重要任务就是要处理好加强法治与发展民主的关系。世界上许多国家的经验教训表明，能否处理好法治与民主的关系，直接关系到社会秩序和国家安全。中国的实践也反复表明，能否处理好法治与民主的关系，直接关系到人民幸福和国家长治。人民民主是社会主义的生命，民主从来就不是孤立的，无论是作为国家形态的民主，还是作为国家形式的民主，抑或是作为社会状态和人民权利的民主，都离不开一定的制度和法治作保障。现代民主与现代法治更加有机地联系在一起。游离于法治轨道和法治保障的民主，势必会沦为街头政治甚至"多数人暴政"，这是为当代各国政治发展实践所反复证明了的规律。正是在总结现代民主尤其是社会主义民主实践经验的基础上，党反复强调，发展社会主义民主，关键是要坚持党的领导、人民当家作主、依法治国的有机统一。坚持民主与法治有机统一，在不断发展人民民主中健全法治，在依法治国中切实保障人民民主权利，是中国特色社会主义的一条基本经验，也是全面建成小康社会的一项基本原则，必须长期坚持。

三　建构实现国家治理现代化的新方略

国家制度和国家治理问题，是科学社会主义学说与实践中的核心问题；而国家治理的核心问题，则是如何坚持和完善人民当家作主的政治制度、经济制度和其他社会制度。打碎少数人对多数人统治的国家制度，谋求人民在国家制度和国家治理中的主体地位和主人权利，是社会主义革命的根本任务，也是社会主义国家建设的根本环节。正是从这个根本意义上马克思深刻指出：国家发展的基本逻辑是："不是国家制度创造人民，而是人民创造国家制度。"① 列宁进一步揭示了国家制度和国家治理的本质，这就是人民民主："民主是国家形式，是国家形态的一种。""民主意味着在形式上承认公民一律平等，承认大家都有决定国家制度和管理国家的平等权利。"② 马克思主义国家学说指明，民主就是一种国家治理，民主与国家发展状态和国家命运有机联系在一起，这也正是我们党为什么要始终高扬人民民主的光辉旗帜，将人民民主视为社会主义生命的根本依据。

党的十八大以来，以习近平为总书记的党中央高度重视并紧紧抓住国家治理这个核心问题优化治国理政，有力地推进了中国特色社会主义新发展。党的十八届三中全会《决定》将"全面深化改革的总目标"定位在"完善和发展中国特色社会主义制度，推进国家治理体系和治理能力现代化"上，可谓抓住了根本，把握了要害。国家治理现代化，涉及中国特色社会主义新发展中更加深层次的问题，即制度的定型与完善。习近平深刻指出：国家治理现代化，不是着眼于"推进一个领域改革"，也不是着眼于"推进几个领域改革"，而是着眼于"推进所有领域改革"，即从国家治理体系和治理能力的总角度考虑"中国特色社会主义制度如何进一步完善和发展的问题"③。历史与现实的实践表明，不着力推进国家治理现代化、实现制度现代化，其他方面的现代化就不可能持久，甚至不可能成立。正是从这个根本意义上说，国家治理现代化的实质是制度现代化，与工业现代化、农业现代化、科技现代化、国防现代化相比较，是更为重要、更为本质、更为关键的现代化。

作为国家治理的基本支撑和基本方式，制度与法治历来不可分割。现代国家治理实践表明，制度的完善必然呼唤法治的加强，法治的推进离不开完善的制度的支撑；反之，法治的懈怠也必然是制度缺失的结果。中国现阶段的现代化进程，正面临着既要提升制度现代化水平，又要加快法治现代化步伐的双重任务。这也是世界上许多国家在现代化探索中所提供的基本经验和基本规律。正是遵从现代化发展的基本规律，党的十八届三中全会和四中全会先后做出了推进国家治理现代化，进一步提升制度现代化水平和全面推进依法治国，进一步提升法治现代化水平的双重战略。这两

---

① 《马克思恩格斯全集》第1卷，人民出版社1972年版，第281页。
② 《列宁选集》第3卷，人民出版社2012年版，第201页。
③ 《习近平关于全面深化改革论述摘编》，中央文献出版社2014年版，第26、23页。

大战略犹如"车之两轮""鸟之双翼",相辅相成、相得益彰,驱使着中国现代化向着更高目标迅跑和飞跃。

在中国特色社会主义现代化的历史进程中,民主与法治不可分割,制度现代化与法治现代化相辅相成。早在改革开放初期,邓小平就深刻地指出:"社会主义民主和社会主义法制是不可分的",必须"使民主制度化、法律化";"没有广泛的民主是不行的,没有健全的法制也是不行的","不要社会主义法制的民主,不要党的领导的民主,不要纪律和秩序的民主,决不是社会主义民主"①。这些精辟论述既抓住了民主的本质,又揭示了法治的功能,是实现民主与法治有机统一、制度现代化与法治现代化有机融汇的根本遵循。今天中国共产党把全面推进依法治国作为实现国家治理现代化的基本方式,更加深刻地彰显了法治中国建设对推进社会主义民主和提升国家治理现代化水平的重大现实意义和时代价值。

民主是法治的灵魂,制度现代化是法治现代化的重要基础。社会主义国家制度的本质是人民民主,对作为国家制度基本实现形式的法律和法治起着决定性作用。民主是法治的灵魂,体现在全面推进依法治国的各个层面和全部过程中。首先要坚持民主立法。法律是治国之重器,良法是善治之前提。良法从哪里来?归根到底来自于人民的利益和人民的意愿,这就要恪守以民为本、立法为民理念,贯彻社会主义核心价值观,使每一项立法都符合人民利益、反映人民意愿、得到人民拥护。其次要坚持民主执法。法律的生命力在于实施,法律的权威也在于实施。确保法律实施与效果的关键在于加快建设职能科学、权责法定、执法严明、公开公正、廉洁高效、守法诚信的法治政府;而建设法治政府的直接价值导向和价值标准就是服务人民,由人民作主,让人民满意。最后要坚持民主司法。公正是法治的生命线,司法公正对社会公正具有重要引领作用,司法不公对社会公正具有致命破坏作用;而司法公正的关键在于尊重人民的主体地位,坚持人民司法为人民,依靠人民推进公正司法,通过公正司法维护人民权益。民主立法、民主执法、民主司法,其根本的社会基础是人民的民主意识和法治精神。法律的权威源自人民的内心拥护和真诚信仰,这种拥护和信仰不是抽象的,更不是强制性的,必须建立在人民的民主觉悟和对自我民主权利的自觉认同上。正是从这个根本意义上说,民主精神与法治精神

---

① 《邓小平文选》第 2 卷,人民出版社 1994 年版,第 189、360 页。

内在一致，尊重民主与弘扬法治高度统一。

法治是民主的"护身"，法治现代化是制度现代化的重要保障。民主是人民的权力，是人民当家作主的国家形态和国家形式。民主的这一本质和功能，不是天然形成的，而是一种不断实现的过程。现代政治发展史表明，民主的实现离不开一定的条件和保障，其中最重要的就是民主要有完善的法律保护，要走向法治化。法律的本质在于将人民的权力固定化、规范化；法律的实施即法治的推进，其根本之点在于为人民管理国家和社会提供根本保障。法律的最大权威就在于为人民如何行使民主权利提供基本遵循；法治的根本功能就在于确保人民的民主权利不受干扰和侵犯。民主从来就不是孤立的，无论是作为国家形态的民主，还是作为国家形式的民主，抑或是作为社会状态和日常生活的民主，都离不开一定的制度和法治作保障。坚持民主与法治的有机统一，在不断发展人民民主中健全法治，在依法治国中切实保障人民民主，是法治中国建设的根本价值取向。

四 拓展了党依法执政的新视野

中国共产党是中国特色社会主义事业的领导核心，担负着团结带领人民全面建成小康社会、推进社会主义现代化、实现中华民族伟大复兴的重任。能否处理好党的领导和依法治国的关系，是中国特色社会主义发展中的核心问题。这也是世界社会主义发展史上长期未能解决好，从而留下深刻历史教训的一个关键问题。习近平明确指出："全面推进依法治国这件大事能不能办好，最关键的是方向是不是正确、政治保证是不是坚强有力，具体讲就是要坚持党的领导，坚持中国特色社会主义制度，贯彻中国特色社会主义法治理论。""党的领导和社会主义法治是一致的，社会主义法治必须坚持党的领导，党的领导必须依靠社会主义法治。"① 把党的领导与依法治国有机统一起来，融为一体，是法治中国建设的一大鲜活亮点，是中国共产党对科学社会主义的一大突出贡献。

社会主义法治建设如何坚持党的领导？十八届四中全会《决定》明确提出了"三统一"原则，即"必须坚持党领导立法、保证执法、支持

---

① 习近平：《关于〈中共中央关于全面推进依法治国若干重大问题的决定〉的说明》，《中共中央关于全面推进依法治国若干重大问题的决定》，人民出版社 2014 年版，第 49 页。

司法、带头守法，把依法治国基本方略同依法执政基本方式统一起来，把党总揽全局、协调各方同人大、政府、政协、审判机关、检察机关依法依章程履行职能、开展工作统一起来，把党领导人民制定和实施宪法法律同党坚持在宪法法律范围内活动统一起来。"党领导立法，就是党根据国家发展大局、人民群众意愿，适时提出立法建议，领导制定体现人民根本利益和社会发展要求的法律法规，不断完善中国特色社会主义法律体系。党保证执法，就是党通过政治领导、思想领导、组织领导和工作领导，监督和促进执法部门严格执法，严格监督和制约权力运行，做到有权必有责、用权受监督、违法受追究。党支持司法，就是各级党政机关和领导干部要支持法院、检察院依法独立公正行使职权，让人民群众在每一个司法案件中都感受到公平正义。党带头执法，就是各级党政机关和所有党员领导干部必须率先垂范、带头遵守宪法法律，任何人任何时候都不能触碰法律红线，不得逾越法律底线。"三统一"原则明确而具体地回答了法治中国建设如何坚持党的领导的问题，有力拓展了党依法执政的新视野。

关于党的领导如何依靠社会主义法治，十八届四中全会《决定》明确提出了"四善于"思路，即"善于使党的主张通过法定程序成为国家意志，善于使党组织推荐的人选通过法定程序成为国家政权机关的领导人员，善于通过国家政权机关实施党对国家和社会的领导，善于运用民主集中制原则维护中央权威、维护全党全国团结统一"。"四善于"将党的领导有机地融入国家法治化建设中，这深刻表明，要建设的现代国家，是依法治理的国家；要建设的先进政党，是依法执政的政党。法治是党执政兴国的根本支柱，是实现国家繁荣发展的根本基石。在推进中国特色社会主义新发展，夺取中国特色社会主义新胜利的伟大历史征途上，依法治国在党和国家工作全局中的地位更加突出、作用更加重大。只有坚定不移地走中国特色社会主义法治道路，建设中国特色社会主义法治体系，建设社会主义法治国家，才能有力地克服前进道路上的种种问题，有效地化解前进道路上的种种矛盾，做到科学执政、民主执政、依法执政，带领全国各族人民顺利实现"两个一百年"的奋斗目标和中华民族伟大复兴的中国梦！

国家治理体系与治理能力法治化的理论探析

赵跃先[*]

党的十八届三中全会首次明确提出了"两个推进",即"全面深化改革的总目标是完善和发展中国特色社会主义制度,推进国家治理体系和治理能力的现代化"及"全面推进法治中国建设"[①]。不言而喻,国家治理体系与治理能力的现代化和法治中国建设这两个方面是紧密联系、不可分割的,无论选择哪一个方面进行单向度的社会实践都是不可取的。质言之,全面推进中国现代化进程,改革开放事业稳步前行的重中之重就是实现国家治理体系与治理能力的法治化。本文试图从三个方面对国家治理体系与治理能力的法治化这一主题进行分析和论证。

一 实现国家治理体系与治理能力法治化的"时代呼唤"

国家治理体系和治理能力法治化,是中国共产党提出的全新理念,标志着中共对中国特色社会主义规律的认识提升到一个新高度。时代呼唤着中国前行,中华民族的伟大复兴之路不可阻挡!

从历史发展的角度进行分析,可以清晰地看到,社会主义依然属于一种新生的社会制度,这种社会制度尚处于实践和发展的初级阶段。那么应该如何治理和发展社会主义这种全新的社会制度呢?坦率地说,历史上并没有成功的经验能够给予中国有效的借鉴,中国只能依靠自己,中国只能

---

[*] 赵跃先:山西师范大学马克思主义学院党委书记、院长。
[①] 习近平:《切实把思想统一到党的十八届三中全会精神上来》,《求是》2014年第1期。

通过自身实践进行探索和检验。马克思和恩格斯并没有切身参与过全面治理社会主义国家的实践经历，他们提出的关于未来社会的很多理论都属于推论性的；苏联作为世界上第一个社会主义国家，有它辉煌的时刻，也取得了一定的成绩，但却犯下了致命的错误，它依然不能提供一个行之有效的解决方案作为参考。

新中国成立以后，中共一直领导着全国人民在不断地尝试探索和解决这个关键性问题。尽管经历了很多波折和磨难，但是中共在社会主义国家治理体系与治理能力法治化方面也积累了较为丰富的经验，取得了许多令世人瞩目的成绩。尤其是改革开放以来，中国在政治稳定中求发展，在民族团结中谋进取，在社会和谐中寻梦想。在这个时期，世界上的很多国家和地区都出现了不同程度的社会动乱和经济危机，这与中国的发展态势形成了鲜明的对比。显而易见，中国在治理体系与治理能力法治化方面大体上是合理的，同时也要看到我们国家在这些方面也存在着很多问题和漏洞，需要进行较为精细的完善和改进。习近平同志在多次会议和讲话中强调，中国国家制度体系本身还不够完善，国家治理体系与治理能力法治化进程还需要不断大力推进，目前依然有很多党内干部的素质还不能适应新形势新任务的要求，党内出现了很多知法犯法、贪腐堕落的问题。同时，中国整体的国民素质仍需大力提高。现阶段，必须充分认识到提高国家治理体系和治理能力的规范化、制度化、法治化的重要性！

改革开放 30 多年以来，中国经济取得了迅猛发展，2010 年，中国的 GDP 总量就已经超过日本，成为世界第二大经济体。到目前为止，中国依然是世界上头号发达国家美国最大的债权国。可以说，中国开始从传统社会步入现代社会，从农业社会逐步迈入工业社会。这就意味着国家的现代化进程已经步入正轨，社会转型已经成为一种必然的趋势。这种社会转型就对中国的治理体系和治理能力提出了新的召唤，中国必须达到现代化的标准，同时也要全面肩负起建设"法治中国"的重任，也即是说，中国的国家的治理体系和治理能力法治化的进程是顺应时代的呼唤而生的，中国的改革开放已经迎来了制度创新和制度建设的新阶段。在这个新阶段，中国需要注意以下三点：

第一，中国治理体系与治理能力法治化进程需要始终以党的领导为核心，充分发挥社会主义的制度优势。中国走的是有中国特色的社会主义道路，这是由中国的基本国情及民族文化传统等方面决定的。中国搞社会主义建设，需要植根于中华民族的文化沃土，放眼于整个时代发展的前沿趋势。在党的领导下，广大人民群众当家作主，全国各族人民团结一致，坦然地面对国际上的政治波动和金融风暴，有效维护国家安全和主权利益，从容应对国内突如其来的自然灾害和特殊疫情，实现经济的高速稳定发展，民生得到极大改善，创造了一个又一个"中国奇迹"。正是因为党的领导，才能发挥出我们的制度优势，才能使中国的社会主义制度得到完善和发展，才能切实保障最广大人民根本利益的实现。邓小平同志明确提出："改革党和国家的领导制度，不是要削弱党的领导，涣散党的纪律，而正是为了坚持和加强党的领导，坚持和加强党的纪律。在中国这样的大国，要把几亿人口的思想和力量统一起来建设社会主义，没有一个由具有高度觉悟性、纪律性和自我牺牲精神的党员组成的能够真正代表和团结人民群众的党，没有这样一个党的统一领导，是不可能设想的，那就只会四分五裂，一事无成。这是全国各族人民在长期的奋斗实践中深刻认识到的真理。我们人民的团结，社会的安定，民主的发展，国家的统一，都要靠党的领导。"[1] 这就意味着在践行国家治理体系与治理能力法治化的过程中，要始终以党的领导为核心，充分发挥社会主义制度的优越性。

第二，要明确中国全面步入现代法治社会的必然趋势和重要性。在中国传统文化中，经常谈到"为政在人""其人存，则其政举；其人亡，则其政息"[2] 等人治见解和主张。中国三千多年的封建文化，主要通过个人意志来实现对国家政权的统治和管理，统治者的个人权威被神圣化，这是典型的人治思想。中国的人治传统较为丰富，法治传统较为薄弱。新中国成立以来，中国积极推动国家的法制建设，符合中国国情的法制体系得到了不断的更新、健全和丰富，有效实施了依法治国的基本方略。尽管中国特色的社会主义法治建设已经取得了很大的进展，但是不可否认的是传统的人治思想依然较为普遍地存在着，这严重影响着中国国家治理体系与治理能力的法制化、规范化的步伐，阻碍我们实行国家全面现代化的进程。不难发现，中国在很多领域的基础设施的现代化程度已经赶超欧美，但是往往在协调和管理的软实力方面不尽如人意。西方国家普遍经历了几百年的现代化过渡时期，相关的制度体系也较为完备和成熟。他们的法律体系

---

[1] 邓小平：《邓小平文选》第 2 卷，人民出版社 1994 年版，第 341 页。
[2] 《礼记·中庸》。

和法律观念已经深入人心，而且在各种社会关系和社会行为中都能起到有效的规范及协调作用，并且积累了较为丰富的经验。应当批判地对西方国家的治理体系与治理能力的法治化经验进行借鉴和吸收。中华民族有自己的文化传统和发展需求，在很多方面都不同于西方社会，在保证自身的主体性的前提下，必须对西方的相关法治经验进行科学的分析和合理的引入。目前，中国的改革开放已经步入深水区，迈出的每一步都要格外慎重，符合中国国情的现代法治社会进程是我们的必然选择，我们要从真正意义上摆脱传统人治社会的束缚，完成这场意义深刻的历史性变革。

第三，中国的改革创新精神要在国家治理的各个环节始终坚持和贯彻。世界上没有任何一种十全十美、完全适应整个人类社会发展的封闭性制度体系。不同的时代有不同的社会存在，特定历史时期的社会存在决定着那个时期的时代精神。中国国家发展已经步入了一个新的阶段，改革开放已经进入了"深水区"。当前的社会存在就决定着我们要更新和变革原有制度体系中的不合理成分，建立符合中国国情，符合时代发展需求的新型国家治理体系。一方面，要总结经验，反思自身在治理机制、法律体系等方面所存在的不足；另一方面，要积极借鉴和吸收当今人类社会制度体系建构的有益成分。诚然，在更新和变革中会遇到很多困难和挑战，甚至会走一些弯路，但是中国前进的步伐是不可阻挡的，只有不断更新和完善我们现有的制度体系和治理能力，中国才能始终在人类历史长河之中占据有利的位置，才能始终保持国家走向不断富强之路。国家的繁荣稳定，人民的团结幸福是衡量我们制度体系和治理能力的主要标准。

二 国家治理体系与治理能力法治化的"深层意蕴"

谈到国家治理体系首先需要明确什么是国家治理。所谓的国家治理就是党领导广大人民群众依据法律法规，通过多种途径和形式对国家事务、经济和文化事业以及社会事务进行管理。国家治理这一概念主要强调处在社会转型时期的国家发挥主导性作用的必要性。国家治理理念用一个较为客观和均衡的视角来强调社会诉求。中国正处于社会转型的特殊时期，各种理论流派都尝试用自己的视角来解读这一时期的社会实践。国家治理概念的提出可谓应运而生，具有非常重要的理论价值和现实意义。

那么国家治理的目标是什么？它是怎样的一种调试过程呢？首先，国家治理的目标应当与现代化国家的职责保持一致。现代化国家要优先保证的是国家基本的运行秩序与社会稳定，同时也要维护本国的历史文化传承与传统的道德观念演进，并为社会提供较为完善的法律体系，确保法律法规和公共秩序的有效运行，而且要捍卫国家领土的完整。在此基础上，要保证国民经济的健康发展，提供必要的公共服务，其中主要包括国家经济领域的宏观调控和规范管理，对社会资源进行再分配，提供福利性质的公共用品及公益服务，不断提高全体国民的生活水平。其次，国家治理是属于一种结构化的动态调试过程，这个过程非常注重平衡性和稳定性。当一个国家的社会经济结构发生新的变化时，国家治理的结构也要针对这种变化进行调试和更新。在调试和更新的过程中，要切实保障国家治理结构的基本稳定。在对国家治理的内涵进行分析之后，便会更好地理解什么是国家治理体系。所谓的国家治理体系首先是一种制度体系，主要是确保党领导广大人民群众有效治理国家。它主要包括人民代表大会制度、政治协商制度、民族区域自治制度等基本的政治制度，其次还包括中国的法律体系、基本的经济制度及政治、经济、文化等各领域的体制机制和政策法规。这些方面紧密联系在一起，相互协调，不可分割。

  国家治理能力主要指的是国家制度的执行力。党领导人民当家作主，运用国家制度对国家事务和社会事务进行管理，统筹安排经济和文化事业，体现的就是这种制度的执行力。无论是中国的改革发展，还是内外事务、国防建设等各个方面，都明显地体现出国家的治理能力。那么国家治理能力的关键是什么？毫无疑问，公民的素质，尤其是干部素质是关键点。2013年6月28日，习近平同志在全国组织工作会议上发表重要讲话时强调："我们党历来高度重视选贤任能，始终把选人用人作为关系党和人民事业的关键性、根本性问题来抓。好干部要做到信念坚定、为民服务、勤政务实、敢于担当、清正廉洁。党的干部必须坚定共产主义远大理想、真诚信仰马克思主义、矢志不渝为中国特色社会主义而奋斗，全心全意为人民服务，求真务实、真抓实干，坚持原则、认真负责，敬畏权力、慎用权力，保持拒腐蚀、永不沾的政治本色，创造出经得起实践、人民、历史检验的实绩。"[①] 习总书记的讲话直指问题的本质，中国提高治理能

[①]《习近平强调：建设一支宏大高素质干部队伍》，新华网（http://news.xinhuanet.com/2013-06/29/c_116339948.htm），2013年6月29日。

力的关键就在于建设一支适应现代化要求的高素质干部队伍，从而带动全国人民的思想道德素质和科学文化素质的提高。

总的来说，国家治理体系与治理能力两者是一个有机的统一体，正如习近平同志在省部级主要领导干部学习贯彻十八届三中全会精神、全面深化改革专题研讨班开班式上发表重要讲话时所指出的那样："国家治理体系和治理能力是一个国家的制度和制度执行能力的集中体现，两者相辅相成。我们的国家治理体系和治理能力总体上是好的，是有独特优势的，是适应我国国情和发展要求的。同时，我们在国家治理体系和治理能力方面还有许多亟待改进的地方，在提高国家治理能力上需要下更大气力。只有以提高党的执政能力为重点，尽快把我们各级干部、各方面管理者的思想政治素质、科学文化素质、工作本领都提高起来，尽快把党和国家机关、企事业单位、人民团体、社会组织等的工作能力都提高起来，国家治理体系才能更加有效运转。"只有健全和完善国家治理体系才能有效提高国家治理能力，只有提高国家治理能力才能充分发挥出国家治理体系的效用。

国家治理体系与治理能力现代化的进程与法制中国建设是紧密联系在一起的。党的领导、人民当家作主与依法治国三个方面是一个有机的统一体，三者缺一不可，这是必须坚持的重要前提和根本准则。中国宪法明确规定，国家的一切权力属于人民，人民有着鲜明的主体性地位，也就是说，人民是国家治理的主体。中共发挥着领导核心作用，统筹全局、协调各方，广泛调动人民群众依法管理国家事务和社会事务的积极性。党的重要见解和主张需要经过法定程序认可，最终形成国家意志。法治是现代国家治理的基本方式，需要切实加强和发挥法治的重要作用，使其最终彻底融入国家治理体系与治理能力现代化的进程中。坚持依法治国、依法执政，首先应该做到的就是捍卫宪法尊严，保障宪法实施。可以说，宪法是现代法治国家的重要标志，同时也是衡量现代社会文明进步的重要尺度。习近平同志强调："党领导人民制定宪法和法律，党领导人民执行宪法和法律，党自身必须在宪法和法律范围内活动，真正做到党领导立法、保证执法、带头守法。"[①]习总书记的讲话不仅明确了宪法在建设中国特色社会主义法治体系中的核心地位和重要作用，也阐明了中共要始终坚持依法

[①] 习近平：《在首都各界纪念现行宪法公布施行 30 周年大会上的讲话》，人民出版社 2012 年版，第 11 页。

治国与依宪治国、依法执政与依宪执政的高度统一。作为党和国家的领导干部必须提高运用法治思维和法治方式的能力，要对宪法和法律存有敬畏之心，要依法按权限和程序办事。习近平同志进一步强调："各级领导干部要提高运用法治思维和法治方式深化改革、推动发展、化解矛盾、维护稳定能力，努力推动形成办事依法、遇事找法、解决问题用法、化解矛盾靠法的良好法治环境，在法治轨道上推动各项工作。"要"善于使党的主张通过法定程序成为国家意志，善于使党组织推荐的人选成为国家政权机关的领导人员，善于通过国家政权机关实施党对国家和社会的领导"①。

上述分析较为充分地阐明了国家治理体系与治理能力的辩证统一，论述了依法治国和依法执政的高度统一，进而阐释了国家治理体系与治理能力法治化的深层意蕴。

三 国家治理体系与治理能力法治化的"实践重心"

国家治理体系与治理能力法治化作为中国现代化转型过程中的重中之重，亦是社会全面深化改革的关键之所在，可谓定位精准，内涵合理，让人为之激动和鼓舞。整个人类发展史都和"治理"分不开，国内外积累了许多关于国家治理方面的经验和教训供中国借鉴和参考。随着时代的发展，"治理"这一词汇的内涵在不断丰富和发展，当今无论是公共实践领域，还是政治学研究等都把"治理"拓展为内涵丰富、兼容性较强的概念。"治理"的实践重心不再是单一性的主体管理，而是多元化的主体管理，有其民主性、多元性和互动性。中国如何科学有效地进行全面深化改革，如何平稳高效地步入现代化社会转型，关键之处就在于"国家治理"。无论在思维体系还是在话语模式上，抑或是在制度体系等层面，我们都要对"国家治理"有一个更加深刻和精准的认识和把握。

那么实现国家治理体系与治理能力法治化的实践重心在哪里？本文试图用"三个坚持""三个准备"来进行分析和论证。

三个坚持，首先要坚持党的领导和人民的主体性地位。习近平同志明确提出："面对复杂多变的国际形势和艰巨繁重的国内改革发展任务，实

---

① 习近平：《在首都各界纪念现行宪法公布施行30周年大会上的讲话》，人民出版社2012年版，第12页。

现党的十八大确定的各项目标任务,进行具有许多新的历史特点的伟大斗争,关键在党,关键在人。关键在党,就要确保党在发展中国特色社会主义历史进程中始终成为坚强领导核心。关键在人,就要建设一支宏大的高素质干部队伍。"① 中国作为世界上最大的社会主义国家,是党领导人民当家作主,带领全国各族人民走向了富强、民主、文明的光明之路。党的先锋性和模范性的带头作用是至关重要的。只有在党的领导下,广大人民群众才能充分发挥出社会主体性的作用,才能在真正意义上参与国家事务管理与决策。其次要坚持依法治国,以德服人。一方面,要以社会主义核心价值体系作为引领,全面进行法制改革,党的各级领导干部要带头捍卫法律的权威,广大人民群众要树立牢固的法律观念,全民守法护法;另一方面,要以史为鉴,充分引入"德治",采取法治与德治并重的原则。法治主要侧重于外化的强制效用,德治则教化人心,内外结合,方能起到真正的效用。习近平同志颇具远见卓识地分析道:"我国古代主张民惟邦本、政得其民,礼法合治、德主刑辅,为政之要莫先于得人、治国先治吏,为政以德、正己修身,居安思危、改易更化,等等,这些都能给人们以重要启示。治理国家和社会,今天遇到的很多事情都可以在历史上找到影子,历史上发生过的很多事情也都可以作为今天的镜鉴。中国的今天是从中国的昨天和前天发展而来的。要治理好今天的中国,需要对我国历史和传统文化有深入了解,也需要对我国古代治国理政的探索和智慧进行积极总结。"最后,要坚持"国家治理"与"以人为本"的同一性。在国家治理的过程中必须完全摒弃"官本位"思想,要真正做到对个体的尊重、关心和理解。从某种意义上来分析,国家治理的目的就是更好地服务于人民,而服务于人民就需要落实到个体,个体的合法权益得不到尊重和保护,"以人为本"就无从谈起。只要得到国民发自内心的广泛支持,目标的实现才能事半功倍,发挥出最理想的效果。

　　三个准备,一是要做好转变政府职能的准备。中国的改革开放已经步入了深水区,国家机构改革和职能转变势在必行。李克强总理在谈论深化改革时强调,要有壮士断腕的决心。如何转变政府职能,一句话——"简政放权"。这就需要对政府原有的内部权力进行优化和精简,重新规

---

① 《习近平强调:建设一支宏大高素质干部队伍》,新华网(http://news.xinhuanet.com/2013-06/29/c_116339948.htm),2013年6月29日。

划政府与市场和社会三者之间的关系。只要市场和社会能做好的，政府都要尽量予以放权。机构改革说起来简单，但是施行起来却比较艰难，而转变政府职能更是难上加难。李克强在国务院第一次廉政工作会议上明确表态："转变政府职能是新一届国务院要办的第一件大事。由市场负责的放给市场，社会能办的交给社会，政府把该管的管住管好。我们现在管的事特别是不该管的管多了，结果可能是，干了市场的活，弱了政府的责，甚至失了政府的责。"[①] 李克强总理始终坚持对人民群众说真话交实底的工作作风，而且在经济学、管理学领域有着很深的造诣。他深刻认识到了政府削权就是一场自我革命，会遇到很多困难，甚至有割腕的感觉，但是这是必须兑现的承诺。二是要做好长期全面反腐倡廉工作的准备，为政府职能转变保驾护航。正如习近平同志所分析的那样："新形势下，我们党面临着许多严峻挑战，党内存在着许多亟待解决的问题。尤其是一些党员干部中发生的贪污腐败、脱离群众、形式主义、官僚主义等问题，必须下大气力解决。全党必须警醒起来。"[②] 如果腐败问题得不到有效的控制和及时的处理，长久下去必然会愈演愈烈，最终将导致亡党亡国的悲剧发生。十八大以来，中国的反腐倡廉工作得到了国内外普遍的赞誉和认同。中国共产党真正做到了对反腐倡廉工作的"常抓不懈、经常抓、长期抓，必须反对特权思想、特权现象，必须全党动手"，而且以强有力的姿态"坚持'老虎'、'苍蝇'一起打，既坚决查处领导干部违纪违法案件，又切实解决发生在群众身边的不正之风和腐败问题"，力求做到"把权力关进制度的笼子里，形成不敢腐的惩戒机制、不能腐的防范机制、不易腐的保障机制"[③]。随着这项工作的持续和深入展开，中国的政府职能转变进程将得到强有力的保障，而且让广大人民群众对党的领导信心倍增。三是要做好突发事件应急管理的体制、机制和制度体系的准备工作。当代，无论是国内还是国外，出现突发的公共事件的概率较高，这些突发的紧急事件，势必会破坏社会运行的常态。我们的国家治理结构必须针对这种情况

---

① 《李克强：转变职能是国务院要办的第一件大事》，腾讯网（http://news.qq.com/a/20130326/001531.htm），2013年3月26日。

② 《习近平：自豪而不自满 决不躺在过去的功劳簿上》，新华网（http://news.xinhuanet.com/18cpcnc/2012-11/15/c_123957818.htm），2012年11月15日。

③ 《盘点习近平18大以来反腐倡廉论述》，新华网（http://news.xinhuanet.com/legal/2014-01/07/c_125962090.htm），2014年1月7日。

建立健全突发事件的管理与应急体制、机制和制度体系，决不能掉以轻心。诸如对地震、山体滑坡、洪涝灾害、重污染天气、事故灾害、公共卫生事件和社会安全事件等这些突发性情况，必须进行及时有效的应对。这些突发性事件发生得非常突然，往往会造成严重的社会危害，政府也会措手不及，一般的组织常规工作方式和工作程序会失去效用，所以必须采用非常规的方法来进行应对和处理。这项工作必须细化，健全社会预警体系，明确落实应急管理工作，而且要反应迅速、相关部门协调配合，有条不紊地进行应对。

四 结 语

国家治理体系与治理能力的法治化进程，关系到中国的发展方向、前途和命运。其中涉及很多方面的因素，这些因素主要有经济、政治、社会、历史文化传统、国家规模等多个领域。国家治理体系改进的侧重点是更新原有的制度建构，国家治理能力现代化主要是通过对法治方面的合理、高效的运用来实现的。可以说，国家治理体系与治理能力两者是辩证统一的关系，这两者的现代化进程和法治中国建设这两个方面是紧密联系、不可分割的。无论选择哪一个方面进行单向度的社会实践都是不可取的。可见，全面推进中国现代化进程，改革开放事业稳步前行的重中之重就是实现国家治理体系与治理能力的法治化。本文从主题产生的历史必然性——"时代呼唤"、主题内容的"深层意蕴"、主题达成的"实践重心"这三个层面进行驾驭和把握，从理论上梳理和探析出国家治理体系与治理能力法治化的真正内涵。

依法治国的蓝图　法治中国的福音

——学习十八届四中全会精神

杨　平[*]

中国共产党第十八届中央委员会第四次全体会议（简称"十八届四中全会"）专题讨论依法治国问题，通过了《中共中央关于全面推进依法治国若干重大问题的决定》（简称《决定》），把依法治国提升到前所未有的高度。这是党的历史上首次以依法治国为主题的中央全会，在依法治国基本方略提出18个年头之后，十八届四中全会为中国整体规划出依法治国的蓝图，回应了社会和人民群众对法治中国的期待，传播着法治中国的福音。

一　全会提出了依法治国的一系列重大科学论断

党的十八届四中全会在总结中国社会主义法治建设经验和教训的基础上，明确提出了关于依法治国、建设社会主义法治国家的一系列重大的科学论断。这些重大科学论断对于全面推进依法治国的顶层设计和决策部署具有积极的指导意义。

（一）坚持走中国特色社会主义法治道路

全面推进依法治国，必须选择正确的道路。这是建设社会主义法治国家必须明确的大是大非问题。党的十八届四中全会强调，中国特色社会主义法治道路，是社会主义法治建设成就和经验的集中体现，是建设社会主义法治国家的唯一正确道路。1954年，随着新中国第一部宪法的制定，

---

[*] 杨平：甘肃政法学院法学院教授。

中国踏上了建设社会主义法治国家的艰辛探索之路。改革开放以后，在总结中国社会主义法治建设经验和教训的基础上，开始了社会主义法治建设新的实践，1982年宪法的制定为中国社会主义法治建设的实践奠定了根本法基础。党的十五大明确提出"依法治国，建设社会主义法治国家"的基本方略。1999年，这一治国方略庄严地写入宪法修正案。经过30多年的发展，中国到2010年已经形成了中国特色社会主义法律体系。中国选择的中国特色社会主义法治道路是和"坚持四项基本原则"这一立国之本、"坚持改革开放"这一强国之策紧密相连的，是中国共产党长期治国理政经验的总结。一段时间以来，宣传西方"法治"普世价值的观点混淆了人们的视听，十八届四中全会明确了坚持走中国特色社会主义法治道路的极端重要性，对坚定中国在依法治国问题上的道路自信、制度自信、理论自信具有重要的意义。正如习近平总书记所言，在走什么样的法治道路问题上，必须向全社会释放正确而明确的信号，指明全面推进依法治国的正确方向，统一全党全国各族人民的认识和行动。

（二）建设中国特色社会主义法治体系

十八届四中全会《决定》明确提出建设中国特色社会主义法治体系。中国特色社会主义法治体系是由完备的法律规范体系、高效的法治实施体系、严密的法治监督体系、有力的法治保障体系、完善的党内法规体系构成的有机整体。这是在中央文件中第一次提出"中国特色社会主义法治体系"的概念。"法治体系"的提法是对"法律体系""法制体系"的升华和超越，"法律体系""法制体系"表明的是静态的法律制度体系，而"法治体系"反映了法律运行的动态过程；"法律体系""法制体系"相对于"法治体系"而言是手段与目的的关系，完善的法律体系和法制体系是为了实现良好法治体系的目标。

中国特色社会主义法治体系五个子体系在建设社会主义法治国家中的功能是不一样的。其中，法律规范体系是法治的制度基础，毫无疑问，没有完备的法律规范体系建设，法治国家就成了无本之木、无源之水；高效的法治实施体系是法治的关键，因为"法律的生命力在于实施，法律的权威也在于实施"，而法律实施的关键在于建设法治政府，各级政府必须坚持在党的领导下、在法治轨道上开展工作，创新执法体制，完善执法程序，推进综合执法，严格执法责任，建立权责统一、权威高效的依法行政体制，加快建设职能科学、权责法定、执法严明、公开公正、廉洁高效、守法诚信的法治政府;严密的法治监督体系是法治必不可少的构件,中国现有的法治监督体系已经比较健全,主要包括党的监督、人大监督、司法监督、纪委监察监督、审计监督、行政机关内部的督察监督、舆论监督等,现在的关键问题是要切实发挥这些监督机制的作用,形成一个严密而有效的法治监督体系,确保法治运行的全过程得到有效监督;有力的法治保障体系对法治的运行至关重要,法治保障体系包括组织机构、人才队伍、物质资源、体制机制、法治文化等丰富的内容,采取科学的方式合理配置和运用法治保障诸要素对法治的顺畅运行意义重大;完善的党内法规体系是法治的根本,没有完善的党内法规体系,也不能建成社会主义法治国家。因为中国共产党在国家和社会生活中具有领导地位,中国共产党行使着决定国家重大问题、把握国家发展方向、确定治国理政基本原则等顶层政治权力,以及"党管军队""党管干部""党管意识形态"等其他公权力,执政党必须通过更加严格的党内法规从严管党治党,才能够保证依法治国始终沿着正确的轨道运行。

(三)党的领导是中国特色社会主义法治最根本的保证

党的领导是中国特色社会主义最本质的特征,是社会主义法治最根本的保证。这一重要论断符合中国国家治理的基本规律,党的领导地位是在长期革命和建设实践中得以确立和巩固的,反映了中国社会发展和文明进步的历史必然,把党的领导全方位地贯彻到法治各个领域是中国社会主义法治建设的一条基本经验。这一重要论断具有最高法上的依据,中国宪法庄严地宣告中国的政党制度是"中国共产党领导的多党合作和政治协商制度",这就从根本大法上明确了中国共产党的领导地位。坚持党的领导是社会主义法治的根本要求,是党和国家的根本所在、命脉所在,是全国各族人民的利益所系、幸福所系。

坚持党对中国特色社会主义法治建设的领导,一是要做到"三统一",即党的领导、人民当家作主和依法治国有机统一,习近平总书记明确指出,对这一点要理直气壮地讲、大张旗鼓地讲。要向干部群众讲清楚中国社会主义法治的本质特征,做到正本清源、以正视听。二是要做到"四善于",就是"善于使党的主张通过法定程序成为国家意志,善于使党组织推荐的人选通过法定程序成为国家政权机关的领导人员,善于通过国家政权机关实施党对国家和社会的领导,善于运用民主集中制原则维护中央权威、维护全党全国团结统一"。三是要把党的领导贯穿到法治建设的各个环节、各个方面，实现"党领导立法、保证执法、支持司法、带头守法"。四是广大党员领导干部要坚持用法治思维和法治方式深化改革、推动发展、化解矛盾、维护稳定，把法治建设成效作为衡量各级领导班子和领导干部工作实绩的重要内容，纳入政绩考核指标体系。

（四）坚持依法治国和以德治国相结合

党的十八届四中全会《决定》明确提出，坚持依法治国和以德治国相结合，并把它作为实现全面推进依法治国总目标必须坚持的重要原则，具有非常重要的理论和现实意义。法治和德治在治国上各有特点和优势，法治注重使用刚性手段，具有强制性、权威性、明确性，道德注重发挥柔性力量，具有感召力、引导力、亲和力，国家和社会治理需要法律和道德共同发挥作用，法治与德治应该同步并举，刚柔相济，才有利于实现国家治理体系和治理能力现代化。

坚持依法治国和以德治国相结合。必须坚持一手抓法治、一手抓德治，通过法治建设的不断深化和推进，建设中国特色社会主义法治体系、建设社会主义法治国家；通过公民道德建设的不断深化和推进，逐步形成与发展社会主义法治体系相适应的社会主义道德体系。一方面，法律的权威源自人民的内心拥护和真诚信仰，而要树立信仰，就要弘扬社会主义法治精神，建设社会主义法治文化，增强全社会厉行法治的积极性和主动性，形成守法光荣、违法可耻的社会氛围，使全体人民都成为社会主义法治的忠实崇尚者、自觉遵守者、坚定捍卫者；另一方面，在依法治国的同时坚持以德治国，发挥好道德的教化作用，以道德滋养法治精神、强化道德对法治文化的支撑作用，关键要大力弘扬社会主义核心价值观，弘扬中华传统美德，培育社会公德、职业道德、家庭美德、个人品德。为此，就必须加强公民道德建设，弘扬中华优秀传统文化，增强法治的道德底蕴，强化规则意识，倡导契约精神，弘扬公序良俗。发挥法治在解决道德领域突出问题中的作用，引导人们自觉履行法定义务、社会责任、家庭责任。

（五）依法治国要坚持从中国实际出发

世界上有不同的法治模式、法治理念、法治文化、法治理论，衡量一种法治模式、法治理念、法治文化、法治理论是不是正确，关键要看它们是不是适合这个国家的需要，符合这个国家的国情。因此，依法治国、建设法治中国就必须从中国的实际出发。在中国共产党的带领下，新中国经过建国60多年和改革开放30多年的探索，已经成功地总结出了一套依法治国的实践经验，形成了中国特色社会主义的发展理论。这些都是立足于中国国情的，具有鲜明的中国特色。这也是中国 30 多年来改革开放取得巨大成就的重要保证。因此，必须将中国特色社会主义道路、理论体系、制度作为全面推进依法治国的根本遵循。同改革开放不断深化相适应，总结和运用党领导人民实行法治的成功经验，围绕社会主义法治建设重大理论和实践问题，推进法治理论创新，发展符合中国实际、具有中国特色、体现社会发展规律的社会主义法治理论，为依法治国提供理论指导和学理支撑。同时，还要汲取中华法律文化精华，借鉴国外法治有益经验，但决不照搬外国法治理念和模式。

（六）坚持依法治国要坚持依宪治国

党的十八届四中全会提出，坚持依法治国要坚持依宪治国。因为，宪法是法治之母，是法律的法律、法律之王、法律的统帅，宪法具有最高的法律效力，任何法律都不得与宪法相抵触。宪法具有最高的法律效力是由宪法的特殊地位所决定的。宪法规定的是国家的根本制度和根本任务等最根本性的问题，国家的其他问题都是在这些问题的基础上展开的。因此，依法治国所依之法首先是宪法，依法治国的各项法律制度必须符合宪法的规定，不能与宪法的规定相违背或脱离宪法另搞一套。宪法是一切法律、行政法规、地方性法规的基础。宪法不能得到全面有效地实施，依法治国就失去了法律的正当性。

首先，依宪治国的关键是依宪执政。维护宪法尊严，保证宪法实施，关键是要加强和改善党的领导。要把党领导人民制定和实施宪法法律同党坚持在宪法法律范围内活动统一起来。其次，坚持依宪治国必须大力发展社会主义市场经济，为宪法良性运行奠定坚实的经济基础。再次，坚持依宪治国必须提高全民的宪法意识。全面贯彻实施宪法，需要加强对宪法的宣传教育，提高全体人民特别是各级领导干部和国家机关工作人员的宪法信仰，强化他们对宪法精神的理解。十八届四中全会《决定》规定国家设立宪法日、国家法定公职人员向宪法宣誓制度，提出把法治教育纳入国民教育体系和精神文明创建中，会对提高全民的宪法意识起到积极作用。最后，坚持依宪治国还必须健全宪法监督保障制度。《决定》提出"完善全国人大及其常委会宪法监督制度，健全宪法解释程序机制。"这些规定必将为依宪治国提供有力的制度保障。

二　全会为依法治国进行了顶层设计

十八届四中全会《决定》为全面推进依法治国、建设社会主义法治国家精心做了顶层设计，这些顶层设计不仅勾画出法治中国的美好蓝图，也是依法治国、建设社会主义法治国家的基本遵循。这些顶层设计包括全面推进依法治国的指导思想、总目标、基本原则和重大任务，对全面推进依法治国具有统揽全局的作用。

（一）指导思想是全面推进依法治国顶层设计的逻辑起点

十八届四中全会确定了全面推进依法治国的指导思想：全面推进依法治国，必须贯彻落实党的十八大和十八届三中全会精神，高举中国特色社会主义伟大旗帜，以马克思列宁主义、毛泽东思想、邓小平理论、"三个代表"重要思想、科学发展观为指导，深入贯彻习近平总书记系列重要讲话精神，坚持党的领导、人民当家作主、依法治国的有机统一，坚定不移地走中国特色社会主义法治道路，坚决维护宪法法律权威，依法维护人民权益、维护社会公平正义、维护国家安全稳定，为实现"两个一百年"奋斗目标、实现中华民族伟大复兴的中国梦提供有力的法治保障。

党的十八大提出要全面建成小康社会。为了全面建成小康社会、实现中华民族伟大复兴的中国梦，党的十八届三中全会进一步提出，全面深化改革，完善和发展中国特色社会主义制度，实现国家治理体系和治理能力的现代化。要实现党的十八大和十八届三中全会做出的一系列战略部署，就必须在全面推进依法治国上做出总体部署。全面推进依法治国是全面深化改革的重要依托和载体，目的是全面建成小康社会，"三个全面"有紧密的内在逻辑联系。

要全面推进依法治国，建设社会主义法治国家，就必须高举中国特色社会主义伟大旗帜，以马克思列宁主义、毛泽东思想、邓小平理论、"三个代表"重要思想、科学发展观为指导，深入贯彻习近平总书记系列重要讲话精神。这是坚持社会主义制度的必然要求，是坚持马克思主义理论指导地位的时代要求，习近平总书记系列重要讲话精神反映了当代中国的时代精神，是马克思主义与当代中国实际最紧密的结合，与毛泽东思想、邓小平理论、"三个代表"重要思想、科学发展观是一脉相承的，是马克思主义理论中国化的最新成果，是指导当代中国改革发展的根本遵循。

坚持党的领导、人民当家作主、依法治国有机统一是中国特色社会主义法治国家的核心内容，是坚定不移地走中国特色社会主义法治道路的本质要求，只有实现三者的有机统一，才能够建成中国特色社会主义法治国家。

"坚决维护宪法法律权威，依法维护人民权益、维护社会公平正义、维护国家安全稳定，为实现'两个一百年'奋斗目标、实现中华民族伟大复兴的中国梦提供有力法治保障"，构成了全面推进依法治国的目的性要素，全面推进依法治国涉及改革发展稳定、治党治国治军、内政外交国防各个领域，必须立足全局和长远来统筹谋划，必须围绕中国特色社会主义事业总体布局，体现推进各领域改革发展对提高法治水平的要求，而不是就法治论法治。因此，可以说，全面推进依法治国的指导思想是全面推进依法治国顶层设计的逻辑起点。

（二）总目标是全面推进依法治国顶层设计的基本框架

全面推进依法治国，总目标是"建设中国特色社会主义法治体系，建设社会主义法治国家。这就是在中国共产党领导下，坚持中国特色社会主义制度，贯彻中国特色社会主义法治理论，形成完备的法律规范体系、高效的法治实施体系、严密的法治监督体系、有力的法治保障体系，形成完善的党内法规体系，坚持依法治国、依法执政、依法行政共同推进，坚持法治国家、法治政府、法治社会一体建设，实现科学立法、严格执法、公正司法、全民守法，促进国家治理体系和治理能力现代化。"这个总目标，既明确了全面推进依法治国的性质和方向，又突出了全面推进依法治国的工作重点和总抓手。

"建设中国特色社会主义法治体系，建设社会主义法治国家"，既是党中央在依法治国问题上做出的重大理论和战略判断，又成为引领法治建设的总目标，贯穿于全面推进依法治国伟大工程的始终。

"形成完备的法律规范体系、高效的法治实施体系、严密的法治监督体系、有力的法治保障体系，形成完善的党内法规体系。"这五大体系构成了社会主义法治体系这个大的系统，也是全面推进依法治国的总抓手。全面推进依法治国涉及很多方面，在实际工作中必须有一个总揽全局、牵引各方的总抓手，这个总抓手就是建设中国特色社会主义法治体系。依法治国各项工作都要围绕这个总抓手来谋划、来推进。

全面推进依法治国必须反映实现国家治理体系和治理能力现代化的必

然要求，坚持依法治国、依法执政、依法行政共同推进，坚持法治国家、法治政府、法治社会一体建设，使整个国家整个社会都受宪法和法律的规范，从执政党到普通社会团体，从国家机关到企事业单位，从领导干部到普通公民，都按照宪法和法律的规定活动，形成秩序井然又保持活力的法治国家、法治政府、法治社会。

全面推进依法治国必须从目前法治工作的基本格局出发，从立法、执法、司法、守法四个方面做出工作部署，并进行综合设计，实现科学立法、严格执法、公正司法、全民守法。

全面推进依法治国的总目标为我们明确了依法治国的工作重点和总抓手，反映了全面推进依法治国基本层次、基本领域内的基本脉络，构成了全面推进依法治国的基本框架。

（三）基本原则是全面推进依法治国顶层设计的基本要求

全面推进依法治国，必须坚持中国共产党的领导，坚持人民主体地位，坚持法律面前人人平等，坚持依法治国和以德治国相结合，坚持从中国实际出发。这五个基本原则既是党中央对全面推进依法治国的重大理论和战略判断，也是建设社会主义法治国家顶层设计的基本要求，更是中国依法治国、建设社会主义法治国家的根本遵循。

坚持中国共产党的领导，是中国特色社会主义最本质的特征，是社会主义法治最根本的保证。全面推进依法治国，首要的是坚持正确的发展方向，而坚持正确的发展方向，关键要有坚强的政治保障。坚持党的领导前提下的依法治国，是社会主义法治区别于资本主义法治的本质属性。

坚持人民主体地位，是建设社会主义法治国家的基础，也是社会主义法治的应有内涵。中国共产党来自于人民，其生存基础是人民，在任何时候、任何情况下都必须始终坚持全心全意为人民服务的宗旨。建设社会主义法治国家，既要以人民为主体，使人民群众能够广泛参与到伟大的法治建设中，又要充分保障人民群众的各项权利，维护社会公平正义，促进共同富裕。

坚持法律面前人人平等，是建设社会主义法治国家的根本要求，也是社会主义法治的生命线。坚持法律面前人人平等，就必须反对特权，任何组织和个人都不能有宪法和法律以外的特权，也不允许任何组织和个人强迫他人履行宪法和法律以外的义务，法律平等地保护所有人的权利，对违法和犯罪的行为平等地予以追究。

坚持依法治国和以德治国相结合，是建设社会主义法治国家的两大支柱，依法治国需要法律和道德相互配合、相互促进，不可偏废。

坚持从中国实际出发，是建设社会主义法治国家的实践基础，也是社会主义法治的动力之源。任何国家的法治都是植根于其政治体制、社会经济发展水平、历史文化背景中的。中国长期的社会主义法治建设的实践证明，从中国的具体国情出发，从中国的实际出发，是建设中国特色社会主义法治国家的出发点和落脚点。

（四）重大任务是全面推进依法治国顶层设计的基本支撑

十八届四中全会明确了全面推进依法治国的重大任务，即完善以宪法为核心的中国特色社会主义法律体系，加强宪法实施；深入推进依法行政，加快建设法治政府；保证公正司法，提高司法的公信力；增强全民法治观念，推进法治社会建设；加强法治工作队伍建设；加强和改进党对全面推进依法治国的领导。十八届四中全会明确的这六项重大任务，是破解有法不依、执法不严、司法不公、法治意识缺失等制约依法治国全面推进的瓶颈性问题的关键，是全面推进依法治国的主要着力处和基本支撑。只有从这六个方面入手，把基础打牢、把工作做实，科学立法、严格执法、公正司法、全民守法才会从法治愿景走向现实生活。

三 十八届四中全会提出了覆盖法治国家建设各方面的重要举措

十八届四中全会根据法律运行的基本环节和法治工作的基本格局，从立法、执法、司法、守法、法的保障、党的领导六个方面，逻辑地提出了建设社会主义法治国家的一系列重要举措，这些重要举措涵盖了法治国家建设的各个方面、各个领域、各个环节，涉及180多项改革措施，充分体现出党中央战略部署的整体性、系统性、针对性，构成十八届四中全会《决定》这一建设中国特色社会主义法治国家蓝图的重要部分。

（一）关于科学立法

科学立法是一国法律体系是否完善的价值判断标准之一。改革开放以来，经过各方面长期不懈的共同努力，中国形成了以宪法为统帅，以宪法相关法、民法商法、行政法、经济法、社会法、刑法、诉讼与非诉讼程序法等多个法律部门的法律为主干，由法律、行政法规、地方性法规等多个层次的法律规范构成的中国特色社会主义法律体系。

科学立法必须坚持以中国特色社会主义理论体系为指导，不断提高立法质量。十八届四中全会《决定》以"完善以宪法为核心的中国特色社会主义法律体系，加强宪法实施"为题，明确提出，要恪守以民为本、立法为民理念，贯彻社会主义核心价值观，使每一项立法都符合宪法精神、反映人民意志、得到人民拥护。要把公正、公平、公开原则贯穿立法全过程，完善立法体制机制，坚持立改废释并举，增强法律法规的及时性、系统性、针对性、有效性。从健全宪法实施和监督制度，完善立法体制，深入推进科学立法、民主立法，加强重点领域立法四个方面提出了推进科学立法的主要任务。《决定》既提出了明确的科学立法的基本要求，又抓住了科学立法的重点环节，并且对重点领域的立法进行了全面系统的规划。在如何正确处理立法和改革的关系上明确提出，实现立法和改革决策相衔接，做到重大改革于法有据、立法主动适应改革和经济社会发展需要。实践证明行之有效的，要及时上升为法律。实践条件还不成熟、需要先行先试的，要按照法定程序做出授权。对不适应改革要求的法律法规，要及时修改和废止。

法律是治国之重器，良法是善治之前提。按照《决定》规划的科学立法路线图，中国社会主义法律体系将更加健全和完善，无论是对于执政党的治国理政，还是对保障公民权利，规范各种社会行为，实现良好的法律秩序，都提供了良法的基础。真正做到有法可依，有良法可依。

（二）关于严格执法

法律的生命力在于实施，法律的权威也在于实施。各级政府必须坚持在党的领导下、在法治轨道上开展工作，加快建设职能科学、权责法定、执法严明、公开公正、廉洁高效、守法诚信的法治政府。《决定》以"深入推进依法行政，加快建设法治政府"为题，从依法全面履行政府职能、健全依法决策机制、深化行政执法体制改革、坚持严格规范公正文明执法、强化对行政权力的制约和监督、全面推进政务公开六个方面提出了推进严格执法的主要任务。《决定》十分完整地把握住了依法行政、建设法治政府的各个环节和主要领域，对政府的行政执法行为设立了科学的职能，规定了明确的标准，设定了严格公正、民主的程序，提出了责任追究的方式，有利于法治政府的建立。

按照《决定》规划的严格执法路线图，在法治运行的执行环节，政府的行政行为将进一步规范，真正做到政府法定职责必须为、法无授权不可为，充分发挥国家行政权力这把双刃剑的保障公民权利、服务社会、维护社会秩序、增进人民和社会福祉的功能，而防止这把双刃剑对公民和社会的伤害。

（三）关于公正司法

公正是法治的生命线。司法公正对社会公正具有重要的引领作用，司法不公对社会公正具有致命的破坏作用。必须完善司法管理体制和司法权力运行机制，规范司法行为，加强对司法活动的监督，努力让人民群众在每一个司法案件中感受到公平正义。《决定》以"保证公正司法，提高司法公信力"为题，从完善确保依法独立公正行使审判权和检查权的制度、优化司法职权配置、推进严格司法、保障人民群众参与司法、加强人权司法保障、加强对司法活动的监督六个方面提出了推进公正司法的主要任务。《决定》为保证司法公正提出了完善体制机制措施、优化职权配置的举措、健全审判的组织制度、监督和追究责任的机制等，涵盖了司法领域的重点环节、重点方面，对筑牢公正司法这个维护社会公平正义的最后一道防线将提供全方位的保障。

按照《决定》规划的公正司法路线图，通过一系列的司法改革，司法活动将更加符合其权力属性的本质，司法机关将为公民和社会组织提供更加公平公正的法律服务，司法的公正将为社会的公平正义提供更加强有力的保障。

（四）关于全民守法

法律的权威源自人民的内心拥护和真诚信仰。人民权益要靠法律保障，法律权威要靠人民维护。全民守法是建设法治国家和法治社会的必然要求。《决定》以"增强全民法治观念，推进法治社会建设"为题，从推动全社会树立法治意识、推进多层次多领域依法治理、建设完备的法律服务体系、健全依法维权和化解纠纷机制四个方面提出了推进全民守法的主要任务。《决定》提出了全社会各个层面的人群树立法治意识的有效途径和主要内容，提出了推进法治社会建设的有效方式、载体，对建设完备的法律服务体系和健全依法维权与化解纠纷机制提出了有效的措施，对促进全民守法、建设法治社会指明了方向，提出了要求。

按照《决定》规划的全民守法路线图，通过切实贯彻《决定》所提出的措施，持之以恒、坚持不懈，经过一定时间的积淀，社会主义法治精神和法治文化将得到弘扬，一个厉行法治、全民守法的法治社会就会建成，尊法信法守法用法的社会氛围就会形成。

（五）关于法治工作队伍建设

全面推进依法治国，建设一支德才兼备的高素质法治工作队伍至关重要。《决定》以"加强法治工作队伍建设"为题，从建设高素质法治专门队伍、加强法律服务队伍建设、创新法治人才培养机制三个方面提出了法治工作队伍建设的主要任务。《决定》明确了加强立法队伍、行政执法队伍、司法队伍建设的标准、产生机制、保障制度，提出了构建社会律师、公职律师、公司律师等优势互补、结构合理的律师队伍的各项机制，明确了创新法治人才培养机制阵地、途径、机制，是对中国法治工作队伍建设的一个完整和系统的设计。

按照《决定》规划的法治工作队伍建设路线图，中国法治工作队伍的思想政治素质、业务工作能力、职业道德水准将不断提高，法治工作队伍的组织结构将不断完善，将为加快建设社会主义法治国家提供强有力的组织和人才保障。

（六）关于加强和改进党对全面推进依法治国的领导

党的领导是全面推进依法治国、加快建设社会主义法治国家最根本的保证。全面推进依法治国是国家治理领域一场广泛而深刻的革命，必须加强和改进党对法治工作的领导，把党的领导贯彻到全面推进依法治国的全过程。《决定》第七部分围绕坚持依法执政、加强党内法规制度建设、提高党员干部法治思维和依法办事能力、推进基层治理法治化、深入推进依法治军从严治军、依法保障"一国两制"实践和推进祖国统一、加强涉外法律工作七个方面做出了系统、周密的制度安排。明确提出党的领导是中国特色社会主义最本质的特征，是社会主义法治最根本的保证，要把党的领导体现到领导立法、保证执法、支持司法、带头守法的全过程中；明确提出各级党委要认真履行本地区本部门法治工作的领导责任，把法治工作摆上重要议程，各级领导干部要带头遵守法律，带头依法办事，不断提高运用法治思维和法治方式深化改革、推动发展、化解矛盾、维护稳定的能力，等等。这些举措将进一步加强和改进党对全面推进依法治国的领导，为建设社会主义法治国家提供强有力的保障。

四 十八届四中全会回应了社会和人民群众 对法治中国的期盼

十八届四中全会《决定》要求坚持以改革为方向、以问题为导向，适应推进国家治理体系和治理能力现代化要求。党中央以巨大的政治勇气和胆略，直面中国法治领域中所存在的突出问题，回应了社会和人民群众的期待。十八届四中全会提出的180多项改革举措涉及中国法治建设的方方面面，与老百姓的幸福和利益息息相关，引起了全社会的高度关注和期待。

（一）十八届四中全会直面法治领域的突出问题

改革开放30多年来，中国法治建设取得了巨大的成就。但是，在法治领域还存在着一些突出问题，这些问题不解决，建设社会主义法治国家就成了一句空话，国家治理体系和治理能力的现代化也无法实现。这些问题主要表现为：有的法律法规未能全面反映客观规律和人民意愿，针对性、可操作性不强，立法工作中部门化倾向、争权诿责现象较为突出；有法不依、执法不严、违法不究现象比较严重，执法体制权责脱节、多头执法、选择性执法现象仍然存在，执法司法不规范、不严格、不透明、不文明现象较为突出，群众对执法司法不公和腐败问题反映强烈；部分社会成员遵法信法守法用法、依法维权意识不强，一些国家工作人员特别是领导干部依法办事观念不强、能力不足，知法犯法、以言代法、以权压法、徇私枉法现象依然存在。

党的十八届四中全会对中国法治领域中所存在的突出问题不掩盖、不回避，赢得了人民群众的信任。对这些突出问题的清醒认识和判断，也为党规划依法治国、建设社会主义法治国家蓝图，提出有针对性的措施奠定了基础。

（二）十八届四中全会积极回应社会和人民群众对依法治国的期待和要求

十八届四中全会《决定》不仅是中国依法治国的蓝图，也是建设社会主义法治国家的路线图，十八届四中全会提出的180多项改革举措不仅使法治国家的蓝图清晰可见，也回应了长期以来社会和人民群众对依法治国的期待和要求。

1. 在立法领域

十八届四中全会明确提出，要健全宪法实施和监督制度，完善全国人大及其常委会的宪法监督制度，健全宪法解释程序机制，加强备案审查制度和能力建设，设立国家宪法日制度，建立宪法宣誓制度等，积极回应了社会上对完善中国宪法监督制度的多年期待；十八届四中全会提出，要健全有立法权的人大主导立法体制机制，增加有法治实践经验的专职常委比例，建立健全立法专家顾问制度，完善公众参与政府立法机制，对部门间争议较大的重要立法事项引入第三方评估机制，健全向下级人大征询立法意见机制，健全立法机关和社会公众沟通机制等，回应了人民群众对民主立法和科学立法的热切期盼；十八届四中全会提出，探索实施涉及重大利益调整论证咨询机制，健全以公平为核心原则的产权保护制度，加强企业社会责任立法，依法加强和改善宏观调控、市场监管，维护公平竞争的市场秩序，完善惩治贪污贿赂犯罪的法律制度，把贿赂犯罪对象由财物扩大为财物和其他财产性利益，制定公共文化服务保障法，加快保障和改善民生、推进社会治理体制创新法律制度建设，加强社会组织立法，制定社区矫正法，制定完善生态补偿和环境保护的法律，等等，以在保护公民权利、促进社会自治、建立公平的社会和经济秩序等方面起到极大的推动作用。

2. 在执法领域

十八届四中全会明确提出，要完善行政程序法律制度，推行政府权力清单制度，完善不同层级政府特别是中央和地方政府事权法律制度，强化省级政府统筹推进区域内基本公共服务均等化职责，强化市县政府执行职责等，将推进政府转变职能，为公民和社会提供更多的公共服务，有利于提高人民群众的生活质量；十八届四中全会提出，要完善重大行政决策法定程序，推行政府法律顾问制度，建立重大决策终身责任追究制度及责任倒查机制，以减少政府决策失误，减少因决策失误而给社会和人民带来的损失；十八届四中全会提出，要推进综合执法，理顺行政强制执行体制，理顺城管执法体制，实行行政执法人员持证上岗和资格管理制度，严格执行罚缴分离和收支两条线制度，建立执法全过程记录制度，建立健全行政裁量权基准制度等举措，以减少和杜绝行政执法领域内的腐败和不公，解决人民群众深恶痛绝的执法领域腐败问题；十八届四中全会提出，要对权力集中部门和岗位实行分事行权、分岗设权、分级授权，定期轮岗，强化内部流程控制，完善政府内部层级监督和专门监督，完善纠错问责机制，拓展审计范围，推进审计职业化建设，推进和完善政务公开，推行行政执法公示制度等措施，以使行政执法行为更加规范、更加透明。

3. 在司法领域

十八届四中全会提出，要建立领导干部干预司法活动、插手具体案件处理的记录、通报和责任追究制度，健全行政机关依法出庭应诉、支持法院受理行政案件、尊重并执行法院生效裁判的制度等改革措施，以使人民群众平等享受公正司法的阳光；十八届四中全会提出，要健全公、检、法相互配合、相互制约的体制机制，推动实行审判权和执行权相分离的体制改革试点，最高人民法院设立巡回法庭，探索设立跨行政区划的人民法院和人民检察院，探索建立检察机关提起公益诉讼制度，建立司法机关内部人员过问案件的记录制度和责任追究制度等改革措施，以保证司法机关的独立性，防止权力对司法的干涉；十八届四中全会提出，要推进以审判为中心的诉讼制度改革，全面贯彻证据裁判规则，完善证人、鉴定人出庭制度，实行办案质量终身负责制和错案责任倒查问责制，完善人民陪审员制度，推进司法公开，建立生效法律文书统一上网和公开查询制度等举措，以有效防止司法腐败、枉法裁判，同时保证人民群众对司法活动的参与；十八届四中全会提出，强化诉讼过程中当事人和其他诉讼参与人的诉权保障，健全落实罪刑法定、疑罪从无、非法证据排除等法律原则的法律制度，加强对刑讯逼供和非法取证的源头预防，健全冤、假、错案有效防范、及时纠正机制，制定强制执行法，加快建立失信被执行人信用监督、威慑和惩戒法律制度等措施，以有效防止冤、假、错案的发生，起到司法对人权的保障作用，树立法律的权威。

4. 在守法领域

十八届四中全会提出，把法治教育纳入国民教育体系，健全普法宣传教育机制，建立以案释法制度，健全媒体公益普法制度，加强社会诚信建设，健全公民和组织守法信用记录等举措，以树立和不断强化全民守法的观念，树立民众对法律的信仰；十八届四中全会提出，发挥市民公约、乡规民约、行业规章、团体章程等社会规范在社会治理中的积极作用，发挥人民团体和社会组织在法治社会建设中的积极作用，支持行业协会商会类社会组织发挥行业自律和专业服务功能等措施，以激发社会活力，使各种民间社会规范成为国家制定法的有益补充，提高社会的法治化水平；十八届四中全会提出，推进公共法律服务体系建设，加强民生领域法律服务，完善法律援助制度，健全统一司法鉴定管理体制等，以使人民群众能够享受便捷规范的法律服务，利用法律实现各项权益；十八届四中全会提出，建立健全社会矛盾预警机制、利益表达机制、协商沟通机制、救济救助机制，把信访纳入法治化轨道，健全社会矛盾纠纷预防化解机制，完善多元化纠纷解决机制，加强行业性、专业性人民调解组织建设，完善人民调解、行政调解、司法调解联动工作体系，完善仲裁制度，健全行政裁决制度，依法强化危害食品药品安全、影响安全生产、损害生态环境、破坏网络安全等重点问题治理等改革举措，以充分发挥法律定纷止争的作用，为人民群众提供安全、祥和的社会秩序，增强人民群众的安全感、幸福感。

另外，在法治工作队伍建设领域，在加强和改进党对全面推进依法治国的领导方面，十八届四中全会也提出了许多直接关系到法治建设水平、依法治国能力，涉及人民群众利益的重要举措。这些改革举措不仅关系到中国特色社会主义法治国家建设的人才、组织、制度等方面的保障，也关系到人民群众对法治国家建设的要求和利益的实现。

中国人民为争取民主、自由、平等、正义，建设自己的法治国家，进行了长期不懈的奋斗，深知法治的意义与价值，倍加珍惜自己的法治建设成果。法治中国建设是一项综合性系统工程，十八届四中全会为建设社会主义法治国家规划出了清晰的蓝图，为法治中国传播着美好的福音。中国人民将在中国共产党的领导下，为依法治国、建设法治中国，实现中华民族伟大复兴的中国梦而不懈奋斗。

法治建设与国家治理体系和治理能力现代化

常保国[*]

2014年2月17日，习近平总书记在中共中央党校省部级主要领导干部学习贯彻十八届三中全会精神、全面深化改革专题研讨班开班式上发表重要讲话强调："必须适应国家现代化总进程，提高党科学执政、民主执政、依法执政水平，提高国家机构履职能力，提高人民群众依法管理国家事务、经济社会文化事务、自身事务的能力，实现党、国家、社会各项事务治理制度化、规范化、程序化，不断提高运用中国特色社会主义制度有效治理国家的能力。"深入理解这一精神，对于推进政治体制改革、中国政治发展和社会主义现代化事业具有重大而深远的现实意义。

一 法治建设是推进国家治理体系和治理能力现代化的应有之义

推进国家治理体系与治理能力现代化离不开法治建设与法治的保障，总结国际共产主义运动和中国社会主义建设的历史，都充分说明了这一点。正因为如此，改革开放以来，党和国家十分重视社会主义法制建设，"有法可依，有法必依，执法必严，违法必究"成为基本的法治理念。经过多年来的不懈努力，中国基本上完成了法治体系建设，法治成为执政党治国理政的基本方略，全社会法制观念进一步增强，法治政府建设取得新成效。党的十八大提出"全面推进依法治国""法治是治国理政的基本方

---

[*] 常保国：中国政法大学政治与公共管理学院教授。

式",强调"要推进科学立法、严格执法、公正司法、全民守法,坚持法律面前人人平等,保证有法必依、执法必严、违法必究"。习近平总书记强调依法治国、依法执政、依法行政共同推进,法治国家、法治政府、法治社会一体建设。《中共中央关于全面深化改革若干重大问题的决定》提出推进法治中国建设五个改革要点。

针对中央提出的推进国家治理体系和治理能力现代化的新精神,理论界做出了积极的响应,专家学者在理论上扩展和深化法治建设与国家治理体系和治理能力现代化之间的密切关系,高度认可法治是国家治理体系和治理能力的重要标准和内在要求。有学者指出:"只有沿着社会主义民主法治的道路,才能真正实现国家治理体系的现代化。"法治化是衡量国家治理体系和治理能力现代化的重要标准。而且,"推进国家治理体系和治理能力现代化"作为新提出的改革总目标,与党以往提出的民主法治建设目标不仅是一致的,而且是发展和升华的。推进国家治理体系和治理能力现代化的改革总目标,"坚持和贯彻了党的领导、人民当家作主和依法治国有机结合的根本要求";法治是贯穿"推进国家治理体系和治理能力现代化"事业的红线,推进国家治理体系和治理能力现代化,"要求我们及时更新治理理念、深入改革治理体制、丰富完善治理体系、努力提高治理能力"。笔者认为,阐述法治建设与国家治理体系和治理能力之间的关系需要充分认识到法治的价值、法治的思维和法治方法的重要性。

二 法治的价值与国家治理体系和治理能力现代化

众所周知,全面深化改革总目标的新定位意味着改革的内在价值得到了充实和升华,"推进国家治理体系和治理能力现代化"内含着党和人民既往对改革价值的积累,将其推进到一个新的高度对于法治这个改革的核心价值和目标而言,同样如此。简言之,法治建设与推进国家治理体系和治理能力现代化之间存在着高度的价值一致性,后者是对前者的发展。

法治的价值是在党领导全国人民展开社会主义革命和建设的实践中逐步被认识和重视的,放到"推进国家治理体系与治理能力现代化"的框架中,其意义主要体现为:

首先,维护和发展社会主义民主政治是法治建设和推进国家治理体系与治理能力现代化的共同目标,而后者涉及的领域更广、更全面、更宏大。依法治国要求广大人民群众在党的领导下，依照宪法和法律规定逐步实现社会主义民主的制度化、规范化、程序化，使这种制度和法律不因领导人的改变而改变，不因领导人看法和注意力的改变而改变。它强调社会主义民主政治要服从党的领导，服从宪法和法律的权威，制度化、规范化、程序化，反对人治、官本位和个人崇拜，力图将社会主义民主政治纳入法治的轨道，保证其稳定、稳步、稳健地实现和发展。"推进国家治理体系和治理能力现代化"不仅完全囊括了上述内容，而且明确地将其扩展到社会公共生活领域，"实现党、国家、社会各项事务制度化、规范化、程序化"，强调社会各项事务如同党和国家的事务一样也必须进入法治的轨道。这一发展和升华表明，以法治保障社会主义民主政治的发展不仅仅是党和国家的事务，还是党和国家与社会协同、协作、合作的共同事务。在共谋大业的道路上，法治是党和人民的金质纽带，是党领导国家与人民一道实现治理体系和治理能力现代化的共同标准，是党领导人民发展和实现社会主义民主的制度保障。

其次，维护和发展社会主义市场经济是法治建设和推进国家治理体系与治理能力现代化的共同重要任务，但是后者的实现方式发生了重大变化。依法治国既是发展社会主义市场经济的客观需要，也是维护和发展市场经济的政治保障和制度保障。社会主义市场经济与国家治理体系和治理能力的关系更加符合现代化的要求。一方面，改革的目标是"使市场在资源配置中起决定性作用"，承认、尊重、发挥市场的积极性、主动性、创造性；另一方面，有效的政府治理不仅是发挥社会主义市场经济体制优势的内在要求，又注意到治理对市场缺陷和失灵的弥补和矫正，这就要求充分发挥法治的作用。市场经济是法治经济，国家治理是法治的治理，法治正是将市场和国家有机联系起来的正确途径。因此，推进国家治理体系和治理能力现代化就是要以全面推进法治的方式发展和完善市场与国家的良性关系，从而使市场经济在规范、有序、健康的轨道上不断发展。

最后，国家和社会的稳定是法治建设和推进国家治理体系与治理能力现代化共同捍卫的底线，但后者充分吸收了近十年来的经验，以更加动态和长远的方式来维护稳定。依法治国是国家长治久安的重要保障，通过使社会主义民主制度化、规范化、程序化，使得更广大的人民群众参与到国家事务的管理中来，实现党的领导、依法治国和人民当家作主的有机统一。简言之，以政治参与的有序化求稳定是法治的精髓。"推进国家治理体系和治理能力现代化"的重要目的就是"为社会和谐稳定、为国家长治久安提供一整套更完备、更稳定、更管用的制度体系"。国家和社会稳定的制度保障是现代化的制度体系及其能力，其目标是动态地应对社会和经济发展的需要，解决人民群众所遇到的各种新问题。简言之，有序的政治参与是求稳之道，更重要的是通过国家治理体系的建立及其能力的提高，使得人民群众作为政治、经济、社会的主体全面参与到各项事务当中，与国家、社会组织一同解决各种难题，在更加充分的参与者、主人翁身份和行为的引导下，一起维护国家和社会的稳定。

总而言之，法治的价值不仅得到了新目标的充分继承，还得到了全面的发展和升华。推进国家治理体系和治理能力现代化是在总结新时期党的治国理政经验基础上对法治价值的高度肯定和充分发扬。因此法治必然成为贯穿整个新目标实现过程的红线，法治的价值在新时期将会得到充分的体现和张扬。

三　法治思维与国家治理体系和治理能力现代化

实现法治的目标，推进国家治理体系和治理能力的现代化必须在充分理解法治思维的基础上将其运用到改革的各项工作当中，促进党政干部和人民群众政治法律素质的提高，使其成为合格的改革者和建设者，从而使国家治理体系有效地运转起来，充分发挥并不断提高其能力。新目标的突出特点便是贯彻了法治的思维，主要体现在以下三个方面。

首先，强调法治应有的规范性，将规范性全面渗透到改革的方方面面。规范性之所以重要，亦即法治之所以有效，是因为它是适应现代化的复杂社会的基本治理方式。现代社会的重要特征就是高度复杂化，社会经济发展迅猛，不断推陈出新，以具体命令一事一办的方法根本不足以应对。这就要求国家制定抽象的、对于不特定主体的不特定目的都适用的法律来规范共同体成员的行为，共同体成员因为有了共同的规范而能够相互预期对方的行为，从而形成一个稳定有序的社会状态。国家治理体系正是一个比国家法律体系更为广阔的规范体系，它不仅包括了国家制定的法律法规和典章制度，还包括了公司企业、社会组织和个人之间的规范，这些规范的精神和目的是一致的，从而形成了一个更加庞大却又有序的体系，实现"法治国家、法治政府、法治社会一体建设"。

其次，强调法治应有的多主体性和多主体之间的协调性。法治之所以与古代以法治国的模式不同，根本的差别在于承认并重视社会主体及其行为的多样性，各部门法调整和规范不同主体之间的关系，而不再简单地将法律作为一种工具。"治理"本身就蕴含着充分的多主体性和多主体之间的协调性。国家治理体系是一个多主体参与、各展所长、各尽其责、各得其所的体系，国家不再是唯一的主体，公司企业、社会组织、公民都参与其中，协调配合，治理体系的作用才能充分发挥出来，正如习近平总书记所指出的："尽快把党和国家机关、企事业单位、人民团体、社会组织等的工作能力都提高起来，国家治理体系才能更加有效运转。"

最后，强调法治应有的全局性和动态性。法治是大棋局，再具体的一部法律法规，哪怕只规范了某个社会领域的事务，它仍然高度指向宏观的目的，法律的精神和宪法是它的渊源，要求它与既有的法律法规成为一个整体。同时，法治的实施必须是稳健的，法律虽然承载着远大的理想，但必须脚踏实地实现对公民行为引导的有效性，所以它必须根据社会发展做出动态的调试，落后和太过超前都会失去其有效性。推进国家治理体系和治理能力现代化同样是大棋局，同样要走稳脚步，这就需要充分发挥法治思维中总揽全局、协调各方的长项，理论界热议新目标是"系统工程""有机整体"，也正是出于这种考虑。正如习近平总书记所强调的："这项工程极为宏大，必须是全面的系统的改革和改进，是各领域改革和改进的联动和集成，在国家治理体系和治理能力现代化上形成总体效应、取得总体效果。"[1]

推进国家治理体系和治理能力的现代化就是要从思维的角度抓住法治对现代化进程的适应性，将其充分地展现出来，贯彻到改革的各项事业中，从而才能够主动地把握改革的方向和步调，赢得更加辉煌的胜利。

四 法治的方法与国家治理体系和治理能力现代化

法治是一套方法独特的治理模式，推进国家治理体系和治理能力的现代化必然需要将法治的方法发扬光大，从而取得治理绩效的最大化。法治

---

[1] 习近平：《完善和发展中国特色社会主义制度　推进国家治理体系和治理能力现代化》，《人民日报》2014年2月18日。

作为悠久的传统必然拥有很多方法。择其要者述之，约有以下三点：

首先，法治有其形式上独特的方法，即制度化、规范化、程序化。社会经济事务纷繁复杂，政治事务亦如此。如何化繁为简并使得千千万万的主体都能够理解并执行其规定，基本的方法就是制度化、规范化、程序化。法律通过权利和义务的范畴将社会、政治、经济事务纳入自己的范围加以规范，各种利益转换为权利和义务得以清晰化，因而带来了透明、平等和公正。党强调社会主义民主的制度化、规范化、程序化，就是要让我们的政治生活通过法律的形式清晰地展现出来，将社会主义民主政治所追求的透明、平等和公正不断释放出来。国家治理体系正是通过法律不断将社会各项事业清晰化的制度系统，而国家治理能力则通过法律不断释放透明、平等、公正的能力。

其次，法治有其行为上的独特方法，即充分的合意。法治尊重不同主体的合理诉求，不违反法律和公序良俗的约定对当事人就是规范，国家法律保护公民的这种行为及其法律后果。法治给予公民自主寻求幸福并且与他人联合寻求幸福的空间，在这个空间里，个人以及通过个人合意形成的组织主动地寻找自我实现并有利于他人、社会和国家的组织方式和协作方式，从而使个人奋斗与团结协作统一起来。而治理对合意的需求更大，它指向国家、公司企业、社会组织、公民个人对社会共同事务的合意，在协商一致的基础上采取共同行动。所以有专家明确指出，"治理的突破点是群防群治"，所谓"群"正是多主体合意而形成的共同认识和共同意志。从这个意义上讲，促成普遍的合意是国家治理体系的目标，合意的产生和执行能力直接关乎国家治理能力。

最后，法治有其目的上的独特方法，即追求公共利益。法律是公器，法治的重要目标是追求公共利益。法律需要在各种社会利益之间做出选择，明确哪些更符合公共利益，没有一种社会利益能够完全等同于公共利益，但相互冲突的社会利益中有的在现阶段更符合公共利益，因此法律应予以保护。法治就是要根据社会发展状况不断地探求何为现阶段的公共利益，并用它来衡量各种社会利益，最终做出权威的选择。沿着对公共利益这一目标的不断前进，法治会得到不断完善。国家治理体系当然也是以公共利益为依归的，因此也需要不断确定不同阶段、不同人群、不同事务之中的公共利益，而且在做出权威性保护的选择基础上还需要协调少数人的利益，不仅使他们认识大局，而且要转化他们的利益、引导他们实现自身利益的行为。简言之，推进国家治理体系和治理能力现代化就是要明确公共利益目标，在各项事业中实现多主体的协调分工，为公共利益的最大化群策群力，不仅实现国家的持续发展，也使人民公平地共享发展成果。

综上所述，法治的方式为国家治理体系和治理能力现代化提供了形式上、行为上、目的上的可靠实现路径，它们是国家治理体系发挥其巨大作用的基本手段，是国家治理体系开拓更为丰富的方法的坚实基础，也是国家治理体系发展和自我完善的内在机制。因此，推进法治建设，将法治的方法应用到更为广阔的改革领域中是推进国家治理体系和治理能力现代化的内在要求。习近平总书记对改革总目标的阐述更加明确了改革的方向、方法和步骤，法治建设与国家治理体系和治理能力现代化二者的内在相通、密不可分，对于深化认识、解放思想、团结一致推进改革具有巨大的启发意义，同时也鼓舞着全国人民在改革道路上取得更大的成就。

国家治理的现代化与法治化

王宗礼[*]

继中国共产党十八届三中全会提出"推进国家治理体系现代化和治理能力现代化"的时代命题之后,十八届四中全会又提出了"建设中国特色社会主义法治体系、建设社会主义法治国家"[①]的全面推进依法治国总目标。无论是从历时性的角度还是从理论逻辑上,都可以将后者看成是前者的具体展开和进一步深化。国家治理体系和治理能力现代化内在地包含着依法治国,包含着国家治理法治化,而依法治国和国家治理法治化则是国家治理现代化的延伸和具体展开,是国家治理现代化的重要标志,两者是相辅相成、相互促进的关系。

一 国家治理现代化:中国社会主义现代化的必然逻辑

要理解"国家治理现代化"这一概念,首先要明确"国家治理"的含义。对于"国家治理"的内涵,学术界有不同的理解。有的学者从西方"治理"概念的本来含义出发解释国家治理,强调了"治理"与"统治""管理"的区别,认为"国家治理"实质上就是政治国家和公民社会、政府组织和非政府组织、公共机构和私人机构为了达到共同目的而进行的自愿或强制的合作,其特点是治理主体的多元化,权力运行的多向度。很明显,这是一种"社会中心主义"的理论视角。也有学者从中国

---

[*] 王宗礼:西北师范大学马克思主义学院教授。
① 《中共中央关于全面推进依法治国若干重大问题的决定》,《人民日报》2014年10月29日。

历史上"治国理政"的思想与实践传统出发理解"国家治理",主要强调了"国家治理"概念的"本土性"意蕴,从而认为"国家治理"实质上就是统治阶级所进行的管理国家和处理政务的活动。这种理解又明显地带有"国家中心主义"的理论色彩。很显然,这两种理解都有一定的局限性与片面性,没有抓住党的十八届三中全会关于国家治理现代化思想的实质。第一种理解存在的突出问题是用西方学者的治理理论简单化地裁剪中国的治理实践,忽视了中国的历史传统和基本国情,似有"食洋不化"之嫌,在实践中则会产生削弱党的领导和中国基本政治制度的严重后果。第二种理解则无视改革开放以来中国社会出现的社会结构的深刻变化、利益关系的深刻调整、思想文化日趋多样的社会现实,拒绝汲取治理理论的有益思想资源,试图继续用传统的"统治""管理"等理念来理解治理现代化,从而大大稀释了"国家治理"这一概念所包含的丰富内涵和时代意蕴。

实际上,中国共产党提出的"国家治理"这一概念,既不同于西方治理理论的"治理"概念,也与中国传统意义上的"治国理政"有着原则的区别。这一概念既遵循了马克思主义国家理论,又汲取了中国传统的治国理政思想,同时也借鉴了西方公共管理理论中的治理理论,反映了时代的进步和中国社会的深刻变化。正如有学者所说:"它遵循的是马克思主义的国家理论逻辑,即国家的职能是由政治统治和政治管理职能有机组成。社会主义国家的国家治理,本质上既是政治统治之'治'和政治管理之'理'的有机结合,也是政治管理之'治'与'理'的有机结合。"[①] 很显然,与前两种对"国家治理"概念的理解相比,这种理解更加符合中央提出"国家治理"概念的原意,但却没能反映全球治理理论和实践的进展。因此,本文认为,"国家治理"这一概念也借鉴了西方治理理论中"治理"的含义。它一方面明确了国家在治理过程中的主体地位,体现了国家作为政治统治机器的政治统治职能;另一方面又体现了国家的公共管理职能,还体现了政治国家与社会的合作治理。因此,国家治理实际上是以党和国家为核心的治理主体,协同其他社会组织和公民对社会公共事务所进行的管理和合作治理的有机结合。

---

① 王浦劬:《国家治理、政府治理和社会治理的基本含义及其相互关系辨析》,《国家行政学院学报》2014 年第 3 期。

现代化是指人类社会由传统社会向现代社会的转变过程。按照这一逻辑，国家治理现代化也应当是由传统国家治理模式向现代国家治理模式的转变过程。人类社会的现代化进程是一个包含政治、经济、社会、文化等方面现代化的一个整体进程，国家治理现代化是人类社会现代化的重要组成部分。著名人类学家马林诺夫斯基曾经将人类文化分为三个层面，即器物层面、制度层面和精神层面。按照这一思路来理解人类社会的现代化过程，现代化可被视为这三个层面既前后相继又相互渗透的过程。一般来说，在现代化过程中，物质层面的文化先于和快于非物质层面的文化，而在非物质层面的文化中，制度层面的文化又先于和快于精神层面的文化。[①] 梁启超也认为，中国近代的现代化过程是一个先器物、再制度而后文化的过程。事实上，落后国家的现代化过程大体上也是沿着这一顺序展开的。从这一视角观察中国的现代化过程，可以发现，近代以来的中国现代化，是从器物层面展开的，经过100多年的努力，特别是改革开放30多年来的快速发展，中国器物层面的现代化已经取得了长足的发展，接下来，在继续推动器物层面现代化的同时，中国需要把制度层面的现代化提到重要的议事日程上来。提出国家治理体系和治理能力现代化正是回应了这一时代要求。习近平总书记指出："国家治理体系是在党领导下管理国家的制度体系，包括经济、政治、文化、社会、生态文明和党的建设等各领域体制机制、法律法规安排，也就是一整套紧密相连、相互协调的国家制度。国家治理能力则是运用国家制度管理社会各方面事务的能力，包括改革发展稳定、内政外交国防、治党治国治军等各个方面。"[②] 可见，国家治理体系和治理能力的现代化，实质上是国家各项制度体系及其制度执行能力的现代化。国内有学者将国家治理体系与治理能力的现代化视为继工业、农业、国防和科学技术"四个现代化"之后的"第五个现代化"，也是从这个意义上说的。实际上，"四个现代化"主要是器物层面的现代化，可以看成是"一个现代化"，而国家治理体系和治理能力的现代化才是制度层面的现代化。

随着经济全球化的推进和中国改革开放的不断深化，中国的经济体

---

① 威廉·奥格本：《社会变迁：关于文化和先天的本质》，浙江人民出版社1989年版，第106—107页。
② 习近平：《切实把思想统一到党的十八届三中全会精神上来》，《求是》2014年第1期。

制、社会结构、价值观念等方面发生了复杂而深刻的变化，社会利益关系错综复杂，各种社会矛盾相互缠绕，思想文化日趋多样，传统安全和非传统安全相互交织，推进改革发展稳定、维护社会秩序和安全、促进社会公平与和谐等方面的任务十分繁重，现行的国家治理模式已经越来越不适应经济社会发展的要求了。许多学者研究了中国现行国家治理模式所遭遇到的困境，试图用诸如"运动式治理""碎片化治理""动员式治理""反应式理政"等概念来说明中国原有治理模式的特点和困境。这些研究都说明，中国原有的国家治理模式已经越来越难以适应变化了的现实，亟须推进国家治理体系和治理能力的现代化。

二 国家治理法治化：国家治理现代化的基础

一般认为，国家治理现代化主要表现在国家治理的民主化、法治化、科学化、文明化等方面。① 其中，国家治理的法治化，既是国家治理现代化的重要标志，又是国家治理现代化的基础和前提。国家治理法治化，就是把国家治理纳入宪法和法律的轨道，就是用宪法和法律约束国家治理主体及其治理行为，使国家治理主体及其治理行为有法可依、有法必依、执法必严、违法必究。

首先，国家治理法治化可以为国家治理现代化提供价值基础。法治是"良法之治"，它不仅是依法治理的一套制度体系，而且是一种治国理念，一种价值体系。"法治的理念和价值是多方面的，其主要的理念和价值有三：其一，保障国民的权利、自由，保障人权。其二，控制公权力，把公权力（包括国家公权力和社会公权力，甚至包括国际公权力）关进制度的笼子里；其三，维护公平正义。"② 法治的这些核心价值也是现代国家治理应当追求的价值目标。尊重和保障人权是法治的精髓所在，也是现代国家治理与传统国家治理的原则界限。从一定意义上说，国家治理的现代化进程实际上就是人权或公民权不断得到确认和保护的过程。而对人权或公民权造成侵害的最大可能性来自于政府公权力，因此，法治总是以限制政府公权力为基本指向的，对公权力的限制，是现代国家治理制度体系的

---

① 何增科：《怎样理解国家治理及其现代化》，《时事报告》2014年第1期。
② 姜明安：《改革、法治与国家治理现代化》，《中共中央党校学报》2014年第4期。

一个重要特征和核心价值。而无论是对人权和公民权的保护，还是对公权力的限制，其实质要义都是维护社会公平正义。社会公平正义是现代社会制度的首要价值，以权利公平、机会公平、规则公平、司法公平为主要内容的公平正义原则是对传统社会特权现象和社会不平等的彻底否定，是现代法治和现代国家治理的重要价值。国家治理现代化必须把法治的这些核心价值贯彻到国家制度体系建构以及运用制度体系治国理政的全部实践活动中。

其次，国家治理法治化可以为国家治理现代化提供合法性、权威性基础。任何国家治理都必须解决合法性和权威性问题。这里的合法性主要指治理客体对治理主体拥有的治理权力正当性的信念，而权威性则是指基于某种正当性信念而形成的治理客体对治理主体的自觉服从。按照马克斯·韦伯的分析，传统政治统治的合法性和权威性建立在人们对于某种古老传统及信条神圣性的信仰基础上，而法理型统治的合法性和权威性则是建立在对立法产生的法律以及根据法定程序产生的领导人有发布命令的权力的信仰基础上，克里斯马型统治的合法性和权威性则来源于被统治者对于统治者超凡人格魅力和天启英明的信仰。国家治理与传统意义上的国家统治和国家管理活动不同，从一定意义上说，传统国家统治和管理活动是以暴力和强制力为后盾的，而现代国家治理则更需要被治理者的同意，需要被治理者的认同和支持，也就是说，它必须建立在一定的合法性和权威性基础之上。很显然，现代国家治理的合法性、权威性，既不能来源于某种古老的信条，更不能来源于治理者的超凡魅力，只能来源于宪法和法律。因此，国家治理法治化，能够为国家治理现代化提供合法性和权威性基础。

再次，国家治理法治化可以为国家治理现代化提供制度基础。现代国家治理与传统国家治理的一个重要区别，就是现代国家治理须奠基于牢固的法律制度基础之上，宪法和法律为现代国家治理提供了制度基础。宪法是治理国家的总章程，它规定了国家的基本政治制度、基本经济制度、基本社会制度等社会的基础性制度，明确了国家与公民之间的相互关系、国家机关的设置以及国家机关之间的相互关系、国家权力的运行原则等现代国家治理的基本规范。国家的各项法律在宪法的基础上将国家的基本制度具体化为政治、经济、文化、社会、生态文明、党的建设等各领域的具体制度。中国的国家治理现代化，就是在一定的基本经济政治制度的框架之内，依靠这些基本经济政治制度实施的治理现代化。中国共产党在领导社会主义革命、建设、改革的过程中，已经形成了许多适合中国国情并被实践证明具有有效性的基本经济政治制度，如以公有制为基础的多种所有制形式共同发展的基本经济制度、人民代表大会制度、共产党领导的多党合作和政治协商制度、民族区域自治制度、基层群众自治制度以及中国特色社会主义法律体系等，只有把这些根本的或基本经济政治制度纳入法治化的轨道，通过宪法和法律的形式使之定型化，才能为国家治理现代化提供基本制度框架。随着中国全面改革的不断深化，各方面的体制机制不断变化、各种新的制度和规范不断形成，也需要不断地把改革的成果通过法律的形式予以定型化。

最后，国家治理法治化是国家治理能力现代化的基本保障。国家治理能力现代化是国家治理现代化的重要内容。国家治理能力是指一定的治理主体运用国家制度体系治理国家和社会事务的能力，它不仅包含一定治理主体自身的基本素质及其执行能力，而且也包括国家治理的方式和手段。而国家治理能力现代化则是指一定的治理主体运用民主、科学、法治、文明等方式有效治理国家和社会事务所表现出来的过程和状态。习近平总书记指出："必须适应国家现代化总进程，提高党科学执政、民主执政、依法执政水平，提高国家机构履职能力，提高人民群众依法管理国家事务、经济社会文化事务、自身事务的能力，实现党、国家、社会各项事务治理制度化、规范化、程序化，不断提高运用中国特色社会主义制度有效治理国家的能力。"① 可见，国家治理能力不仅是指执政党和各个国家机关的履职能力，而且也指社会组织甚至公民个人管理社会和自身事务的能力。在当前中国社会进入了矛盾凸显期、多发期，改革开放进入深水区、攻坚期这一阶段，推进改革发展稳定、管理内政外交国防以及经济社会文化事务、化解各种社会矛盾和冲突、维护社会秩序和社会公平正义，单靠过去习惯了的治理方式和手段已经难以奏效，必须运用现代治理方式和治理手段提高治理的针对性、有效性和合法性。而学会和善于运用法治思维、法治方式治理国家，实现国家治理的法治化，无疑是实现国家治理能力现代化的可靠保障。

---

① 习近平：《完善和发展中国特色社会主义制度 推进国家治理体系和治理能力现代化》，《人民日报》2014年2月18日第1版。

三 国家治理法治化的实践路径

国家治理法治化是国家治理现代化的必由之路。① 从党的十八届四中全会的基本精神看，中国共产党选择了通过全面推进依法治国、建设社会主义法治国家来推进国家治理现代化的实践路径。可以说，国家治理法治化是国家治理现代化的突破口和主攻方向。党的十八届四中全会通过的《中共中央关于全面推进依法治国若干重大问题的决定》，为推进国家治理法治化提供了基本路径。

（一）中国共产党的领导是国家治理法治化的根本保障

有一种观点认为，党的领导和法治是不相容的，认为要推进国家治理法治化，就要弱化甚至取消党的领导。这种观点是根本站不住脚的。法治从本质上说是限制政府权力的过程，掌握一定权力的力量，通常是不会自觉地对其自身权力进行限制的。世界各国的法治化历程清楚地表明，任何已经成功地实现了法治的国家，都是在一定政治力量的强有力的领导之下实现的，没有一个领导力量长期持续的推动，法治状态是不会自动实现的。在中国这样一个人口众多、国情复杂，又具有长期专制传统的国家实行法治，更是一场广泛而深刻的革命，需要经过长期艰苦的努力。如果没有中国共产党的集中统一领导，势必会成为一盘散沙，也就根本谈不上什么法治。中国共产党是中国特色社会主义事业的坚强领导核心，也是推进中国国家治理法治化的根本保障。党领导人民制定宪法和法律，也领导人民实施宪法和法律，党的领导并不是要超越宪法和法律另搞一套，而是要把党的意志通过法定程序转变为国家意志以实施领导，党必须在宪法和法律的范围内活动。党的领导和依法治国在根本目标、基本价值和实施路径上是统一的。

要加强党对国家治理法治化的领导，就必须改进党的领导方式、执政方式。新中国建立以后，中国共产党由过去长期从事革命的党变成了执政党，党对如何执政还缺乏必要的思想理论准备和现成的经验，加之受苏联模式几千年来专制传统的影响，党在执政过程中仅仅是把法律看成是治国的工具，出现了忽视甚至破坏法制的人治现象。十一届三中全会以来，中

---

① 张文显：《法治与国家治理现代化》，《中国法学》2014年第4期。

共汲取历史的经验教训,提出了加强社会主义法制建设的主张,党的十五大以来又实现了法治理念上由"法制"向"法治"的重要变革,提出了依法治国,建设社会主义法治国家的目标,中国的法治建设取得了历史性的成就,中国特色社会主义法律体系已经基本建立。但由于受多种因素的制约,中共在执政方式上还没有完全实现由人治向法治的转变。在一定时期、一定地区人治色彩有时还比较严重。因此,改进党的领导方式、执政方式,是推进国家治理法治化的迫切需要。改进党的领导方式、执政方式,最主要的就是在党的各级领导干部中牢固树立现代法治理念,树立依宪治国、依法执政的理念,建立健全"把权力关进制度的笼子里"的制度机制,完善党的主张通过法定程序成为国家意志的规范和程序,严格法律监督和违法责任追究机制,确保党领导人民制定宪法和法律、实施宪法和法律与党在宪法和法律的范围内活动的统一性。

(二) 必须坚持走中国特色社会主义国家治理法治化道路

国家治理法治化是人类治国方式发展的必然要求,也是人类政治文明的重要标志。但不同的国家由于具有不同的历史文化传统、不同的国情、不同的经济社会发展状况,这就决定了不同国家走向法治化的具体道路、具体标准具有多样性。因此,中国的国家治理法治化决不能简单地模仿西方发达国家已经走过的道路。中国是共产党领导的社会主义国家,正处在社会主义初级阶段,经济社会发展还比较落后,仍然是世界上最大的发展中国家,这些都是中国的基本国情。从历史上看,中国又是一个具有两千多年专制传统历史的国家,人治思想和传统根深蒂固,以儒家思想为主干,儒、释、道等多元文化相互补充、相互渗透所形成的深厚传统文化,深深植根于中华民族的血脉和基因中,其中蕴含的如"礼治""德治""刑治"等治国理政思想,既为国家治理法治化提供了历史借鉴,也成为中国实现法治的沉重包袱,影响着我们法治化的道路选择。这种特殊的国情和历史文化传统,决定了中国必须走中国特色社会主义法治道路。

走中国特色社会主义法治化道路,必须坚持党的领导、人民当家作主和依法治国的有机统一。党的领导是中国特色社会主义法治的根本保障,人民当家做主既是中国的国体,也是中国的政体,体现了中国国体和政体的内在统一,它构成了中国国家治理的基本制度基础,依法治国是党领导人民治理国家的基本治国方略,这三者具有内在的统一性。坚持走中国特色社会主义法治化道路,还必须坚持在法律面前人人平等的法治原则,坚持依法治国与以德治国相结合，坚持从中国的实际出发。只有这样，才能走出一条中国特色的国家治理法治化道路。

（三）必须坚持依宪治国、依宪执政

国家治理能否实现法治化，最关键的是要看宪法和法律能否得到实施。对中国现阶段而言，国家治理是否法治化，并不在于国家制定了多少部法律法规，而是要看宪法和法律是不是得到了遵循。宪法是国家的根本大法，是党和人民意志的根本体现，具有最高的法律效力。它不仅是一套有形的规则体系，而且是维护公平正义的一套信仰和价值体系。"坚持依法治国首先要坚持依宪治国，坚持依法执政首先要坚持依宪执政。"① 国家治理的法治化，其核心要义是用宪法约束公共权力，保障人权和公民权利。以这一核心要义为中心，宪法规定了国家机关的设置原则及其权力边界，规定了民主政治的基本框架，规定了公民的基本权利及其保障，是治国理政的总章程。因此，推进国家治理法治化，必须树立和维护宪法的尊严，保证宪法的实施。一切国家机关和武装力量、各政党和人民团体、各企事业组织以及人民群众都必须以宪法为根本活动准则，一切违反宪法的行为都必须得到追究和纠正。如果宪法不能得到有效实施，依法治国就是一句空话。坚持依宪治国、依宪执政，就必须健全宪法实施和监督制度，党要带头实施宪法，一切国家机关、武装力量、各政党和人民团体以及全体公民都要维护宪法尊严、严格按宪法办事，一切违反宪法的行为都必须得到追究和纠正。要完善全国人大及其常委会的宪法监督制度，加强对规范性文件的合宪性审查，确保宪法得到切实的遵循。

（四）必须坚持依法行政，加快建设法治政府，做到严格执法

"法律的生命力在于实施，法律的权威也在于实施。"② 国家行政机关是国家权力机关和立法机关的执行机关，是最主要的实施法律的机关，在国家治理法治化中发挥着关键作用。国家行政机关的这一特殊地位，也决定了它拥有较为广泛的权力，掌握着丰富的资源，与人民群众关系最为密切。因此，国家行政机关能不能依法行使职权，直接关系到国家治理法治化的水平。必须通过行政体制改革，进一步转变政府职能，完善行政组织

---

① 《中共中央关于全面推进依法治国若干重大问题的决定》，《人民日报》2014年10月29日。

② 同上。

和行政程序法律制度，推进机构、职能、权限、程序、责任法定化，牢固树立"法定责任必须为，法无授权不得为"的理念，坚决惩处失职、渎职、滥用职权等行为。要建立健全依法决策机制，形成科学决策、民主决策、依法决策的体制机制，制定重大决策的合法性审查制度，确保行政决策的科学化、民主化、合法化；要深化行政执法体制改革，加强对行政权力的监督制约，坚持严格规范文明执法，全面推进政务公开。只有这样，才能建立起职能科学、权责法定、执法严明、公开公正、廉洁高效、守法诚信的法治政府，从而确保严格执法。

（五）必须改革和完善司法体制和司法权力运行机制，保证司法公正，提高司法公信力

公正是法治的精髓，司法是维护社会公正的最后一道防线。有一种观点认为，只有司法独立，才能发挥司法在维护社会公平正义中的作用，主张在中国搞司法独立。必须明确，司法独立是资本主义"三权分立"政治制度的必然要求，搞司法独立的实质就是搞"三权分立"。中国是社会主义国家，人民代表大会制度是中国的根本政治制度，这一根本政治制度已经载入中国宪法，受宪法保护。国家治理法治化必须遵守和实施宪法，司法独立的主张本身就是违反宪法的。虽然中国不搞司法独立，但并不意味着司法机关的职能活动不应该具有独立性。从法治的内在精神来看，司法机关独立行使职权是救济执法不公、保证司法公正的重要前提。因此，必须从制度上确保司法机关依法独立行使职权，要建立领导干部干预司法活动、插手具体案件处理的记录、通报和责任追究制度，优化司法权力配置，最高人民法院设立巡回法庭，探索建立跨行政区划的人民法院和人民检察院。从制度上防止领导干部插手和干预司法活动。要推进严格司法，保障人民群众参与司法，加强人权司法保障，加强对司法活动的监督，保证司法公正，提高司法公信力。

（六）必须培育和建设社会主义法治文化，营造良好的法治生态

法治既是一种治国理政的制度体系，同时也是一种法律至上的精神文化，是一种价值观、一种信仰。"没有信仰的法律会退化成为僵死的教条。没有法律的信仰却将蜕变成为狂信。"[①] 只有在全体公民中形成对法律权威的认同和信仰，形成人人遵守法律、人人监督法律实施、人人捍卫

---

① 伯尔曼：《法律与宗教》，梁治平译，三联书店1991年版，第64页。

法律权威的社会氛围，国家治理的法治化才能真正实现。因此，一方面要积极推进依法治国的实践进程，严格依法办事，公正司法，使全体公民在依法治国的实践进程中感受和体认法治的权威和尊严，树立对法律权威的信仰和尊重；另一方面要不断改进和加强法治宣传教育，特别是加强和改进对领导干部的法治宣传教育，坚持把领导干部带头学法、模范守法作为树立法治意识的关键。要大力改进和加强普法宣传教育活动，开展群众性法治文化活动，在全体公民中营造违法可耻、守法光荣的社会氛围。要推进多层次多领域的依法治理，建设完备的法律服务体系，健全依法维权和化解纠纷机制，增强全社会厉行法治的积极性和主动性，形成良好的法治生态，从而为法治中国建设提供坚实的社会文化基础。

推动国家治理体系与治理能力现代化的法治途径

文 宏[*]

中国共产党十八届三中全会审议并通过的《中共中央关于全面深化改革若干重大问题的决定》提出,全面深化改革的总目标是完善和发展中国特色社会主义制度,推进国家治理体系和治理能力现代化。这是中国共产党首次将治理体系与治理能力的现代化上升为"总目标"的高度,也是继工业、农业、国防、科技"四个现代化"之后,明确提出的又一个概念与制度层面的现代化要求,为下一步全面深化改革指明了方向。

推进国家治理体系和治理能力现代化,涉及政治体制、经济体制、文化体制、社会体制、生态文明体制和党的建设等各领域体制、机制、法律法规安排,治理能力现代化涉及治理主体、治理理念、治理内容和治理方式等内容,其中的任何一个方面都离不开法治的轨道。正如学界普遍认为的,法治是国家治理体系和治理能力现代化的基本内涵[①];国家治理体系和治理能力法治化是国家治理体系和治理能力现代化的必要条件和重要特征[②];建设法治中国是推动国家治理体系和治理能力现代化的重要举措。[③] 特别是 2014 年 10 月,中国共产党第十八届中央委员会第四次全体会议围绕依法治国问题进行了一系列重要部署,审议并通过了《中共中

---

[*] 文宏:中国社会科学院政治学所博士后,兰州大学管理学院公共管理系主任、副教授、硕士生导师。

[①] 辛向阳:《推进国家治理体系和治理能力现代化的三个基本问题》,《理论探讨》2014 年第 2 期。

[②] 莫纪宏:《国家治理体系和治理能力现代化与法治化》,《法学杂志》2014 年第 4 期。

[③] 马一德:《法治助推国家治理体系和治理能力现代化》,《党建》2014 年第 6 期。

央关于全面推进依法治国若干重大问题的决定》,明确指出:"全面建成小康社会、实现中华民族伟大复兴的中国梦,全面深化改革、完善和发展中国特色社会主义制度,提高党的执政能力和执政水平,必须全面推进依法治国。"

基于此,本文将围绕社会主义法治建设和国家治理体系与治理能力现代化建设的关系这一基本问题,探寻法治的内涵及功能与国家治理体系建设之间的契合点,重点探讨法治途径在推动国家治理体系与治理能力现代化方面的重要作用。

一 法治内涵回溯与功能概述

"法治"一词,在中国最早可以追溯到先秦时期的"以法为本"思想。几乎在同一时期,古希腊也出现了"法律应当优于一人之治"[①]的论断。二者虽有相似之处,但中国的法治概念形成于"法治"(法家)与"礼治"(儒家)的对立,而西方法治概念的兴起则是"法治"与"哲人治国"激烈争论的结果。源头上的差异导致法治概念在中国常与"德治"对立,偏重于对个人行为的规诫;在西方则与"人治"概念相对立,偏重于对个人权利的保护以及对专制权力的预防。现如今,"关于法治的学术话语、政治话语、宣传话语多半是在名词层面取得一致,而远未达到概念层面的共识,法治及其相关概念(人治、德治等)已成为法学中最繁复、混乱的概念群之一"[②]。

综合国内外学者的观点,本文认为,法治应该包含以下几个方面的含义以及作用:第一,法治是一种与人治根本对立的社会管理方式。即法治是依照法律来管理国家,以宪法和法律来支配权力,以保护公民权利为宗旨;而人治则反映了当权者个人的利益,二者的根本区别是法律高于个人意志还是个人意志凌驾于法律之上。第二,法治是一种带有工具主义色彩的有效的社会治理手段,即通过宪法和法律,规范社会成员的行为,惩戒违法犯罪,并最终将法治思想内化为社会主体所接受的法治文化,提高法

---

① 亚里士多德:《政治学》,吴寿彭译,商务印书馆1965年版,第167页。
② 刘杨:《法治的概念策略》,《法学研究》2012年第6期。

治观念，完善法律人格的辩证过程。① 第三，作为一种综合性概念，法治是对民主、宪政、公平的价值诉求。其中，保障公民的基本人权，是法治正义的体现②；而从政治学的角度看，"法治一开始就是宪政"③，对政府权力的有效约束，是实现法治的必要条件。

作为一种社会治理方式与理念，法治的功能主要有两点：第一，普遍适用的规范功能。正如奥斯汀所认为的，"每一项法律，都是一项命令"④，法治的规范作用，就是通过具体法律规定每一个社会成员应该做、允许做和不允许做的事情。这一规范功能必须平等地适用于所有相关的当事人，即"法治一旦被写入制定法，国内所有的人和机构，无论是公共机构还是私立机构，都应该接受法律的约束，并且享受其规制利益"⑤。第二，对社会行为的引导功能，具体体现为：其一，通过构建一整套完备的公检法系统，对违法犯罪行为进行惩戒，从而维护法律的权威，同时对社会行为进行逆向约束；其二，一个成熟的法治社会应该秉持"法无禁止皆可为"的基本准则，即通过不断扩充"良法"，将产生社会危害性的行为尽可能地予以限制，以保证社会成员在法律没有限制的领域享有充分的行动自由。法治在社会治理方面的规范、惩戒、引导、教育功能的发挥可以避免社会行为的随意性，同时防止专制权力的滥用，并通过不断的法律宣传，整顿社会风气。正如有学者所言，一个理想的法治国家应该实现四重目标：自尊自主的人文生活、理性规范的社会合作、亲和可敬的司法正义、有效节制的政府权力。⑥

二　法治在国家治理体系与治理能力建设中的地位和作用

习近平总书记在全面深化改革领导小组第二次会议上强调，凡属重大改革都要于法有据；在整个改革过程中，都要高度重视运用法治思维和法治方式，发挥法治的引领和推动作用，加强对相关立法工作的协调，确保

---

① 范进学、张明皓：《法治社会化：概念及其功能》，《学习与探索》2000 年第 3 期。
② 潘佳铭：《法治概念的性质探析》，《西南师范大学学报》（人文社会科学版）2005 年第 1 期。
③ 袁付平：《法治，人治与民主》，《山东大学学报》（哲学社会科学版）2003 年第 1 期。
④ 凯尔森：《法与国家的一般理论》，沈宗灵译，中国大百科全书出版社 1996 年版。
⑤ 汤姆·宾汉姆：《法治》，毛国权译，中国政法大学出版社 2012 年版。
⑥ 周天玮：《法治理想国》，商务印书馆 1999 年版，第 89 页。

在法治轨道上推进改革。① 这要求中国在全面深化改革的过程中，必须发挥法治的先导与推动作用。

中国共产党以"依法治国"为执政基本方略，法治贯穿于国家治理体系的各个层面。首先，法治是国家治理体系的本质属性之一。政府不能在国家治理体系中形成单一权威，法治使宪法和法律成为公共治理的最高权威②，国家治理体系中的各个主体如政府、企事业单位、人民团体乃至公民个人在法律面前处于平等地位，在法律框架下进行合作共治。其次，法治理顺了国家治理体系的内在关系。国家治理体系不仅囊括公共权力部门，还接纳了企业、人民团体等第二、三部门组织，更主张个人积极参与公共事务。如何明晰各个主体及其相互之间的权利及责任，离不开法律界定和司法监督。最后，法治是国家治理体系的运行逻辑。治理与传统管理的区别在于主张多元主体在协商基础上共同管理社会事务③，但并不是没有固定的行为规范和准则，协商和博弈都要在法律所规定的范围内以一定程序进行。总之，法治是构建国家治理体系的重要原则，法律制度是国家治理体系的重要组成部分，法治程度决定了国家治理能力现代化的程度，其作用主要体现在以下四个方面：

第一，法治对国家权力进行了分配与制约。构建国家治理体系使得社会管理模式由单一主体向多元主体转变，那么必须对国家权力进行重新界定和划分。首先，法治通过宪法对国家机关的权力进行了规定，尤其是对行政权进行了约束，避免了政府侵犯其他社会组织的权力界限。其次，法治赋予人民参与公共事务的权力，政府之外的各种组织和个人才能在权力基础上形成治理能力，真正参与到合作治理过程之中，形成与政府地位平等的政治力量。最后，法治通过权力制衡形成了治理框架，各个主体都能在协商过程中提出自身诉求，而协商结局也非单一主体可以主导，提升了公共决策的民主性和科学性。

第二，法治对多元主体进行了整合。国家治理体系是一个复杂的社会系统，只有当内部子系统有机合成为一个整体，各自在优势领域发挥其治

---

① 杨小军、陈建科：《发挥法治对改革的引领和推动作用》，《前线》2014 年第 6 期。
② 俞可平：《沿着民主法治的道路，推进国家治理体系的现代化》，新华网（http://news.xinhuanet.com/politics/2013-12/01/c_125788564.htm），2013 年 12 月 1 日。
③ 唐皇凤：《中国国家治理体系现代化的路径选择》，《福建论坛》（人文社会科学版）2014 年第 2 期。

理能力，国家治理能力才能实现最大化。因此，推进国家治理体系和治理能力现代化，就必须转变"公民—国家"关系，实现政府—社会—市场等多元主体的有效整合，而这一目标必须依赖于法治的规范及约束①。法治对治理体系的整合恰恰源自于它承认价值多样化和价值共识②，法治承认多元主体在治理体系中的平等地位和利益冲突，并且为解决这些矛盾提供了技术支持。一方面，法治为治理体系中的各个主体规定了权利和相一致的义务，使其在整体系统内承担不同职责，通过协商合作将优势资源整合起来；另一方面，法治为解决利益冲突提供了公正、公平、公开的正义程序以及实体化的司法机构，多元主体之间的不同利益诉求被充分显现出来，并且在制度范围内得到解决，这一过程的实质是公共价值的不断凝炼直至达成合意。

第三，法治为公共治理提供了必要条件。首先，法治是市场经济健康发展的重要保障，法治减少了商业活动的不确定性，并且提高了商业主体对于自身行为的可预测性，有利于诚信原则和公平原则的实现；其次，法治保障了公民基本政治权利，并且为民众参与政治提供了制度化渠道，是民主政治的重要基石；最后，法治理念本身就是一种协商思想，鼓励不同利益主体公开进行博弈和讨论，而不是通过压制手段和非制度化途径解决分歧。法治从经济、政治和文化三个方面为国家治理体系和治理能力的现代化提供了土壤。

第四，法治有助于实现社会主义民主。有别于西方式民主，中国的民主是"无产阶级民主"，是无产阶级和广大人民享有的民主。民主的实现是有条件的，"一般来说，民主需要的法治条件是规则、程序和较为安定的社会环境三个方面"③。其中，规则是法治为有序民主参与提供的前提；程序是以法律形式确定下来的政治参与以及民主权利实现的具体形式机制；而较为安定的社会环境则是民主实现的重要保障。

---

① 彭中礼：《推进国家治理体系和治理能力现代化的法理阐释》，《中共中央党校学报》2014年第18期。

② 莫纪宏：《论"国家治理体系和治理能力现代化"的"法治精神"》，《新疆师范大学学报》（哲学社会科学版）2014年第3期。

③ 袁付平：《法治，人治与民主》，《山东大学学报》（哲学社会科学版）2003年第1期。

三 国家治理体系与治理能力现代化对法治建设的要求

中国在建设中国特色社会主义法治道路上取得了长足发展，但是，国家治理体系与治理能力现代化对法治建设提出了新的要求，中国在法制建设、司法实践和法律文化等方面依然任重而道远。

第一，法治建设要将维护宪法权威放在首位。宪法是中国的根本大法，是治国安邦的总章程。中国特色社会主义政治发展道路的核心思想、主体内容、基本要求，都在宪法中得到了确认和体现。因此，依法治国是依宪治国，依法执政的关键是依宪执政。首先，宪法规定，社会主义制度是中国的根本制度。推进国家治理体系与治理能力现代化，并不是要从根本上改变中国的政治制度，而是要在坚持党的领导、人民当家作主、依法治国有机统一的前提下，充分发挥党在国家治理体系中的动员和组织作用。其次，宪法作为根本大法，包括行政法在内的任何部门法都不得与之相抵触。然而在现阶段，中国法律制度中却存在着不少与宪法不符之处，在司法实践中宪法权威也常常受到侵犯，国家治理体系与治理能力现代化要求将宪法作为各主体行为的最高权威加以遵守。

第二，法治建设要提升法律制度的科学性和精准性。"法律是治国之重器，良法是善治之前提。"[①] 国家治理体系与政府主导的"管理"模式不同，旨在通过政府放权和分权来弥补其在处理公共事务上的不足，那么，进入公共领域中的其他主体，如企业、人民团体甚至公民个人在享有权力的同时，也应该承担相应的责任。然而，由于国家治理体系是一个囊括众多社会力量的复杂系统，每个治理主体因其所处的地位不同，也承担着不同领域的任务，所受到的约束和监督也不尽相同。假如没有一套符合实际情况并且科学可靠的法律制度，公共领域很可能会出现"碎片化"，无法形成有效的公共治理机制。另外，越是复杂多变的社会系统，就越要求规范的精确性。在现阶段，中国法律虽然已经形成了一套完整的部门法体系，但也存在立法过程粗糙、法律规则模糊的情况，导致在某些领域中治理主体缺乏明确统一的行为逻辑，甚至出现"无法可依"的状况，协

---

① 胡锦涛：《中国共产党第十七届中央委员会第四次全体会议公报》，http://news.xinhuanet.com/politics/2009-09/18/content_12076251.htm。

商过程很可能呈现出非理性态势，行为后果的不确定性也将会打击弱势群体参政的积极性，最终很可能会回到由单一权威主导的"统治"和"管理"模式上。

第三，法治建设要更加注重司法中立性。司法监督是确保国家治理体系中协商机制正常运转的重要手段，是程序正义的重要原则。在国家治理体系中，政府是和其他多元主体平等的参与者，有其自身强大的利益诉求和社会资本，因此无法公正地行使裁判权，所以司法机关尤其应该注意对行政权的中立。然而，司法机关的中立性在实践中往往会受到意识形态、政府力量等因素的干预，法治的权威性受到质疑，法律也无法得到完全实行，治理主体的平等地位和协商过程也会受到影响。为推进国家治理能力现代化，必须坚守司法中立性。

第四，法治建设要培育现代法律文化。传统法律文化对中国依然保持着深远的影响，人民群众对政府还存在着畏惧心理，普遍存在"官本位"思想和"青天意识"。近年来，民众在处理纠纷时往往不信任法律手段，而偏向于迎合潜规则或者以道德、舆论手段，甚至制造群体性事件来谋取利益。国家治理体系和治理能力现代化需要一个良好的法律文化氛围，要求作为治理主体的组织和个人能在程序性、制度化框架下展开博弈。这不仅要求向全社会普及基本法律知识，形成一种法治生活习惯，培育民众的"公民意识"和"法律意识"；也要在国家机关内部进一步树立"法治思维"，保证一切国家机关及其工作人员能够运用法治思维和法治方式解决重大和复杂的社会问题，[①] 进而在全社会树立协商主义的政治理念，允许各社会主体以一种追求自由解放、规则理性的态度参与公共事务管理。

四　推动国家治理体系与治理能力现代化的法治途径

2013年2月23日，在中共中央政治局就全面推进依法治国进行的第四次集体学习中，习近平总书记提出要坚持法治国家、法治政府、法治社会一体建设，为推动国家治理体系与治理能力现代化提供了法治途径。法治国家、法治政府、法治社会三个概念在同一时空里使用时，法治国家指整个国家公权力的法治化；法治政府主要指国家行政权行使的法治化；法

---

① 叶传星：《法治的社会功能》，《法律科学》2004年第5期。

治社会则主要指政党和其他社会共同体行使社会公权力的法治化。① 法治国家从本质上将公共权力从"人治"中解脱出来，使民众成为国家政治生活的主人，树立了国家治理体系所依赖的民主原则；法治政府对国家行政权进行了明晰和制约，推动了政府由单一权威向多元主体中的一元转变，是构建国家体制体系的重要路径；建设法治社会将政府之外的其他治理主体纳入法治框架中，为国家治理体系与治理能力现代化培育了社会土壤。可见，法治国家、法治政府、法治社会三者相辅相成，将国家治理体系全盘法治化，从而提升治理能力现代化。

通过加强法治国家建设来推动国家治理体系与治理能力现代化主要从四个方面入手：其一，全面推进依法治国的重大任务，必须"完善以宪法为核心的中国特色社会主义法律体系"②。通过不断完善和扩充国家法律制度，力图将大部分政治行为纳入法律调整范围③，这样即可将国家治理体系的运转囊括于其中，使得处理公共事务的活动有相对固定的规则和程序可循，将提升国家治理体系的制度化、理性化和常态化。其二，正确划分国家机构之间的权力界限，处理好政府、人民代表大会、政治协商会议、人民法院和人民检察院之间的关系：人民代表大会作为最高权力机关在国家治理体系中起着重要作用，应确保其发挥民意表达机构的作用，并且对政府形成实质性的监督，保证其作为立法机关的独立性不受任何组织与个人的干涉；通过确立政治协商会议的宪法地位，增强其团结无党派人士和人民团体的组织能力，拓展社会主义民主的范围，有助于实现公共决策的民主性和科学性；通过深化司法体制改革，确保人民法院和人民检察院独立行使审判权和检察权，对国家治理体系的各参与主体进行有效的司法监督，确保公共治理的合法性。其三，通过加强法治国家建设可以实现程序正义，为公共问题的协商解决提供技术平台，而无需通过制度外的途径如群体性事件来解决利益纠纷，而是在法律的框架下通过谈判或者诉讼来化解矛盾。同时，通过保护公民的选举权、被选举权以及言论、出版、结社、游行、示威等政治权力，可以确保民意的充分表达，并在公权力的

---

① 姜明安：《论法治国家，法治政府，法治社会建设的相互关系》，《法学杂志》2013 年第 6 期。
② 胡锦涛： 《中国共产党第十七届中央委员会第四次全体会议公报》，http://news.xinhuanet.com/politics/2009-09/18/content_ 12076251. htm。
③ 孙笑侠：《法治国家及其政治构造》，《法学研究》1998 年第 1 期。

行使中得到体现。其四,建设法治国家应该巩固党在公共事务中的领导地位。国家治理体系和治理能力的现代化不能一味地分权和放权,更不应该忽视党所掌握的巨大社会资源和组织动员能力,应该建立以中国共产党为中心的民意整合机制。

加强法治政府建设主要从转变政府管理模式出发推进国家治理体系和治理能力现代化。其一,建设法治政府从实质上对行政权进行了制约,有助于厘清政府与其他治理主体的权限边界。在法治政府中,政府在宪法与行政法严格规定的范围内行使职权,市场和社会能够处理的事务交由市场和社会本身解决,保证市场资源配置中的基础性作用。这样也能促进政府职能的转变,促使政府致力于产出优质的公共产品与公共服务。其二,建设法治政府将不断规范政府的决策过程,有助于鼓励公众参与公共决策。国家治理体系的核心在于公众共同参与公共事务的处理,而政府应在决策过程中的主导地位制约了公众参政的积极性,建设法治政府应在决策程序方面进行立法和司法监督,以法律形式明确公民参与公共事务的范围、途径和方式①,例如以行政法形式完善听证制度,强制确保公众充分参与到决策过程之中。另外,关于信息公开制度相关法律法规的建立也可以提升政府透明度,便利其他治理主体开展监督,同时也便利了以政府事务为中心的多元互动,提升了治理过程的效率。其三,建设法治政府有助于在行政权内部进行分立和整合。政府部门要实现对权力结构的合理安排,理顺部门职责关系,避免职责交叉而相互推卸责任;以法律形式规定中央与地方之间的权责关系,力图做到在中央的统一领导下充分发挥地方主动性,地方政府不仅要对上级政府负责,更要对当地民众负责;严格绩效管理、突出责任落实,同时明确权力行使的监督主体,加强对执法活动的监督。在探索政府内部与外部跨领域、跨部门的协作治理机制的过程中,朝着"无缝隙政府"的方向不断迈进。其四,建设法治政府使政府责任法定化,确保政府积极承担在国家治理体系中的任务,而其他治理主体则可以通过法律途径对政府行为进行追责。这样可以提高政府处理公共事务的效率,增加执行机关对民意的回应性,提升政府本身的治理能力。其五,建立法治政府的最终目的应当是建立有限政府,即在全面深化改革的进程中逐步减少政府对经济、社会领域微观事务的干预,尊重市场调节和社会发

---

① 姜明安:《公众参与与行政法治》,《中国法学》2004年第2期。

展的客观规律，既要激发社会活力，又要让市场在资源配置中起决定性作用；鼓励社会组织发展，力求在多元、集体、互动的治理模式中，解决庞杂、专业的社会问题。

加强法治社会建设应，不断夯实国家治理体系和治理能力现代化的基础。其一，法治社会建设是全社会意义上的法治化，其实现路径是社会组织乃至个人自觉地以法律作为自身行为为准则，并在法律准绳下实现社会自治，这与公共治理的精髓相契合，具有法律自治能力的众多主体参与到国家治理体系中，将整体提升国家治理体系的合法性和有效性。其二，法治社会建设在全社会范围内形成遵纪守法的良好风气，并且提升了民众的"公民意识"与"法律意识"，促使民众积极争取自身合法权益，踊跃投身于公共事务的处理中，为推进国家治理体系和治理能力现代化形成良好氛围。其三，在法治社会建设中，公民必须承担相应的权利和义务，并形成标准化的组织形式。通过这些组织来集合、提炼和表达公共意见，使得个人力量聚集成为组织力量，不断提升社会层面的治理能力。

综上所述，本文认为，法治作为一种与人治相对立的社会管理手段，可以实现对社会行为的规范与引导。在全面深化改革的过程中，法治建设对于推动国家治理体系与治理能力现代化具有重要的引导、规范、保障作用。审视中国法治建设的现状不难发现，当前的法治实践在法律体系、司法公正、法律文化等方面还存在着诸多不足。这些不足与缺口为我们开启了完善治理体系、强化治理能力的三种法治路径：法治国家路径、法治政府路径、法治社会路径。

法治政府的能力建构与优化策略

陈 文 汪永成*

中共十八届四中全会从建设中国特色社会主义法治体系、建设社会主义法治国家、促进国家治理体系和治理能力现代化的高度，明确提出了全面推进依法治国的总体目标、基本原则和重大任务，强调要"加快建设职能科学、权责法定、执法严明、公开公正、廉洁高效、守法诚信的法治政府"①。这是在中国改革进入攻坚期和深水区，社会利益愈加多元，社会结构深刻嬗变，中国面对的改革发展稳定任务之重前所未有、矛盾风险挑战之多前所未有的新形势下提出的，因此具有鲜明的时代性和极强的现实针对性。

现代政府的法治能力建设主要包括法治能力提升与法治能力规制两个方面，前者解决的主要是政府能力不足的问题，而后者重点要解决公共权力运行过程中的僭越和偏差问题。中国政府的法治能力建设是在既要为顺应现代社会发展需要和应对现实挑战，必须迫切提升政府依法治理社会的各种能力，又要考虑到公共权力运行过程的膨胀性和破坏性，不能不加以制约和规范的双重选择和博弈中展开的。

一 政府法治能力的提升路径

早在古希腊时期，亚里士多德就深刻地指出："法治应包含两重意

---

* 陈文：深圳大学当代中国政治研究所副所长、副教授、中央编译局博士后；汪永成：深圳大学当代中国政治研究所教授，深圳大学研究生院院长。
① 《中共中央关于全面推进依法治国若干重大问题的决定》，《人民日报》2014 年 10 月 29 日。

义：已经成立的法律获得普遍的服从，而大家所服从的法律应该本身是制定得良好的法律。"① 在现代社会里，法治（rule of law），即法律主治，是一种贯彻法律至上，严格依法办事的治国原则和方式。它要求"人民的福利就是最高的法律"②，而且这种反映人民利益的法律具有至高无上的权威，并在全社会得到有效的实施、普遍的遵守和有力的贯彻，而作为法律特定执行主体的政府，提升其法治能力就显得尤为重要。

（一）提升政府依法维护社会秩序的能力

马克思主义经典作家从历史唯物主义的视角，科学地审视了国家"产生于"社会而又与社会"日益脱离"，并且"凌驾于"社会之上的客观规律，既从来源层面肯定了社会对于国家的决定性，又从现实层面承认了国家相对于社会的独立性，进而认为国家的重要职能就在于将社会关系"保持在'秩序'的范围以内"③。现代政治学家亨廷顿甚至直截了当地强调，"人当然可以有秩序而无自由，但不能有自由而无秩序"④。因此，"秩序原理"是人类社会恒定的基本政治理念，维护社会秩序稳定的能力是政府应该具备的最基本的元能力，任何政府最重要的一项职能也就是建立和维护社会的良好秩序。

虽然政府维护社会秩序的能力是以强制性的公共权力为后盾的，而且在特定情形下直接表现为运用暴力，但是维护社会秩序长期稳定的能力更依赖于政府对于法治方式和法治手段的娴熟运用。正是在此意义上，政府维护秩序的能力就是"维护典则或法律的能力，就是维护社会正义和公理的能力"⑤。在经历30多年改革开放之后，中国的法律体系越来越完善，中国特色社会主义法律体系已经形成，法治政府建设稳步推进。但必须清醒地认识到，在现实中"有法不依、执法不严、违法不究现象比较严重，执法体制权责脱节、多头执法、选择性执法现象仍然存在，执法司法不规范、不严格、不透明、不文明现象较为突出""一些国家工作人员特别是领导干部依法办事观念不强、能力不足"⑥，利用法治方式维护社

---

① 亚里士多德：《政治学》，商务印书馆1983年版，第46页。
② 洛克：《政府论》下卷，商务印书馆1983年版，第97页。
③ 《马克思恩格斯选集》第4卷，人民出版社1994年版，第166页。
④ 塞缪尔·亨廷顿：《变化世界中的政治秩序》，三联书店1989年版，第7页。
⑤ 张国庆：《行政管理学概论》，北京大学出版社2000年版，第567—568页。
⑥ 《中共中央关于全面推进依法治国若干重大问题的决定》，《人民日报》2014年10月29日。

会秩序稳定的水平缺乏。因此，迫切需要通过完善法律法规体系、创新执法体制、完善执法程序、严格执法责任、明晰政府职能、规范行政行为，提升政府运用法治方式和通过法律程序维护社会秩序稳定与和谐的能力，切实纠正和改变传统"搞定就是稳定""摆平就是水平"等狭隘的社会稳定观念和政府管控思维，真正实现由"压力式维稳"向"法理式维稳"转变，将法治作为治国理政的基本方式，着力构建和维系以法治理念为导向、法律规则为准绳的良好社会秩序，以促进社会的持久稳定与和谐繁荣。

（二）提升政府依法协调社会利益的能力

正如恩格斯所强调的："每一个社会的经济关系首先是作为利益表现出来。"① 随着中国社会主义市场经济体制的建立和逐步完善，经济市场化和市场开放化程度大幅提高，公民的利益来源更为紧密地依赖于市场，人们的利益获取渠道和利益实现形式也越来越多样，社会利益关系发生了复杂的分化和重组。与此相伴随的是，在市场环境中涌现出来的新兴利益群体与计划体制下旧有利益群体之间的矛盾日益突出，新兴利益主体之间的利益竞争和利益博弈关系也开始显现，不同利益主体之间的利益矛盾甚至利益冲突日益增多。

在社会利益结构发生深刻变迁的背景下，提升政府依法协调社会利益的能力对于构建社会主义和谐社会、夯实执政党的执政基础具有至关重要的作用。其一，应依法保护公民的合法权益。严格按照《中华人民共和国宪法》《中华人民共和国物权法》等法律法规中有关保护公民合法私有财产权的规定，从制度层面切实捍卫公民获取合法利益的权利，切实保障公民合法的私有产权，维护公民的各种法定权益，减少由于政府部门的不作为或乱作为而导致的公民合法权益受损的情况。其二，完善社会利益的法治调节体系。通过创新法治体制、法治程序与法治方式等，建立健全公民广泛参与的规范化、法制化、民主化的利益分配及调节体系，提升新时期政府依法协调和整合社会利益的法治能力。要充分重视和善于运用法律手段调节利益关系，规范各种社会个体和社会团体的利益行为。既要以最广大人民的根本利益为出发点和落脚点，又要高度重视和有效保障人民群众最现实、最关心、最直接的利益，尤其是要在法制层面对困难群体的利

---

① 《马克思恩格斯全集》第18卷，人民出版社1964年版，第307页。

益诉求给予更多的制度支持和财政倾斜。其三，依法统筹兼顾各种社会利益。在制定法律法规和出台改革政策措施时，要特别重视反映和兼顾各种社会主体的不同利益需求，坚持在法律的框架内统筹个人利益与集体利益、局部利益与整体利益、当前利益与长远利益，既要强调通过发展增进社会利益，又要善于运用法治方式实现利益均衡，既要通过合法的市场竞争提高效率，又要按照基本的法律保障维护社会的正义与公平，搭建社会多方利益主体广泛参与的常态化沟通和协商平台，努力在法治轨道上寻求不同阶层和群体之间利益的平衡点和结合点。

（三）提升政府依法化解社会矛盾的能力

马克思主义认为，矛盾具有普遍性和客观性的特点，任何社会都是在解决旧矛盾和出现新矛盾的辩证过程中获得进步和发展的。随着中国改革开放已经"进入攻坚期和深水区"，社会发展正处在高风险的关键时期，社会利益关系愈加复杂，新矛盾新问题层出不穷。因此，中共十八届三中全会就特别指出要"坚持依法治理，加强法治保障，运用法治思维和法治方式化解社会矛盾"[1]。中共十八届四中全会再次强调要"强化法律在维护群众权益、化解社会矛盾中的权威地位"[2]。

一方面要完善社会矛盾预防的法治机制。充分挖掘和激活现有法律制度文本内存在的各种"存量民主"因素，建立健全畅通有序的诉求表达机制，通过"矛盾疏导"解决"矛盾累积"问题。切实落实重大决策社会稳定风险评估程序，真正通过科学评估去发现社会矛盾、避免社会矛盾和弥合社会矛盾，坚决纠正形式化、应付性和过场式的社会稳定风险评估。另一方面要健全社会矛盾解决的法治机制。通过厘清社会矛盾解决的责任分工，完善社会矛盾调处的协作体系，健全社会矛盾化解的落实机制，确保群众有问题能反映、有矛盾能化解，避免社会矛盾的叠加式和累积式爆发，走出矛盾处理过程中"议而不决、决而无用"的拖延怪圈。

（四）提升政府依法调适社会关系的能力

社会形态是由处于特定社会历史阶段的各种社会关系体系所构成的，社会关系主要包括国家与社会、国家与市场、国家与家庭、国家与群体、国家与个人、群体与群体、个人与群体、个体之间的复杂关系系统，此种

---

[1] 《中共中央关于全面深化改革若干重大问题的决定》，《人民日报》2013年11月16日。
[2] 《中共中央关于全面推进依法治国若干重大问题的决定》，《人民日报》2014年10月29日。

系统一旦形成，便会衍生出特定的社会功能和社会行为，进而深刻影响社会形态的运行。

在现代社会中，政府必须在特定的社会关系中运作并要依据公共利益原则依法调适各种社会关系，其中最为重要的集中在如下两个领域：首先，要依法调适政府与市场的关系。在坚持市场在资源配置中起决定性作用，积极稳妥地从广度和深度上推进市场化改革的同时，要着力解决市场体系不完善、政府干预过多和监管不到位等政府缺位越位问题，重点提升政府通过法治方式保持宏观经济稳定，加强和优化公共服务，保障公平竞争，强化市场监管，维护市场秩序，弥补市场失灵等方面的能力。其次，要依法调适政府与社会的关系。在改革开放之后的相当长一段时期内，中国偏重于经济领域的立法，而在社会领域的立法相对不足，但在新时代背景下社会建设和社会工作的重要性日益突出。因此，应将处理政府与社会的关系作为转变政府职能的突破口，重点提升政府引领社会自治和优化公共服务的能力，把政府部门不该管、管不好的职能交由社会力量来承接，充分激活社会自治因素和公民参与积极性，将一些不属于政府职责范畴内的社区自治、社会服务类事务逐渐剥离出来，委托给居委会、村委会、业委会、社会组织及相关企业来承担，严格落实《中华人民共和国城市居民委员会组织法》和《中华人民共和国村民委员会组织法》，改变居委会、村委会长期以来行政化、官僚化或空心化趋向，实现政府依法管治与社会有序自治的良性互动和多元共治。

（五）提升政府依法规范社会行为的能力

在新中国成立之后的相当长一段时期内，中国实际上推行的是一条以计划体制为根基的"国家全能主义"路径，在以政治权力为维系手段、以组织力量为控制形式的单位社会时期，人们主要生活在"单位体制"之中，社会行为往往服从于政治运动，社会管理具有极强的政府管制和单位体制色彩，并深刻影响到现行的社会管治模式。但是，随着经济市场化改革和社会开放化程度的提高，中国社会逐步走出"单位体制"而进入"后单位时代"，以私有产权为利益基础、以公民自由聚合为特征的现代社会形态逐渐生成。

随着民众受教育程度和文化水平的提高，新兴网络媒体的出现，社会意识形态正在经历全面转型，公民的法治观念、自由意识和平等思想不断提升和强化，民众的行为方式发生了深刻嬗变，因此迫切需要提升政府依法规范现代社会行为的能力。其一,采取法治方式引领社会的主导性民意。通过广泛征求意见、深入开展民意调查等多种形式,及时了解社会民意动向,依据量化的民意来制定和调整公共政策,建立健全高效、灵活的民意表达和吸纳机制,以获得社会绝大多数民意的持续支持。其二,规范网络虚拟空间的社会行为。加强净化网络空间的法律法规制定工作,让网络立法为网络信息安全保驾护航,注重运用法治手段正确引导和有序规范网络民意,充分利用现代新兴媒体技术引领社会行为,实现政府信息从"灌输"到"疏导"的转变,使得政府运作过程更为规范和透明,从而提升民众对政府的认同度和信任感。其三,提升对失范社会行为的危机管理能力。政府必须减少或规避社会行为失序所带来的公共危害,化解危机产生的负面影响,尽量减少危机产生的损失。重点要提升政府在危机发生之前的系统预防和科学预警能力、危机发生时的先期处理和应景反应能力、危机发生过程中的有序疏导和高效控制能力、危机发生之后的妥善安置和矛盾消弭能力等。

二 政府法治能力的规制策略

哈耶克指出,"法治的意思就是指政府受到事前规定并宣布的规则的约束"[1],因此提升法治能力只是政府法治能力建设的一个维度,而对政府权力运行予以有效规制也是其重要内涵。政府能力法治化就是要求政府权力运行和能力建构必须受到法律的约束和控制。

(一)以权利规制政府权力的运行

由于公共权力从根本上来源于公民权利,因此"毫无疑问,依靠人民是对政府的主要控制"[2],政府能力存在的根本目的就在于实现人民的权利和福祉。中国宪法和法律虽然规定了人民管理国家事务和社会事务的各项基本权利,规定了对国家机关及其工作人员有批评、建议、申诉、控告、检举等多种权利,但是这些权利的具体实现和救济机制亟须具体落实。因此,应进一步扩大和丰富公民有序参政和议政的范围和形式,建立

---

[1] 弗雷德里希·奥古斯特·哈耶克:《通往奴役之路》,中国社会科学出版社1997年版,第73页。

[2] 汉密尔顿等:《联邦党人文集》,商务印书馆1980年版,第264页。

健全公民权利的落实机制,以权利实现的深度和广度来制约权力运行的强度和力度。完善公民直接参与立法、参与行政管理、参与监督政府的有效机制,通过政务公开、信息公开以及听证等各种行政程序和形式确保公民直接参与行政管理过程;通过行政复议、行政诉讼、宪法诉讼等多种形式有效参与监督。另外,尤须重视有序培育权益类社会组织在控制政府运行中的"组织化"作用。

(二)以权力规制政府权力的运行

孟德斯鸠早就指出:"要防止滥用权力,就必须以权力约束权力。"① 中国虽然不实行三权分立,但立法、行政和司法三项权力的职能分工是客观存在的。② 完善中国特色的分权制约机制,应该采取现实主义的理性态度。其一,要优化权力配置、权力关系和权力流程。完善人民代表大会制度,保障人民代表大会及其常委会的权威,通过充分发挥人大作用以规制政府权力的运行。其二,健全司法体制,完善确保依法独立公正行使审判权和检察权的制度,使司法机关在人民代表大会制度下能单独约束政府行为。其三,实行政府内部决策、执行、监督三权相对分立和制约的体制。决策权与执行权相对分离,有利于规避决策者过多的部门利益考量,促进政府部门恪守全局利益和公共利益,提高政策制定的公共性和公正性。而且,"掌舵"(决策能力)与"划桨"(执行能力)的相对区分,也有利于提高行政效率,保证政府行政的廉洁性和效率性。其四,完善政府内部上下层级监督和专门监督制度,改进和优化上级机关对下级机关的监督方式,建立健全常态化的巡查监督制度,以行政纵向权力监督政府权力的运行。

(三)以法律规制政府权力的运行

法治作为一种先进的治国方式,要求整个国家治理以及社会运行均依法而治,即管理国家、治理社会主要依靠法律这种普遍、稳定、明确的社会规范和公共权威,而不是靠任何人格权威,也不是依赖当权者的威严甚至特权,更不是靠亲情和人情关系。法律才是公民行为、社会活动和政府管理的主要依据和最终导向,是规制和裁决包括政府在内的所有社会主体行为的基本准则和最高标准;任何个人和组织都不能凌驾于法律之上,其

---

① 孟德斯鸠:《论法的精神》上册,商务印书馆1982年版,第154页。
② 夏勇:《改革司法》,《环球法律评论》2002年第2期。

行为和活动都要纳入法制的轨道和范围。

法律主要通过以下三个方面规范和控制政府能力：一是通过宪法、组织法控制政府能力的权源。宪法对公民的基本权利进行了详细规定，组织法对国家权力机关的主要职权做了明确限定，对国家各机构之间的权力边界予以了界定和划分。政府只能在宪法和组织法所规定的职权范围内实施具体的行政行为，而不能逾越权力红线，否则就应该承担相应的法律责任。二是以程序法制约政府能力的运行。程序法是对政府权力运行过程进行控制的有效工具，其通过明晰的程序细则，对政府的行政方式和步骤进行了明确规定，因此必然会对政府权力的运行过程产生制约作用。三是通过监督法、责任法、救济法制约政府权力的滥用。监督法、行政责任法、行政救济法主要是事后对政府权力进行控制，监督法为政府权力的行使是否遵守法定权限、法定程序提供监督机制；责任法为滥用行政权的行为提供法律责任追究机制；救济法为受到滥用行政权行为侵犯的公民提供法律救济机制。

（四）以程序规制政府权力的运行

程序可以理解为政府能力运作时应当遵循的方式、步骤、时限和顺序。无程序即无权利，无程序则难以落实法治，程序在控制政府权力的过程中具有重要地位，轻视程序的结果往往是政府以国家神圣为由剥夺公民实体法上的权利。在国外，制定行政程序法典已成为一种趋势，如西班牙于1889年制定了《行政手段标准法》，奥地利于1925年通过了《行政手续法》，美国1946年制定了《联邦行政程序法》。1950年，奥地利在其《行政手续法》的基础上，又制定了《一般行政程序法》《行政处罚法》《行政处罚程序法》《行政强制执行法》四个行政程序法典。联邦德国在1976年制定了《行政程序法》。日本在1994年颁布了《行政程序法》。

从现有的法律体系来看，中国的行政程序立法还相对滞后。一是许多行政程序尚未法律化，如行政检查、行政强制执行等方面依然缺乏完整和规范的法定程序；二是相关行政程序法条中所规定的程序过于笼统和简单，而且在很多具体程序实施方面甚至缺乏时限规定；三是有些行政程序侧重于赋予政府权力，而欠缺对于违反程序的法律后果、法律责任和法定义务的规定；四是现有行政程序中缺乏保障公民合法权益的制度规则，容易诱发公民合法权益受损；五是行政程序立法不统一，尚没有形成一部统一的行政程序法典等。因此，为了发挥程序规则对于政府能力的制约作用，应该借鉴西方国家的成熟经验，早日制定中国统一的《行政程序法》，建立或完善情报公开制度、听证制度、回避制度、记录和决定制度、听取陈述和申辩制度、职能分离制度、告知制度、不单方接触制度等。

（五）以公开规制政府权力的运行

列宁强调"广泛民主原则"要包含两个必要条件：第一，完全的公开性；第二，一切职务经过选举。因此，要有效规制政府运行和控制政府僭越能力，也必须将政府置于阳光之下，通过公开化来促进对政府能力的控制。行政公开制度化、法制化是国际通行的规则，西方国家为了保障行政公开化的落实，陆续制定了《行政程序法》《政府会议公开法》《情报自由法》《行政规章公布法》《公共机关情报公开法》《阳光下的政府法》等法律法规。因此，要保证公民知情权的落实，就必须将政府部门及其公务员履行公开行政信息的义务，上升到具有强制力的法律规定，细化行政公开的具体标准和要求，丰富行政公开的方式和途径，充分利用现代先进网络媒体技术等手段，将行政权力运行的依据、过程和结果依法向相对人和公众充分公开，使得相对人和公众知悉行政过程。

（六）以问责规制政府权力的运行

政府责任是政府法治能力构建的核心要素，问责是确保法律有效实施的客观要求。任何一种权力都必须设定相应的职责，权力与责任的统一是法治的亘古法则。权力行使部门和个人必须承担权力实施所带来的各种后果和责任，例如相应的法律责任、政治责任和道义责任等，真正做到有权必有责、用权受监督、侵权要赔偿。以问责制约政府能力就是通过法律规范来明确规定权力主体对其行为所应负的法律责任，并通过一整套的具体制度予以保障。

一方面，中国现行立法相对重视设定公民责任，而弱化了对政府责任的设定。一些规范政府行政行为的综合性法律法规欠健全，一些单行法律法规中对政府负责任的规定甚至处于空白状态，或者由于力度不够而不具有威慑力，有的规定因过于原则而无法追责。另一方面，现行行政执行体制相对注重行使行政权，而不重视承担行政责任，对行政执行的监督机制欠完善。外部监督尽管主体众多，但由于监督权和监督程序界定不清晰而难以形成有效监督，对专门监督虽然建立了许多制度，但因为行政依附关系而难以落实。在行政执法中部门执法与综合执法关系不顺，往往淡化了部门主管责任，而片面地强调属地责任，导致执法主体职责不明确，相互推诿和扯皮现象突出。

要从根本上解决这些问题，必须建立制度完备的责任型政府管理体制，制定和完善政府的权责清单，强化政府法定责任和监督机制，理顺部门主管责任与属地管辖责任关系，建立健全政府责任制体系。逐步建立和完善行政首长在政府工作中出现重大违法、失职、滥用职权等情形时罢免、引咎辞职的政治责任制度；健全所有公务员因违法失职、滥用职权、贪污腐败等行为而受到行政处分和刑事处罚制度；健全政府机关的违法行政行为依法被撤销、变更制度；建立行政机关和公务员因轻微违法、失职或官僚主义等而向公民、法人赔礼道歉的道义责任制度。

三　结　语

建设法治政府是加快建设社会主义法治国家，全面推进依法治国的重要内涵和主要任务，实现政府法治能力的现代化也是推进国家治理体系和治理能力现代化的必然要求。政府能力现代化主要是指政府能力系统随着行政环境的变迁而从低级到高级、从简单到复杂、从管控到治理、由无序到规范、从人治到法治的提升和完善的动态过程。而政府法治能力现代化则意味着现代政府主要倚重于运用法治方式有序治理社会，通过完善法律法规体系、创新执法体制、完善执法程序、严格执法责任、明晰政府职能、规范行政行为，使得政府能力建设适应现代法治社会的要求。建设现代政府的法治能力既需要提升政府依法维护社会秩序能力、依法协调社会利益能力、依法化解社会矛盾能力、依法调解社会关系能力和依法引领社会行为能力，又必须以权利、权力、法律、程序、公开、问责等手段规制政府权力的运行。

以权力法治化推进地方政府治理现代化

张会龙[*]

政府治理、市场治理和社会治理构成了现代国家治理的三个基本面向。作为国家治理中的核心主体和主导力量,政府按照层级标准又可划分为中央政府和地方政府。地方政府治理现代化不仅是国家治理现代化的题中之义,也是决定国家治理现代化最终能否实现的重要因素。地方政府治理施政的主要依凭是公共权力,因此权力如何配置、运行、监督以及如何获得支持,对地方政府治理现代化具有根本性影响。而法治化与现代化在良政善治上的耦合关系,决定了权力法治化必然成为地方政府治理现代化的核心内容和重要动力。

第一,以权力配置法治化,推进地方政府治理体系现代化。一个合理的组织体系是地方政府治理的载体,也是实现其现代化的基础和前提。地方政府治理体系的职能范围、制度设计、机构设置以及运行机制和效率都取决于政府权力的配置方式。在现代国家政治中,权力配置的普遍特征就是法治化,即按照宪法和法律原则来确定不同层级、不同性质组织机构的权力。就地方政府治理而言,权力配置法治化不仅有助于廓清地方政府的职责边界,也将从根本上规范组织体系内部结构间的相互关系,从而推进治理体系的优化和完善。总体来看,地方政府权力配置法治化可分为纵向与横向两个基本层面。纵向上包括中央政府和地方政府之间,以及不同层级地方政府之间权力配置的法治化。通过纵向上事权与财权、集权与分权的平衡和分配,以法律形式找准各级地方政府在整个国家治理体系中的职权定位。横向上包括党政权力配置法治化,立法机关、行政机关和司法机

---

[*] 张会龙:云南大学副教授、硕士生导师。

关权力配置法治化，以及政府工作人员尤其是领导干部权力配置的法治化。最终通过这样的法治化过程，明晰地方政府的职权范围，形成各权力主体间的良性互动机制，从而推进地方政府治理体系现代化。

第二，以权力运行法治化，推进地方政府治理过程现代化。对地方政府治理现代化的考量，不仅包括结果导向，还应包括过程控制。治理过程是否符合规范、程序和制度要求，直接关系到地方政府治理的效率和品质。地方政府治理的展开有赖于公共权力的运用，因此，权力运行机制的合理、顺畅与高效就成为地方政府治理过程现代化的首要条件。在现代政治生活中，法治手段是保障公共权力正常运行的关键，也是实现地方政府治理过程规范化和制度化的必由之路。法律是治国之重器，良法是善治之前提。为保证公共权力始终在法治轨道上运行，不仅需要以实体法规范地方政府权责，还需以程序法约束地方政府行为，进而以法制形式谱写各级地方政府的权力清单，确保党政机关依法执政和依法治政。在现实治理过程中，地方政府应遵循预定性的法律程序行使职权和履行职责，强化法治思维、培育法治文化。具体而言，就是要求地方国家权力机关依法行使决议权，地方人民政府依法行使行政权，地方"两院"依法行使司法权，以及地方政府工作人员依法用权和依法履职。

第三，以权力监督法治化，推进地方政府治理方式现代化。地方政府治理体系、治理过程和治理能力最终都将以具体的治理方式予以呈现和落实。因此，地方政府治理方式现代化就构成了地方政府治理现代化中不可缺少的一环。由于地方政府治理以权力为依托，因此治理方式与治理手段的改进和创新必须合乎权力运行规律，才能真正实现现代化。而权力监督法治化有利于敦促地方政府权力有效且有限地运转，减少不作为或乱作为现象，进而为治理方式现代化设置科学合理的权力区间。权力监督法治化，一方面要求对地方政府权力实施制度化、常态化的监督，约束公共权力的扩张性，防止权力任性、权力滥用和权力腐败，最终把权力关进制度的笼子；另一方面则要求避免监督权本身的滥用，以免扰乱正常的地方政府治理行为。在监督形式上，通过法治化框架促使党内监督、法律监督、民主监督、审计监督、社会监督和舆论监督等各项监督手段协调配合、形成合力；在监督内容上，逐步实现对执政党机关与国家政权机关政治行为和政治过程监督的法治化。由此从内容和形式的双向维度健全地方政府权力监督体系，避免地方政府在现实治理活动中的缺位、错位和越位。

第四，以权力支持法治化，推进地方政府治理能力现代化。地方政府治理目标的有效实现，离不开财政资源、智力资源、社会资源、市场资源、文化资源等各种外部条件对政府权力组织和运用的支持。对这些支持性资源的汲取能力，既是地方政府治理能力现代化的衡量标准之一，也是推进治理能力现代化不可或缺的动力。而构建法治化的权力支持体系，正可以满足地方政府治理现代化对政治资源的渴求。权力支持法治化，首先意味着地方政府须通过制度化、规范化、程序化的手段和途径来有效获取并充分利用这些外部支持；其次要求地方政府运用必要的法律手段，对复杂多样的支持资源，特别是以组织机构为载体的社会支持力量进行日常管理；再次要求地方政府依法协调各部分支持条件的各自特性和交互作用，使这些支持条件在法治轨道上相互配合、形成合力，努力打造地方政府治理的支持系统，提升地方政府治理能力。

在法治轨道上推进国家治理体系和治理能力现代化[*]

黄新华[**]

法律是治国之重器，良法是善治之前提。改革开放以来，法治与改革始终相伴随。从中共十八届三中全会部署全面深化改革，到十八届四中全会部署全面推进依法治国之间"有着深刻的内在逻辑，就是要在法治轨道上推进国家治理体系和治理能力现代化，在全面深化改革总体框架内推进依法治国各项工作，在法治保障下不断深化改革"[①]。随着《中共中央关于全面推进依法治国若干重大问题的决定》贯彻实施，国家治理领域必将迎来一场广泛而深刻的变革，因为以法治促进国家治理体系和治理能力现代化的方向已然清晰，法治国家、法治政府、法治社会的一体建设，将为国家治理体系和治理能力现代化奠定坚实的基础。

一 法治是国家治理体系和治理能力现代化的基石

作为现代社会的核心范畴，法治是国家治理体系和治理能力现代化的基石。"法治与国家治理息息相关。推进国家治理现代化，必然要求推进国家治理法治化，这是国家治理现代化题中应有之义"[②]。这是因为国家治理体系和治理能力现代化是以法治为基础和依托的，"现代化的国家治

---

[*] 本文为厦门大学哲学社会科学繁荣计划项目、福建省社科规划重点项目"国家治理体系和治理能力现代化研究"（2014A004）的研究成果。

[**] 黄新华：厦门大学公共事务学院。

[①] 人民日报评论员：《用法治为全面深化改革护航》，《人民日报》2014年10月28日。

[②] 张文显：《法治化是国家治理现代化的必由之路》，《法制与社会发展》2014年第5期。

理体系建构在法治基础之上的,无论是国家治理、政府治理还是社会治理,其基本方式是法治轨道上的治理"①。法治既是国家治理体系和治理能力现代化的重要保障和关键指标,也是实现国家治理体系和治理能力现代化的必然选择。

（一）法治是国家治理体系和治理能力现代化的坚实保障

国家治理体系和治理能力现代化最重要的制度要求和特征就是国家治理法治化,没有国家治理的法治化,就没有国家治理体系和治理能力的现代化,"法治化"与"现代化"相互依存、相互促进。② 只有在法治轨道上不断深化改革,推进国家治理现代化,才能确保国家长治久安。作为治国理政的基本方式,法治与国家治理体系和治理能力有着内在联系,在国家治理现代化的进程中,法治的规范性为国家治理的制度安排提供了清晰的价值指南和构建依据,有助于协调政府、市场与社会之间的关系,规范国家治理权限。因为"法治的实质意义,是宪法和法律是国家治理的最高准则,任何组织和个人都必须在宪法和法律的框架内行动"③。法治轨道上的国家治理体系和治理能力现代化,提供了国家治理正当性、合法性、权威性的公共基础,维护了国家治理的民主、公平、正义、理性等核心价值,有效地协调了国家权力和公民权利的关系。

（二）法治是国家治理体系和治理能力现代化的核心要素

国家治理体系是在党领导下管理国家的制度体系,包括经济、政治、文化、社会、生态文明和党的建设等各领域体制机制、法律法规安排,也就是一整套紧密相连、相互协调的国家制度;国家治理能力则是运用国家制度管理社会各方面事务的能力,包括改革发展稳定、内政外交国防、治党治国治军等各个方面。全面深化改革,推进国家治理体系和治理能力现代化,其核心就是要实现国家治理体系和治理能力的法治化。一是国家治理体系的法治化。国家治理体系是国家制度的集中体现,宪法和法律是构建国家治理体系的基础,国家治理中的政治制度、经济制度等是由宪法确立的,政治、经济、文化、社会、生态、党的建设等领域的各项体制机制和具体制度也是由宪法和法律规定的,因此国家治理体系是以法治为基础

---

① 吴永明:《沿着法治轨道推进国家治理体系现代化》,《江西日报》2014年5月5日。
② 莫纪宏:《国家治理体系和治理能力现代化与法治化》,《法学杂志》2014年第4期。
③ 俞可平:《依法治国、公平正义和国家治理现代化》,《光明日报》2014年10月30日。

的规范体系，国家治理现代化过程实际上就是一个法治化过程。二是国家治理能力的法治化。国家治理能力集中体现为制度执行力。"如果说国家的各项制度都应该表现为法律制度的话，国家治理能力实际上就是法治能力。法治能力就是以法治理念为基础，运用法治思维和法治方式，认识、处理、决策相关问题的能力。"[1] 推进国家治理能力的现代化，归根结底是提高依宪治国、依法治国和依法行政的能力，提高实施宪法和法律、执行各项制度的能力和水平。

（三）法治是国家治理体系和治理能力现代化的必然要求

推进国家治理体系和治理能力现代化，必须适应时代变化，既改革不适应实践发展要求的体制机制、法律法规，又不断构建新的体制机制、法律法规，逐步形成系统完备、科学规范、运行有效的制度体系，实现党、国家、社会各项事务治理的制度化、规范化、程序化。宪法和法律是制度构建、确立和执行的基础，任何一项制度的产生、运行、修改等都必须以法律为依据或制度直接表现为法律形式，即通过法治方式来完善和发展各项制度，因此"依法治国，是坚持和发展中国特色社会主义的本质要求和重要保障，是实现国家治理体系和治理能力现代化的必然要求"[2]。完善国家制度体系，推进国家治理现代化，当务之急是要完善社会主义法治体系，建设社会主义法治国家，在中国共产党的领导下，坚持中国特色社会主义制度，贯彻中国特色社会主义法治理论，形成完备的法律规范体系，高效的法治实施体系，严密的法治监督体系，有力的法治保障体系和完善的党内法规体系，坚持依法治国、依法执政、依法行政共同推进，促进国家治理体系和治理能力现代化。

二 发挥法治在国家治理体系和治理能力现代化中的作用

作为治国理政的基本方式，法治既是推进国家治理体系和治理能力现代化的基石，也是实现国家治理和治理能力现代化的重要途径。"由于法治贯穿改革发展的全过程，覆盖经济、政治、社会、文化、生态文明和党

---

[1] 俞可平：《推进国家治理体系和治理能力现代化》，《前线》2014年第1期。
[2] 《中共中央关于全面推进依法治国若干重大问题的决定》，《厦门日报》2014年10月29日。

的建设，无论是破除妨碍科学发展的体制机制弊端，还是全面深化各个领域和环节的改革创新，法治都具有极其重要的作用。"① 因此在法治轨道上推进国家治理体系和治理能力现代化，必须充分发挥法治在国家建设、政府建设和社会建设中的引领、规范和促进作用，坚持法治国家、法治政府、法治社会一体建设。

（一）发挥法治在国家建设中的引领作用

全面推进依法治国，总目标是建设中国特色社会主义法治体系，建设社会主义法治国家。法治国家强调"国家经济、政治、文化、社会和生态文明建设等各个方面的法治化和依法治理，宪法和法律应成为执政党、国家机关、社会团体和广大公民的共同行为准则。"② 换言之，就是要将法治思维、法治精神、法治方式、法治原则纳入国家建设的方方面面，推进经济治理、政府治理、社会治理、文化治理和生态治理等各个领域的法治化，发挥法治在国家建设中的引领作用。为此必须在国家建设中做到五个坚持：1. 坚持中国共产党的领导，这是中国社会主义国家建设的一条基本经验，也是社会主义法治的根本要求，只有在党的领导下依法治国、厉行法治，人民当家作主才能充分实现，国家和社会生活法治化才能有序推进。2. 坚持人民主体地位，确保法治建设为了人民、依靠人民、造福人民、保护人民，以保障人民根本权益为出发点和落脚点。3. 坚持法律面前人人平等，任何组织和个人都必须尊重宪法法律权威，都不得有超越宪法和法律的特权。4. 坚持依法治国和以德治国相结合，既重视发挥法律的规范作用，又重视发挥道德的教化作用，以法治体现道德理念，以道德滋养法治精神。5. 坚持从中国实际出发，同改革开放不断深化相适应，总结和运用党领导人民实行法治的成功经验，围绕社会主义法制建设的重大理论和实践问题，推进法治理论创新，为依法治国提供理论指导和学理支撑。

（二）发挥法治在政府建设中的规范作用

政府是国家治理中最重要的主体，承担着国家治理的绝大部分职责，法治政府对国家治理现代化具有举足轻重的影响，在法治轨道上推进国家治理体系和治理能力现代化，必须深入推进依法行政，加快建设法治政

---

① 吴永明：《沿着法治轨道推进国家治理体系现代化》，《江西日报》2014年5月5日。
② 刘勇：《用法治推进国家治理现代化》，《解放军报》2014年3月17日。

府，确保政府在宪法和法律框架内行使权力，发挥法治在政府建设中的规范作用。可供选择的途径包括：1. 完善行政组织和行政程序法律制度，推进机构、职能、权限、程序、责任法定化。2. 推进各级政府事权规范化、法律化，完善不同层级政府特别是中央和地方政府事权法律制度，强化中央政府宏观管理、制度设定职责和必要的执法权，强化省级政府统筹推进区域内基本公共服务均等化职责，强化市县政府执行职责。3. 健全依法决策机制，把公众参与、专家论证、风险评估、合法性审查、集体讨论决定确定为重大行政决策的法定程序，建立重大决策终身责任追究制度及责任倒查机制，追究决策失误的法律责任。4. 深化行政体制改革，明晰政府权力的范围和边界，推行政府权力清单制度，强化对行政权力的制约和监督，建立科学有效的行政权力运行机制和监督体系。5. 全面推进政务公开，坚持以公开为常态，不公开为例外的原则，推进决策公开、管理公开、服务公开、结果公开，向社会全面公开政府职能、法律依据、实施主体、职责权限、管理流程、监督方式等事项。

（三）发挥法治在社会建设中的促进作用

当前中国正处于社会主义初级阶段，全面建成小康社会进入决定性阶段，改革进入攻坚期和深水区，国际形势复杂多变，改革发展稳定任务之重前所未有，矛盾风险挑战之多前所未有，面对新形势新任务，在法治轨道上推进国家治理体系和治理能力现代化，必须发挥法治在社会建设中的促进作用，使中国社会建设在深刻变革中既生机勃勃又秩序井然。1. 以法治维护社会公平正义。公平正义是社会主义社会的核心价值，促进社会公平正义离不开法治的保障，必须"把公正、公平、公开原则贯穿立法全过程，加快完善体现权利公平、机会公平、规则公平的法律制度，保障公民人身权、财产权、基本政治权利等各项权利不受侵犯，保障公民经济、文化、社会等各方面权利落到实处，才能筑牢人们共享人生出彩的坚实平台"[①]。2. 以法治推进社会和谐发展。建设一个更加公平正义的社会是改革的应有之义，虽然改革开放以来，中国社会建设取得了举世瞩目的成就，但是社会发展中的不平衡、不协调、不可持续问题依然存在，必须从解决人民群众最关心的教育、就业、收入分配、社会保障、医疗卫生、

---

① 人民日报评论员：《以法治守护公平正义的核心价值》，《人民日报》2014年10月29日。

住房等问题入手，依靠法治营造公平和谐有序的社会环境，推进社会事业改革创新，实现发展成果更多更公平惠及全体人民。3. 以法治推动社会治理创新。化解社会矛盾、解决社会冲突要靠人们普遍认同的价值和规则。作为蕴含社会公平正义价值目标的法治，就是人们普遍认可的价值准则。因此，要在社会建设中统筹社会力量、平衡社会利益、调节社会关系、规范社会行为，必须以法治推动社会治理创新，将社会矛盾的解决和民众正当利益的保护都纳入法治轨道，运用法治思维和方式化解社会矛盾，实现政府治理和社会自我调节、居民自治的良性互动。

三 促进国家治理体系和治理能力现代化的法治路径

新中国成立以来，特别是党的十一届三中全会以来，中国共产党高度重视法治建设，把依法治国确定为党领导人民治理国家的基本方略，把依法执政确定为党治国理政的基本方式，积极建设社会主义法治，取得了历史性的成就。但与此同时，"也必须清醒看到，同党和国家事业发展要求相比，同人民群众期待相比，同推进国家治理体系和治理能力现代化目标相比，法治建设还存在许多不适应、不符合的问题"[①]。因此，在法治轨道上推进国家治理体系和治理能力现代化，必须加强和改进党对依法治国的领导，完善中国特色社会主义法律体系，通过科学立法、严格执法、公正司法、全民守法、善于用法、形成法治化的国家治理制度体系，以法治思维和法治方式提升国家治理能力。

（一）科学立法

科学立法是建设中国特色社会主义法治体系，促进国家治理体系和治理能力现代化的前提。科学立法是指必须从社会发展的客观条件和基本规律出发，运用符合法律规定性的立法技术制定规范、严谨和公正的法律规则，以满足国家和社会发展的需要，保障人民的基本权益。[②] 要完善以宪法为核心的中国特色社会主义法律体系，可以从以下几个方面加强科学立法：1. 在立法体制方面，健全宪法实施和监督制度，加强党对立法工作

[①] 《中共中央关于全面推进依法治国若干重大问题的决定》，《厦门日报》2014 年 10 月 29 日。

[②] 吕廷君：《中国特色社会主义法治体系的行动要素》，《北京行政学院学报》2013 年第 1 期。

的领导，完善有立法权的人大主导立法工作的体制机制，推进立法精细化。2. 在立法主体方面，拓宽公民有序参与立法途径，明确立法权力边界，对部门间争议较大的立法事项，引入第三方评估，充分听取各方意见。3. 在立法内容方面，加强重点领域立法，加快完善体现权利公平、机会公平、规则公平的法律制度，实现公民权利、保障法治化。4. 在立法程序方面，优化立法程序设计，严格立法程序实施，杜绝长官意志、部门利益和行业利益等因素对立法的干扰。5. 在立法技术方面，进一步优化法律语言、法律逻辑与立法理论、立法制度间的协调性和一致性。6. 在立法规划方面，树立系统的法治意识，从"摸着石头过河"的立法模式，向科学规划、统筹安排、协调发展的立法模式转变。①

（二）严格执法

法律的生命力在于实施，法律的权威也在于实施。必须在坚持党的领导下，完善执法程序，推进综合执法，严格执法责任，建立权责统一、权威高效的依法行政体制。1. 科学设置和合理划分行政机关职能与职责权限，减少部门职能交叉，做到因事设职、权责明确，避免政出多门，多头执法，或者推诿扯皮，政府不作为。2. 全面落实行政执法责任制，严格确定不同部门及机构、岗位执法人员执法责任和责任追究机制，加强执法监督，防止和克服地方和部门保护主义，惩治执法腐败现象。3. 推进综合执法，大幅减少市县两级政府执法队伍种类，有条件的领域可以推行跨部门综合执法。4. 建立健全行政裁量权基准制度，细化、量化行政裁量标准，规范裁量范围、种类、幅度。5. 完善执法程序，明确具体执法操作流程，建立执法全过程记录制度。积极探索制定行政程序法，打破"重实体，轻程序"的旧习，增强程序意识，强调执法中的程序合法性。6. 提高执法人员的专业水平，规范招录、任用等事项，强化考核评估机制和激励机制，引导与规范执法人员严格执法、公正执法、文明执法与理性执法。

（三）公正司法

"法者，天下之公器。"公正是法治的生命线，司法公正对社会公正具有重要的引领作用。以法治维护社会公平正义，公正司法是保障。1. 确保司法权依法独立行使，建立领导干部干预司法活动、插手具体案

---

① 李林：《完善中国特色社会主义法律体系任重而道远》，《中国司法》2011 年第 4 期。

件处理的记录、通报和责任追究制度，避免行政权或其他权力对司法权的干扰。2. 改革司法管理体制，推动省以下地方法院、检察院人财物统一管理，探索建立与行政区划适当分离的司法管辖制度，保证国家法律统一正确实施。3. 明确司法机关内部各层级权限，完善办案责任制，建立司法机关内部人员过问案件的记录制度和责任追究制度，明确纪检监察和刑事司法办案标准和程序衔接，依法严格查办职务犯罪案件。4. 加强司法人员的职业伦理教育和业务素质教育，建立健全司法人员履行法定职责保护机制，非因法定事由，非经法定程序，不得对法官、检察官调离、辞退或者免职、降级等处分。5. 切实解决执行难问题，制定强制执行法，建立被执行人信用监督、威慑和惩治法律制度，依法保障胜诉当事人及时实现权益。6. 构建开放、动态、透明、便民的阳光司法机制，推进审判公开、检务公开、警务公开、狱务公开，保障公众对司法的知情权、参与权、表达权和监督权。

（四）全民守法

全民守法是建设中国特色社会主义法治体系，促进国家治理体系和治理能力现代化的基础，只有全体公民内心自觉拥护和真诚信仰法律，才能为社会主义法治提供良好的社会环境和运行条件。1. 推动全社会树立法治意识，引导全民自觉守法、遇事找法、解决问题靠法，使整个社会真正对法治尊崇和信仰，牢固树立法律至上的观念。2. 健全普法宣传教育机制，把法治教育纳入国民教育体系和精神文明创建内容，开展群众性法治文化活动，健全媒体公益普法制度，加强新媒体新技术在普法中的运用。3. 开展多层次多形式的法治创建活动，发挥人民团体和社会组织在法治建设中的积极作用，依法妥善处置涉及民族、宗教等因素的社会问题，促进民族关系、宗教关系和谐。4. 推进覆盖城乡居民的公共法律服务体系建设，保证人民群众在遇到法律问题或者权利受到侵害时能够获得及时有效的法律帮助。5. 强化法律在维护群众权益、化解社会矛盾中的权威地位，引导和支持人们理性表达诉求，依法维护权益。6. 依法严厉打击各类违法犯罪行为，完善立体化社会治安防控体系，保障人民生命财产权。

（五）善于用法

"徒法不足以自行，良法还需良吏。"虽然中国特色社会主义法律体系已经形成，法治政府建设稳步推进，司法体制不断完善，全社会法治观念明显增强，但是制度的施行效果并不理想，"一些国家工作人员特别是领导干部依法办事观念不强、能力不足,知法犯法、以言代法、以权压法、徇私枉法现象依然存在"①。善于用法是指要善用法治思维和法治方式推进改革,提高运用法治思维和法治方式治理国家的能力。1. 以法治凝聚改革共识,科学、高效和有序地解决国家和社会发展中的重大和复杂问题,把握国家治理的基本规律,建设具有长治久安特征的国家治理机制体制和制度。2. 以法治方式疏浚改革洪流,以法治思维化解矛盾淤积,减少利益调配所带来的社会震荡,缓解结构调整所造成的转型阵痛,在法治的引领下推进改革,在法治的框架内规范改革。3. 摒弃人治思维模式、权力全能主义思维方式以及运动式治理思维模式,把法治理念、法治精神、法治原则和法治方法贯穿到政治治理、经济治理、社会治理、文化治理、生态治理、治党治军等国家治理实践之中。② 4. 坚持法定职责必须为、法无授权不可为,没有法律法规依据不得做出减损公民、法人和其他社会组织合法权益或者增加其义务的决定,将权力的行使限定在法律规定的范围之内。5. 通过法治方式定纷止争,在化解社会矛盾、维护社会稳定方面,不是简单依靠国家强制力而是通过法治方式,把社会矛盾的解决建立在法治基础上,把维稳建立在维权的基础之上。6. 把法治建设成效纳入政绩考核指标体系,在领导干部选拔任用过程中突出法治能力的重要性,优先提拔和使用政治素养好、依法办事能力强的干部。

---

① 《中共中央关于全面推进依法治国若干重大问题的决定》,《厦门日报》2014 年 10 月 29 日。

② 张文显:《法治与国家治理现代化》,《中国法学》2014 年第 4 期。

中国共产党在国家治理体系中的
角色扮演与法律定位

张师伟[*]

  国家治理体系和治理能力的现代化是现代国家建构的核心内容之一。中国自鸦片战争以来就一直处在治理体系和治理能力现代化的过程中，经历了离奇曲折的艰难探索，在一番番跌宕起伏的政治巨变后，终于在1949 年确立了较为稳定的现代国家的基本框架，并由此奠定了中国现代治理体系的基本轮廓。中国现代国家治理体系的建构过程之所以离奇曲折和跌宕多姿，是因为中国的现代国家建构遭遇了政治上的失重，不论是传统的清朝廷，还是成功建立中华民国的元勋精英，抑或是从西方学到的竞争性选举的政党精英等，都没有成为现代国家建构的稳定中心。对于一个转型中的国家来说，现代国家必须首先建构一个深度稳定的政治中心，它既体现着一个社会组成政治共同体的巩固程度，也为国家治理体系及治理能力提供了必要的价值支撑、方向导引，还为科学治理等提供了智力及人力的支持，在某种程度上，稳定的政治中心还必须承担起现代国家建构及治理体系建构的设计者与提升治理能力总协调和总指挥的角色。中国共产党从领导新民主主义革命开始，就独立设计和引导着中国的现代国家建构，并在政权建设过程中探索了现代国家治理体系与治理能力建设的有关问题，不仅形成了既体现世界先进理念又有中国特色的治道传统，而且着手进行了现代国家治理体系及治理能力的有效建设，积累了治理体系建设的理论与经验，积攒了形成特定治理体系所必需的政治能量，在大的战略

---

  [*] 张师伟：山西省汾阳市人，南开大学历史学博士，西北政法大学政治与公共管理学院教授、硕士生导师，主要研究政治学理论、中国政治思想。

布局上，深深地影响了现代中国治理体系及治理能力的现代化建设，不仅使中国共产党成为治理体系的必要组成部分，而且形成了以执政党为稳定政治中心的现代治理体系的制度框架与战略轮廓。

中国现代国家建构和治理体系与治理能力现代化，在政治上具有无可质疑的社会主义属性。中国特色社会主义道路与理论的探索轨迹在国家治理体系与治理能力建设方面留下了清晰的印记，而国家治理体系与治理能力现代化建设伴随着中国特色社会主义道路与理论的探索性发展得以稳步推进。改革开放以来，中国特色社会主义道路与理论探索取得了举世瞩目的成果，政治、经济、社会、文化等领域发生了巨大的变化，特别是社会主义市场经济体制的建立与完善，既带来了一系列需要及时有效解决的棘手问题，也为国家治理体系与治理能力建设提供了足够的社会动力。国家治理体系与治理能力的相对滞后和中国特色社会主义现代化建设对高质量治理急迫需求之间的矛盾，已经变得刻不容缓，面临的任务相当艰巨。[①] 中国共产党在理论方面的积累和发展，成为中国国家治理体系和治理能力现代化的重要理论资源与思想武器，国家治理体系和治理能力现代化的核心任务，就是实现科学治理、依法治理与民主治理，问题的关键就是要真正做到党的领导、依法治国和人民当家作主的有机统一。中国现代国家治理体系的独特优势就来源于上述三者的有机统一，辛向阳研究员对中国现代国家治理体系的独特优势进行了较为系统的论述。他认为，当代中国国家治理体系的独特优势"体现在四个方面：坚持党的领导，以党的纯洁性和先进性建设防范利益集团的影响，使治理体系始终能为最大多数人谋利益；立足于中国特色社会主义制度基础之上，当代中国的国家治理体系和治理能力现代化就是要把中国特色社会主义制度具有的效率与公平相兼顾、民主与集中相结合、活力与秩序相统一、人的全面发展与社会文明进步相促进的优势发挥出来；扎根中华大地，能够内生演化和不断进步；强调依法治国，能够在法治的基础上实现国家的长治久安"[②]。国家治理体系与治理能力现代化的抓手就是依法治理，而依法治理的当务之急就是要在理论上解答中国共产党在国家治理体系中的具体角色，并将其展示在法律上，确定其法律地位。

---

① 李景鹏：《关于推进国家治理体系和治理能力现代化——"四个现代化"之后的第五个"现代化"》，《天津社会科学》2014年第2期。

② 辛向阳：《当代中国国家治理体系的独特优势》，《中国特色社会主义研究》2014年第2期。

一 现代国家治理体系的价值供给与方向导引

国家治理体系由来已久,不仅处于不同历史时期、不同历史发展阶段的国家治理体系存在着明显的时代差异,而且不同政治文明传统也在形成国家治理体系千差万别的个性方面影响深远。不同个性的国家治理体系之间既存在历史发展阶段的差异,也存在基于政治文明独特传统上的差异,还存在共同社会发展阶段上由特殊国情等所决定的差异,其中不同历史阶段上的差异因其面对着治理体系的共同层面而表现出明显的可比性。国家治理体系这种历史可比性既表现在同一个国家治理体系的不同历史阶段,也表现在不同的国家治理体系在同一个时代表现出来的历史落差上。不同国家治理体系之间的历史落差当然存在技术、手段、方式、程序诸多方面的重大差异,但其根基与核心的不同却在于形而上的价值层面,价值内容上的差异足以在同一历史时段不同国家治理体系的社会发展阶段上明显区别开来。价值体系体现着人们对人文世界的总体性把握,国家治理体系作为解决人的问题的手段、媒介等必然会在根本上受制于价值体系。价值体系反映着人们对人的根本性认识,尤其集中地反映了理论对人的本体性认识,而本体性认识既涉及形式特征较强的人与人之间的本然性关系,也涉及人所以为人的诸多目的性规定,更涉及对人与物、人与神诸多外在权威的关系。不同时代的价值命题均会对人的根本性问题给出一个完整而清晰的解答,系统地回答人所以为人和何以为人的诸多问题。总的来看,价值体系的历史发展总是倾向于对越来越多的人给出越来越充分的肯定。在现代社会中,价值问题的系统表述尽管多种多样,但总倾向于对所有的人给予一种平等而充分的肯定,尽管所强调的重点及表达方式很不相同。现代国家治理体系必须建立在现代价值体系的基础上,不仅缺少形而上价值层面的现代支撑,就不能建构起一个真正意义上的现代国家治理体系,而且现代价值层面一定的历史滞后性及对人认识的偏颇性,都会一览无遗地表现在现代国家治理体系中。中国现代国家治理体系的建构与完善也同样需要特定价值体系的系统支撑,并在根本上受制于特定的价值体系。"中国特色社会主义治理体系与中国特色社会主义价值体系,相辅相成、相得益彰。"① 习近平总书记在省部级主要领导干部学习贯彻十八届三中全会精神全面深化改革专题研讨班上强调指出:"推进国家治理体系和治理能力现代化,要大力培育和弘扬社会主义核心价值体系和核心价值观,加快构建充分反映中国特色、民族特性、时代特征的价值体系。"② 中国共产党主导的价值体系为现代国家治理体系的建构提供了必要的价值命题支撑与方向导引。价值供给和方向导引也恰恰是中国共产党在国家治理体系建构与完善方面所承担的一项重要职能。

中国现代国家治理体系的成功建构开始于新民主主义革命胜利的1949年10月,其政治性质则由新民主主义性质逐步转变为社会主义性质,并在改革开放的新阶段被定位为中国特色社会主义初级阶段的政治性质。国家治理体系所必需的价值支撑均来自中国共产党主导的社会主义意识形态。在现代中国,社会主义意识形态的核心内容均继承自新民主主义的意识形态,两者都隶属于无产阶级,都强调无产阶级政党在现代国家治理体系建构及结构中的领导权和领导地位,都强调人的根本属性是阶级性,都主张人类历史的归宿在于普遍的共产主义,两者都强调新民主主义乃是资本主义不发达的东方大国迈向社会主义的一个过渡性阶段。从意识形态角度来看,新民主主义和社会主义两者的核心价值体系并不存在特别明显的差异,因而可以把社会主义的核心价值体系看做是为建构中国现代国家治理体系提供价值支撑的唯一理论源泉。中国共产党通过建构和完善社会主义核心价值体系,源源不断地为中国现代国家治理体系的建构和完善进行必要的价值供给。不仅中国现代国家治理体系建构过程的要素筛选、结构安排、目标设定、治理原则、制度框架、方法步骤等,都获得了社会主义价值体系所提供的价值供给,而且国家治理体系的发展与完善也必须获得社会主义价值体系的价值供给。党的"十八大报告"就社会主义核心价值体系问题做出了权威的表述,这些表述提供了新的价值供给,从而为国家治理体系的进一步现代化提供了必要的价值基础。这些价值基础既涉及国家治理体系运行的基本原则及行为准则,还涉及国家治理体系如何进行社会生活秩序的安排等,更为面对和处理人与人之间的复杂社会

---

① 颜晓峰:《制度体系 治理体系 价值体系的融会贯通》,《天津日报》2014年9月1日。
② 中国文明网(http://www.wenming.cn/specials/zxdj/hxjz/hxjz_ yw/201402/t20140218_1748103.shtml)。

关系提供了权威性的价值指导原则。"富强、民主、文明、和谐体现了社会主义核心价值体系在发展目标上的规定,是立足国家层面的要求;自由、平等、公正、法治体现了社会主义核心价值体系在价值导向上的规定,是立足社会层面提出的要求;爱国、敬业、诚信、友爱体现了社会主义核心价值体系在道德准则上的规定,是立足公民个人层面提出的要求。"① 前述原则、准则、规则等都是社会主义的核心价值,为国家治理体系的进一步现代化提供了必要的价值供给。

　　社会主义既是中国现代国家治理体系的政治性质,也是中国现代国家治理体系的价值方向,而价值方向却一直是由意识形态来巩固的。中国现代国家治理体系的建构自晚清开始就一直面临着艰难的方向选择,也饱受方向性选择错误的干扰,即便是在中国共产党领导下的现代国家治理体系建构也多次面临方向选择错误的困苦。自从《新民主主义论》发表以来,中国共产党领导的国家治理体系建构方案,就引起了国内各革命阶级、阶层与广大爱国民众的关注,关注中有理解与支持,也有误解与分歧。中国现代国家治理体系建构的方向分歧根源于对社会性质及发展阶段的根本分歧,分歧的根源就是意识形态领域的不同价值体系。中国共产党领导下的现代国家治理体系建构与完善,始终伴随着价值体系对方向性错误的斗争与抵制,其中主要是对西方价值体系造成的国家治理体系建构与发展中的方向性错误主张,进行了有力的批判、揭露、抵制和斗争,加强了社会主义价值体系在现代国家治理体系建构与完善中的方向导引,避免了过大的方向性曲折。随着改革开放的深入,中国现代国家治理体系的完善既需要在理论与实践上积极借鉴西方治理理论与实践的优秀文明成果,又必须抵制西方资本主义价值体系对中国社会主义治理体系的侵蚀与冲击。既要积极借鉴西方治理体系的优秀文明成果,又要加强社会主义价值体系对现代国家治理体系完善过程中的方向导引。现代国家治理体系建构与完善的结果就是现代国家治理体系的"中国模式"。"西方话语伴随中国模式的继续发育将继续源源不断地输入中国,这既是中国模式继续发育的一个基本环境,也是中国模式继续发育的一个基本条件"②。"中国特色社会主义话

---

① 申维辰:《社会主义核心价值体系建设的点睛之笔》,《光明日报》2012 年 11 月 12 日。
② 张师伟:《西方话语输入与"中国模式"建构——"中国模式"建构的话语背景》,《文史哲》2012 年第 5 期。

语具有意识形态话语方面的充分优越性,也具有意识形态话语的充分优势。中国能在风靡世界的社会主义话语大溃退中完整地生存下来,足以说明其在意识形态话语方面的优势,而其能在学习西方社会先进成果的过程中仍然保持有中国特色社会主义的共同理想,就更能说明其非比寻常的意识形态话语优势。"[1] 西方话语输入所带来的方向性威胁要求社会主义核心价值体系必须加强对现代国家治理体系建构与完善的方向导引,将社会主义核心价值体系方面的话语优势转化为现代国家治理体系建构与完善过程中强有力的方向导引,是中国现代国家治理体系不断完善与趋于成熟的重要保证。

二 现代国家治理体系的制度框架与战略布局

现代国家治理体系是一个复杂的系统,这个系统具有十分强烈的程序化形式特征,因而任何一个现代国家治理体系都是一个运动着的制度系统,稳定的动态均衡是成熟的现代国家治理体系所必需的特征。世界各国的治理体系在其因成熟而趋于定型的时候都会形成一套动态均衡的制度系统,一方面,动态均衡的治理制度才足以应对高度复杂的社会对治理的基本需求,另一方面,治理体系的长期可持续存在也要求它有一套动态均衡的制度形式。一个国家的治理体系不能脱离自身的治理传统,特定形态的治理传统总会在蔓延的历史中留下最重要的影响,在国家治理体系的价值倾向、形式程序及根本目的等方面产生了限制性影响,这是它的遗传基因。一个国家的治理体系也总是在特定的社会背景下经由特定过程形成的,一些因素以不可避免的偶然机遇加入了治理体系形成的过程中,或者是作为治理体系形成的外在环境而起作用,或者是作为新的因素被融合进了治理体系中,现代治理体系的奠基和建构不可避免地对一些偶然因素产生了路径依赖。"西方资本主义东来使中国历史改变了轨道。在炮口的逼迫下,中国社会蹒跚地走入了现代。走这条路不是中国民族选择的结果,而是外国影响造成的。"[2] 中国现代国家治理体系的建构,必须面对古今

---

[1] 张师伟:《西方话语输入与"中国模式"建构——"中国模式"建构的话语背景》,《文史哲》2012年第5期。

[2] 陈旭麓:《近代中国社会的新陈代谢》,上海人民出版社1992年版,第31页。

中西交汇、冲撞、融合的大环境，也必然要受到古今中西各种因素的决定性影响，中国传统的治道与民主、共和、政党及马克思主义等，共同参与了中国现代国家治理体系的建构，整体性地对治理体系的制度框架与战略布局产生了决定性影响。中国共产党就是古今中西各种因素整体性建构中国现代国家治理体系的行为主体，中国共产党的理论、路线、方针、政策对国家治理体系的制度框架与战略布局产生了直接的决定性影响。

中国现代国家治理体系的纲领性核心制度，具有稳定体系、端正方向和承传传统的重要功能，地位重要，角色不可更易，决定着现代国家治理体系的根本和大局，它们构成了现代国家治理体系的制度框架。中国共产党在建构和完善中国现代国家治理体系的制度框架方面发挥了重要的核心作用，制度框架的形成与完善都与中国共产党的政治努力、理论创新不可分割。"中国的国家治理体系具有鲜明的执政党主导的色彩""中国共产党在实现分散社会的再组织化过程中，构建了以自己为轴心的全新国家治理体系。"[①] 中国现代国家治理体系的制度框架萌芽于新民主主义革命时期，奠基于协商建国的1949年，初步形成于1954年，在改革开放后逐步趋向完善。在现代国家治理体系建构的过程中，中国共产党在制度框架的建构方面发挥了重要的核心领导作用，扮演了制度框架预案制定者的角色。新民主主义时期的治理体系建构面对重重险阻与困难，既有探索中国革命与建设道路的实验性，也有明确的革命战争的针对性，过程虽然曲折，但在治理体系建构和治理能力建设上却颇有成绩，不仅取得了新民主主义革命的胜利，也培植了新中国国家治理体系建构的基本基因。新民主主义阶段治理的制度体系给新中国的现代国家治理体系建构提供了三大核心要素，这就是共产党的领导、人民民主和依法治国，三者的有机结合在现行的现代国家治理体系中具有整体性的框架影响。协商建国是中国现代国家治理体系趋于完整的一个重要标志，民国期间多个治理体系并存的局面在大陆彻底终结，碎片化的治理网络由此趋于完整。在中华民国统治大陆的38年间，多个治理体系并存、冲突、斗争此起彼伏，不同的治理思想经常在治理过程中打架，协商建国不仅有效地解决了治理体系间冲突与斗争问题，建构了一个覆盖全国的完整治理体系，而且还解决了多元治理

[①] 唐皇凤：《新中国60年国家治理体系的变迁及理性审视》，《经济社会体制比较》2009年第5期。

思想的碰撞问题，将不同政党的治理思想进行了有机整合，实现了革命者和爱国者的大团结。协商建国在现代国家治理体系中留下的框架性要素主要有政党制度及人民政协，两者都是现代中国国家治理体系的重要制度建构，作为体系的结构性因素，两者具有长期的稳定性，堪称现代治理体系中的骨架构件，不仅不可或缺，甚至不能轻易尝试改变。1954年，全国人民代表大会的召开及第一部宪法的颁布预示着中国现代国家治理体系的结构性建构基本完成，社会主义与人民民主通过宪法获得了政治制度上的根本保障，成为中国现代国家治理体系中最核心的结构性要件，绝不容撼动。改革开放以来，随着社会、经济等体制的变革，现代国家治理体系的结构仍然有一定的补充与调整，在结构性制度上增加了基层民主治理，进一步完善和发展了体现人民民主治理的人民代表大会制度与体现协商民主治理的人民政协制度，加大了依法治国在治理体系制度结构中的权重。

现代国家治理体系的建构与完善，在任何国家都不是一蹴而就的，也绝不可能一帆风顺。一方面，现代国家治理体系建构的诸多复杂问题既不会一次性暴露，也不会被一次性处理完；另一方面，一些前所未有的复杂问题就会突然涌现出来，现代国家治理体系的建构者不可能提前预备好答案，而且现代国家治理体系的建构者也处在变化中，变化了的治理思想必然会给现代国家治理体系建构与完善带来一些十分重要而又高度复杂的问题。[①] 从中国的实践来看，现代国家治理体系的建构与完善始终要面对和处理一系列的战略性难题，即有横截面上的战略性难题，也有体现节奏与趋势的纵向战略性难题。战略性难题不能等到非常棘手时才予以解决，而是要以战略性的思维进行布局，布局是思考和解决战略性难题的主要措施。中国现代国家治理体系建构与完善中的诸多战略性难题，都是以布局的方式解决的，而战略布局的主要操盘手就是中国共产党。战略布局表现在国家治理体系建构的过程中就是要妥善处理在新民主主义革命胜利过程中各革命政党与爱国组织的关系，实现各革命阶级与爱国者之间的广泛大团结，通过重要制度的创设与角色位置的分配，建构起一个和谐有序的国家治理体系轮廓，中国共产党领导的协商建国顺利实现了上述的重大战略布局，为现代国家治理体系的建构与完善开了一个好头。战略布局在国家治理体系的完善方面有诸多表现，其中之一是通过一系列的战略性努力，筹建并

---

① 施雪华：《论传统与现代治理体系及其结构转型》，《中国行政管理》2014年第1期。

完善国家治理体系的纲领性制度框架,加强中国共产党的领导,建立与完善人民民主治理的人民代表大会制度,提高法律在国家治理体系中的政治地位,建立健全社会主义的法律体系等。现代国家治理体系的完善还需要从战略高度分析社会与国家治理体系之间的关系,及时调整治理的战略目标,充实治理的方式与手段。在现代国家治理体系的调整过程中,在实施战略布局时既要思想开放,敢想敢试,大胆借鉴,极力推进,又要稳住大局,自信自强,坚持特色,循序渐进。现代国家治理体系的战略布局在中国是一项较为长期的历史任务。大开大合的奔放性布局行为仅限于协商建国的治理体系初创时,在很长的历史时期内,战略布局都是一个沉稳细心、荣辱不惊的行动。只有这样,才能顺利实施一次又一次的战略布局,共同打造出一个成熟稳定的现代国家治理体系;否则就只能是反反复复地折腾,旧中国在现代国家治理体系的建构与完善方面所留下的重要的负面教训就是反复折腾太多。民国时期,各种政制方案对"中央政府的顶层设计问题"莫衷一是,出现了"顶层设计的迷思",以致中央政府的顶层设计在民国期间一直保持着难以破解的僵局状态。[①] 中国共产党的坚强领导及其高超的战略智慧、丰富优质的智力资源、丰富的治理经验等,是国家治理体系完善的各项战略布局措施能够保持延续性、稳定性、整体性的重要保证。

三 现代国家治理体系的政党角色与法律定位

政党作为一种近现代的政治现象,在现代国家治理体系中普遍扮演着重要的角色,尽管各国政党的角色内容及扮演方式千差万别,但没有任何一个现代国家治理体系可以缺少政党角色。近现代的政党不同于古代的政治派别或朋党,如果从比较普遍的发展趋势上分析,政党的出现既实现了国家与社会的相对二分,又使社会以某种方式影响和控制了国家,属于沟通国家与社会的功能性核心政治组织。鉴于政党政治发展的过程同时也是现代国家治理体系建构与完善的过程,分析政党在现代国家治理体系中的角色内容及角色形式等就特别重要。一般来说,政党政治所体现并推动的国家机器的社会化趋势在人类社会中属于必然性现象,社会在越来越趋于

---

① 邓丽兰:《顶层设计的迷思——略论近代以来中国思想界的"强有力政府"论》,《首都师范大学学报》(社会科学版)2013年第3期。

复杂的过程中已经变得难以靠简单的封建治理体系来治理,而复杂的国家治理体系却必须依靠社会自身提供的人力与知识等,政党首先以组织化了的方式向国家治理机器输入人力与知识,而后又以组织化的人力与知识建构了现代国家治理体系,即使是在竞争性政党体系中也不例外。当然,随着社会的进一步复杂化,政党扮演的角色内容也表现出了明显不足,并被要求与其他组织合作共治。① 现代国家治理体系面对复杂的工业社会,殚精竭虑地解决各式各样的棘手难题,在经历诸多曲折之后,科学终于在治理体系中站稳了脚跟。当科学的因素开始在治理体系中普遍起作用时,体现科学精神的法律就变成了一种程式化的必然要求。政党由于在治理体系中的核心地位和重要作用,其活动范围率先受到法律的关注。从一般法律的诸多特征来看,政党角色内容及形式的法律化满足了现代治理体系对政党的多种要求。法律的形式化特征给予了政党的角色扮演以程式化的约束,法律的科学性特征给政党活动带来了理性的约束,法律的确定性特征给政党活动以规范化的约束。从现代国家治理体系的建构与完善来看,政党的角色内容及扮演形式等都必须具有一定的法律规定性,不论是从革命性政党转变来的执政党,还是从竞争选举中顺势创建、成长起来的执政党,都必须在治理体系中守法行事,都必须安守法律规范对其角色的诸多定位性规定,不然一个成熟的现代国家治理体系就难以建构起来。

中国共产党经历了艰难困苦的革命战争,以自身的卓绝努力,领导创建了一个崭新的社会主义国家,并以自身的理论资源及政治努力,塑造了一套现代的社会组织,使一盘散沙的社会在共产党的领导下重新组织起来。② 在社会主义现代化的探索中,中国共产党逐步领导人民创建了一个比较完整的现代国家治理体系,并逐步确立了其在现代国家治理体系中的诸多角色内容。从大的方面看,中国共产党在现代国家治理体系中的主要角色主要有:第一,中国共产党是中国现代国家治理体系的设计者和领导者。所谓设计者,就是指中国共产党在现代国家治理体系中扮演着治理体系的性质、方向、轮廓及基本要素选择、结构安排、角色搭配、功能调整等方面理论设计的角色,可以说,中国现代国家治理体系的每一部完善都

---

① 徐顽强、段萱:《国家治理体系中的"共管共治"意蕴与路径》,《新疆师范大学学报》(哲学社会科学版) 2014 年第 3 期。
② 唐皇凤:《新中国 60 年国家治理体系的变迁及理性审视》,《经济社会体制比较》2009年第 5 期。

离不开中国共产党在理论上的诸多创新与具体规划设计;所谓领导者,就是指中国共产党在现代国家治理体系中一方面扮演着引领趋势、走势的角色,以确保中国现代国家治理体系的社会主义的性质与方向,确保及时调整走势、趋势以适应社会,确保国家治理体系的整体性、连贯性与可持续发展等,另一方面,中国共产党还需要扮演协调组织者的角色,将不同的政治力量、社会资源等进行整合,以维持治理体系的正常代谢,并实现治理体系的职能,在很多时候,中国共产党还要扮演国家治理体系中矛盾协调人的角色,化解纷争与分歧,求同存异而和衷共济。第二,中国共产党是中国现代国家治理体系的中枢。在中国现代国家治理体系中,共产党的中枢作用首先体现为政治领导、组织领导和思想领导。所谓政治领导,就是政治方向、政治原则、重大决策的领导,集中体现为党在路线、方针、政策等方面的领导;所谓组织领导,就是通过党的干部、党的各级组织和广大党员,组织和带领人民群众为实现党的任务和主张而奋斗,主要是对干部的选拔和任用;所谓思想领导,就是理论观点、思想方法以至精神状态的领导。① 中国共产党的中枢作用还表现为权力运行与重大决策的中枢。所谓权力中心,既主要体现为党管干部原则在公共权力体系中的具体流程,治理体系中一切干部的任命都要通过共产党组织的推荐和提名,也体现在党的领导权对诸多具体职能性权力的领导、指导、协调、监督等等。第三,中国共产党是中国现代治理体系的组织者与协调者。现代国家治理体系是一个复杂的系统,需要调动大量的人财物进行复杂繁多的治理,而各种人财物的因素都分散在各地,由不同的人掌控着,这就提出了一个资源组织的任务,大多数国家的政党都承担着治理体系的基本组织职能,而中国共产党则承担着中国现代治理体系的核心组织职能,各种重要的资源及任务等都需要通过共产党的组织来实现,抽调中国共产党的组织作用,中国现代治理体系就会分崩离析。在中国现代治理体系中,无可避免地还存在和产生着诸多体系性矛盾与事务性矛盾,鉴于治理体系的组织框架及中国共产党在其中的核心地位,中国现代治理体系中的各种矛盾和分歧的有效协调者只能是中国共产党。第四,中国共产党具有智力、知识、理论等的重大优势,是治理体系的政策、方略的主要供给者。现代治

---

① 益蕾:《正确理解党的领导主要是政治、思想和组织领导》,《理论研究》2004 年第 Z1 期。

理体系的一大根本特征就是它的理性化，而理性化既表现为科学，也表现为民主，以民主的方式来吸纳科学的智慧，在现代治理体系中非常重要，这种吸纳主要通过政党来实现。中国共产党在中国现代治理体系中的智力、知识及理论优势难以匹比，因而在中国现代国家治理体系中也就顺理成章地扮演起政策、方略等的主要供给者角色。另外，中国共产党作为政策、方略的主要供给者，提供了政策、方略的主要预案，这也是执政党独特地位所赋予她的一个基本职责，这个角色内容在中国现代国家治理体系中的地位与责任担当，无人可以替代。

现代国家治理体系普遍贯彻了法治要求，依法规范公共权力、公共事务，为治理体系中的治理角色提供了比较健全的范式、格式、形式及程序等，把权力关进制度的笼子里，依法治理。中国共产党在现代国家治理体系中的重要作用要稳定、可持续地得到科学发挥，就不能不追求其角色内容及扮演方式等的法律化。角色内容的法律化首先是指中国共产党前述各种角色内容都应有一套完整的法律逻辑来呈现，其中该有的法律规范必须尽快健全，使各种角色的内容及扮演形式都获得必要的法律形式，缺乏法律形式的角色内容要务求禁止，在中国现代国家治理体系中要做到令中国共产党的治理角色都有法可依，仍然有许多重要的立法工作要做。如何处理党的领导、人民当家作主与依法治国的有机统一，在理论态度上固然没有明显的反对声音，但其落实却不能没有一套程式化的法律，没有法律的形式化表现，三者的有机统一就很难产生有操作规范层面的价值，而不能落实为操作规范的诸多政治或法律命题终究没有什么实践的治理价值。现代国家治理体系的法治属性要求实现执政党重要角色内容及表现形式的法律形式，中国共产党作为中国现代国家治理体系中的重要角色，已经获得了一定程度的法律表现，比如权力的来源及合法性有了宪法等有关文本的支持，但在治理体系运行的过程中，中国共产党的治理角色及扮演方法还有许多需要继续予以法律形式化的内容，特别是前述各种角色内容还没有获得充分而完整的法律形式，从而就不能完全实现把权力关进笼子的目的。把权力关进法律的笼子，只允许权力按照法律的要求，在笼子里中规中矩地跳舞，这是完善中国现代国家治理体系的重中之重，尽管已经有了很好的基础，但仍然任重而道远。中国共产党在现代国家治理体系中的法律定位，就是要从法律的角度给予其所扮演的多种治理角色与扮演方式以法的诸多属性。所谓法的属性，在此主要是指法律的形式化特征、规范化特征、科学化特征与确定性特征等。中国共产党在现代国家治理体系中的领导者，设计者，中枢、理论、知识等的提供者诸多角色内容及扮演形式，已经在实践中得到了牢固的确立，但在法律层面还没有做到充分的落实，因而还存在着由于形式不够健全、规范所带来的诸多难题，其中最主要的就是领导权的形式化特征不足，而领导权形式化特征不足的第一反应就是腐败多发、频发、群发。法律如果赋予上述角色内容及扮演方式以足够的形式化特征，就会有一套逻辑严谨的活动形式与程序，就能大幅度减少领导权的腐败。规范化特征就是要树立规范是规矩的意识，要使上述诸角色在内容及形式上都体现为一种客观化了的约束规范。如果没有必要的规范意识，就扮演不好角色；如果没有规范的约束，随心所欲，信马由缰，就不可能进行各个角色之间的配合。中国共产党在现代国家治理体系中的角色内容非常重要，必要的法律化了的规范，对于整个治理体系而言都是极其重要的，如果共产党扮演角色及扮演方式的规范性不够，其他的角色就不能很好地配合，整个国家治理体系的衔接与统一等就会出现障碍。科学化特征意味着法律具有严谨扎实的科学性，[1] 这一方面是说法律体系本身是科学的，体现了科学规律的刚性约束；另一方面则是说法律的规定体现了社会、自然等领域的科学，其对事物的刚性约束与规范实际上是科学理性的权威化和形式化。中国共产党依法治理与科学治理的统一，客观上要求法律发挥其科学规范的功能，通过对上述诸种角色内容及扮演方式的法律化，实现依法治理与科学治理的高度统一。法律的确定性是说法律可以给相应的社会角色行为以可以期待的稳定性，确定的法律规范，确定的行为方式，确定的结果等，方便了社会不同角色不同行为的衔接与合作，这在现代社会是个必不可少的要素，因而法治才成了现代社会的普遍要求与必然趋势。[2] 中国共产党在现代国家治理体系中的地位与作用决定了她必须在角色内容及扮演方式上表现出足够的确定性，只有这样，才能稳定社会的预期，才能实现不同层级不同方面治理主体的衔接，才能有效地合作，才能满足社会对复杂、稳定的治理体系的需求。

---

[1] 吴春晓:《后现代背景下法律的科学性》,《理论观察》2005 年第 4 期。
[2] 邱昭继:《法律的确定性——〈法律、语言与法律的确定性〉译后》,《法律思维与法律方法》2011 年 00 期。

国家治理与法治建设的逻辑

——"国家治理与法治建设学术研讨会"综述

为了深入学习习近平系列讲话以及中共十八大、十八届二中、三中、四中全会精神，认真研究和全面贯彻党和国家关于"国家治理"和"法治建设"的战略部署，由中国社会科学院《政治学研究》编辑部与西北政法大学政治与公共管理学院共同主办的"国家治理与法治建设学术研讨会"2014年10月24—25日在西安举行，来自全国的50多位专家学者参加了本次学术研讨会。会议适逢中共十八届四中全会刚刚闭幕，全会公报印发不久，与会专家学者认真学习了公报精神，紧紧围绕"国家治理体系的理论与实践""国家治理体系中的政党、民主与法治""国家治理与法治建设的结构与面向"等，进行了紧张热烈的学术讨论。大家一致认为，中共十八届四中全会通过的《中共中央关于全面推进依法治国若干重大问题的决定》对全面推进依法治国做出了全方位的重要论述和关键部署，纷纷表示必须全面、深入领会四中全会精神，尽快将思想和认识统一到中共十八届四中全会决议的精神上来，紧密地团结在以习近平为总书记的党中央周围，坚定不移地走中国特色社会主义法治道路，着力推进国家治理体系和治理能力现代化，为实现中华民族伟大复兴的中国梦不懈努力。

一 国家治理体系现代化的理论与实践

与会学者从理论和实践两个层面对国家治理体系现代化的实质、核心及关键环节等进行了较为深入的探讨。有的与会代表在大会主题发言中分析国家治理体系现代化的实质是实现制度现代化，并在理论上强调了推进国家治理体系现代化和中国特色社会主义事业的必然关系，提出"要把推进国家治理现代化同夺取中国特色社会主义新胜利、实现中国特色社会主义新发展有机地结合起来"。他还强调了推进国家治理体系现代化，是完善和发展中国特色社会主义的内在要求，国家治理体系现代化的前提和实质，就是不断完善与发展中国特色社会主义制度；国家治理体系和治理能力是一个有机整体、相辅相成；推进国家治理现代化是一项宏大工程，必须相互联动、实现整体效应；推进国家治理现代化，关键在于提高党的执政能力。他认为，国家治理体系现代化的制度现代化不能一蹴而就，而是一个逐步完善和发展的过程，推进制度不断现代化的根本动力是全面深化改革。还有的与会代表从理论上分析了国家治理体系和国家治理能力的主从轻重关系，明确了推进国家治理体系与治理能力现代化工作的重心和着力点等，从理论上分析了国家治理体系现代化在中国特色社会主义现代化中的应然角色与规范地位。他认为，国家治理体系和治理能力现代化的核心是国家治理体系的现代化，国家治理能力现代化依托于国家治理体系；国家治理就是运用国家的力量来治理整个国家，国家治理体系现代化不仅在客观上为升级版的改革提供了明确的目标指引，而且还为国家发展更高目标的实现提供了一种路径选择。

党的十八届四中全会公报强调，坚持依法治国必须坚持依宪治国，坚持依法执政必须坚持依宪执政，各级政府必须坚持在党的领导下、在法治轨道上开展工作，加快建设法治政府。与会专家学者高度认同四中全会公报中"党的领导是中国特色社会主义最本质的特征""是社会主义法治最根本的保证"的重要观点，高度认同公报强调的"把党的领导贯彻到依法治国全过程和各方面，是我国社会主义法治建设的一条基本经验"的重要结论。有学者在大会主题发言中专门讨论了"国家治理体系现代化的法治基础"问题，从党关于依法治国与法治国家的重要理论与观点出发，论述了法治原则的贯彻与国家治理方式的转变问题，提出了全面推进依法治国在实现国家治理方式从运动式到常规治理转变的决定性地位与作用。有学者则在会议小组发言中深入分析了国家治理模式与法治的关系，反思了运动式治理模式的特点，分析了其向常态政治回归的转型问题，提出了在法治的基础上建构常态政治的国家治理模式。有学者在小组发言中强调坚持依法执政，转变党的领导方式和执政方式；坚持依法治国，积极推进国家治理法治化。

国家治理体系现代化在理论上涉及面很广，与会代表还就国家治理体系现代化的公共价值诉求及社会主义核心价值体系与国家治理体系现代化的关系等进行了讨论。有学者在会议小组发言中从理论上探讨了社会主义核心价值体系与国家治理体系现代化的关系，强调社会主义核心价值体系对国家治理体系和治理能力现代化具有导向作用。在小组讨论中，与会代表就国家治理体系现代化实践中的众多问题进行了深入探讨，既有比较宏观的宪法、协商民主、户籍制度改革、政治安全及反腐败等在国家治理体系现代化过程中的地位与作用等的分析，也有比较微观的政治情绪排解、城市社区居委会法律定位、少数民族基层社会治理、基层纪检监察干部心理、村社组织能力建设等问题的揭示与经验分析，还有比较新潮的网络空间治理及网络主权等的讨论。

二 国家治理体系中的政党、民主与法治

与会代表紧密结合党的十八届四中全会公报及习近平总书记在十八届四中全会上的讲话精神，对中国共产党在国家治理体系及法治建设中的领导地位和核心作用高度认同，对中国特色社会主义政治民主在国家治理体系中的地位与作用有着高度的共识和自信，强调中国的国家治理体系和治理能力现代化的实现，必须坚持和贯彻党的领导、人民民主和依法治国三者的有机统一，必须同时贯彻和坚持民主与法治的发展方向，缺一不可。与会专家学者就国家治理体系现代化与政党、民主和法治的关系进行了深入探讨，普遍认为国家治理体系现代化要求进一步加强党的领导，提高党的领导能力，改善党的领导方式，大力发展中国特色社会主义民主政治，全面推进依法治国。有学者在大会发言中强调，中国国家治理体系现代化的关键是政党要依法律途径进入国家，要依法律运作国家，要使党的执政权合法地被利用，而中国共产党执政所面临的最大问题就是能否正确解决现代国家治理中政党和国家的法律关系，能否成功地把宪法的最高权威和法律的刚性约束内化为政党的行为。有学者在小组发言中讨论了"中国共产党在国家治理体系中的角色扮演与法律定位"问题，认为中国现代国家治理体系建构的核心力量是中国共产党；现代国家治理体系的框架、要素及总体格局是在中国共产党领导下历史地形成和确定的；中国共产党

的理论创新对现代国家治理体系的继续完善具有重要的理论导引功能；中国共产党在现代国家治理体系中的诸多角色扮演均应有较为严格的形式与程序要求。

与会学者结合中国特色社会主义民主的实现路径以及实现问题，讨论了国家治理体系现代化视角下的民主问题。有的学者在大会主题发言中专门论述了"国家治理体系现代化中的民主问题"。他强调说，民主在当代中国不应该成为有争议的问题，民主的价值和理念在国家治理体系现代化的过程中应该得到尊重；民主已经成为一个国家的形象，成为一个国家综合实力的重要组成部分，成了国家软实力的重要体现；党和国家从来没有放弃对民主的追求，国家治理体系现代化必须高度重视民主知识的传播和民主素养的培育；政治学说要致力于国家的政治发展和人民政治生活水平的提高，要促进国家治理体系的现代化。

会议代表从国家治理体系现代化的角度审视了法治建设的地位、作用及必须坚持的一些基本原则，立足于以法治建设落实和促进国家治理方式的转型和国家治理体系的现代化。有学者在大会主题发言中专门讨论了"推进国家治理体系现代化的有效途径"问题，他认为，国家治理和法治建设具有相关性，但又不能相互替代，国家治理现代化必须通过法治强化国家机构的地位，妥善处理民主与治理的关系，探索中国特色社会主义民主治理的法治化实现机制。还有学者在大会发言中讨论了"中国国家治理的法治基础"问题，他认为，国家治理现代化是破解现代国家治理困境的根本途径，而法治则是构建国家治理现代化的最基础的要素；从国家治理体系现代化来看，法治必须构建一个法律的制度体系，实现从运动式治理到常态治理的转变。还有学者在小组中就发挥宪法在国家治理体系和法治建设中的重要作用进行了专题发言，他认为，国家治理现代化的核心要素必须符合宪法的价值取向，在国家治理现代化的进程中则需要时刻以宪法价值为引领，保持国家治理的正确发展方向。

与会学者就国家治理体系中的政党、民主与法治进行了广泛深入的讨论，涉及了诸如国家治理现代化的合法性回应及其法治之维、中国城市社区居委会的法律定位、危机背景下村社组织的能力建设、在深化改革中健全反腐倡廉法规制度体系等较为微观的具体问题，探讨了国家治理体系现代化视域下各种具体的法治问题，剖析了完善政府法制和建设法治政府的一些重要问题，有学者还特别讨论了民族地区政府实现治理能力现代化的路径选择。

三 国家治理与法治建设的面向与结构

党的十八届三中全会后，国内学术界围绕国家治理体系和治理能力现代化的环境、条件、目的、针对性及遭遇的诸多结构性难题等有较多的论述。会议代表在学术研讨中也较多地涉及了上述问题，拷问了国家治理体系现代化的社会背景、国际视野等面向问题。有的学者在大会主题发言中结合对国家治理、治理体系、现代化三个核心概念的解释，阐述了中国国家治理必须要有三个面向的学术观点。他认为，国家治理体系现代化首先是要面向转变中的中国，中国正快速地现代化，社会也在快速转型，利益已经多元化，曾经有效的治理方式面临着严重的挑战，复杂的矛盾需要得到整体的解决，需要一个顶层设计；其次是面向全球化的世界，中国的改革开放建立在全球化背景下，中国也已经是全球化的一个方面，中国的利益已经遍布全球，需要确立自己的利益边疆，推进国家治理体系现代化必须面向全球化的世界；最后是面向国家的发展进程，既要追赶最发达的国家，也要立足于自己的历史，解决国家发展进程中的问题。

会议代表在研讨中还讨论了国家治理体系现代化的其他面向。有学者在小组发言中讨论了国家治理体系的合法性面向，即国家治理现代化主要是为了解决执政的适应性、发展的应然性、历史的使命性和社会的现实性等执政的合法性问题。还有学者在小组发言中诉诸政治思想史，提供了一个观察和分析国家治理现代化的历史面向。另外，还有学者基于国家治理的案例分析，提供了一种比较研究的面向。

会议代表在学术研讨中对中国国家治理体系的条件、路径、经验及困难等进行了研讨。有学者在大会主题发言中讨论了中国国家治理体系现代化的环境、压力、理由和逻辑等问题，并就三个结构性主题在国家治理体系现代化中的展开进行了具有一定前瞻性的理论论述。他认为，中国国家治理的理由和逻辑，需要从所处的内外环境和面临的内外压力来认识和理解；改革开放以来，国家治理的基本进程围绕公民与政府、中央与地方、政党与国家三个结构性主题展开；公民与政府的关系作为国家治理结构的重要环节，仍然有待于从现代政府原理的顶层设计着眼，对关涉的政府和公民的组织结构、行为规则、权力关系和利益格局等，进行革命性调整或制度性再造；中央和地方关系还没有明确的法律规定，中央对地方的问责除了依靠政党系统以外，最合适的方法就是利用现有的人民代表大会资源，进行人大制度的深入改革；政党要依法律途径进入国家，要依法律运作国家，要使党的执政权得到合法利用，正确解决现代国家治理中政党和国家的法律关系，成功地把宪法的最高权威和法律的刚性约束内化为政党的行为。会议代表在小组发言中也关注了国家治理体系现代化与政治权力结构的关系。

第三编 政治安全

政治安全:安全和国家安全研究议程的新拓展[*]

虞崇胜　舒刚[**]

中共十八届三中全会决定设立国家安全委员会,将国家安全问题提上重要议事日程。习近平在对"决定"的说明中指出:"国家安全和社会稳定是改革发展的前提。我国面临对外维护国家主权、安全、发展利益,对内维护政治安全和社会稳定的双重压力,各种可以预见和难以预见的风险因素明显增多。而我们的安全工作体制机制还不能适应维护国家安全的需要,需要搭建一个强有力的平台统筹国家安全工作。"由此可知,如何维护包括政治安全在内的国家安全,已然成为全面深化改革的重要战略目标。如果从政治发展和政治学研究的角度看,将政治安全纳入国家安全的研究范畴,将在很大程度上拓展安全研究和国家安全研究的议程,这对于推进安全理论研究和维护国家长治久安具有重要的理论和实践意义。

一　安全是人类生存和发展的基本问题

安全问题涉及人类生产生活众多领域,依据马斯洛的需求层次论,安全需要是人类生存和发展的最基本需求,因此它是当今世界普遍关注和重视的现实问题,也必然会成为自然科学和社会科学众多学科所关注和研究的对象。在古汉语中,"安"与"危"相对应,可理解为安全之义。中国

---

[*] 本文为国家社会科学基金重点项目"中国特色社会主义政治发展道路的理论、路径和机制研究"(12AZZ001)阶段成果。

[**] 虞崇胜:武汉大学政治文明与政治发展研究中心主任、教授、博导;舒刚:国家教育行政学院讲师、博士。

很早就有追求安全的思想,如《易经》中有这样的表述:"君子安而不忘危,存而不忘亡,治而不忘乱,是以身安而国可保也。"① 《左传》中也有类似的表述:"《书》曰:居安思危。思则有备,有备无患。"② 这里讲的其实就是安全,并且主要是指国家(城邦)安全。"全"则有保全、完整之义。如《孙子·谋攻》中提到:"凡用兵之法,全国为上,破国次之;全军为上,破军次之。"③ 所谓"安全"则指平安的、无危险的一种状态。如汉焦赣的《易林·小畜之无妄》:"道里夷易,安全无恙。"④ 宋代范仲淹《答赵元昊书》:"有在大王之国者,朝廷不戮其家,安全如故。"⑤ 这一用法一直沿用到现代汉语中,即"安全"意味着"没有危险、不受威胁、不出事故"的状态。⑥ 在国外,"安全"(security)的含义相对要广泛一些:"一方面指安全的状态,即免于危险和没有恐惧。另一方面还有'维护安全'的意思,也包括安全措施和安全机构。"⑦ 在词源上,虽然中外的理解略有差别,但基本意思相似,都将"安全"解释为"不存在危险"或"免于威胁"。当然,这样的解释只是揭示了其最基本的含义。

关于安全的概念,古今中外有许多种解释。如果从客观施予和主观感受角度分析,安全是指社会主体没有危险、不受威胁、免除恐惧的状态,以及主体维持这种状态的能力。没有危险侧重于客观状态,不受威胁、免除恐惧侧重于主观感受,而能力偏重于潜在的和发展的视角。⑧ 其特征体现为:第一,主客观的二元属性;第二,因时间、地点、条件、行为体等的变化而导致的相对性;第三,不同层次、不同面向的多维性。

安全是人类社会生活中的一个基本概念,也是一种基本的价值。现代国家通过履行维护安全的职责来获取合法性和公民认同,因此,安全在国家政治中具有特殊的地位和优先性。但是,传统安全观主要关注国际政治

---

① 《易·系辞下》。
② 《左传·襄公十一年》。
③ 《孙子·谋攻》。
④ 《易林·小畜之无妄》。
⑤ 《答赵元昊书》。
⑥ 《现代汉语词典》,商务印书馆1996年版,第7页。
⑦ *Webster's Ninth New Collegiate Dictionary* (Merriam Webster Znc, Spring Field, Massachusetts, U.S.A, 1984), p.1062.
⑧ 孙晋平:《国际关系理论中的国家安全理论》,《国际关系学院学报》2000年第4期。

领域的国家安全问题,以国家主权安全和领土完整作为评判的唯一标准,表现为强烈的国家中心主义,这种以零和博弈思维为指导,以军事安全为导向的安全概念在现代国家是不合时宜的,它很容易将安全等同于一个危险而模糊的符号,威胁政治文明进程与社会和谐。因此,传统安全观和国家安全研究必须拓展,而政治安全的提出并受到各界重视使其迅速成为安全研究的新领域。

在第二次世界大战结束后的近30年时间里,安全理论研究不断推进,但人们关注的重心仍然局限于传统国家安全的战略研究,并把国家当成了唯一的安全指涉对象。自70年代以后,随着人们逐步拓展安全研究的指涉对象,安全研究的范式在各种理论争论中得以丰富和发展。[①] 安全问题的本质引发了人们广泛的思考,对于安全理论研究的重心也从国家层面转向对作为个体的人的关注。巴瑞·布赞和奥利·维夫等人在其著作中首次将安全研究领域分为军事安全、政治安全、经济安全、社会安全和环境安全五个方面,认为这五个方面是相互发挥作用的,各个领域是紧密联系、相互交织在一起的,"各个领域正在作为一个整体来考虑,但是每个领域仅仅被看成是它的本体的一个维度而已"[②]。这种观点为人们理解安全问题提供了一种思路,并打破了长久以来军事安全在安全领域的主导地位,而安全理论研究的议程得以不断拓展。

在某种意义上,所有的安全事务都可以归属到政治范畴,但把政治安全作为一个独立的研究领域从安全理论研究中抽离出来,仍然极具前瞻性,尤其是从政治学学理层面加强该领域的研究具有较强的理论和实践价值。一般来说,政治安全与社会秩序的稳定联系密切,因为在政治领域所受到的威胁最先瞄准的就是国家组织的稳定性和社会秩序的持续性,"政治安全关系到国家、政府系统和意识形态有组织的稳定性,并且给它们以合法性"[③]。

中共十六届四中全会强调:"要坚决防范和打击各种敌对势力的渗透、颠覆和分裂活动,确保国家的政治安全。"这里所提及的政治安全主

[①] 关于安全研究的范式转换,学界做了比较详细的描述。参见巴瑞·布赞、奥利·维夫、迪·怀尔德《新安全论》,朱宁译,浙江人民出版社2003年版,"译者序"第1—29页;虞崇胜、舒刚《从传统安全到人本安全:政治安全研究范式的转换》,《江汉论坛》2013年第1期。

[②] 巴瑞·布赞、奥利·维夫、迪·怀尔德:《新安全论》,第11页。

[③] 同上书,第10页。

要是从国家主权独立和国家主流意识形态安全层面来界说的。当前，政治安全的内涵早已超越了冷战时期国家间相互对峙平衡的一国一域的安全，更是超越了传统意义上的军事安全。因此，中共十七大进一步指出："世界仍然很不安宁，传统安全威胁与非传统安全威胁相互交织。"随着近十年来全球网络信息技术的深度应用，全球化思维模式推动了全球化进程的突飞猛进，世界各国明显呈现出国内问题国际化、国际问题国内化的趋势，各种"非传统"安全事件层出不穷，其引发的消极效应超越了单一地域空间和特定领域，影响时效越来越长，且容易出现循环反复。随着一国与他国、国内与国际、传统与非传统等各种安全因素相互交织，种种新问题新挑战层出不穷，政治安全问题必然会成为政府高层和学界关注的重要问题，迫使我们不得不重新审视政治安全与国家发展的关系。[①] 鉴于此，中共十八届三中全会在部署全面深化改革蓝图的同时，决定成立国家安全委员会，加强对国家安全工作的集中统一领导，并突出强调维护国家的主权、安全和发展利益是国家安全的核心内容，对内而言，维护国家政治安全和社会稳定则是重中之重。

二 政治安全的科学内涵

政治安全是安全理论研究的重要领域，也是各主流理论研究范式不可回避的重要议题，它涉及国际政治、国际关系、政治学理论等多学科的理论知识，同时也是中国政府普遍关注的重大实践问题。2004 年 9 月，中共十六届四中全会通过的《中共中央关于加强党的执政能力建设的决定》，2006 年 9 月，中共十六届六中全会通过的《中共中央关于构建社会主义和谐社会若干重大问题的决定》，均立足于国家和民族的长治久安和实现中华民族的伟大复兴，明确提出要"完善国家安全战略""确保政治安全、经济安全、文化安全、信息安全"战略目标的实现。2014 年 4 月 15 日，根据中共十八届三中全会的部署，中央国家安全委员会召开第一次全体会议，习近平主持会议并作重要讲话。他在讲话中提出了新的总体国家安全观，指出："必须坚持总体国家安全观，以人民安全为宗旨，以

---

① 舒刚：《从政治稳定到政治安全——转型期中国维稳战略的创新性转换》，《华中师范大学学报》2013 年第 3 期。

政治安全为根本,以经济安全为基础,以军事、文化、社会安全为保障,以促进国际安全为依托,走出一条中国特色国家安全道路。"他提出要"构建集政治安全、国土安全、军事安全、经济安全、文化安全、社会安全、科技安全、信息安全、生态安全、资源安全、核安全等于一体的国家安全体系"。

中国总体安全突出政治安全,把政治安全作为中国总体安全的根本。作为一个大国,中国国情十分复杂,处理好国内的政治问题是国家政权最重大的安全问题。如果中国不能保持政治秩序的正常运行和政治稳定,一切安全问题都将是空谈。相反,在政治安全良好状态下,其他的安全问题则相对容易解决。中国把政治安全确定为总体安全的核心,反映了中国维护国家政治安定、稳定、有序、和谐的复杂性、长期性、艰巨性和内向性。对政治安全的内涵及其边界进行准确界定直接关涉着政治安全行为体的行动策略和行为边界。对政治安全研究的基本问题可以概括为四个方面:一是对政治安全主体的认识,即谁是政治安全的主体及它代表谁的利益?二是政治安全的议题领域,对威胁来源的认识,即不安全的根源是什么?除了确定存在某种威胁之外,中国还要考察对于威胁的性质在多种行为主体之间是否存在一致性看法,这就涉及价值判断的问题。三是对政治安全范围的认识,即政治安全的核心构成要素有哪些?其相互关系如何?四是对政治安全手段的认识,即如何达成政治安全目标,如何构建政治安全体系。[1]

近年来,学界对政治安全所涉及的以上问题进行了积极探讨,产生了不少研究成果,但总体上还是偏重于对国家安全理论的研究,特别是对国家安全外部防范机制的研究成为国际关系、国际政治学界的热点议题,而对于政治安全的学理研究则相对不足,特别是对其核心内涵及体系构建缺乏系统性研究,研究成果显得过于分散。从政治安全研究的现有文献来看,学界对国家安全和政治安全的界限并没有做严格的区分,普遍对国家安全的概念和外部防范机制探讨得较多,对政治安全的内涵和内生机制的研究则重视得不够。[2]

---

[1] 舒刚:《新安全观视域下政治安全的内涵分析和体系构建》,《天津行政学院学报》2012年第4期。

[2] 虞崇胜、舒刚:《近年来关于政治安全问题研究述评》,《探索》2012年第3期。

从总体上看，学者们对政治安全的内涵界定各有侧重，代表性观点主要有以下几种。

1. 国家主权说

这种观点侧重于从国际政治角度进行界定，强调了国家是政治安全的主体，所谓政治安全即主权国家在面临其他国家的外部威胁和政治干预的情况下，运用军事力量排除这种威胁和干预，以确保国家主权独立和领土完整的一种政治稳定状态。这着眼于政治安全所面临的外部挑战视角，研究内容与主权国家对抗强权政治的国际政治斗争联系在一起，并以应对外部威胁为目标开展相应的对策研究。持类似观点的学者认为，政治安全是国家安全最根本的象征，维护国家政治安全主要是维护国家的主权和人权；使民族尊严不受污辱，维护国家政权的独立自主，使其免遭国际霸权主义和强权政治的干涉。这种观点强调以军事力量维护国家主权和领土完整，很显然，这一视角仍然具有传统安全的显著特征，在某种程度上它混淆了政治安全与国防安全、传统国家安全的边界。随着冷战的结束，国际关系格局发生深刻的变化，传统安全中军事威胁的可能性大为降低，而经济、社会、生态等非传统安全因素的重要性凸显，使得这一研究视角不断式微。

2. 制度因素说

这种观点侧重于从国内政治角度进行界定，主要从国家的基本政治制度和政治体制稳定的角度来阐述政治安全。认为政治安全就是"保障国家基本政治制度的稳定，防止社会政治动乱，促进政治发展"[1]；是"保障基本政治制度和政治体制的安全，政治安全的主体是国家的基本制度、政治体制及其主导这种制度与体制的主体意识形态"，要求"国家确立的基本制度得以保持，政治体制要相对稳定，主体意识形态得以维护"[2]。还有学者进一步指出："政治安全是指政治体系的连续性和有序性，包括稳定的政权性质、合理的国家权力结构形式和有序的政治过程。"[3] "从内在逻辑讲，政治安全是政治稳定和政治发展的动态平衡和良性互动；从外

---

[1] 梁艳菊、宋晓梅：《论政治安全与政治稳定、政治发展的关系》，《内蒙古社会科学》（汉文版）2001年第6期。

[2] 沈伟烈、陆俊元：《中国国家安全地理》，时事出版社2001年版，第12页。

[3] 杨宁：《论我国现代化进程中的国家政治安全及其维护》，《重庆社会主义学院学报》2012年第1期。

在形式上看,政治安全是国家的国体、政体、国家结构形式,以及意识形态、政党制度等诸种因素的协调统一。"① 这一视角随着传统安全观的式微而逐步得到学者深入的论述和关注。

3. 意识形态说

这种观点突出强调社会主义主流意识形态在政治安全体系中的重要地位,认为确保主流意识形态的引领能力是政治安全的核心。甚至有学者明确指出,"意识形态是一个国家政治安全的灵魂",主流意识形态对于"培养国民政治认同感,维系社会控制力,维护国家政治安全的作用十分明显"②。

4. 执政安全说

这种观点主要是从一国范围内执政党的执政安全的角度界定政治安全的。认为政治安全就是"人们常说的执政党长期执政的政体安全""中国政治改革的首要问题就是政治安全问题",随着社会力量的崛起,执政党和社会的各种利益集团对政治改革的阻力不断增大,在这种情况下,如何维持执政党作为改革主体的地位,成了其面临的最严峻的政治挑战。③

5. 政治状态说

持这种观点的学者主张政治安全问题应该围绕政治体系这个主轴展开,"政治安全即国家政治体系的安全",是指"国家政治体系处于结构合理、功能配合、运转协调、变化有序的良好状态。它通常可以从国家主权独立、国家政权稳定、政治意识形态广纳、政治制度恰适、执政党地位巩固、政治秩序良好等方面来衡量"④。这样才能把政治安全与军事安全、经济安全、社会安全、环境安全等区别开来,这对于从根本上保障国家政治安全不无参考价值。

无论从什么角度界定概念,概念本身的主体、对象及核心要素是需要首先把握的。政治安全必须依附一定的实体而存在,脱离主体单纯地谈论安全问题是没有意义的。政治安全通常具有安全的一般特征,因为所有的

---

① 刘跃进:《国家安全学》,中国政法大学出版社2004年版,第110页。
② 刘祎:《意识形态安全:政治安全的灵魂》,《新乡师范高等专科学校学报》2006年第3期。
③ 吴江:《党内民主与政治安全》,《炎黄春秋》2010年第7期。
④ 虞崇胜、李舒婷:《政治安全视野下的反腐倡廉制度建设》,《理论探讨》2012年第2期。

危险都是从政治角度来定义的，所有的安全也都是政治性的。政治安全到底是谁的安全，如果主体模糊，那么界定将毫无意义。

综上所述，政治安全虽然与传统国家安全有着密切的联系，但其外延和内涵已经大为拓展。随着国际国内政治环境的变化，政治安全内涵的侧重点可能会有所不同，它是一个政治问题，同时不可避免地涉及经济、文化、制度、社会认同等多个层面。从政治学学理层面出发，根据对政治安全核心内涵的把握，本文认为，政治安全是指国家政治体系处于结构合理、功能配合、运转协调、变化有序的良好状态。它通常可以从国家主权独立、国家政权稳定、政治意识形态广纳、政治制度恰适、执政党地位巩固、政治秩序良好等方面来衡量。

随着政府部门和学界对政治安全问题的高度重视，现实社会政治安全的战略意义愈加凸显，可以预见的是，围绕政治安全体系和能力构建，凸显政治体系内部生长机制的政治安全研究，将成为安全和国家安全新的研究议程和研究趋势。

三 政治安全的核心构成要素

在传统的"军事—政治"安全模式中，安全往往关乎生存。安全问题之所以被人们重视，是因为它对一个指涉对象（传统上是国家、合法政府、领土或社会）造成了"存在性威胁"，而这种威胁成为一个国家合法使用武力的关键所在。[1] 可见，"传统的国家安全观念根植于以权力为核心的政治传统中"[2]，这种"以军事安全为核心"的传统安全观，随着全球非传统安全因素的增多而逐渐被边缘化，取而代之的是以关注社会安全、人的安全为核心的新安全观。以新安全观审视当前中国政治安全可能面临的困境，并构建可持续的关注公民个体政治生存环境的政治安全体系是政治发展的必然路径，于是政治安全问题就顺理成章地进入了人类的安全研究议程。

哥本哈根学派所分析的现代安全的五个维度，指涉对象分别是国家

---

[1] 舒刚：《新安全观视域下政治安全的内涵分析和体系构建》，《天津行政学院学报》2012年第4期。

[2] 巴瑞·布赞、奥利·维夫、迪·怀尔德：《新安全论》，朱宁译，浙江人民出版社2003年版，第29页。

(军事安全)、国家主权或者意识形态（政治安全）、国民经济（经济安全）、集体共识（社会安全）、物种和栖息地（环境安全）。这种分析方法是有益的，它不仅强调维护国家领土主权完整，还强调维护社会公共秩序的稳定和民众个体的生存质量（当然，这多重目标相互间也并非完全独立）。① 这种对安全指涉范围的界定虽然也存在不少争议，但也为各国综合安全观的形成以及政治安全体系的构建提供了可资借鉴的分析框架。

影响政治安全的因素很多，既有直接因素，又有间接因素；既有外部因素，又有内部因素；既有传统安全因素，又有非传统安全因素；既有对抗性矛盾，又有非对抗性矛盾，但从总体上看，起决定作用的是间接因素、内部因素、非传统安全因素以及非对抗性矛盾。对中国政治安全的维护而言，主要威胁不是外部想要对抗中国的某个敌国，而是国家政治体系在自身运行过程中所存在的种种隐患和矛盾。结合中国政治安全的实际状况，我们认为，政治安全主要包括国家主权独立、国家政权稳定、政治意识形态广纳、政治制度恰适、执政党地位巩固、政治秩序良好等几个方面，其核心构成要素则主要分为国家政权安全、意识形态安全、政治制度安全、政治秩序安全和执政安全。

（一）国家政权安全

国家政权是一个国家政治权力的组织形式和存在形式，通常是指掌握国家主权的政治组织运用其掌握的政治权力，全力维护对整个社会的统治和管理。国家政权是国家的象征，拥有治理社会的公共权力。在中国，国家政权机关主要指立法机关（人大）、行政机关（政府）和司法机关（审判机关、检察机关）；中国共产党不是国家政权机关，但它是执政党，因而与国家政权有着直接的关系。而无论是国家政权机关的权力，还是党的领导权和执政权，归根到底都来源于人民，并且应当统一于人民。

国家政权安全就是国家政权有效运行、处于不被颠覆的安全状态。政权安全就是指国家政权在运行过程中能有效抵御和防范国内外因素的干扰和威胁，确保政权保持稳定性和持续性的良好状态。其主要内容就是保持合法政权及其政府的长期存在，维持政治统治的有效及稳定。具体表现为统治阶级的政权稳固有力，能抵御国外颠覆势力的威胁，也能控制内部可

---

① 梅利·卡拉贝若—安东尼、拉尔夫·埃莫斯：《安全化困境：亚洲的视角》，段青译，浙江大学出版社2010年版，第4—18页。

能出现的破坏活动。在现代国家，政权得以维持和延续依赖于几个关键的要素，即领导政权的政党，政权的思想政治基础，政权的组织形式等。对中国政权安全而言，中国共产党的执政地位、马克思主义意识形态、符合国情的根本政治制度是直接关系国家政权的核心因素，缺一不可。

（二）意识形态安全

根据学界比较公认的看法，"意识形态"这一概念是由法国大革命时期的哲学家、政治学家德斯图·德·特拉西（Destutt de Tracy）提出和使用的，特拉西关于意识形态的理论主要见诸其出版的《意识形态的要素》一书中。在特拉西看来，"意识形态"就是"思想的科学"或"观念的科学"的代名词，这种观念科学是一切科学的基础，其主要任务是研究认识的起源、界限和可靠性程度，它的职责就是批判一切宗教、形而上学、传统、权威的神秘和偏见，建立一种科学的评价标准，进而改造社会。马克思在《德意志意识形态》（其在世时未正式出版）中第一次使用了"意识形态"这一概念，并对意识形态的历史形成、本质特征、功能等进行了详细阐述。因此，马克思、恩格斯被公认为是现代意识形态理论的奠基者，人们普遍认为是他们确立了"意识形态"的现代语境[1]，虽然把意识形态作为认识对象并非始于马克思，但"正是由于他的著作的影响，意识形态的概念才会像今天这样广为流传"[2]，在马克思之后，人们对意识形态的研究都不能避开马克思的意识形态理论，"从这个意义上讲，马克思意识形态理论已成为当下人们研究意识形态的一个重要参照系"[3]。意识形态作为国家上层建筑的核心组成部分，是一个国家的灵魂，具有深刻的政治内涵。意识形态安全一般是针对一个国家或地区占主导地位的思想和政治意识形态而言的，意味着全体社会成员拥有共同的价值观念和价值取向，便于最大限度地保障成员整体行为的一致性。国家主流意识形态是该国国家利益和价值取向的选择和体现，具有一定的稳定性和排他性。

本文认为，意识形态安全就是指一个国家占统治地位的思想观念、价值体系能够适应内外政治环境的变化，从容应对其他思潮的各种冲击和挑战，保持价值观体系相对稳定和良好适应性的一种状态和能力。意识形态

---

[1] 张秀琴：《马克思意识形态理论的当代阐释》，中国社会科学出版社2005年版，第5页。
[2] 大卫·麦克里兰：《意识形态》，孔兆政译，吉林人民出版社2005年版，第2—3页。
[3] 赵德江：《当代中国意识形态转型研究》，经济科学出版社2009年版，第17页。

安全是政治安全体系的核心组成部分,也是国家软实力的重要体现,作为国家政治安全的灵魂,意识形态对于培养国民政治认同感、增强社会凝聚力具有重要作用。同时,国家通过传播主流意识形态,倡导和践行核心政治价值,使团体成员形成共同的社会理想信念,进而规范人们的政治参与行为,以维系整个社会的稳定,保证社会制度的正常延续。因此,必须有效地维护意识形态安全,为政治安全提供思想保障。同时,主流意识形态必须遵循继承性、开放性和实践性的原则,在不同思潮的较量中保持优势,并不断实现理论创新,才能得到大多数社会成员的高度认同和自觉践行,从而巩固主流意识形态的政治地位。需要指出的是,意识形态安全的首要特性并不体现为其不受任何威胁,保持固定不变,相反,意识形态是动态的,具有良好适应性的意识形态才是安全的。

(三)政治制度安全

政治制度是围绕政治活动而形成的所有政治体制的总称,通常是指国家政权的组织形式,即政体;它在广义上包括政治领域的各项制度,包括国家的性质、政体形式、国家结构形式、国家机关的组织形式及其活动原则、社会政治生活的组织形式和活动方式等。按照制度主义的观点,政治制度是社会政治领域核心的结构性要素,是影响社会发展和政治稳定的关键因素。从这个意义上讲,政治制度安全是政治安全的根本保障。邓小平曾深刻地认识到:"制度问题带有根本性、全局性、稳定性和长期性。"[1] 政治制度安全在中国主要是指反映国家根本性质的政治制度不被破坏,并保持政治制度运行的稳定和发展。

政治制度结构的合理和运行的有效是国家长治久安的根本保障。科学、合理并能有效运行的政治制度能够协调社会不同阶层的利益,形成相对公平的利益分配格局,有利于实现社会的和谐稳定。政治制度的不合理和不健全不仅会影响国家的经济发展和国民财富的增长,还会破坏社会公平,激化社会矛盾,造成社会发展的停滞和社会秩序的紊乱。历史上一些国家的兴衰成败,以及当今世界许多国家的不发达乃至混乱状况都可以从制度的缺陷上找到合理的解释。可以说,没有合理且有效运行的政治制度,就无法保障政治安全。

因此,进一步完善和优化政治制度设计才是维护政治安全的根本。应

---

[1] 《邓小平文选》第3卷,人民出版社1993年版,第333页。

该大胆借鉴人类政治文明的有益成果为我所用，并在此基础上结合中国的现实政治环境进行创新，从而保持政治制度的持续活力。政治制度的不断完善优化，是推进社会主义政治文明的迫切需要，也是实现社会主义政治文明制度化、规范化和程序化，确保政治安全的必然要求。①

（四）政治秩序安全

对人类社会的政治生活而言，"首要的问题不是自由，而是建立一个合法的公共秩序"②。对任何政治共同体而言，构建合理的政治秩序是最基本的价值目标。政治秩序是一个历史范畴，它是随阶级、国家的出现而出现的。这也是人们常把政治秩序等同于国家的原因。对于政治秩序的内涵，它是作为一种结构或状态存在的，是一定社会的政治体系保持和实现的某种相对稳定的非冲突状态。如黄百炼、徐勇等人曾指出的："政治秩序指社会政治中的人们根据一定规范活动，使社会政治的内在结构和各方面关系处于相对均衡、相对和谐、相对稳定的状态。它主要表现为一定政治社会的常态或静态的状况。"③ 这种观点有一定的代表性，但并没有体现政治秩序的全部内涵。

事实上，政治秩序除了表现为社会政治结构的稳定状态外，更是一种通过社会规则、政治控制力约束政治主体行为的制度化的动态政治过程。政治秩序是政治状态与政治过程的统一，状态是过程中的状态，过程是状态展开的过程。值得注意的是，政治秩序本身是一个中性的概念，无论是实现一种理想的政治秩序，还是酝酿危机的政治秩序，都取决于三个重要因素：其一，特定社会的经济基础的性质，这是决定政治秩序性质的终极原因；其二，政治实体在政治实践过程中形成的政治理念；其三，根据特定政治理念建构的政治规则和其在实际政治活动中的贯彻状况。基于这种思路，有学者将政治秩序界定为："统治阶级为维护或发展有利于自己的经济关系而根据一定的政治理念制定一系列政治规则，并运用这些政治规则来对各政治实体实施政治控制的政治过程及其所呈现的政治状态。"④政治秩序是动态过程和特定阶段静态结果的统一，它既是发展变化的过

---

① 舒刚：《新安全观视域下政治安全的内涵分析和体系构建》，《天津行政学院学报》2012年第4期。
② 亨廷顿：《变化社会中的政治秩序》，王冠华等译，三联书店1989年版，第7页。
③ 黄百炼、徐勇等：《政治稳定与发展的社会分析》，武汉出版社1993年版，第272页。
④ 雷振文：《转型期中国政治秩序调适路径探析》，中共中央党校2007年博士学位论文。

程，又表现出一种历时性的相对稳定状态。因此，政治秩序安全既表现为一种秩序良好的状态，又表现为在复杂的政治环境中依托科学的政治理念和政治制度来保障这种良好秩序的动态过程。

（五）执政安全

现代政党产生和存在的意义在于通过执政推进或影响国家的政治发展。现代民主国家一般都有多个政党存在，其中一个或几个政党是执政党。所谓执政安全，是指执政党能够稳固、长久、有效地执掌政权。具体来说，执政安全可以分为两个方面：一是执政党的执政地位不被动摇；二是执政集团的施政不被反对。

执政安全是执政党巩固执政地位的前提，也是执政党最基本的目标。根据权力运行的不同阶段，可以把执政安全分为掌权安全、控权安全和用权安全三个方面。西方政党制度大多实行两党或多党制，选举在西方政治生活中占据着重要的地位，选举也是控制政权的基本点，通过争取选民、赢得选举来夺取和控制国家政权是政党的主要目标；同时，当两党或多党联合执政时，各党派之间或政党内部各派别为了获取更多的国家权力，时常会出现控权之争。因此，掌权安全和控权安全是西方执政党执政安全的核心内容。而对社会主义中国而言，由于一直实行中国共产党领导的多党合作制度，执政党的执政地位是由宪法明确予以规定的，各民主党派不具有执政党地位，而是通过参政议政的方式影响国家公共政策的制定和执行，与西方国家政党不同的是，作为执政党，中国共产党构建了比较完善的权力体系，其面临的最大执政安全问题是如何实现用权安全。也就是说，执政党在行使国家权力的过程中是否符合人民的意愿、利益和要求，是否具备较强的执政能力，能否有效抵御各种执政风险，是实现执政党执政有效性、维护政权安全的重要内容。[①]

四 政治安全的主要特性

如前所述，政治安全是国家政治体系在政治发展进程中协调运转，维持政治结构和政治秩序的相对稳定，能适应国内外政治环境的变化，并确保政治运行的稳定性和连续性的状态和能力。它是主权国家在政治变迁过

[①] 舒刚：《基于政治安全的网络舆情治理创新研究》，武汉大学2004年博士学位论文。

程中根据复杂的政治环境的变化,政治体系组织结构、制度、文化等各要素不断互动碰撞、调适的结果。其主要特征表现在以下四个方面。

其一,政治安全是动态性与静态性的统一。政治安全在特定环境中首先表现为政治体系处于一种良好的状态,同时又体现为"保障这种安全状况所必需的各种配套机制的有序运行"的动态过程。为了确保国家的意识形态安全、政治制度安全和政治秩序安全,必须适应政治发展的要求,使"政治系统在历史演进过程中,其结构渐趋于分化,组织渐趋于制度化,人民的动员参与支持渐趋于增强,社会渐趋于平等,政治系统的执行能力也随之加强,并能渡过转变期的危机,使政治系统的发展过程构成一种连续现象"[1]。因此,不存在放之四海而皆准的政治安全模式,只有不断进化和发展的政治安全才是有生命力的。

其二,政治安全是主观性与客观性的统一。政治安全首先体现为国家政治体系处于结构合理、功能配合、运转协调、变化有序的良好状态,这种状态是客观存在的。政治安全是政治体系没有危险、不受外力颠覆、威胁的客观状态,是具有对抗一切现实或潜在威胁的实实在在的保障,具有明显的客观属性。其次政治安全又体现为国家政权主体和其他政治行为主体对国家政治体系所处状态的一种主观认知和心理感受。也就是说,政治安全不仅涉及在复杂的政治环境中政治体系本身所体现出的某种客观状态,又体现为政治主体和相关行为主体的一种主观上的心理活动,是主观性与客观性的统一。

其三,政治安全是绝对性与相对性的统一。政治安全是国家安全的根本,表现为政治体系处于一种相对确定存在的事实或状态。但这种状态会因国内外政治环境的变化而发生变动,并且面对可能威胁政治安全的某些客观因素和事实,不同的行为主体可能会产生不同的态度。对于某些行为体而言,可能属于"不安全状态",但对于另外一些政治行为主体而言,情况则有所不同,可能根本不存在任何实质性威胁。对政治威胁或政治危机的看法及解决顺序,各国本就有着不同的优先性和排列组合。政治危机或政治风险是与政治安全相对的概念,政治安全实际上就是使危机或风险限制在可控范围之内,没有政治危机或风险,就无所谓政治安全问题,或者说,没有提出政治安全问题的必要。而不同行为主体对于政治危机或政

---

[1] 陈鸿瑜:《政治发展理论》,桂冠图书股份有限公司1987年版,第385页。

治风险理解的差异性也将直接影响对政治安全的不同理解，因此，政治安全具有明显的相对性。另外，根据赫茨的"安全困境"理论，国家追求自身安全的同时会相应增加其他国家的不安全感，每一方都把自己的举措解释为防御性的，而把对方的行为解释为潜在的或现实的威胁。根据这种观点，政治安全总是相对的，它始终处于一种不断变化的状态。① 因此，政治安全是绝对性和相对性的统一，主权国家即便在政治安全的状态下也应该尽可能地预测到潜在的矛盾或者隐患的存在，所谓"居安思危"，同时加大对政治安全的研究力度，并不断调整国家政治安全战略，以防患于未然。②

其四，政治安全主导性和交互性的统一。在国家安全体系中，政治安全处于主导地位。政治安全没有保障，其他安全都不会有保障。反之，政治安全有了保障，其他安全就有了政治保障。因此，在中国总体安全体系中，必须突出政治安全的主导地位，把政治安全作为中国总体安全的根本。处理好中国国内的政治问题是国家政权最重大的安全问题，如果中国不能保持政治秩序的正常运行和政治稳定，一切安全问题都将是空谈；相反，在政治安全良好状态下，其他的安全问题就相对容易解决。政治安全是与人民根本利益紧密结合在一起的，中国提出的总体国家安全观，就是以人民安全为宗旨，以政治安全为根本，以经济安全为基础，以军事、文化、社会安全为保障，以促进国际安全为依托，进而走出一条中国特色的国家安全道路；中国所要构建的国家安全体系也是集政治安全、国土安全、军事安全、经济安全、文化安全、社会安全、科技安全、信息安全、生态安全、资源安全、核安全等于一体的国家安全体系。因此，不能脱离其他安全而孤立地维护政治安全。

其五，政治安全是确定性和不确定性的统一。在通常情况下，一个国家的政治体系是否处于良好的状态（即国家政治体系处于结构合理、功能配合、运转协调、变化有序的良好状态），这是基本可以确定的，人们正是根据这种状态来评价一国政治安全的。但是，在网络化时代，各种价值观念、社会思潮和生活方式相互碰撞、冲突，致使社会民众的价值取

---

① John Herz, "Idealist Internationalism and the Security Dilemma," *World Politics*, 1950 (2).
② 舒刚：《新安全观视域下政治安全的内涵分析和体系构建》，《天津行政学院学报》2012年第4期。

向、思维方式和政治认同趋向多元化；世界不同国家、地区之间的信息互动频繁，某一突发公共事件在爆发后能在极短时间内迅速公之于世，在全世界范围内即时传播并造成轰动效应。所有这些变化使得中国面临的安全威胁逐渐呈现出多样化和复杂化倾向。另外，传统国家安全问题大多是明显地表现出来的，政治安全则常常显示出不确定性的一面。政治安全问题的形成是多种因素综合作用的结果，有的因素是单独起作用，但更多的是多种要素叠加发挥相应的增效作用，各要素的不可或缺以及它们之间的频繁互动关系，使得对政治安全问题进行直接观察和量化考核呈现出不确定性。

现代化进程中政治制度安全的多重内涵

韩冬雪　林毅[*]

无论是从需要层次的分析视角[①]出发，还是基于"免于恐惧的自由"[②]的权利观念，安全需求对于人类个体的先决性意义都是不言而喻的。而当安全需求的主体拓展到政治共同体的范畴时，[③]不仅安全概念本身被赋予了更为丰富的内涵，而且其相应的保障手段也必然会超出应激本能的层次，反映为未雨绸缪的战略规划与政策选择。然而，客观历史的演进步伐常常总是超前于观念更新的速度。"恐怖和平"时代落幕的20余年来，人们不无遗憾地看到，世界秩序的重构并未如预期的那样显著地增加安全红利的有效供给，相反，对于大多数国家，尤其是广大后发国家而言，空前复杂严峻的内外安全形势仍然构成了现代化道路上一项难以回避的现实挑战。与此同时，对于以中国为代表的新兴大国崛起所带来的深远影响，既有理论解释力不足的局限性也暴露无遗。那么，当历史再次走到这样一个规则认知—适应与规则变迁间出现重大落差的节点上时，人类又能否最终摆脱现代化进程中的这一安全魔咒呢？本文认为，这一问题的答案在很大程度上就取决于中国能否回应时代的需要，以一个合适的视角全

---

[*] 韩冬雪：清华大学马克思主义学院；林毅：清华大学马克思主义学院。

[①] 在马斯洛的需求层次理论中，安全需求被视为在基本需求层次中"生理需要相对充分地得到了满足"后更高层次的需求，这种需求"可能完全控制机体，几乎可能成为行动的唯一组织者……因此我们可以将整个机体描述为一个寻求安全的机制"（参见［美］马斯洛《动机与人格》，许金声等译，华夏出版社1987年版，第44页）。

[②] 参见美国总统富兰克林·罗斯福1941年1月6日发表的致77届国会咨文。

[③] 正如约瑟夫·奈所比喻的，对于政治共同体而言，安全就像氧气那样，"你可以不注意它，但你不能没有它"。（转引自余潇枫等《非传统安全概论》，浙江人民出版社2006年版，第2页）

方位地认识全球化时代下的国家安全问题。

　　进入后冷战时代以来，中国经济发展所长期保持的强劲势头相应地带动了中国全方位现代化步伐的提升，① 在20世纪中叶以来的人类发展史上，继"亚洲四小龙"之后，中国也再次延续了"东亚奇迹"的神话，而大国的体量还赋予了中国崛起以远超前者的深远意义。在此前提下，假设国家安全问题的解决与现代化进程存在着某种简单的正相关关系的话，那么，似乎尽可以对未来中国国家安全形势持相当乐观的态度。然而，众所周知，这一判断显然与现实存在着相当的出入。一方面，在中国自身所无法左右的外部环境中，单极世界秩序"垂而不死"，远没有出现土崩瓦解的迹象，这就意味着，在未来相当长一段时期内，中国同传统强势国家间"外争国权"的博弈压力不会得到根本性缓解。另一方面，一个开放与进步的世界之所以没有变得更加和平稳定，原因之一就在于传统安全与非传统安全问题的叠加，这就意味着，一些原本不具有安全属性的社会问题正明显地经历着性质的转变，而绝大多数政治共同体却尚未为应对这类转轨性问题的激增做好准备。鉴于此，对于国家安全问题的认识就更没有理由局限于任何特定学科、特定领域、特定范式的观念与知识边界，② 而是需要以"风物长宜放眼量"的胸怀和眼界，将对国家安全现实问题的思考纳入考察现代化进程这一整体性、全局性问题的整体框架下，正如有学者所指出的那样："国家安全政策是现代化政策的一部分，而国家安全战略则是现代化战略的一个组成部分。"③ 合理地比照、借鉴现代化的核心议题，不仅提供了一条贯通国家安全诸问题领域的逻辑线索，而且无形中超越了传统安全理论的权力主义前提，今人有可能更准确地把握国家安全问题的政治内涵（而不仅仅是国际政治内涵）及其相关要素，进而转化为相应的顶层设计与战略

---

　　① 在部分承认西方现代化理论指标体系有效性的前提下，无论是比照列维模型这样的定性标准，还是依据英克尔斯标准这样的定量标准，我们都不难发现，中国现代化的成绩绝不仅仅局限于GDP增长的一枝独秀上，而是表现为诸项指标的全面提升。

　　② 例如，在国际政治的理论视野中，对于国家安全问题的研究同样存在着诸如"正统派""扩展派""全球派"等不同派别的理论争鸣（参见朱锋《"非传统安全"解析》，《中国社会科学》2004年第4期)，一些学者也明确反对安全问题研究的泛化。但在实践层面，无论是在传统安全与非传统安全之间，还是在安全问题与现代化问题之间，并不存在着绝对的边界。

　　③ 参见包罗吉《作为现代化政策因素的国家安全战略：俄罗斯和中国的经验》，朱佳木主编：《当代中国与它的外部世界——第一届当代中国史国际高级论坛论文集》，当代中国出版社2006年版，第328页。

规划资源。有鉴于此，本文所展开的对于政治制度安全问题的探讨，便是以当前现代化进程中的几大主要挑战作为基本线索的。

一 政治制度安全的保护性内涵

"现代性孕育着稳定，而现代化过程却滋生着动乱。"[①] 这条"通则"常被用来描述后发现代化国家无法逾越"现代化阵痛"阶段的现象。同样，所谓国家构建中的五大危机（认同性、合法性、渗透性、参与性、分配性[②]）也主要是参照后发国家的反面经验归纳而成的。事实上，确实不应讳言，相较于西方发达国家，许多后发国家的现代化进程中的成本与收益往往表现为极不对等的状况，而究其屡遭挫折的原因，后发国家政治制度的脆弱性无疑难辞其咎。大到苏东阵营的曲终人散，小到西亚北非多国所经历的"颜色革命"洗礼，无论这些国家是以何种方式（革命、改良、政变等）建国立制的，也不管这些国家千方百计地采取何种手段来维护其政治制度（高压政治、贿买民众等），似乎都没有明显延长其政治制度的稳定生命周期。那么，这种现象的普遍存在是否就意味着政治制度安全仅仅是后发国家的专属性问题呢？要回答这个问题，我们必须从影响政治制度安全的内外因素入手。

在西方的现代化理论话语中，学者们一般倾向于用"早发内生型"现代化与"后发外生型"现代化两种模式来区分西方世界与第三世界所走的现代化道路。这种区分的合理之处就在于，它的确点明了两类国家在现代化进程中所存在的时间周期与外部环境的重大差异。沿着两条现代化道路的轨迹回溯，不难发现，充裕的时间资源为前者预留了更多的试错与调适空间，使其能够从容地分解现代化任务和压力，避免多重危机共时性叠加的风险。[③] 同时，相较于后者，除了为数寥寥的非典型案例[④]之外，

[①] 亨廷顿：《变化社会中的政治秩序》，王冠华等译，三联书店1989年版，第38页。

[②] 参见迈克尔·罗斯金等《政治科学导论》，林震等译，中国人民大学出版社2009年版，第48—52页。

[③] 参见孙立平《后发外生型现代化模式剖析》（《中国社会科学》1991年第2期）一文中对早发内生型现代化模式先天优势的总结。

[④] 主要的例外似乎发生在拿破仑战争后建立的维也纳体系中，但不应忘记的是，这种来自日薄西山的保守势力的逆袭攻势不仅很快瓦解于欧洲革命的洪流中，而且从这个体系中获益最大的国家——英国，其政治制度类型与法国并不存在根本的区别。

前者的现代化进程也极少受到来自其他强势国家有意并且是有效的干扰。从某种意义上讲,"西方理性主义的独特性"与"近代西方文明形态的独特性"① 与其说是西方文明固有逻辑的价值优越性所致,毋宁说是地缘政治因素不知不觉间"无心插柳"的结果。

即便如此,在一定的历史条件下,包括早发内生型现代化国家在内,对于政治制度的外部压力仍然构成了不可忽视的挑战性甚至是颠覆性因素。一个明显的例证就是,贯穿于整个冷战期间,特别是在"铁幕"落下之初的 20 世纪四五十年代,在以美国为代表的西方世界中,一度弥散着一种甚至可以被形容为"受害妄想"的制度安全恐慌情绪,而这种情绪的理论化表现就是这一时期美国新保守主义的崛起。正如美国当代保守主义学者奥·沙利文所明确宣称的那样:"当代保守主义的功能已经很清楚,即为西方文明体制,尤其是为以最杰出的美国方式为载体的制度进行辩护。"② 从麦卡锡主义不遗余力的激进实践,到美国的右翼学者号召以断绝校友资助为手段胁迫私立大学放弃任何可能挑战西方制度的"学术自由臆想"③,再到最近剑桥大学哲学系准备将一切被冠以不符合"自由主义传统"标签的思想——包括黑格尔、马克思、尼采、无政府主义等——清除出该校本科教育的课堂。无论对于这些"保护性措施"会做出何种价值评判,其所反映出的捍卫制度安全的主动意识仍是意味深长的。更值得深思的是,在西方国家的安全战略中,保障政治制度安全恰恰构成了维系西方全方位优势地位的关键环节。简言之,生存还是死亡,不仅是一个关系到制度本身存续的问题,而且深刻影响着一个国家现代化进程内外环境的塑造。而不同政治制度(不仅是资本主义与社会主义两大制度)之间的激烈攻防,除了具有意识形态竞争的属性之外,也与实现国家利益最大化目标之间存在着不可否认的内在逻辑关联。

因此,回到中国现代化的主题上,无论如何,恐怕都必须承认,西方化与本土化模式的角逐不仅仅反映为一个单纯的路径选择问题,而是被赋

---

① 马克斯·韦伯:《新教伦理与资本主义精神》,于晓、陈维纲等译,三联书店 1987 年版,第 14 页。

② John O. Sullivan, "Safe for Democracy, and a Nation, The Idea of this Country Post 9/11," *National Review*, December 17, 2001, pp. 42-44.

③ 参见 Willian F. Buckley, Jr., *God and Man at Yale* (Regnery Publishing, Inc., Washington, D. C.), 2002. 在该书中,著名的美国保守主义旗手小巴克利甚至摆出一副"宁枉勿纵"的架势,将包括萨缪尔森在内的凯恩斯主义者一概指斥为事实上的社会主义者。

予了影响现代化安全与发展双重目标实现的现实意义。近代以来，中国那些希冀通过以西方化道路实现富强目标的人士无一例外地收获了失望的苦果，这应归咎于他们低估了西方"老师"维护既有优势地位的决心与能力。"很奇怪，为什么先生老是侵略学生呢？"① 这个问题的答案其实就隐含在所谓"安全困境"的原理当中，即"在'安全困境'中，一国为保障安全而采取的措施，意味着降低了其他国家的安全感。在无政府状态②下，一方聊以自慰的源泉就成了另一方为之忧虑的根源"③。即使在完全不考虑西方制度本土适应性问题的前提下，现代化道路上的"先行者"们往往也不会心甘情愿地默认既有秩序受到潜在挑战的事实，更何况作为世界体系中上位优势的拥有者，西方国家不仅形成了联手抑制挑战者的共识，而且完全具备将这种意愿转化为破坏性要素的能力。因此，基于零和博弈的思维，对于西方国家而言，中国或俄罗斯这类大国及潜在的强国无论采用了何种政治制度，无论是否被纳入"普遍价值观"体系当中，都无关紧要，真正触动西方神经的其实只在于这些国家最终可能与西方列强平起平坐的"可怕"前景。④ 由此可见，保障政治制度安全的动机并不完全包含在制度的价值内涵当中，而这也就构成了在当前意识形态斗争色彩淡化的条件下，制度竞争博弈的暗流依然汹涌澎湃的重要现实理由。

当然，质疑西方化道路的可行性，并不意味着要绝对拒斥制度对话与制度借鉴的可能，而主要是源于对西方化道路两个无法逾越的障碍的认识：其一，是现实语境中西方化道路的实际内涵与西方经验之间的落差。基于"善意的错误"的分析视角，有学者认为，西方化道路的缺陷在于"西方错误地认为自己比中国人更了解中国需要什么样的政府"⑤，但关键问题恐怕远不止于此。因为仔细考察今天西方所大力输出的"成功模式"时，不难发现，西方经验的"历史实践版本"与"现实普及版本"之间

---

① 《毛泽东选集》第4卷，人民出版社1991年版，第1470页。

② 在新现实主义的国际政治理论中，无政府状态，即任何性质的国家都始终生活在一个主要依靠自助逻辑的环境中，表现为世界秩序体系中的一个常量。

③ 肯尼思·华尔兹：《国际政治理论》，胡少华、王红缨译，中国人民公安大学出版社1992年版，第3页。

④ 一个更具代表性的例子在于，冷战初期，美国曾不遗余力地削弱英国，正如丘吉尔所意识到的那样，比起应对苏联的挑战，美国当时最为关心的倒是如何尽可能多地攫取崩塌中的英帝国的遗产，加速这个"天然盟友"的衰弱。

⑤ 马凯硕：《西方思维缘何落入陷阱》，《人民日报》2015年2月6日第3版。

实际上存在着相当大的差异。比如，涉及民主化问题时，一些西化道路的营销者一方面宣称："（民主转型）中以人的生命所付出的代价也是相当低的"①，另一方面，西方国家及其盟友却不遗余力地鼓励与支持后发国家的"反体制力量"以种种非和平的方式支付"转型成本"。同样，西方民主化话语中关于经济发展、和平与民主化的正相关性分析等，② 其诸多自我矛盾及与现实抵牾之处也不胜枚举，比如，建立在"历史终结论"前提下的永久和平③许诺最终化为泡影就是一个明显的例证。相对地，一些西方国家近代化历程中的普遍经验——诸如巩固统一民族国家共同体、建立高效的行政官僚体制、严格遵循法治原则、降低民主发展成本等——的价值则被刻意贬低了，或是被反过来当做过分偏重选举指标的民主化"样板"进程的必然结果。鉴于上述极为复杂的学术问题的政治属性，恐怕很难认为西方主流话语仅仅是无意地阐述了某种经过筛选的"不完全的真理"。更重要的是，这种"现成"的西方化模式随即还带来了造成西方化陷阱的第二个问题，即误导后发国家的部分西化论者（主要是知识精英）有意无意地颠倒了手段与目的的逻辑关系，使之成为西方化道路，特别是其"输出版本"智力与精神上的双重奴隶，既丧失了对于他们自身已经"游离于现实之外这个事实"④ 的清醒认识，又不可能具备批判地

---

① 参见亨廷顿《第三波——20世纪后期民主化浪潮》，刘军宁译，上海三联书店1998年版，第236页。亨廷顿在此的原意是希望肯定历史上的所谓"第三波"民主化浪潮低暴力成本的特征，然而，在西方国家所推动的新一轮民主化浪潮中，这种经验性结论却被用来诱导后发国家的人们将一切国家失败的悲剧都纳入必要的"民主阵痛"的解释框架中。

② 比如亨廷顿、达尔等人都曾充分肯定经济发展与民主化的正相关性，而在"新兴市场国家"崛起之前，这也成为西方鼓励后发国家发生某种"积极变革"的重要诱因，然而，随着国家经济秩序的悄然变迁，近年来，不少西方学者却转向否定这种相关性，并且指责一些新兴国家只是搭了西方的"便车"，或是"可鄙"地利用了"低人权发展模式"，因而得出其经济成就微不足取的结论。同样，尽管在一段时间里，多伊尔、拉西特等学者所宣扬的"民主和平论"曾经成为民主化福音的一个重要标志，但面对在"民主化浪潮"中日益陷入冲突状态的世界，一部分西方学者也不得不为此前过于决绝的论断补充上一个"民主化国家倾向于战争"的注脚。

③ 当然，依照福山最初的原意，"历史的终结"只是意味着"构成历史的最基本的原则和制度可能不再进步了，原因在于所有真正的大问题都已经得到了解决"。尽管福山本人事实上无须为一些诠释乃至于过度诠释承担太多责任，但即使仅限于国家安全问题领域，这种朝向"历史终结"的"过渡"之路也显得过于曲折艰辛，以致使人们很难不怀疑终点坐标的正确性（参见弗朗西斯·福山《历史的终结及最后之人》，黄胜强等译，中国社会科学出版社2003年版，第73页）。

④ 胡素珊：《中国的内战——1945—1949年的政治斗争》，王海良等译，中国青年出版社1997年版，第219页。

选择西方经验的进取精神，对改革发展现有制度，或者脚踏实地地推动西方成功经验的本土化探索全无兴趣，只是一味地满足于在与所谓"保守势力"的论战中彰显其"启蒙先驱"的优越感。这既是那些尚抱有良好愿望的西化论者[①]的个体悲剧，也很难说没有折射出现代西方政治制度在以攻为守捍卫自身制度"纯洁性"的过程中日益丧失其自省维度的痼疾。

归根结底，强调政治制度的保护性内涵具有先决意义，不仅是因为特定政治制度的生命周期与共同体的兴衰命运有着不可割裂的密切关联，也是基于对政治制度抵御压力的能力同其在共同体内部所表现出的有效性与权威性存在正相关关系的判断。正如亨廷顿所承认的那样："各国之间最重要的政治分野，不在于它们政府的形式，而在于政府的有效程度。"[②] 作为一国政治体系中相对稳定且最具有法理权威的成分，政治制度的安全与稳定，既是其有效性与权威性的必要前提，更关系到建构和维系政治制度的政治理念在现代化实践中是否能获得充分的实践空间。因此，讨论政治制度安全问题，就不能止步于正面阐述制度优越性与制度差异性层次，而是要力争将问题谈深、谈透，点明其中的利害关系。唯其如此，才有可能为真正理直气壮地宣示自己的制度自信做好理论上的铺垫。

二 政治制度安全的发展与变革性内涵

诚如上文所述，保护性措施是维护政治制度安全，实现制度有效性和权威性的必要前提，然而却不能将其直接等同于维护政治制度安全的措施整体。西方国家安全理论对于安全状态的定义之一："在客观意义上，安全意味着对所获得价值不存在威胁，从主观意义上，安全表明不会有价值受到攻击的恐惧感。"[③] 其内涵无疑是过于狭窄了。实际上，无论是在内外交困中走向终结的苏联体制，还是当今在表面繁荣下盛极而衰的西方制度模式，它们在通过种种或攻或防的保护性措施以维护自身制度安全方面

---

① 至于那些宣扬"殖民进步论"的西化论者则不在此结论的适用范围之列。
② 亨廷顿：《变化社会中的政治秩序》，王冠华等译，三联书店1989年版，第1页。
③ Arnold Wolfers, *Discord and Collaboration* (Baltimore: Johns Hopkins University Press, 1962), p. 158.

都可谓是尽心竭力①，然而，仅就结果而言，不难发现，这种专注于将制度安全的保护性内涵发挥至极致的做法，却几乎总是处于成本—收益严重不均衡的状态。换言之，这两种制度的通病就在于人为地割裂了政治制度安全保护性内涵与发展性、变革性内涵的关联，过于强调制度的个性与外在稳定性，也就是在实际上背离了国家维护政治制度安全的初衷与根本宗旨。从根本上讲，"一种制度之所以得以延续，在很大程度上取决于这种制度及其统治下的人们对于该制度的一定程度的认可和接受"②。而这种认可和接受除了受到政治规范、意识形态偏好、政治情感和政治文化的影响之外，更主要的还是来源于政治制度实践中的绩效合法性，以及由一系列具有说服力的发展指标所明确昭示的该制度相对于其他制度的比较优势。同时，考虑到政治本身所具有的对稀缺资源进行权威性分配的属性，也不能先验地判定某种政治制度只需要维持自身安全稳定的运转，就可以自然地带来发展的结果，拓展国家利益与人民福祉的空间。事实上，"国家安全观的拓展是由国家面临的不以人们的意志为转移的战略压力，以及由此决定的战略任务的变化决定的"③。同理，随着时代条件的变化，维护政治制度安全的战略重心也可能会发生转移，仍以中国为例，虽然社会主义政治制度面临西方制度渗透与竞争压力的局面没有发生根本性的改变，但对这种防御需求的重视不应、也不能以牺牲中国特色社会主义政治制度保障和引领现代化发展的能力为代价。邓小平在谈到经济稳定、协调与发展的关系时认为："稳定和协调也是相对的，不是绝对的。发展才是硬道理。"④ 因为发展本身恰恰为实现更高层次、更高质量的稳定与安全创造了条件。这条原则用来解析政治制度安全的保护性内涵与发展性内涵的权重关系也是完全适用的。

既然政治制度的保护性内涵与发展性内涵之间不仅不存在绝对的藩篱，那么，或许就有人要追问：如何才能判断一国的政治制度在捍卫生存权与实现发展目标方面实现了逻辑上的内在统一呢？本文认为，这个衡量标准至少

---

① 比如，苏联就曾经拥有规模极为庞大的国家安全机构，在冷战的前期与中期始终保持着对于西方制度影响渗透的高度警觉，并在"输出革命"的旗帜下贯彻以攻为守的思路；而美国等国也本着开辟"敌后战场"的目的，源源不断地将大量的财力、物力、人力投入维持诸如全美民主基金会、人权基金会、民主价值基金会、索罗斯基金会、卡内基基金会、福特基金会、卡特基金会、洛克菲勒基金会、阿登纳基金会等 NGO 的海外运作中。
② 孔德永：《农民政治认同的逻辑》，《齐鲁学刊》2006 年第 5 期。
③ 张文木：《中国国家安全观的拓展及其世界意义》，《国际政治研究》2009 年第 4 期。
④ 《邓小平文选》第 3 卷，人民出版社 2001 年版，第 377 页。

包含了这样两个彼此关联着的维度：其一，需要考察政治制度在实际运转中在多大程度上呼应了发展的需求，即在其所能容纳的生产力发展范围内最大限度地提升了发展效率；其二，需要评判政治制度在推动发展的过程中在多大程度上实践了特定的政治价值目标，即在不改变其根本价值取向的情况下尽可能合理地做出政策取舍。众所周知，列宁提出过这样一个著名的公式，即"苏维埃政权＋普鲁士的铁路秩序＋美国的技术和托拉斯组织＋美国的国民教育等等等等＋总和＝社会主义"①。这个公式所包含的三重含义其实就很好地阐释了政治制度的保护性措施与发展性目标的辩证关系：首先，苏维埃制度所代表的是一种政治方面质的规定性，也就是社会主义制度的个性特征；其次，在社会主义制度所提供的政治前提下，一切有利于实现发展目标的机制，无论其源自于传统还是现代、本土还是国外，都可以并且应该拿来为社会主义的发展目标服务；最后，也是最为关键的考验，就是如何做好社会主义的这个加法。具体到中国现代化的时代语境中，这个问题也可以被表述为如何在现代国家治理体系的框架内整合发展资源，提升治理现代化能力。

在此，有必要对治理现代化的丰富内涵进行分层阐释。首先，在最能直观反映一个国家整体治理绩效的指标层次上，治理现代化集中表现在这个国家所拥有的国际竞争力上。毋庸置疑，在后冷战时代里，大国之间的博弈主要采取的是在全球市场中和平竞争的方式，正如萨缪尔森所概括的："全球市场的崛起还提出了新的挑战：谁能最好地适应日益增强的国际竞争？谁能迅速地适应信息时代？这是一场豪赌，赢家将拥抱利润，而输家则被抛在后边。"② 然而，这场没有硝烟的"总体战争"又不是建立在公平的起点和规则基础上的。纵观近代以来的历史，从主要凭借火与剑的武力征服，到主要依靠规则、资本与商品、文化输出的"和平竞争"，西方主导下的全球化在绝大多数情况下总是能造成"马太效应"的后果。从利用苏联自 70 年代以来过分依赖能源产业的结构性缺陷操纵"石油武器"③，到广泛输出"华盛顿共识"的自由市场化药方④；从威逼利诱而

---

① 《列宁专题文集·论社会主义》，人民出版社 2009 年版，第 381—382 页。

② 保罗·萨缪尔森、威廉·诺德豪斯：《经济学》，萧琛等译，华夏出版社 1999 年版，第 2 页。

③ 据统计，始于 1985 年的"逆向石油冲击战略"仅在当年就造成了苏联近半数的硬通货收入的损失，而截至苏联解体的当年，石油产业急剧衰弱所引发的外汇储备锐减、物价激增等经济问题业已发展到一个难有转圜余地的程度。

④ 这一举措的直接后果就是造成了以"拉美化现象"为代表的后发国家现代化陷阱。

迫使亚洲后发国家接受金融自由化和有利于西方的货币政策，到刻意制造自由贸易壁垒，抑制新兴工业化国家制造业的崛起势头，① 全球化竞争的规则制定者总是不乏在后发国家实现国家利益的政策链条下恰到好处地选择薄弱环节一举突破的眼光和能力。处于这种风险与挑战远多于机遇的外部环境中，政治制度的安全显然也不能寄望于单纯依靠政治领域的保护性措施，而是更多地取决于争取国家发展的正当利益空间实践的成效。目前，中国正致力于推动的以"丝绸之路经济带"和"21世纪海上丝绸之路"为代表的一系列发展理念与战略构想，其重要的目标指向之一也正在于冲破前述的围堵与障碍，以发展为安全争得时间和空间。此外，已被提上议程的防范金融风险、维护能源安全，及同步实现产业升级与显著降低环境代价目标等发展举措，实际上也在不同程度上关系到政治制度本身所能获得的绩效认同增量。因此，在国家利益这一层面上，维系政治制度安全稳定的发展性内涵显然是不证自明的。

当然，即使中国未来的现代化发展顺利地逾越了上述所有国际竞争的障碍，也还是不能轻易断言中国的政治制度安全得到了发展绩效的充分支持。这是因为政治制度在实现价值分配的方式和取向上存在着显著差异，如果"某些法律和制度，不管它们如何有效率和有条理，只要它们不正义，就必须加以改造或废除"②。究其本质，"被剥削被压迫的阶级（无产阶级），如果不同时使整个社会一劳永逸地摆脱任何剥削、压迫以及阶级划分和阶级斗争，就不能使自己从进行剥削和统治的那个阶级（资产阶级）的控制下解放出来"③。社会主义政治制度的建立初衷与基本理念，就是通过政治革命、经济革命为"克服并且超过人类发展的掠夺阶段"④做准备。这是维系社会主义政治制度合法性与感召力的根本价值原则，也是贯通追求发展目标与维护制度安全内在统一逻辑的题中应有之义。审视近代以来中国政治制度安全所经历的历次内部挑战，一条基本的因果律就是：政治制度所保障的利益最大化对象的群体规模与政治制度本身的安全状况保持着正相关关系。具体而言，正像邓小平所敏锐地意识到的："解

---

① 据商务部的一项调查显示，中国每年约有70%左右的外贸出口企业遭遇到国外技术型贸易壁垒的限制，而自2009年以来，中国也始终高居全球遭受反倾销调查榜的榜首位置。
② 约翰·罗尔斯：《正义论》，何怀宏等译，中国社会科学出版社1988年版，第3页。
③ 《马克思恩格斯选集》第1卷，人民出版社1995年版，第257页。
④ G. A. 科恩：《为什么不要社会主义》，段忠桥译，人民出版社2011年版，第76—77页。

决共同富裕的问题比解决发展起来的问题还要困难。"① 在社会主义制度的现实运作环境中，公共权力的所有者难免会受到"公共权力的非公共运用"②的利益诱惑，而在绝对强势的资本与相对弱势的民众之间，社会主义政治制度的实践价值取向如果不能表现为倾向于为后者提供有效的制度救济，那么，这个制度本身的社会主义成色就将变得十分可疑，甚至还可能进一步蜕变为某种名实不符的异化形态。③ 可以预见，在这种情况下，政治制度所面临的安全挑战就将不只是来源于输出性的外在压力，而会更多地面临内部矛盾不断积聚，政治系统无法提供充分的泄压机制，乃至最终酿成结构性溃败悲剧的风险。也就是说，发展的价值取向如果背离了政治制度的基本取向，那么，无论发展的数据增量指标如何耀眼，都不可能转化为增加政治制度合法性认同的绩效资源。

同理，强调改革作为推动制度创新发展的根本动力，但也"不需要为改革而改革"④，而是应该审慎地思考改革目标与改革方向的内在关系。不同于那些国家主义者或是自由市场的原教旨主义者，本文既不像前者那样盲目地迷信"国家理性"的力量与公正，也有充分的理由对后者对市场化改革"有百利而无一弊"的许诺抱有高度的疑虑。所谓的释放改革红利从来也不是一个抽象的概念，而必须对应于具体的获益主体。实践证明，在中国的现代化进程中，诸如遵循开放市场的原则，打破计划经济体制下的城乡二元体制、商品价格扭曲机制等改革举措，确实达到了比改革前更有利于实现大多数人分享福利的效果。但与此同时，不应忽略的是，至少在像公共安全与社会福利这样的公共产品供给领域内，单一的市场化改革既不是最有利于实现公平目标，甚至也不是效费比最高的选择。那种

---

① 中共中央文献研究室编：《邓小平年谱（1975—1997）》下册，中央文献出版社2004年版，第1364页。
② 王沪宁：《腐败与反腐败——当代国外腐败问题研究》，上海人民出版社1989年版，第17页。
③ 有学者就曾尖锐地提出了这样的问题："共产党搞革命需要人民，但搞建设是否不再需要人民而只需要资本家和资本？搞建设是否还需要动员群众，组织群众，依靠组织起来才会有的人民，依靠人民当家作主的权力去维护人民的权益？"（参见潘维《要警惕共产党的国民党化》，鄢一龙、白钢、章永乐、欧树军、何建宇：《大道之行：中国共产党与中国社会主义·序言》，中国人民大学出版社2015年版）
④ 俄罗斯总统致俄罗斯联邦议会国情咨文，2003年5月16日。转引自［俄］包罗吉《作为现代化政策因素的国家安全战略：俄罗斯和中国的经验》，朱佳木主编：《当代中国与它的外部世界——第一届当代中国史国际高级论坛论文集》，当代中国出版社2006年版，第331页。

宣扬"一股就灵""一市场化就灵"的主张，本质上不过是"一选就灵"的庸俗民主观在经济领域的变体，也反映出西方化僵化思维所造成的判断力衰减的弊病。鉴于其实践教训，本文绝不主张将改革片面地理解为遵循特定教条——无论是计划经济教条还是市场经济教条，无论是东方教条还是西方教条——的单向行车，而是认为，评判改革成败与必要性的最终标准应该，也只能是掌握在最大多数的人民手中，即改革应当唯民意是从，唯人民根本利益是从。尤其是涉及那些"关系复杂、牵涉面广、矛盾突出的改革，要及时深入了解群众实际生活情况怎样，群众诉求是什么，改革能给群众带来的利益有多少。从人民出发谋划思路、制定举措、推进落实。"① 正如习近平所指出的："我们推进改革的根本目的，是要让国家变得更加富强、让社会变得更加公平正义、让人民生活变得更加美好。"② 申言之，"社会主义的目的就是要全国人民共同富裕，不是两极分化。如果我们的政策导致两极分化，我们就失败了；如果产生了什么新的资产阶级，那我们就真是走了邪路了。"③ 立足于长远的改革发展红利，并非不能接受特定时期、特定领域内的改革政策未必完全符合公平原则和公共福利最大化原则的现实，但是，这种对于理想与现实落差的容忍终究应当以相关改革所引发的微调量变不足以演化成真正意义上价值取向的质变为边界。也就是说，在未来的改革中，也需要为改革本身设定底线。④ 否则，改革本身的合法性资源就将在不知不觉间损耗殆尽，反过来也会背离以改革来完善、发展、巩固社会主义制度的初衷，进而侵蚀维系后者长治久安的认同根基。

总而言之，无论是以改革促发展，还是以发展带动改革，其为相应的政治制度积累社会认同资源的价值都是不容忽视的。回到列宁所总结的公式上，要想准确地把握其所蕴含的三重含义，就应该承认这样一条政治原理，即在多数情况下，是现实的政策取向，而不是制度的理论属性，决定

---

① 参见习近平在中央全面深化改革领导小组第二次会议上的讲话。
② 参见习近平2014年新年贺词。
③ 《邓小平文选》第3卷，人民出版社2001年版，第110—111页。
④ 有学者就指出："如果改革将中国生产力改到需要革命来进一步解放，那中国的改革就失去了历史进步作用。中国改革的底线就是不能把共产党改革到人民的对立面。"参见张文木《改革不能丢掉人民的利益》，《凤凰周刊》2005年第2期。

了后者是否可能从现代化发展中获得安全绩效加成的收益。① 正像有学者所概括的那样:"如果说世界政治一定要简单地分为两大类的话,那就应该是良政与劣政两类……最后都要落实到我们给百姓提供了什么,为他们创造了什么价值,有没有实现良好的政治治理。"② 所谓政治制度安全的发展与变革性内涵,最终是要统一于人们建构这个政治制度本身所要实现的价值目标上的。

三 政治制度安全的文化安全内涵

"严格说来,国家文化安全问题的真正出现和突出表现,只有到了近代资本主义世界市场形成之后,特别是在西方列强对东方国家实现殖民侵略政策,东西方文明冲突日趋激烈的情况下才逐渐成为现实。"③ 然而,毕竟"所有的安全都是政治性的"④。这一问题出现的相对滞后性并没有显著减弱其对于政治制度安全所造成的深远影响。恰恰相反,鉴于文化因素,特别是政治文化会深刻地"影响各个担任政治角色者的行为、他们的政治要求内容和法律的反应"⑤,当今世界各国在维系政治制度安全的过程中,对于潜移默化地塑造着共同体成员政治思想和行为模式的文化因素都给予了越来越多的关注。与政治制度安全的保护性内涵相似,其文化安全内涵同样具有两种不同的表现形式。一方面,其积极形式就是在传承基本价值观与文化特性的同时,通过不断赋予其新的时代内容和促进其与其他异质文化的对等交流,追求一种相对地、但却是共赢的文化安全。相对的,其消极形式则反映为在片面地强调特定文化的历史与现实优越性的前提下,或是被动地自我封闭、拒斥一切文化对话与融合的机会,或是积极地推动文化殖民,追求一种绝对的但却是赢者通吃的文化安全。令人遗

---

① 一个明显的例证,根据透明国际组织所提供的历年清廉指数表,我们可能会发现,在特定政治制度或政体与公权力腐败现象之间,并不存在着可被充分验证的相关性。参见相关数据报表(http：//www.transparency.org)。

② 《谈中国的制度自信与话语自信——访复旦大学特聘教授张维为》,《思想教育研究》2013年第3期。

③ 刘跃进主编:《国家安全学》,中国政法大学出版社2004年版,第145页。

④ 巴瑞·布赞等:《新安全论》,朱宁译,浙江人民出版社2003年版,第192页。

⑤ 阿尔蒙德、小鲍威尔:《比较政治学——体系、过程和政策》,曹沛霖等译,上海译文出版社1987年版,第29页。

憾的是,面对着全球化时代文明对话与博弈空前频繁的现实挑战,当今世界上大多数国家所选择追求的,恰恰是后一种"绝对的"文化安全,这无疑进一步加剧了当代中国文化在夹缝中求生存、求发展的困难。与此同时,文化领域安全形势的严峻又进而引发了政治文化转型面临障碍、政治信仰与价值观迷茫失落等连锁反应,潜在地动摇了对现实政治制度的文化认同根基。[1]

着眼于全球化时代国际领域的文化安全问题,对应着政治、经济领域的强权,拥有突出文化软实力的极少数强势国家,同主要是被动地接受文化输出的大多数弱势国家,在文化安全领域的主动作为空间显然是存在着天壤之别的,换言之,文化霸权确实是一个重大的现实问题。作为一种后殖民主义时代里强势国家替代直接共治后发国家政治与经济事务的统治形式,"文化暴力"的影响往往不仅表现在直接针对后者政治制度意识形态支柱的颠覆性政治文化输出上,而且更广泛地分布于人们所习以为常的、通常被视为不具有明显政治属性的文化生活当中。[2] 在充斥于外来文化输出载体中,其生产者与输出者所想传达的不仅仅是对于一种现实或者虚拟现实状态的正面描述,也包括一种文化偏好、生活态度,乃至于价值取向。这些文化偏好、生活态度与价值取向,既具有全球化的属性——就其传播方式和影响力而言,同时又体现着特定价值观的个性色彩——就其内容与作用导向而言。[3] 同样地,它们的广泛扩散,既意味着前全球化时代多元文化间彼此相对隔绝状态的终结,又在世界范围内使得文化生存危机

---

[1] 正如彼得·伯杰所言:"文化全球化既不是一种简单的重大承诺,也非一种简单的巨大威胁,而是一种文化层面上的多元化的挑战:原先被认为是不成问题的传统如今陷于崩溃,信念、价值观和生活方式上出现了多种选择。"参见[美]塞缪尔·亨廷顿、彼得·伯杰主编《全球化的文化动力:当今世界的文化多样性》,康新贻等译,新华出版社2004年版,第14页。

[2] 不过,我们也不必一概将后现代社会文化霸权问题归结为强势国家文化殖民政策的结果。这是因为文化霸权实际上指涉的不仅仅是强势国家的文化输出,也包含着后现代社会以消费文化为代表的文化现象的普遍扩散。在后者的意义上,强势国家及其统治阶级同样受到了改造和冲击,在某种意义上成为自身文化霸权的附属品。因此,我们强调反对文化霸权,不仅在于反对一种不合理的权力结构,更深层的含义还在于希望改变一种不健康的文化特质。

[3] 以彼得·伯杰所概括的文化全球交融的四种现象——达沃斯(国际商业)文化、麦当劳(全球性大众)文化、大学教师国际俱乐部(世界知识分子)文化、新的宗教运动(大众化宗教)文化为例,无需多加分析,人们就会发现,它们都孕育自同一个文化母体。从这个意义上说,无论基于同一样板的文化具有何种全球化的表现形式,其本质上的个性特征都是难以掩盖的。

和文化碰撞冲突成为一种常态。① 无需一一列举后冷战时代所谓"文明冲突"的累累实例，只要回顾一下汤林森的一个重要论断——"当人们发现他们的生活和生计越来越不受母国的机构制度的影响时，未来使他们得到安全和稳定的文化归属感，也进一步被吞噬了"② ——就不难理解，文化全球化旗帜下涌动的文化殖民化暗流所带来的是怎样一种普遍和深刻的认同危机了。毫无疑问，在这场危机中，作为文化传统的现实塑造物与政治上的主要支持对象，一个国家的政治制度往往首当其冲地成为文化博弈失败的牺牲品。"灭人之国，必先去其史；隳人之枋，败人之纲纪，必先去其史；绝人之才，湮塞人之教，必先去其史。"③ 从某种意义上说，苏联体制的失败不仅始于其政治经济政策偏离了社会主义质的规定性，也同样始于体制内成员历史认知的混乱，文化自信、理论自信、制度自信的丧失，进而还可以归咎于苏联式社会主义文化与民族文化感召和创新活力的丧失。同样，当前中国政治制度安全所面临的文化认同挑战，也还是要追溯到时至今日我们仍没能完全适应全球化时代激烈的文化竞争这一原因上。

近代以来，不少志士都是将"保国—保种—保教"摆在同等重要的地位上的，这种理念体现出对于文化安全基础之于政治制度和共同体"皮之不存，毛将安附焉"相关性的自觉意识，但在现实当中，第三项实践往往又屡屡受挫，这反过来也证明了维护政治制度的文化基础安全问题的高度复杂性。事实上，相对于政治制度安全的保护性内涵与发展—变革性内涵，文化安全内涵的复杂性表现在其目标、内容与形式之间留给人们发挥主观能动性的机动空间是相当大的，而要想真正达致三者的内在统一，对于文化产品生产者和传播者的考验也是显而易见的。比如，维护当代中国文化安全，进而为政治认同凝聚文化基础的第一要务就在于为中华文化"寻根"。然而，当这一努力付诸实践时，需要回答的就是所谓"中华文化的根"在哪里，从何处寻找问题。五四运动以来，关于中国文化

---

① 究其本质，亨廷顿所"发现"的"文明间的冲突"，与其说是由不同文明彼此的不兼容性所天然地决定的，毋宁说是资本、商品与文化殖民时代一种扩张与应激反应碰撞的极端表现形式。

② 约翰·汤林森：《文化帝国主义》，冯建三译，上海人民出版社1999年版，第20页。

③ 龚自珍：《定庵续集·卷二》。

当代命运的探讨始终困扰着中国的知识界乃至整个中华民族,① 由此也形成了两条截然相对的文化振兴思路。其一就是告别传统、另起炉灶、"全盘西化"的路径,这条路径与现代化的西化路径问题高度重合,因此其存在的弊端也就不必再加赘述。② 然而,西化路径陷入"此路不通"的窘境,并不等于所谓"整理国故、发扬国粹"的路径就代表着当代中国文化振兴的康庄大道。恰恰相反,自近代以来,从国家到知识界再到普通民众,所收集整理的传统文化遗存物不能算少,而从文化普及的意义上讲,甚至可以认为超越了中国历史上任何一个时期的成绩。但令人不解的是,无论是在新中国成立前后,还是在改革开放前后,也无论是在大陆,还是在港澳台等其他地区,中国传统文化的影响力和感召力不但没有像20世纪之初某些乐观主义者所预言的那样,至于使"(西人)转而崇拜……非徒研究之,且信奉之"③的程度,相反却呈现出日益衰落萎缩的状态。这里的问题无非存在于两方面,即一方面没有做好取舍择优的工作,另一方面又不善于赋予传统文化以富有亲和力与感染力的当代表现载体。

对此,本文认为,要做好取舍择优的工作,至少应该参考这样几条标准:其一,应当区分传统文化的价值观与历史载体,并且避免用特定的历史载体(思想流派、民族、历史阶段等)指代传统文化及其价值观整体。比如,我们就不能单纯地把儒家传统等同于中国传统,不应以汉族文明指称华夏文明,不要把贵族、士大夫文化看成是中国传统文化的唯一精华所在,更不可主观地滥用诸如农耕文明、黄河文明之类有失严谨的文化标签。其二,在对待传统文化历史载体的取舍保存问题时,应当明确保存传统的根本价值取向。正如朱自清先生所倡导的那样:"因为这些东西是我们先民的优良的成绩,所以才值得保存,也才会引起我们的思念。我们跟

---

① 毛泽东在对新文化运动先驱不成熟的文化再造思维的批评中就曾指出:"他们对于现状,对于历史,对于外国事物,没有历史唯物主义的批判精神,所谓坏就是绝对的坏,一切皆坏;所谓好就是绝对的好,一切皆好。"简而言之,困扰的重要根源之一就在于非此即彼的偏执思维作怪。参见《毛泽东选集》第3卷,人民出版社1991年版,第832页。

② 例如,西化论的典型代表胡适就曾判断中国"百事不如人"的根源在于文化落后(参见《胡适选集》,天津人民出版社1991年版,第279页);而包括钱玄同、鲁迅等在内的激进派文化人甚至一度试图从废除中国传统的文字载体入手,寻求文化领域"根本解决之根本解决"的出路(参见钱玄同《中国今后之文字问题》)。但这种简单粗暴地割裂传统与现代,将二者截然对立起来的思维注定是缺乏群众基础的,因而也是不具有可操作性的。

③ 参见王国维《政学异同书》。

老辈不同的,应该是保存只是保存而止,让这些东西像化石一样,不再妄想它们复活起来……我们的新文化新艺术的创造,得批判的采取旧文化旧艺术,士大夫的和民间的都用得着,外国的也用得着,但是得以这个时代和这个国家为主。"① 也像毛泽东所主张的那样,"应该大量吸收外国的进步文化,作为自己文化食粮的原料,这种工作过去还做得很不够。这不但是当前的社会主义文化和新民主主义文化,还有外国的古代文化,例如各资本主义国家启蒙时代的文化,凡属我们今天用得着的东西,都应该吸收"②。古为今用、洋为中用,两者完全可以并行不悖,而且其要害都在一个"用"字上,偏离了这个基本目标,至多只能算是为单纯的怀古准备了材料。其三,必须特别善于发现和提炼那些或是契合现代精神,或是有助于弥补、改进既有现代化模式缺憾的文化传统元素。例如,中国传统文化对于灵肉关系的辩证看法、对于实现自我超越的追求、重义轻利的主张等,在某种程度上都可以用来应对后现代社会普遍弥散的价值迷失问题。而中国文化所特有的包容性特征、推己及人、修德怀远的思维,也恰恰可以用来缓和依据西方传统丛林法则所建立起来的国际秩序中零和博弈的戾气。

沿着这一思路回溯历史,其实不难发现,中国历史上每一次文化繁荣及其所对应的政治发展,都是文化自我更新、直面交流的结果。从某种意义上说,百家争鸣与百学交汇表现为一体两面的关系,没有争鸣的基础,就谈不上交汇的可能。反过来说,没有交汇的综合,争鸣也不会转化为推动大一统的实际政治动能,更不可能形成相对稳定的传统文化基石。同理,在处理不同民族、不同阶级、不同时代文化间关系时,中国文化发展史所提供的有益经验都说明了对话强于对抗、融合优于拒斥。实际上,"在中国文化体系中,精神文化与世俗文化、贵族文化与平民文化、主体民族文化与其他民族和外来文化、传统文化与新兴文化之间很少像西方文化中那样显现出亡彼存此的强大内在张力,相反,各种类型与性质的文化间互相交织、共处共荣却是一种常态"③。要维护中国文化的独特性,其实只是相对意义上的,假设古人早早地形成了保护自身文化特性的普遍自

---

① 朱自清:《文物·旧书·毛笔》。
② 《毛泽东选集》第2卷,人民出版社1991年版,第706页。
③ 韩冬雪:《论中国文化的包容性》,《山东大学学报》(哲学社会科学版)2013年第2期。

觉，那么当今世界上任何主要的民族文化多多少少都具有某种跨时代、跨地域的混合特征也就变得完全不可想象了。当然，近代民族国家模式的兴起从客观上改变了前现代社会文化交流非政治性或是弱政治性的特征，也斩断了以更大规模的政治整合和制度建构为前提创造一种新的"熔炉"型文化①的路径，但这并不等于宣告了中国传统文化中某些积极成分就彻底失去了现代价值。在以民族国家为基本单位的文化交往与制度对话中，除了无法回避的霸权主义的政策后果外，还有相当一部分的"不安全感"其实是源自于缺乏沟通认知和彼此理解。换句话说，在文化全球化的时代里，明白地知道"我们是谁"固然重要，但这个问题的答案并不能替代"你们是谁"、"他们是谁"之类问题的答案。也正是在这个意义上，本文认为，通过弘扬中国优秀传统文化的现代价值，不仅是十分必要的，也是完全具有可操作空间的。

不过，本文又要看到，具有现代价值和前瞻性的传统文化基因并不会自动地转化生成具有现实影响力的当代文化载体，简单地沿用、拼凑传统文化的元素也不可能真正突破现存强势国家的文化霸权。孟子肯定"今之乐犹古之乐也"，是强调精神价值的传承优先于物质载体的保存，也是鼓励今人要善于创造承载传统精神的当代文化。在开辟当代中国文化传承传统—丰富内容—创新形式的征程中，当代中国需要具备充分的文化再生产的自觉意识与能力，而催生这种自觉和能力的一个重要源泉就来自于紧迫的文化安全危机感，来自于忧虑现实的政治制度安全根基是否会因为当代文化创造者思想上的懒惰和智慧上的贫乏而经受不住这个变革时代的考验。由此可以反证，在很多情况下，探讨政治制度安全领域的问题，需要到政治制度本身之外去寻找答案、开发资源，而这也正是贯穿于本文所着力分析的政治制度安全多重内涵的要旨所在。

最后，当我们回到以政治制度安全为核心的国家安全宏观研究中时，不容回避的一个要点就在于，包括上文所讨论的所有安全问题，在很大程度上仍是建立在现有的、由西方国家制定规则所建立起来的国家安全理念和相关理论的基础上的，这就不可避免地束缚了理论及相应实践本身的拓

---

① 此处借用了亨廷顿所概括的三种移民融合理念——强调重塑的"熔炉"、强调同化的"番茄汤"和强调多元混合的"沙拉"（参见塞缪尔·亨廷顿《我们是谁？美国国家特性面临的挑战》，程克雄译，新华出版社2005年版，第108页）。

展和创新空间。正如人们所知的那样，在"人类的境况本来就是不安全的"① 的判断前提下，西方现代国家安全理论的基石要遵循的是国家利益最大化的原则，借用汉斯·摩根索的经典概括就是："只要世界在政治上还是由国家所构成，那末国际政治中实际上最后的语言就只能是国家利益。"② 在这一前提下，人们一般习惯于以博弈的视角观察世界，而所谓的"协作"至多不过是对于博弈的一种补充，并且是在博弈各方达成某种避免双输结局的理性共识基础上才可能出现的有限妥协。在更多的情况下，"安全困境"总是一种常态，而分歧仅仅存在于特定国家是"明智"地选择成本最低的均势政策，还是打算孤注一掷地挑战原有的秩序格局上。③ 但无论其选择为何，就如同基辛格所敏锐地意识到的那样："只要欧洲的势力均衡支配着世界事务，某一国家的力量的任何增长，便会引起范围更加广泛的调整，结局不是每个国家都得到同样的利益，便是通过战争夺去该国的掠夺品，从而恢复原来的势力均衡。"④ 在这种安全理念框架下，完全可以发展出相当系统、精细、符合科学标准的处理国家间竞争关系的政策法则与权谋战略，却不可能像在人类政治发展超越"每一个人对每一个人交战的状况"⑤ 那样，提供一种针对"安全困境"的最终解决方案。相应地，国家间的历史也只能被化约为一组周而复始的循环活剧，在这个舞台上，演员可以轮番上台，剧目却永不更新。

即便如此，还是大可不必对破局的前景过分悲观。随着中国维护自身国家安全能力的增强，随着中国开始成为一个萌芽中的总体型安全秩序构建的参与者，甚至是规则制定者，这样的一种可能性也逐渐浮出水面，即中国在探索走自己的路，既合理又充分地实现国家安全目标的过程中，或

---

① 拉里·埃利奥特、丹·阿特金森：《不安全的时代》，曹大鹏译，商务印书馆2001年版，第409页。

② 转引自俞正梁《变动中的国家利益与国家利益观》，《复旦学报》（社会科学版）1994年第1期。

③ 前一种政策选择的典型代表是英国在17—20世纪所奉行的欧洲大陆均势政策。对此，丘吉尔就曾毫不掩饰地宣称："英国的政策并不考虑企图称霸欧洲的国家究竟是哪一个国家……它唯一关心的是，谁是最强大的或具有支配力的暴君。因此，我们不要怕别人说我们亲法反德。如果情况有变，我们同样可以亲德反法。"相对地，后一种政策选择的典型代表则包括了第一、二次世界大战时期的德国，第二次世界大战中的日本等。

④ 亨利·基辛格：《核武器与对外政策》，北京编译社译，世界知识出版社1959年版，第15页。

⑤ 霍布斯：《利维坦》，黎思复、黎廷弼译，商务印书馆1986年版，第98页。

许会在某种意义上超越我们今天仍在不同程度上不得不去遵循适应的西方模式和西方理论,从而也为国家安全问题朝向一个良性发展方向提供一种全新的思路。当然,这毕竟是一个高度开放性的问题,它是否有解,又是否存在良解,最终考验的还是中国的大国定力与大国智慧。

新时期中国国家政治安全面临的挑战及其应对

刘雪莲[*]

自从 2013 年以习近平为核心的新一届政府执政以来，在多次会议上提到并强调"国家安全"问题，凸显了对国家安全的重视。而国家政治安全问题是国家安全体系中的核心，是关系到国家发展全局性、根本性的大问题。在新的历史时期，国家政治安全从内涵、特点、表现形式到维护方式都发生了很大的变化，需要重新予以重视和研究。

一 国家政治安全的内涵

所谓政治安全是政治与安全的有机结合，其落脚点在"安全"上，其限定范围在"政治"上。明确政治安全的内涵，是研究中国国家政治安全问题的基础和逻辑起点。

（一）什么是安全

从一般意义上讲，安全的界定往往是从它的反义即不安全的角度出发的，就是没有危险和不受威胁的状态。如《现代汉语词典》对安全所下的定义就是："没有危险；不受威胁；不出事故。"[①] 在英文中，security 的含义要比汉语解释宽泛一些，如《韦伯词典》认为，安全一方面是指安全的状态，即免于危险，没有恐惧，另一方面还有维护安全的含义，指

---

[*] 刘雪莲：吉林大学行政学院教授，博士生导师。
[①] 《现代汉语词典》，商务印书馆 1994 年版，第 5 页。

安全措施与安全机构。① 人们通常认为,安全不单涉及客观现状,而且还涉及一种心态,即所谓的"安全感"(a sense of security)。从这个角度来看,安全应包括客观和主观两个方面。阿诺德·沃尔弗斯(Arnold Wolfers)认为:"安全,在客观意义上,表明对所获得的价值不存在威胁,在主观意义上,表明不存在这样的价值会受到攻击的恐惧。"概括来说,所谓安全,就是客观上不存在威胁,主观上不存在恐惧。②

相对国家这个主体来说,提到安全,实质上主要是指军事方面或国防方面的内涵,但是,随着全球化时代国家间关系的不断发展,特别是非传统安全问题的不断涌现,安全早已从国家层面扩展到全球层面、次国家层面、企事业层面等各个层面,最终落到了"人的安全"层面;同时,安全也从军事和国防领域扩展到经济、金融、生态、社会等各个领域,在这种状况下,安全的内涵已经被无限地泛化了,可以说,在人类生活的几乎所有方面都存在着安全问题,因此,有些学者认为,在目前的情况下对安全已经很难界定了,由于其涉及内容过于宽泛,以致对它的界定已经变得没有什么实际意义了。③

所以,今天理解安全的定义,一方面只能从一般的意义上去界定它,另一方面也要了解它的丰富内涵,从而认识到安全的重要性。

(二) 什么是政治

关于什么是政治的问题,政治学产生以来,就一直是一个众说纷纭、争论不休的话题。"政治"一词,在古代西方是从希腊语的 polis 演化而来的,其最初的含义就是指希腊的城邦国家,政治就是国家的活动;而在古代中国,政治的含义在《尚书》、《论语》、《周礼》等古代典籍中就已经出现,主要是统治的意思。此后,学者们从伦理道德、法律视角、权力斗争、政府政策等不同方面对政治进行了不同的界定,这些界定虽然从不同的侧面反映了政治的特性,但是,很容易让人模糊政治的核心内涵。

中国近代民主革命的先驱孙中山先生曾明确提出政治的内涵,他认为:"政治两字的意思,浅而言之,政就是众人之事,治就是管理,管理众人的事便是政治。有管理众人之事的力量,便是政权。"他还认为:

---

① *Webster's Ninth New Collegiate Dictionary*, p. 1062.
② 参见李少军《国际政治学概论》,上海人民出版社 2002 年版,第 150 页。
③ 参见王逸舟《全球化时代的国际安全》,上海人民出版社 1999 年版,第 39 页。

"国家最大的问题就是政治,如果政治不良,在国家里无论什么问题都不能解决。"① 孙中山先生对政治所做的定义,强调了政治的崇高属性,是中国近代政治观的一大进步。而马克思主义思想家指出了政治的实质内涵。认为,在阶级社会中,"政治就是各阶级之间的斗争"。政治是经济的集中表现,政治的实质是阶级关系,而政治的核心是政治权力,是各阶级围绕国家政权的争夺。

那么,在社会主义社会,在当今中国,如何理解政治呢?著名政治学家王惠岩教授认为:"凡是关系国家政权、国家命运的全局性问题,都是政治现象。""政治的核心是国家政权,无论是有阶级的社会,还是人民掌握政权的社会,各种政治关系的存在与解决都是通过国家政权实现的,它是'全部政治的基本问题,根本问题'。"② 在这里,王教授指出了政治的本质属性是关系到国家政权的问题,而其主要的特征就是其全局性。

(三) 什么是政治安全

政治安全是政治与安全两个词汇的有机结合,当内容过于宽泛的安全概念与有明确指向的政治概念结合在一起的时候,政治安全就有了具体的内涵,那就是关系到国家政权不受威胁、免于侵害的状态。同时,政治安全的地位也明确地显示出来,因为它是涉及国家政权的安全问题,因此,政治安全必然在国家安全体系中处于最首要的位置。

在当今社会,由于国与国之间、国家内部的各地方之间、各部门之间,甚至个体之间的联系性越来越紧密,因此,当某一事件发生后(无论事件是大是小),往往会引发联动性和扩散性,产生蝴蝶效应。在这种情况下,政治安全的概念也很容易被宽泛化,正如英国学者巴里·布赞所指出的:"在某种意义上,所有的安全事务都属于政治范畴。"③ 为避免概念泛化,使研究失去实际意义,本文主要从国家主体角度出发,紧紧围绕关乎国家政权的核心问题,对政治安全进行探讨。

政治安全作为围绕国家政权的安全问题,本文将其内涵具体归纳为以下几个主要的方面:

1. 国家基本性质和基本政治制度的有效维护。国家的基本性质体现

---

① 《孙中山选集》,人民出版社1981年版,第692—693、738—739页。参见王惠岩《政治学原理》,高等教育出版社2006年版,第2—4页。
② 王惠岩:《当代政治学基本理论》,高等教育出版社2001年版,第1页。
③ 巴里·布赞等:《新安全观》,浙江人民出版社2003年版,第192页。

的是国家由哪一个阶级来统治，国家意志由哪一个集团来代表的问题，而国家的基本政治制度就是为保障国家的基本性质而设立的制度，这是国家政治安全的基本内涵。倘若国家的基本性质和基本政治制度被从根本上改变了，那就意味着原有的国家政权被颠覆了，政治安全也就不存在了。因此，国家基本性质和基本政治制度的有效维护和持续存在是政治安全的最主要表现。在中国，这方面的政治安全就具体体现在对人民民主专政的政权性质和社会主义的基本政治制度的维护上。

2. 国家政治体系基本结构的稳定。政治体系主要是指"由统治阶级实行阶级专政的各种机构、组织所形成的一个复杂的有机整体"。当一个组织或机构直接为统治阶级的全局性利益服务，并且围绕国家机构这一中心而承担某项职能时，它就成为政治统治体系的组成部分。[①] 因此，政治体系的稳定是关系到国家政权全局性的问题，是国家政治安全的核心。在中国，政治体系的安全主要体现在执政党地位的巩固、政治体系结构和秩序的相对稳定方面。

3. 对危害政权的社会不安定因素的有效治理。既然安全是没有危险、不受威胁的状态，那么实现安全的一个重要方面就是要消除危害政权的一切不安全因素，才能保证国家的政治安全。在国内外环境瞬息万变、信息流通日益网络化的形势下，国家政治安全也面临着前所未有的挑战，反政权的意识形态、分裂国家的政治动乱、恐怖主义以及贫富差距等问题，都是政治安全的重大威胁。对这些问题的有效治理，是国家政治安全不可或缺的重要内容。

4. 国家意识形态的坚守。意识形态是上层建筑的组成部分，是与一定社会的经济和政治相关联的观念、观点和概念的总和，它包括政治法律思想、哲学、艺术、道德、宗教诸多内容。意识形态虽然很抽象，但却关系重大。因为从政治的角度来看，它是国家政权存续的理论基础，是政权合法性的思想来源；同时，意识形态也是政府号召力、国民内聚力的主要源泉。从这个意义上说，若改变意识形态，就等于颠覆了政权。因此，一个国家对自身意识形态的坚守，实际上就是维护了政权的根本。在中国，就是坚持马克思主义意识形态的主导地位不被动摇。

但必须强调的是，国家政治安全的内涵绝不仅限于国家内部，在全球

[①] 王惠岩：《当代政治学基本理论》，高等教育出版社 2001 年版，第 64 页。

化时代，国家之间的联系越来越紧密了，相互之间的影响也越来越加深，国家政治安全在外部的表现也越来越显著。不仅在上面所谈到的国家政治安全的内涵中，无论哪个方面都包含着外部影响的因素，而且外部的政治安全具有独立的内涵和表现。

从外部来看，国家政治安全的核心内涵就是国家主权的安全问题。政权安全和主权安全是一个硬币的两个面，是紧密联系的有机整体。国家主权是一个国家的基本属性，它表现为国家对内的最高统治权，对外的独立权和自卫权。国家主权有其绝对性的方面，它是不可分割、不可让与、不可侵犯的。正如邓小平在谈到香港回归问题时所说的："关于主权问题，中国在这个问题上没有回旋余地。坦率地讲，主权问题不是一个可以讨论的问题。"① 关于主权安全问题，核心就是国家统一和领土完整。

具体来说，国家主权的安全问题主要包括以下几方面的内容：

1. 有效防止外部势力颠覆政权的所有活动。从冷战开始一直延续到冷战后时期，西方国家始终将它们的民主价值观念和市场经济制度作为普世性的东西，向世界其他国家推广，并努力以西方的制度和文化改造或改变其他非西方政权，干预他国自助选择政治制度和发展道路的权利，这就是所谓的"颜色革命"。

2. 有效遏制民族分裂主义活动。冷战结束之后，民族主义思潮在世界范围内扩展，同时，随着全球化的发展，形成了一种新的空间结构和认同意识，构成了对民族国家体系的挑战。② 而这种挑战在当今世界主要体现为民族认同与国家认同的矛盾与冲突问题，民族分裂主义活动实质上就是将民族认同置于国家认同之上，若国家认同弱化，国家存在的合法性以及主权的独立性必将受到损害。

3. 妥善解决领土争端问题。领土完整是与主权息息相关的方面，维护了领土完整，就维护了国家主权的完整性。近些年来，领土争端问题一方面有所削减，另一方面时有激化的趋势。特别是 1982 年《联合国海洋法公约》公布以来，海洋领土的争端成为国家间关系新的热点。

4. 维护主权意义上的网络安全问题。从技术层面上讲，网络安全是指网络系统的硬件、软件以及系统中的数据受到保护，不因偶然的或者恶

---

① 《邓小平文选》第 3 卷，人民出版社 1993 年版，第 12 页。
② 吴瑞财：《全球化时代的国家认同：挑战与应对》，《教学与研究》2013 年第 10 期。

意的原因而遭到破坏、更改、泄露，系统连续、可靠、正常地运行，网络服务不中断。① 从内容上讲，主要是"信息安全"问题，意味着一国能够维持其政治、经济、军事、科技、文化和社会生活等领域的信息系统免于来自国内外的威胁、干扰、破坏，从而得以正常运行。② 由于网络手段的广泛运用，国家核心情报的保护就显得至关重要，尤其是在网络安全中涉及主权的内容，本文称之为"信息主权"，必须防范其泄露。

总之，国家政治安全就是国家在政治领域没有危险不受威胁的状态，核心内涵就是政权安全和主权安全问题，它表现为国家的全局性和根本性方面，是关系到国家生死存亡的安全利益。

二　新时期中国国家政治安全面临的挑战

冷战结束后，特别是进入21世纪之后，整个世界并没有像人们预想的那样迎来和平，战争、争端频繁发生，很多国家和人民的安全受到威胁。各国在经济全球化和相互依存背后，政权、主权、意识形态等的争斗也在不断地上演。中国在发展过程中，由于对世界的融入越来越深以及自身国力的日渐强大，对世界的影响力越来越大，引起的世界关注也越来越多。因此，中国作为世界的中国，必然面临着国内外环境变化所带来的挑战。

在国家政治安全方面，中国不仅要面对国内改革开放所带来的新变化、新情况的挑战，而且也要面对国际新形势所带来的政权和主权安全的压力。其核心主要包括以下几个方面。

（一）西方国家"西化"的挑战

冷战结束已经20多年了，但是，很多西方人并没有彻底消除"冷战思维"。中国作为一个社会主义的大国，其社会制度和意识形态与西方国家特别是美国有着根本的不同，随着中国的迅速崛起，西方国家对中国的疑虑也有增无减。冷战的结束被美国等西方国家认为是西方价值观和意识形态的胜利，美国作为世界唯一的超级大国处在自由圈的中心，向世界推

---

① http://baike.baidu.com/link?url=p8--O0pusfbl3h_ DTkmNDBzf45RZ1Iv7evJUHi8oMZcZ5Qdr5FY71YiQwiRBcjPlrA34Ee_ DM2BEpDLz6Y33Sq。

② 金小川：《信息社会的重大课题：国家信息安全》，《国际展望》1997年第17期。

广美国式的民主制度和市场经济观念,就成了美国的"责任"。带着这种责任,美国和西方国家向世界其他国家推行"颜色革命",并把其作为长期的使命和外交政策目标。美国学者约瑟夫·奈指出:"推进民主既是国家利益也是一个软力量之源,尽管这种力量所发挥的作用经常是不够集中而且是个长期的过程。美国推进民主既有意识形态利益,也有实际利益。"[①] 当中国的国家实力迅速增长后,美国重返亚太,推行"战略再平衡"战略。因为按照西方的"权力转移"理论,中国在实力强大之后必然会追求地区乃至世界的霸权,进而必然威胁到世界的"自由主义秩序",这是中国在当今时代面临的重大挑战。从国内角度看,中国改革开放以来,总有一批人在迎合着美国和西方世界的思想,总想用西方的价值观和民主制度来改造中国,对中国现有的国家体制和政治制度进行批判和指责,主张用蓝色文明取代黄色文明。实际上邓小平早就说过:"一旦中国全盘西化,搞资本主义,四个现代化肯定实现不了。中国要解决十亿人的贫困问题,十亿人的发展问题。如果搞资本主义,可能有少数人富裕起来,但大量的人会长期处于贫困状态,中国就会出现闹革命的问题。"[②] 国内外"西化"中国的思想和举动是中国在政权安全方面面临的主要挑战。它直接涉及国家性质是否改变以及政权是否稳固的问题,因此是国家政治安全中须臾不可忽视的挑战。

(二)国家认同危机的挑战

"国家认同是指对国家基本制度、政治体制的权威性的承认,是公民对以宪法为基础的国家政权系统、法律体系的同意、赞同与支持。"[③] 国家认同危机往往容易出现在多民族国家里,突出表现在民族认同对国家认同的超越甚至否定上。冷战后,在全球化日益发展和民族主义思潮的影响下,国家认同危机在世界一些多民族国家出现,成为危害国家稳定和统一的重要因素。中国是一个民族构成比较复杂的国家,若各民族的国家认同程度较高,则国家主权和利益的完整性就会得到很好的维护;反之,若国家认同弱化,则国家的统一和稳定就会受到威胁,就会给国内外的民族分

[①] 刘建飞:《冷战后美国对华政策中的意识形态因素》,《现代国际关系》2002年第8期。
[②] 《邓小平文选》第3卷,人民出版社1993年版,第229页。
[③] 周光辉、刘向东:《全球化时代发展中国家的国家认同危机及治理》,《中国社会科学》2013年第9期。

裂势力以可乘之机。① 20 世纪 90 年代以后，中国边疆地区"疆独""藏独"等势力，联合境外的民族分裂势力制造了多起恐怖主义事件，不仅对普通民众的生命和财产安全造成损害，而且直接威胁国家政权的稳固和国家领土的统一。其实质就是"地方民族认同僭越其文化认同和区域认同的定位，开始进入国家政治层面，对公共权力发起诉求"……他们为了实现分裂目的，从民族主义中寻求合法性支持而彻底否弃中央权威，要求建立独立政权，从而使国家的完整性面临分裂的危险。② 因此，对于国家政权稳固和主权统一来讲，国家认同的意义十分重大，从这一点来看，国家认同绝不仅仅是文化层面、心理层面的事情，而确确实实是政治安全方面的事情，国家认同危机是中国在新的历史时期所面临的重要的国家政治安全挑战。

（三）主权领土争端的挑战

从地缘角度来看，中国是具有复杂周边环境的国家，其中中国有陆上邻国 14 个，海上邻国 9 个。历史上中国与许多周边国家存在着领土争端问题，中国实行改革开放之后，为创造稳定和谐的周边环境，积极主动与周边有领土争议的国家进行协商谈判，目前来看，除与印度还存在领土问题之外，基本上解决了陆上边境的争端问题。近年来，中国面临的领土主权争端主要来自于海洋，尤其以中日钓鱼岛问题、中国与东南亚相关国家的南海争端问题表现显著。钓鱼岛问题一直是中日之间的敏感问题，特别是 2012 年 9 月 10 日，日本政府不顾中国的一再严正交涉，宣布"购买"钓鱼岛及其附属的南小岛和北小岛，并实施所谓的"国有化"，彻底激化了中日两国的矛盾关系。中国外交部在当天即发表声明，郑重指出日本政府的所谓"购岛"行为是对中国领土主权的严重侵犯，是对 13 亿中国人民感情的严重伤害，是对历史事实和国际法理的严重践踏。③ 领土主权的争端，再加之日本的历史认识问题，使中日之间的关系在短期内很难破冰。而在南海地区，中国与越南、菲律宾等国的领土主权争端也时有激化，比如 2012 年 4—5 月中国与菲律宾的黄岩岛主权冲突。当时《人民日

---

① 参见周平《论中国的国家认同建设》，《学术探索》2009 年第 6 期。
② 周光辉、刘向东：《全球化时代发展中国家的国家认同危机及治理》，《中国社会科学》2013 年第 9 期。
③ 中华人民共和国外交部声明，新华网（http://news.xinhuanet.com/world/2012-09/10/c_113026288.htm）。

报》在评论这场海洋主权对峙事件时表明了中国的强硬态度，提出"忍无可忍就无须再忍！"① 中国之所以在领土主权争端问题上如此强硬，就是因为主权问题关乎中国的核心利益，是在任何情况下都不可以随意让与的。领土主权的安全是国家政治安全的重要内涵，而海洋领土争端问题是中国在领土主权方面所面临的主要挑战。

（四）国家统一问题的挑战

对于中国来说，国家统一问题就是大陆和台湾的统一问题。这实质上是中国内部的主权统合问题，但实际上也是被国际化了的问题。因此，它不仅涉及中国主权的统一问题，也涉及如何排除外来干涉的问题。目前两岸分立的状况，不仅不利于两岸的各自发展，同时也使中国无论是大陆还是台湾始终处于受制于人的状态，国人总在提中国崛起的问题，但是如果两岸不统一，中国就始终受制于人，就不可能实现真正的崛起。从这个意义上说，两岸统一问题关乎整个中华民族的未来。从现实来看，两岸关系始终是大陆和台湾普遍关注而又不断牵动神经的问题，新世纪以来，两岸关系起起落落，在取得巨大进展的同时，也风波四起。其中，最大的挑战来自于台湾岛内的"台独"势力。特别是2000年和2004年台湾民进党两届执政时期，大搞"去中国化"运动，从文字的表述到教科书的修改，再到主张举行独立公投，这一系列的举动使两岸关系大大倒退，使国家统一问题变得遥遥无期。总体来讲，两岸分立状态的长期存在，不仅使中国的主权不能实现统一，而且会给国际势力提供干涉的机会，对中国的国家政治安全造成不利的影响。

（五）网络安全的挑战

网络安全问题是带有强烈时代色彩的问题。由于互联网的普及，网络安全成为任何国家都必须重视的安全领域。在网络化时代，国家政治安全所面临的挑战主要体现在两个方面：一是"信息主权"的维护问题。所谓信息主权是国家主权概念的延伸，是指一个国家对本国的信息传播系统自主管理的权利。但是，在网络空间中，信息传播是超越国界的，虽然主权国家通过各种技术屏蔽来力图控制某些信息的流入或流出，但在现实中已经无法达到完全的控制。也就是说，在网络时代，任何一个国家想

---

① 《面对菲律宾，我们有足够手段》，人民网（http://paper.people.com.cn/rmrbhwb/html/2012-05/08/content_ 1047405.htm）。

"闭关锁国"基本上是不可能的。因此，网络传播的特殊性超越了传统主权的范畴，挑战着国家主权管控的权威。二是由于主要发达国家掌握着信息技术的主导权，发展中国家包括中国所进口的信息技术产品如软硬件、网络和操作的核心系统和编程逻辑都掌握在进口国，使发展中国家在信息流动和信息控制等方面都处于弱势①，使西方的价值观及意识形态很容易无甄别地通过网络影响到中国等国家，对中国的民众思想及政权稳固带来危害。目前，中国在网络规模和用户方面都是全球第一②，据2015年第35次中国互联网络发展状况统计报告显示，截至2014年12月，中国网民规模达到6.49亿，互联网普及率为47.9%。③ 作为网络使用和普及大国，中国的网络安全问题必然显著地存在着，对国家政治安全所带来的挑战不容忽视。

从以上几方面的分析中我们可以看到，在国家政治安全所面临的挑战中，国家的政权安全和主权安全往往是结合在一起的，很难在现实中把它们截然分开，同时，国内政治与国际政治之间也没有明晰的界限，是相互关联、相互影响的，这正是由当今全球化时代的特点所决定的。

三　中国国家政治安全的维护

习近平在中央国家安全委员会第一次会议上曾指出：当前我国国家安全内涵和外延比历史上任何时候都要丰富，时空领域比历史上任何时候都要宽广，内外因素比历史上任何时候都要复杂。④ 在国家政治安全方面，同样如此。明确现阶段中国国家政治安全的特点，对有效地维护好国家政治安全，应对来自国内外和境内外的诸多挑战，可谓意义重大。

在现阶段，中国国家政治安全的特点可以归纳为以下几个主要方面：

其一，表现多样性。在中国所面临的国家政治安全中，既有传统的国

---

① 参见刘文《网络化对社会主义国家政治安全的挑战及对策》，《社会主义研究》2004年第2期。

② 《专家：中国已成网络大国，网络规模和用户全球第一》，中国网（http://news. china. com. cn/txt/2014-11/28/content_ 34179130. htm）。

③ 《CNNIC发布第35次〈中国互联网络发展状况统计报告〉》，中国互联网络信息中心（http: //cnnic. cn/gywm/xwzx/rdxw/2015/201502/t20150203_ 51631. htm）。

④ 《习近平：坚持总体国家安全观，走中国特色国家安全道路》，新华网（http: //news. xinhuanet. com/politics/2014-04/15/c_ 1110253910. htm）。

家安全方面如主权领土的争端问题、主权的完整与统一问题，又有非传统安全的表现如与民族分裂主义相关的恐怖主义问题等；既有政治制度和意识形态的冲突问题，又有国家认同与民族认同的矛盾问题；既有国内的政权安全问题；又有外部的主权安全问题；既有现实性的安全问题，又有观念性的安全问题；既有现实空间的安全问题，又有网络空间的安全问题，等等。

其二，内外联动性。中国处于一个开放的世界里，同时中国实行了改革开放的政策，因此，中国与世界的联系越来越紧密，相互的影响也越来越深刻了。在国家政治安全方面，国内政治国际化，国际政治国内化的现象明显存在，同时还存在着一个没有明确界限的网络空间安全问题，不仅内外安全空间交错，而且现实与虚拟安全空间并存，使国家政治安全变得非常复杂化。

其三，内容综合性。虽然我们主要探讨的是国家政治安全问题，但是在现今时代政治与经济很难截然分开，甚至政治与文化、政治与环境等也很难分开，领域之间的渗透性、交叉性明显存在。目前国家安全不仅是总体性安全，也是综合性安全，表现在国家政治安全的现实中往往也是综合性的。

其四，事件突发性。由于国家政治安全问题的复杂性，不是所有的安全问题都是可以预料和有可控性的，突发性事件会时有发生，正如习近平所指出的："各种可以预见和难以预见的风险因素明显增多。"[①] 如一些恐怖主义事件、一些群体性抗议事件等，这就要求国家安全机构能够及时发现风险，加强与提高在安全方面的危机防控和危机治理能力。

由于国家政治安全是全局性的安全，在国家安全问题领域具有统领性和根本性的地位，因此，关于国家政治安全的维护也应该考虑如何从全局视角出发，针对中国所面临的国家政治安全的特殊性来进行努力。

第一，完善并发挥中央国家安全委员会的职能和作用。2013年11月，中国共产党十八届三中全会公报提出了要设立国家安全委员会的决定，当时习近平指出："我们的安全工作体制机制还不能适应维护国家安全的需要，需要搭建一个强有力的平台统筹国家安全工作。设立国家安全

[①] 《习近平关于三中全会决定的说明》，搜狐网（http://news.sohu.com/20131115/n390232477_1.shtml）。

委员会,加强对国家安全工作的集中统一领导,已是当务之急。"① 2014年1月24日,中共中央政治局开会决定了国家安全委员会的机构设置,由习近平任主席,李克强、张德江任副主席。其主要职能就是制定和实施国家安全战略,推进国家的安全法制建设,对国家安全工作进行决策和协调统筹国家安全的重大事项和重要工作。可以说,针对新时期中国国家政治安全所面临的挑战以及所表现出的特点,国家安全委员会的成立可谓恰逢其时,至关重要,今后的关键是如何将国安委的职能作用真正发挥出来,起到实际效果。

第二,以完善国家政治制度和推动民主政治来增进国家认同。要切实维护好中国特色的国家政权性质和意识形态不受侵害,保持政治体系的持久稳定,一个很重要的方面就是民众对国家的政治认同。新世纪以来,中国在改革和崛起的过程中所面临的内部和外部环境越来越复杂,在这种情况下,社会内部对国家基本政治制度和政权体系的认同就显得非常重要。"所有复杂社会都是以内部高度的紧张和冲突为特征的,所以制度和价值观的一致性对这些社会的生存是必要的条件。"② 因此,国家应该有意识地去建构政治层面的国家认同,其中两个方面的推动作用很重要:一是完善国家政治制度和国家结构体系,二是推动民主政治的发展。因为国家制度的健全和国家结构的优化在某种意义上决定着民众对国家认同的程度,同时"只有在真正的民主条件下,国家认同才能获得现实的主体性,才能内化为人民的价值和信仰"③。所以,只有国家的制度好,人民从心底里认同国家的制度和政权体系,国家的政权安全才能有根本的保障。

第三,从生产力和生产关系相互作用的理论出发,大力推进和谐社会的建设。建设和谐社会并不是一句口号,也不是一块政治招牌,而是中国现实政治发展和政治安全所必需的内容。根据马克思主义生产力和生产关系的基本原理,生产力决定生产关系,生产关系也反作用于生产力的发展。改革开放30多年来,中国重点关注了生产力的发展,其发展成果带

---

① 《习近平关于三中全会决定的说明》,搜狐网(http://news.sohu.com/20131115/n390232477_1.shtml)。

② 西摩·马丁·李普塞特:《一致与冲突》,张华青译,上海人民出版社1995年版,第1页。

③ 林尚立:《现代国家认同建构的政治逻辑》,《中国社会科学》2013年第8期。

来了中国国家实力的迅速提高，2011年，中国超越日本成为世界第二大经济体。但是，与此同时，忽视了生产关系的协调，各种社会矛盾层出不穷，有些矛盾问题甚至危害到国家的政权稳定。和谐社会建设实际上就是要解决生产关系中所存在的矛盾问题，比如贫富差距问题、权力腐败问题等，这些问题不解决，就会成为社会不安定的因素，危及国家政治安全。因此，关注生产关系的协调发展，推动建设和谐社会，以适应生产力的快速进步，应该是今后稳固国家政权的重要任务。

第四，以强有力手段打击任何"西化"和"分化"势力，坚决捍卫国家主权的自主与统一。中国在改革开放之后，特别是冷战结束之后，中国与西方国家的合作关系不断加强，同时，中国加入了大多数国际机构，成为现存国际体系的受益者。但是，中国与西方国家在价值观和意识形态等方面的差异和对立仍然存在，不可能与西方主导的国际体系无缝对接。在美国，无论是遏制派还是接触派，在"西化"中国的问题上都是一致的。可以说，只要中国坚持走社会主义道路，西方国家对中国的意识形态外交就不会停止。在中国境内，"藏独""疆独"，也包括"台独"等势力，无不与西方国家力量勾结在一起，对中国的政权稳定和领土主权带来损害。针对民族分裂势力以及西方国家的"西化"活动，在主权的意义上，必须坚决打击，不能手软。中国作为发展中国家和新兴国家，为维护主权的独立与完整，必须反对西方国家鼓吹的"主权蚕食论""主权过时论"等主张，在维护国家核心利益方面，坚持主权神圣不可侵犯的绝对性。

第五，有效管控主权和领土争端问题。当陆上周边的领土争端问题基本上得到解决和平息后，海上的领土争端问题逐渐热闹起来，成为争斗的焦点。对于中国来说，东海和南海的领土主权争端问题，将是现在及未来一段时期内面对的主要挑战。在这一问题上，中国反对将主权争端国际化，反对用多边方式解决争端问题，主张由主权争端的当事方协商谈判来解决。由于历史和现实的复杂因素，海洋领土争端问题不可能在短期内得到各方满意的解决时，中国主张搁置争议，同时有效地管控好冲突问题，不使冲突激化，待条件成熟时再加以解决。目前，中国在海洋争端方面基本上掌握了主动权，管控好矛盾和争端而不使其激化应是目前的主要任务。

总之，国家在新的历史时期着重强调政治安全问题，是国家发展的现实需要，在新时期国家政治安全所面临的诸多挑战面前，国家能否有效应对，能否有效地维护好国家的政权安全和主权安全，不仅是对中国国家权威和国家治理能力的重大考验，更是须臾不可松懈的关乎中国国家命运的重大问题。

论政治安全的微观基础与制度逻辑

张振波[*]

在成为一个蕴含建构性语义的话语体系之前,合法性理论曾一度因其对于政治系统的解构性基因[①]而被统治者所恐惧和排斥;然而随着源自政治价值场的合法性概念[②]在政府治理现实情境中的动态性特质[③]被人们所认知,其建构性逻辑就被逐渐建立起来了。事实上,作为政治安全的首要前提和核心内容,合法性之建构性内涵的生长过程,同时也是政治安全语义的核心及外延丰富和拓展的过程。这一过程可从西方学者关于安全问题的研究视野中觅其踪迹:欧洲式的被"批判安全研究"和"哥本哈根学派"所推崇的以关注政治、批判和规范为特征的和平研究范式,在经历了与颇有美国范儿的"建构主义"(常规的和批判的)研究路径的一般性讨论之后,杂糅了美国与欧洲视角的颇具"非西方"色彩的"女性主

---

[*] 张振波:苏州大学政治与公共管理学院。

[①] 白鲁恂(Lucian W. Pye)在对发展中国家政治不稳定进行分析时,提出了著名的"六大危机"说,其中一种危机即"合法性危机",而合法性危机又是与认同危机、参与危机、贯彻危机、分配危机和整合危机等密切相连、互为因果的(参见 Lucian W. Pye, *Aspects of Political Development*, Boston Little Brown & Company, 1966, pp. 63-67)。

[②] 作为合法性问题研究的集大成者,哈贝马斯(Jurgen Harbermas)批判并吸收了李普赛特等人的经验分析与心理认同的合法性观点,强调合法性来源于对政治系统合法性的价值判断,合法性"意味着一种值得认可的政治秩序",是"应不应该"的主观感知而非"是不是"的是非断定(参见 Jurgen Harbermas, *Communication and the Evolution of Society*, Boston: Beacon Press, 1979, p. 178)。

[③] 在以多党制和选举为内核的西方政治体系中,政府(或政权)合法性的前提及其内容往往被融为一体甚至混为一谈了:选票数量的标榜取代了对政府质量的评判,执政过程的权威掩盖了对执政结果的感知。事实上,单一时点的票选优势只能指向一个相同时点的合法性,低质量的执政结果和非良性的社会感知同样会诱发高强度的合法性危机,从而威胁国家政治体系的稳定甚至存续。

义"、"人的安全"等研究则更代表了安全研究的一般发展趋势：非传统安全研究范式力图摆脱传统安全观所强调的军事/国家中心主义与现实主义的束缚，而将安全概念进行扩展和深化，并更加趋向于关注国家内部政治体系的安全需求以及人类安全、伦理关怀等具体内容。

西方学者安全研究视野的拓展和深化无疑具有方法论上的启示意义，这一方面推动了中国理论界及实务界从国家安全向政治安全的议题迁移，另一方面则推动了政治安全从传统安全向社会安全的对象和范围的扩展：政治安全不仅指涉波谲云诡世界中的国家安全，而且涵须政治发展进程中的社会安全；不仅需要基于系统论构划的国家与社会的实体性分析，而且亟须打破实体间壁障之后的宏观逻辑与微观线条的互动机理研究。正是在这一转换过程中，政治安全的研究范式已然从国家与社会二元对立的实体论和系统论想象、跳跃至对制度及其运行的细致观察上。具体而言，政治安全研究从国家与社会分析框架到基于制度的微观建构，其原因有二：一方面，在将国家与社会的分析框架强行嵌入政治安全的分析逻辑中时，往往会投射出法律与社会的二分体系。[1] 然而，法律是基于价值理念和世俗民情而制定的明文规则，民情恒在而法律却并非标准化产出，在缺乏发达法律体系或实施制度的社会里，国家与社会的分析框架就因国家维度的塌陷而失去了问题分析的能力；另一方面，风险社会中风险的个体化分布[2]使得政治与生活的边界日益模糊，公域与私域在风险的挤迫下纠合在一起而呈现出泛政治化趋势[3]，从"解放政治"中摆脱出来的人们往往会"激进地卷入到进一步追求完备和令人满意的生活可能性"[4] 之中，从而促使政治过程实现了从解放政治向生活政治的重大变革，而生活不言而喻是基于制度规则而展开的。因而，政治安全的实现及其研究必然需要打破国家与社会的实体论和二元对立思想，并基于微观的制度分析的社会政治

---

[1] 杰克·奈特（Jack Knight）：《制度与社会冲突》，周伟林译，上海人民出版社2009年版，第3页。

[2] 杨雪冬认为，风险社会的结构不是由阶级、阶层等要素组成的，而是由个人作为主体组成的。参见杨雪冬《风险社会与秩序重建》，社会科学文献出版社2006年版，第39—40页。

[3] 贝克（Ulrich Beck）在阐析风险社会中社会风险的弥散式分布时指出："私人领域风险的制造意味着它不再被认为是与政治无关的事情。"（参见乌尔里希·贝克《风险社会政治学》，《马克思主义与现实》2005年第3期）

[4] 安东尼·吉登斯（Anthony Giddens）：《现代性的后果》，译林出版社2011年版，第137页。

学视角以建构替代性分析范式。

事实上,虽然本文无意对中国政治安全相关研究进行理论及方法论层面的评价与指摘,但如果一定要对当前理论研究相对粗疏而经验研究更是屈指可数的窘境①做一番诠释的话,缺乏对政治安全微观基础的探析、未能厘清政治安全的实践机制和承接载台,或许可视为一个可能的解构图景。所谓微观基础,就是"坚持社会现象的宏观解释必须用建立个体层面之上的因果机制来予以支撑,具体来说,需要指明个体行为者所面临的具体环境与互动机制,并在此基础上确认社会宏观层面上的因果关系"②。因而,当强调政治安全研究的微观基础的时候,就意味着需要从"方法论个体主义"出发而将宏观结构现象化约为政治安全相关个体之间理性选择的博弈结果。这要求实现从宏大叙事到日常叙事的视角转换,在"整体—个体"之间选择"个体"、在"主观—客观"之间选择"客观",又需要超越哲学意义上的实证主义或理性主义,强化结构性思维从而确定因果关系③,即坚持基于制度的微观分析视角。有鉴于此,本文旨在通过建构一个指涉宏观层面的制度框架与微观层面的社会生活的研究范式,以此打通从国家逻辑的宏大叙事到生活逻辑的日常叙事之间的壁障,从而在对制度的规约、生活的律动以及两者交织关系的分析过程中,实现政治安全从逻辑起点到实现图景的现实阐释。

一 制度失场:制度荒漠中的政治安全问题

因为制度是作为对周期性生活实践的理性化回应并依附于后者而存续的,所以生活主体间利益和视野的分化必然会导致制度——作为部分生活主体有意识建构的产物而出现与其他部分生活的分化,况且碎片化的、弥散状分布的日常生活必然会导致制度丛的松散形态,是故现实中的制度很难达到"极端现代主义"所渴望的理论化和系统化的"高度"④,制度缺

---

① 舒刚:《新安全观视域下政治安全的内涵分析及其体系建构》,《天津行政学院学报》2012年第7期。
② Daniel Little, *Microfoundations, Method, and Causation* (New Brunswick: Transaction Publishers, 1998), pp. 9-10.
③ 刘骥:《找到微观基础——公共选择理论的中国困境》,《开放时代》2009年第1期。
④ 肖瑛:《从"国家与社会"到"制度与生活":中国社会变迁的研究视角》,《中国社会科学》2014年第9期。

失和制度碎片化共同作为制度失场的外在形态而导致社会生活的离心化趋向。

政治安全的维系端赖于一个拥有发达政治组织和政治程序之力量的政治共同体，而这种力量的强弱则取决于这些组织和程序获得支持的广度（即组织和程序所能影响的日常生活的范围）及其制度化（即日常生活所具有的适应性、复杂性、自治性和内部协调性）的程度。① 如果说单一社会具有迪尔凯姆（Durkheim）所说的机械团结的统一性而能够自然形成内生、稳定且持续的政治共同体的话，那么在一个利益主体此起彼伏且利益关系纵横交错的复杂社会里，与各种利益主体和关系既有关联又独立存在的制度体系的失场就必然会导致社会秩序的不确定，更勿论形成共同体了。② 因为多元化社会中的个体往往采用多样化策略来应对异质性的组织环境，具有自利倾向的"人格的不统一和不一致"③ 要求"不能认为通过个人的理性计算可以对不同个体的行为进行聚合"④。个人利益必然是短期的，制度利益则会与世长存，只有在"个体死去"⑤ 的制度化体系，而非在有限本体概念中持续调适其行为策略的社会个体所组成的散沙状社会网络中，社会生活才会形成向心的聚合力量，如此社会共同体的构建才有意义。例如，自20世纪60年代以来西方进行的解放运动所释放出的不受约束的个人主义文化就被认为存在着严重的问题，因为"在这种文化里，从某种意义上说，违反规则就成了唯一保留下来的规则"，并常常是"以丧失团体而告终"⑥。

如果说制度缺失只会在建构性层面对政治安全造成影响的话，那么制

---

① 亨廷顿：《变化社会中的政治秩序》，上海人民出版社2008年版，第10页。
② 亨廷顿指出，在一个缺乏政治共同体感的政治落后的社会里，每个领袖、每个个人、每个集团皆在追逐或被看作是在追逐自己眼前的物质目标，而置更广泛的公益于不顾。参见亨廷顿：《变化社会中的政治秩序》，第24页。
③ William Swann, John Griffin, Steven Predmore, Bebe Gines, "The Cognitive-Affective Crossfire: When Self-Consistency Confronts Self-Enhancement," *Journal of Personality and Social Psychology*, Vol. 52, 1987.
④ 乔尔·米格代尔（Joel S. Migdal）：《社会中的国家：国家与社会如何相互改变与相互构成》，江苏人民出版社2013年版，第195页。
⑤ 凯恩斯（Keynes）在分析个体与制度的关系时曾精辟地说："从长远观点看，我们都已死去。"
⑥ 弗朗西斯·福山（Francis Fukuyama）：《大分裂：人类本性与社会秩序的重建》，中国社会科学出版社2002年版，第15—16页。

度碎片化则会因其所内蕴的极强动员能力及其对集体行动困境的天然消解而对政治安全形成解构性冲击。在贝克的风险社会理论中，风险的不可分割性和普遍伤害性使得各个生活主体都将是风险的受害者而不是选择性施与，然而"有组织不负责任"现象则使政治权威难以"通过科学的、合法的和政治上的方法来确定其证据、归因和补偿"①，在不得已之下人们对风险的恐惧只能寄托于其所处的社群之中，并出于自我保护而建构起一种"向内看"的群体认同，从而使人们被填塞到一个个"小盒子"② 而不是"交叉分裂"③（cross-cutting cleavage）的情境中。在这种基于工具理性主义的社群认同基础上诞生的是一种为个体的自我利益所强化的"排他性规范"而非强调集体利益的"普适性规范"④，更不是建立在对集体层面的政治价值系统认同基础上的国家认同。⑤ 从而国家和政府在政治价值上内向的合法性被消磨和摊散，更勿论以国家认同驱使生活主体实现个人发展的"反身性筹划"甚至追寻本体性安全了。⑥

二 制度陷阱：制度僵化中的政治安全问题

如果说钱穆分析中国政治制度演绎传统的"制度陷阱"解释框架⑦是基于制度繁殖与制度迁移的逻辑而建构起来的话，那么本文则从制度运行

---

① 乌尔里希·贝克：《风险社会再思考》，《马克思主义与现实》2002 年第 4 期。
② 阿马蒂亚·森（Amartya Sen）曾在分析个体所处人际关系对其暴力行为的影响时指出，一旦人际关系被定义为一种单一的群体间关系，而完全忽略同一个人与其他群体的联系，那么人就被"渺小化"了，而一旦人被填塞到一个个"小盒子"之中，冲突与暴力在所难免。参见阿马蒂亚·森《身份与暴力——命运的幻象》，中国人民大学出版社 2009 年版。
③ 埃里克·诺德林格（Eric Nordlinger）指出，交叉分裂能够帮助缓和并规制冲突，这恐怕是最受美国政治家认可的一个命题：如果个体面临着交叉性的压力，那么他或她的社会政治行动必将是相对温和的。参见埃里克·诺德林格《民主国家的自主性》，江苏人民出版社 2010 年版。
④ 拉塞尔·哈丁（Russell Hardin）：《群体冲突的逻辑》，上海人民出版社 2013 年版，第 127 页。
⑤ 白鲁恂在对缅甸的研究中发现，缅甸的人格特点使得他们与合作者联结的能力被削弱，而这种社会模式中一致性的缺少削弱了缅甸人的认同感。参见 Lucian W. Pye, *Politics, Personality, and Nation-Building* (New Haven: Yale University Press, 1962).
⑥ 金太军、姚虎：《国家认同：全球化视野下的结构性分析》，《中国社会科学》2014 年第 6 期。
⑦ 钱穆在分析中国政治制度演绎的传统时指出，人们通常会通过制定新的制度以弥补既有制度的缺陷，从而愈发繁密制度积累，制度间的分歧、矛盾往往会导致制度的失效。

与制度规范的视角出发,厘析出一个高度组织化和程序化的制度化社会所诱发的严重政治后果。事实上,高度制度化的社会会渐趋生长出一种向内的吸引力,其影响下的日常行为都会被吸引,有意或无意地依附于或嵌入既定的制度化逻辑或制度框架之中,制度天然的向内的认同和自我强化的属性,必然排斥任何试图改变现存制度逻辑或超越既定制度框架的行为;生产并定义制度的生活久而久之也会被制度所规塑和约束,从而形成一种高度制度化社会所特有的"制度陷阱"。在这个陷阱里,制度肯定一切,也否定一切;制度否定其他,也否定自我。例如,在殖民扩张中,西班牙的封建制度使其不但无法像英国那样催生出一个强大的商业阶层,财富积累反而成为王室贵族进一步强化其权力专制地位的经济基础,来自海外扩张的机会最终变成了西班牙发展的陷阱,致使其错失工业革命的历史机遇而落入无可挽回的衰落之中。

在制度与生活的分析逻辑中,从更广泛的意义上讲,制度是作为集体利益的具象代表而存在于人们的日常生活之中的,这一特性使得制度长期以来都是维系政治稳定[1]——作为政治安全之前提条件[2]——的必要元素。制度的这种依归性价值,具体体现在生活个体的制度背离与制度遵循的往复过程中:一方面,如果少数生活个体无意中背离了制度规则,则其会自我识别其行为并自动回到现有的制度形式中来[3],即制度的自我规范;另一方面,即便有部分人因私利而执意背离制度规则,制度的拥趸者们也会凭借群体的强制力以约束违规行为[4],即制度的他我规范。然而,虽然制度能够通过自我或他我规范而定义生活个体"合理预期行为"[5],

---

[1] 社会制度带来的稳定性无论是在民主还是在非民主的社会形态中都是不言而喻的。例如 Ordeshook 的结构与偏好集聚、Shepsle 的结构性诱导均衡等都从不同视角证实了制度的这一社会功能。参见 Kenneth Shepsle, "Institutional Arrangements and Equilibrium in Multidimensional Voting Models," *American Journal of Political Science*, Vol. 23, 1979. Peter Ordershook, *Game Theory and Political Theory* (Cambridge: Cambridge University Press, 1986).

[2] 梁艳菊、宋晓梅:《论政治安全与政治稳定、政治发展的关系》,《内蒙古社会科学》(汉文版),2001 年第 6 期。

[3] 杰克·奈特:《制度与社会冲突》,周伟林译,上海人民出版社 2009 年版,第 38 页。

[4] 哈丁指出,与通过反向动员而调动自我利益去反对自我利益的抗争方式不同,普适性规范对自利行为的控制端赖于集体性的或者其他规范性的忠诚……因为普适性规范的力量来自群体的支撑,这些群体所具有的强制力使得顺从普世性规范成为人们的一种理性选择。参见拉塞尔·哈丁:《群体冲突的逻辑》,上海人民出版社 2013 年版,第 127 页。

[5] Talcott Parsons, "The Problem of Controlled Institutional Change," In Talcott Parsons, ed., *Essays in Sociological Change* (New York: Free Press, 1945), p. 239.

但却不能够长久地维持其必然的行为选择，特别是当在政策问题上存在着永远不会占据优势的巴里（Barry）所谓的"永远的少数人"的时候。① 从而在制度的吸附性规范与生活的逆流性悖反的纠扯中，建构与实践制度的出发点就变成了对不符合制度理性的民情的清除和对模糊生活合理性的界定。

然而，理性主义的发轫特别是现代化的意识形态化，让民众愈发体悟到其所孜孜追逐的"自由民主"不再仍处琼楼玉宇反而是触手可及的；加之经济全球化和信息化承载着来自全球的（被遴选和美化后的）意识形态与社会思想进入民众日常生活体验中，成为中国现代"民主自觉"发轫的重要源泉②，基于对西方民主的美好向往而主张民主政治改革的要求甚嚣尘上。在这种聒噪和充满蛊惑的情境中，突破传统成为最时新的"传统"，打破常规也成为最流行的"常规"，自由生活对制度体系的挣脱亦被幻化为"最美好的未来"对"最守旧的传统"的超越，否定甚而跳离制度规则及制度体系也成为生活主体的当然反应。同时，由于在塑造符合制度理性的"完美生活"的过程中，政府作为外部实施机制的制裁，也会随着制度的确立而一起被引入社会生活的体系之中③，因而人们对于制度体系的质疑也会被转嫁到对政府及其背后国家的质疑上。

高度组织化和程序化所造成的制度陷阱，在政府治理的现实情境中表现为僵化的官僚制对于民主政治建设的阻滞。其原因在于，以权力为支撑的官僚制组织层级体系实质上对公民权利有着天然的排斥倾向④，况且在治理过程中也往往只能呆板地恪守制度化分工结构为他们定义的职能，然而公共性扩散到社会领域却使得民众有了更多的政治参与需求，是故官僚制下表达渠道的堵塞和互动机制的缺失导致矛盾的激化并最终演变为以群体性行为为表征的社会冲突行为，甚至因在弱势群体生存伦理的主体意识

---

① 事实上，正如奈特所言，制度下个体的行为选择并非是一贯性的，可能是基于制度规则的理性行为，也可能是基于个人利益最大计算的非理性行为；"如果我总是在稳定的制度安排导致的结果里受到忽略的话，那么稳定看起来就像是一个祸福参半的东西……低级报偿的稳定性使我想要改变现有的制度安排"。参见杰克·奈特《制度与社会冲突》，上海人民出版社 2009 年版，第 38—39 页。

② 金太军、张振波：《论社会冲突与政治体制改革的非线性关系》，《政治学研究》2014 年第 3 期。

③ 杰克·奈特：《制度与社会冲突》，上海人民出版社 2009 年版，第 178 页。

④ 张康之：《对"参与治理"理论的质疑》，《吉林大学社会科学学报》2007 年第 1 期。

中进一步内化为"不同利益群体之间对话的一种方式"①而成为常态化的博弈工具（甚至会在制度的非常态化运作下产生"依势博弈"的不良形态），政治安全相应地也突破了国家与社会、制度与生活的界域而成为日常社会生活的建构结果。

三 制度抵牾：制度冲突中的政治安全问题

从社会构成及其组成关系来看，社会秩序毋宁说是一种制度秩序，社会系统中纷繁复杂的社会关系可约简为由一定规则所规范，并可以由特定权威来控制的交往关系，从而增长社会成员行为及其结果的可预期性和确定性。②因此，作为一个系统，一个社会的核心是规范性的秩序，通过它，人们的生活才得以共同组织起来。③然而，转型中国社会中组织社会生活的制度规范却日益呈现出碎片化形态，制度之间相互抵牾甚而互为攻讦具体表现为：一方面，赶超式增长实现了经济体量的超常规扩张及人们生活水平的极速提升，然而也使贪婪的市场逻辑和冷酷的利益关系得以弥散式扩延并进入人们的日常生活体验之中，这从根本上解构了传统交往逻辑和世俗利益关系，现代理性对传统制度价值的撕裂式解构使得转型中国社会普遍存在着结构与功能、制度与价值的非耦合状态；另一方面，以政治为核心的规范和体系的高度精细化成为"极端现代主义"的制度根源，制度作为工具理性的代表在创造了世界的同时也种下了毁灭世界的种子，制度的不确定性使人们愈发沉溺于制度在场与制度缺失的双重选择困扰中而不得其解④，以制度的确定性来对抗未来风险的不确定性往往成为不得已的理性选择，从而使得指向现实问题解决的制度与指向未来风险预期的

---

① 柏骏：《群体性事件的行为模式与解释框架——基于江苏的实证研究》，《江苏社会科学》2011年第3期。

② 陶建钟：《风险社会的秩序困境及其制度逻辑》，《江海学刊》2014年第2期。

③ Talcott Parsons, *Societies: Evolutionary and Comparative Perspectives* (Englewood Cliffs, N. J.: Prentice-Hall, 1966), p. 10.

④ 吉登斯等指出，"对于人化风险，历史上没有为我们提供可资借鉴的经验和知识，我们甚至不知道这些风险是什么，就更不要说对风险的精确计算，也谈不上对风险结果的预测"，对制度化风险的负效应和风险制度化的正效应衡量已经并将长期成为困扰人们的难题。参见安东尼·吉登斯、克里斯多弗·皮尔森《现代性——吉登斯访谈录》，新华出版社2001年版，第195页。

制度的矛盾与冲突成为风险社会中制度抵牾的主要表现形式。

在这种混乱的、碎片化的制度环境中,生活主体要对多个制度的束缚和约束做出反应,而不是面对唯一的制度规则,而制度之间的抵牾与攻讦则会进一步引发个体的制度背离与制度胁迫等僭越行为,并分别在个体的交往理性和自我认知中滋生出威胁政治安全的不稳定因素。

一方面,不同制度前提下的个体必然会基于制度原则与个人利益的理性计算而做出策略性的行为选择,而社会结果就是个体之间互相选择的产物,任何个体的选择都会影响到其他人的选择,制度体系就是在提供这种确定性的过程中实现了对社会秩序的维系。然而,当碎片化的制度规则无法提供对于其他人的行为预期时,制度就不再是社会共享的,因而失去了其固有的有效性前提①,人们渐趋失去了对制度的信任和仰赖,其制度僭越行为自然是情理之中的行为选择;另一方面,太多的制度分别遵奉彼此矛盾的价值观和行为模式,而相互抵牾的制度之间不可避免地会激烈争夺对规则的控制权②,如此一来,个体就面临着他所处的社会领域中基础性的凝聚力缺失,这就违背了人类"原则一致性"③ 的基本人格前提,时时处于否定与自我否定矛盾之中的人们日渐走向价值崩解与行为失范的琼崖。从而制度抵牾诱发的结构性风险会进一步上升为认同性风险,进而引发从价值皈依到国家认同再到行为取向的系统性过程,陷入自我及他我否定之中的生活个体就会日渐迷失于多维制度价值之中,否定甚至破坏制度便成为看似极端实则"理性"的行为选择,进而诱发"失范性"④ 政治安全问题。

---

① 奈特认为,制度规则通过提供两种信息来实现其存在价值:(1)违规制裁的性质;(2)其他人可能的未来行为,亦即制度规则有效性的一个关键在于它们是社会共享的:相关群体和社会的成员都知道它们的存在和适用性。参见杰克·奈特《制度与社会冲突》,上海人民出版社2009年版,第16页。

② 乔尔·米格代尔:《社会中的国家:国家与社会如何相互改变与相互构成》,江苏人民出版社2013年版,第195页。

③ 在道德和认知发展理论中,一个至关重要的假设是认知失调理论,而该理论包含着对人类人格的重要假设:人类对于原则一致性的需求高于一切,贯穿于个体生活的各个方面。参见 Ronald Duska, Mariellen Whelen, *Moral Devlopment* (New York: Paulist Press, 1975), p. 1.

④ 例如,李翰林等认为"失范的根源就是文化目标与制度手段之间的张力结构"(参见李汉林等《社会变迁过程中的结构紧张》,《中国社会科学》2010年第2期);更具体地,达仁道夫在《现代社会冲突》中系统论述了作为"失范"的冲突,即失范"带来一切都无序、怀疑一切和对一切无把握",并援引罗伯特·麦敦的思想将失范描写为"文化结构的崩溃"(参见拉尔夫·达仁道夫《现代社会冲突》,中国社会科学出版社2000年版,第209页)。

四 结语

在当今时代，经济社会深刻转型与风险社会渐趋深化纠缠交织，引发了现代理性对传统制度价值的撕裂式解构，"生活的政治"日渐进入民众的日常生活体验中，这在诱使政治安全成为理论界及实务界关注的焦点的同时，也推动了政治安全研究范式的深刻转型——政治安全的实现及其研究需要突破国家与社会的实体论和二元对立思想，打通从国家逻辑的宏大叙事到生活逻辑的日常叙事之间的壁障，从而在对制度的规约、生活的律动以及两者交织关系的分析过程中，建构一个基于制度逻辑的微观分析的替代性框架。

在这一分析框架中，制度的失场、僵化及制度间的抵牾都会成为政治安全问题衍生的微观根源：制度失场不仅会造成生活主体的个体离心，碎片化的制度甚至会诱发制度规范之间的冲突；高度组织化和程序化的制度化社会会日渐陷入否定一切和自我否定的陷阱中，陷入"普遍压制模式"中的民众会不断寻求对制度价值的背离和制度体系的跳脱，而重新陷入无组织的散沙状形态里；中国社会结构与功能、制度与价值的非耦合形态孕育了相互抵牾甚而互相攻讦的碎片化制度环境，在西方"美好民主设想"的鼓噪与蛊惑之下，引发个体的制度背离与制度胁迫等僭越行为，并分别在个体的交往理性和自我认知中滋生出威胁政治安全的不稳定因素。为了消解源自制度的结构性问题，需要从微观基础出发建构对于制度的完善与补充进路，组织再造，从而实现对社会运转的有效制度供给，推动政治公共性的扩散以实现社会治理的多元化形态，都可视为可行的路径选择。

系统理论视角下政治安全的内涵和特征分析

胡象明 罗 立[*]

当今全球化进程飞速加快，各种传统与非传统国家安全威胁交织并存。同时中国处于社会转型的关键时期，各种利益矛盾和价值观念冲突导致中国社会进入了一个风险高发期。党和国家对国家安全的维护十分重视，党的十八届三中全会提出要设立国家安全委员会，并提出了总体国家安全观、中国特色国家安全道路等一系列重要思想。在国家安全体系中，政治安全始终是核心和灵魂，在这种背景下，深入思考中国政治安全问题有着重要的现实意义。本文采用系统理论视角，在总体国家安全的框架下，讨论国家安全体系中政治安全的内涵与特征，以便对维护中国政治安全有一个更加科学的认识。

一 政治安全是国家安全的重要子系统

国家安全的概念最早见于李普曼的著作《美国外交政策：共和国的盾牌》，李普曼对于国家安全的定义是："一个国家的安全就是当一个国家不牺牲其合法利益就可以避免战争，而一旦国家的合法利益面临挑战，它能够借助战争保护它们。"[①] 随着时代的发展，国家安全的内涵和外延也在不断丰富，一开始，国家安全针对的是领土完整和国家主权的统一。

---

[*] 胡象明：湖北崇阳人，北京航空航天大学公共管理学院副院长、教授、博士生导师；罗立：湖南双峰人，北京航空航天大学公共管理学院行政管理专业博士研究生。

[①] Walter Lippmann, *US Foreign Policy: Shield of the Republic* (New York: Johnson Reprint Corp., 1971), p. 8.

例如苏联出版的《大百科全书》指出："保卫国家安全,即保卫现行国家制度、社会制度、领土不可侵犯和国家独立不受敌对国家的间谍特务机关以及国内现行制度的敌人破坏所采取的措施的总和。"①

随着"冷战"结束和世界格局的变化,传统国家安全因素的挑战依然严峻,非传统安全问题也开始日益突出,尤其在全球化背景下,经济安全和科技安全的问题开始在国家安全体系中扮演着越来越重要的角色。约瑟夫·罗姆认为:"随着冷战的结束,毒品、环境、能源、经济等非军事因素对国家安全影响明显上升,维护国家安全的手段远不限于军事手段。因此,影响国家安全的因素要重新讨论,对国家安全的概念需要重新定义。"② 中共十八大报告也明确"提出我国面临的生存安全问题和发展安全问题、传统安全威胁和非传统安全威胁相互交织""必须坚持以国家核心安全需求为导向""维护国家主权、安全、领土完整,保障国家和平发展"③。综上所述,国家安全早已突破了过去单纯的军事安全和领土安全的范畴,国家安全应该是一个具有丰富内涵和外延的完整系统。系统论认为,任何一个事物,任何一个过程都是一个完整的系统,系统功能的稳定取决于该系统中每个子系统功能的稳定与发挥。从系统论观点与方法出发,本文认为,国家安全系统是一个完整而非零散的,开放而非闭合的,动态而非静止的系统。该系统是由政治、经济、军事、科技、社会、文化等若干安全子系统构成的。这些影响国家安全的子系统相互联系、相互作用、相互影响和相互制约,具有内在的逻辑联系和层次性,它们共同构成一个不可分割的整体而影响着国家安全。国家安全系统在国际安全的大环境下以实现最广大人民群众的安全这一途径来维持其存续。因此,正如习近平总书记在中央国家安全委员会第一次会议中指出的,新形势下的国家安全系统应该是:"以人民安全为宗旨,以政治安全为根本,以经济安全为基础,以军事、文化、社会、安全为保障,以促进国际安全为依托"④

---

① 刘跃进:《论国家安全的基本含义及其产生和发展》,《华北电力大学学报》2001年第4期。

② Romm Joseph, *Defining National Security: The Nonmilitary Aspects* (New York: Council on Foreign Relations Press, 1993), p. 7.

③ 《十八大报告》,新华网 (http://www.xj.xinhuanet.com/2012 - 11/19/c_ 113722546.htm)。

④ 习近平:《坚持总体国家安全观,走中国特色国家安全道路》,http://news.xinhuanet.com/politics/2014-04/15/c_ 1110253910.htm。

的一个体系。本文以一个坐标图来分析国家安全系统的特征。

```
                        │
                        │
                    国际│安全
                        │
                    国家│安全
                        │
         ╭──────────────┼──────────────╮
        ╱            政治│安全            ╲
────社会安全────军事安全──经济│安全──科技安全──文化安全────
        ╲               │               ╱
         ╰──────────────┼──────────────╯
                        │
                    人民│安全
                        │
                        │
```

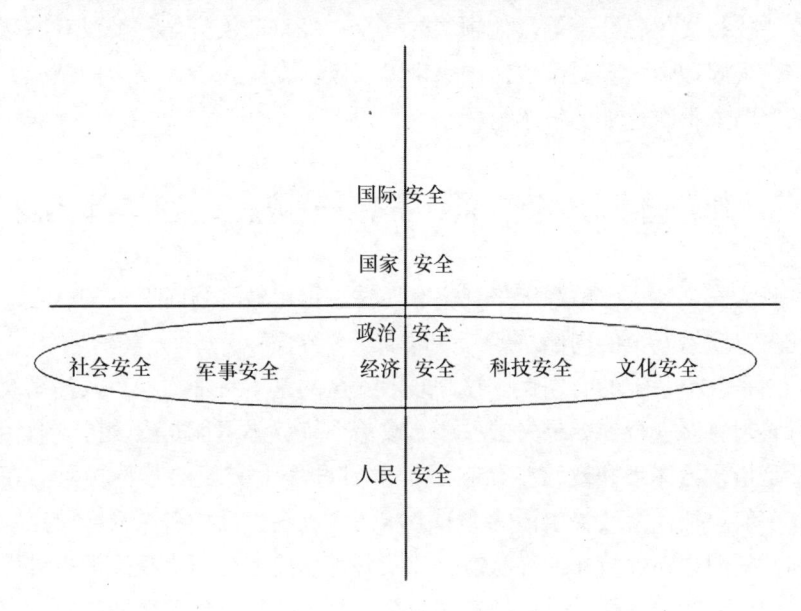

图1　国家安全系统图示

在图1中，纵轴代表的是总体国家安全系统的三个层次，由下至上分别是人民安全、国家安全和国际安全。社会主义国家的宗旨是实现最广大人民群众的根本利益，因此，中国国家安全体系也应该以实现人民群众的个人安全为宗旨的。同时，国家安全的保障需要在国际安全的大环境下来实现，要在"互信、互利、平等、协作"的新安全观指导下，巧妙地运筹国家关系，促成多极均衡国际战略格局的形成。同时，继续推进睦邻友好外交，积极促进地区安全合作，为中国国家安全创造和谐与稳定的国际安全环境。横轴代表的是国家系统的主要内容，主要包括政治安全、经济安全、军事安全、科技安全、社会安全、文化安全等子系统。在总体国家安全体系中，军事安全曾是国家安全的一个重要因素，但是随着和平与发展成为国际主旋律，军事安全的地位逐渐让位于经济安全、科技安全、社会安全、文化安全等非传统国家安全因素。随着世界全球化的发展，国家安全的内容也在发展，非传统安全的地位不断上升，然而相对于其他安全子系统而言，国家安全最重要、最根本的因素始终是政治安全。只有政治安全得到保障，国家和政府才可以有效地组织国家力量来保障经济、军事、科技、文化、社会等其他领域的安全；没有政治安全，就没有国家的稳定、巩固和强大。对于任何国家来说，政治安全是国家安全的基础，也是各个国家不断追求的根本目标。

二 作为国家总体安全系统子系统的政治安全的基本内涵

政治安全是指政治系统呈现出有序性、稳定性和可持续性的状态。具体说来，政治安全的内涵主要包括以下三个方面：

一是政治系统的有序性。这是政治安全的基本特征之一。政治系统的运行必须有序进行，如果失去秩序，政治系统就不可能是安全的。政治有序性是指政治体系和政治生活在运动发展过程中实现的某种相对有序状态，一般包括社会政治生活的非暴力状态，社会生活中各个社会阶层、各种利益集团之间保持非冲突状态，以及各种妨碍社会正常秩序的事件发生概率较低。政治系统的有序性建构及维护是政治系统的重要职能之一，保持政治有序性是政治系统有效运转的前提，秩序的混乱无疑会严重威胁到政治安全。

政治系统的有序性对于政治安全的意义重大，要实现政治安全，就必须把政治冲突控制在政治有序性范围之内。首先，只有保持政治系统的有序性才能有效地保障社会安全。建立、维护和巩固为特定社会制度所需要的政治秩序，历来是各国政府或国家政权的基本职能之一。人类社会实践证明，只有保持政治系统的有序性才能应对各种干扰和冲击。中国"文化大革命"的惨痛历史教训表明，政治秩序的混乱必然带来社会发展的停滞或倒退并可能危及国家安全。[①] 其次，只有保持政治系统的有序性才能化解政治安全的外部威胁。虽然和平与发展是当代的主旋律，然而在历史发展过程和现实生活中，中国政治安全的外部威胁依然存在，"藏独""疆独"势力在国际舞台上十分活跃，并在国内造成了多起危害国家安全，危害人民生命财产安全的暴行，南海海域也冲突频发。所以，维持好政治系统的有序性是保障中国主权完整和政治安全的重要前提和保证。

二是政治系统的稳定性。政治系统的结构应该呈现出相对稳定的状

[①] 陈果：《当代中国政治安全问题研究》，吉林大学 2013 年博士学位论文。

态，一旦失去了稳定性，就可能不安全。邓小平就曾指出："压倒一切的是需要稳定。没有稳定的环境，什么都搞不成，而已经取得的成果也会失掉。"① 政治系统的稳定性是指政治领导层不会轻易变更；并且宪政形式和过程在长时间内保持稳定，国家政治过程和谐融洽，没有暴乱和战争发生，保持着和平的环境。可以说，在历史的不同阶段，政治系统稳定性的具体内容随着中国经济社会主要矛盾的变化而不断调整，但不论何时，维护政治系统稳定性这一重要工作帮助中国政府顶住了国内外各种威胁势力的压力，为中国近 40 年来经济社会的平稳发展做出了贡献。"如果一个权威性价值分配的政治系统受到极其沉重的压力，以至于再也不能承受时，那么，该系统就会崩溃。"② 中国政治系统实现了政治局面的长期稳定和政治领导人的有序更迭，确保了中国改革开放基本政策的稳定性和连续性。③

近 40 年来，中国经济发展迅速，这为中国政治系统的稳定性提供了有力的物质保障，但党和政府应该加大政治体制改革的力度，为中国政治系统的稳定性提供了组织保障。④ 另外，要努力拓宽广大群众政治参与的途径，"政治参与孕育着政治稳定，而政治参与的发展过程及其不成熟性却滋生着动乱"⑤，在当下网络信息发达，政治表达途径多样化的背景下，为广大人民群众提供有序常态化的政治参与途径是很有必要的。政府如果不能为广大群众提供稳定常态化的政治表达途径来取代混乱无序的网络政治参与，那么就很可能导致政治系统的不稳定。

三是政治系统的可持续性。政治系统不是静止的、僵化的，而是可持续发展的，这种可持续发展正是其生命力之所在。一个充满活力和生命力、具有可持续发展的政治系统才是安全的。政治系统能否充满活力和生命力，取决于政治系统能不能持续自我进化。创新是政治系统自我进化的关键所在，也是保持政治系统可持续发展的动力。

习近平在中央政治局第一次集体学习的讲话中指出："应该看到，中

---

① 《邓小平文选》第 2 卷，人民出版社 1994 年版，第 167 页。
② 戴维·伊斯顿：《政治生活的系统分析》，王浦劬等译，华夏出版社 1999 年版，第 39 页。
③ 舒刚：《从政治稳定到政治安全——转型期中国维稳战略的创新性转换》，《华中师范大学学报》（人文社会科学版）2013 年第 5 期。
④ 旷为荣：《当前中国政治稳定的基本条件》，《广西社会科学》2005 年第 5 期。
⑤ 聂运麟：《现代政党制度与政治稳定》，《江汉论坛》2000 年第 11 期。

国特色社会主义制度是特色鲜明、富有效率的，但不是尽善尽美、成熟定型的。中国特色社会主义事业不断发展，中国特色社会主义制度也需要不断完善。"① 政治制度在建立时可能是与社会经济环境相适应的，但政治制度在一定的时间里总会保持相对稳定，而社会发展则是日新月异的，随着社会环境的不断变化，原有的政治制度设计往往开始失去活力。政治系统在保持稳定性的同时也可能在一定程度上意味着保守和惰性。为了实现政治系统的可持续性，就应该持续进行政治体制改革。政治体制改革是克服政治系统贪污腐化，预防政治系统官僚化，推动政治系统自我进化的唯一路径。

当下中国政治安全的实现需要国家和政府以一个积极的姿态在社会转型过程中不断完善和创新政治制度体系。② 政治系统可持续发展的过程也是一个政治系统不断完善、创新的过程。政治安全的实现要求在保持系统稳定的情况下进行政治体制创新。

三 作为国家安全系统子系统的政治安全的基本特征

作为国家安全系统的子系统，政治安全也是一个完整的系统，本文将从系统论的角度出发，从政治安全系统内部结构、政治安全系统外部环境以及政治安全系统内部与外部的交流来分析政治安全系统的基本特征。

(一) 与政治系统内部相关的特征

第一，政治系统内部健康、向上的力量占主流。

首先，政治结构配置合理并且有效运行。政治结构包括政治体系结构、政治过程结构和政策结构三个方面，其中占主导地位、起支配作用的是政治体系结构。衡量政治结构配置是否合理的标准就是政治体系结构是否稳定有序，并且是否有利于推动经济、社会等各个了系统平稳协调发展等功能作用的发挥。作为中国发展进步的政治制度保障，中国的政治制度同时具有集中性和民主性两大特点，并有效地实施了一系列社会政治功

---

① 习近平：《紧紧围绕坚持和发展中国特色社会主义 学习宣传贯彻党的十八大精神——在十八届中共中央政治局第一次集体学习时的讲话》，《人民日报》2012 年 11 月 18 日。
② 虞崇胜、张星：《制度创新：维护政治安全的根本路径》，《江苏行政学院学报》2014 年第 3 期。

能，即保障社会稳定，促进社会整合，实现政策优化等。① 改革开放以来，中国政治体系结构发展的现代化程度不断提升，中国政治制度的稳定性、自主性、适应性以及制度化程度不断提高，中国社会已经形成了一套独具特色的政治制度。

其次，政治系统权力运作得到有效监督。虽然政治系统的权力是由人民所赋予的，其目的是实现公共利益的最大化。但权力本质上是一种支配他人的力量，权力意志植根于统治和控制他人的欲望之中。这决定了它具有无限扩张的倾向，一旦超出了一定的界限，就会侵犯公共利益。权力对掌权者具有本能的和自发的腐蚀作用，导致对社会公共利益和他人利益的损害。历史经验表明，如果不对政治系统权力运作进行有效的监督，必然会导致腐败与专制并行，最终造成极其严重的政治危害性。

第二，政治系统内部保持着旺盛的活力，并且成为政治系统健康发展的一种动力。

首先，政治领导层要团结一致。政治系统犹如一部机器，只有核心部件状态良好，才能运转自如；就像一座堡垒，没有空隙，才能稳固坚强；就像一个拳头，每个手指都攥紧了，才能产生最强大的打击力。所以，政治领导层的团结协作是政治系统内部保持活力的重要保障。实践也充分证明，凡是步伐一致的领导班子，就会形成强大的凝聚力、战斗力和向心力。

其次，政治氛围积极向上。政治系统健康发展必须有一个积极向上的政治氛围，一方面要通过加强政治系统的主流意识形态的宣传形成激励效应。习近平在十八大上提出了"中国梦"重要思想，为中国政治系统注入了一股精神正能量，极大地激发了全国人民实现民族伟大复兴的内心渴望和高涨热情，为政治系统营造了一个良好的政治风气，让政治系统焕发了强大的凝聚力，这对中国政治安全的实现是十分有利的。另一方面要通过对政治系统中不良行为的打击以树立健康的风气。例如腐败问题已经成为影响中国经济社会发展和政治稳定的严重隐患。在面临执政和改革开放考验的条件下，如果不能有效地解决党内存在的种种消极腐败现象，就有亡党亡国的危险。② 新一届中央领导集体对反腐败重要性的认识极为深

---

① 程竹汝：《当代中国政治发展与经济社会发展的关联》，《文汇报》2011 年 8 月 10 日。
② 杜永吉：《社会转型时期的我国政治安全战略》，《党政论坛》2007 年第 1 期。

刻，十八大把反腐倡廉提到生死存亡的新高度，习近平就任总书记后的第一次讲话就直言："新形势下，我们党面临着许多严峻挑战，党内存在着许多亟待解决的问题。尤其是一些党员干部中发生的贪污腐败、脱离群众、形式主义、官僚主义等问题，必须下大气力解决。"所以，加大反腐倡廉的力度，加强政治系统的先进性建设，必然可以为政治安全提供一个焕然一新的风气。

第三，政治系统持续稳定发展，政治系统能力稳步提升。

首先，政治体制改革有序进行，政治系统自我进化的能力持续提升。要使政治系统能力稳步提升就需要不断对政治体制进行完善和优化。天然强大的政治权力是政治安全的潜在破坏者。为了使政治系统处于安全状态，就必须保证政治体制不断完善，实现对政治权力的有效制衡。在权力配置失衡的情况下，它会出现寻租，产生腐败，从而侵害公意，破坏社会的整体利益。因此，中国当前的政治体制改革和发展必须坚持以执政党的改革为核心内容。只有执政党按照民主法治原则改造自身，正确处理党权和政权的关系，以及党权与宪法、立法、行政和司法的关系，现存权力结构调整才会有可能，才能真正建立以权力制约权力、以社会制约权力的相关机制，实现党权、政权、民权之间的良性互动，从根本上改变党权、政权高于一切的状况，切实保证一切权力属于人民。也只有坚持政治体制改革的有序进行，才能长久实现政治安全。

其次，对利益冲突化解能力的提升。中国当前处于社会转型期，部分社会成员在利益结构调整过程中成为弱势群体，既对社会主义价值和社会主义改革产生质疑，也逐步丧失对政治系统的信任感，由此导致了一系列的利益冲突事件。要解决由于利益冲突所导致的政治危机，除了进一步推进政治体制改革外，也要提升政治系统对突发性危机的化解能力。在政治系统对利益冲突危机的领导能力、动员能力、组织能力、平衡能力等方面都应该做出提升。

（二）与政治系统外部环境相关的特征

第一，政治系统的外部支持力量呈现出上升趋势，至少没有较大的减少。

首先，政治安全需要充足的物质保障。经济发展与政治实践息息相关，它是决定人类政治文明进程中最为重要的因素之一，更是实现和维系政治安全的重要物质保障。阿尔蒙德指出："经济增长、政治参与和民主制的稳定似乎是同步的。"① 1997 年爆发的亚洲金融危机使印尼经济陷入困境，引发政治危机，导致统治印尼 32 年的苏哈托政权于 1998 年倒台。同样，南美的庇隆、皮诺切特、藤森等政权兴衰乃至苏东剧变，其动因也都在于经济领域的危机。当前，中国仍是一个发展中国家，还处于社会主义初级阶段，经济发展是解决中国所有问题的关键，实现政治安全，必须牢牢扭住经济建设这个中心，保持合理的经济增长速度，以此起到推进整个社会变革的效果。

其次，政治安全需要高度的政治认同感。政治认同是社会成员对其所在政治共同体的一种政治态度，它是人们从内心深处产生的一种对所属政治系统情感上的归属感。政治安全的核心是社会成员对所在政治系统的认同感。政治认同感是实现政治安全的深层因素，政治认同感能够使社会公众感到自己是社会的一员，无形中提高了公众对政治系统的归属感，并使社会成员具备了对政治系统和社会治理的宽容精神，从而得到一种心理上的满足感，使政治安全更有保障和持久。

第二，政治系统的外部破坏力量能够受到有效抵制，并且不断消减。

首先，控制外部干预势力。虽然和平与发展是当今世界的主题，但是西方敌对势力从未停止过对中国发展的干预，这种干预主要有直接干预和隐性干预两种方式。直接干预就是频频利用人权问题对中国政府施压，粗暴干涉中国内政；利用所谓"西藏问题""新疆问题"对中国政府无理指责；纵容和支持中国国内民族分裂势力并提供物质和精神方面的援助，妄图使中国走向四分五裂的境地。对于这一系列直接威胁中国政治安全的外部威胁，必须严厉打击。防范来自国内外各种反对势力的渗透、颠覆、破坏活动，始终是维护保障国家安全的首要职责和任务。而隐性干预则是扶植利用国际非政府组织，打着"民主""自由"等旗号对中国进行"民主输出"。自 20 世纪 80 年代以来，以美国索罗斯基金会为代表的国际非政府组织开始在中国展开活动。不能否认的是国际非政府组织对中国的社会公益事业、社会救助、动植物保护有较大的助力。但与此同时，国际非政府组织在一些间接影响中国政治稳定方面的活动也十分活跃，例如宣扬资本主义自由平等价值观、对中国少数民族

---

① 加布里埃尔·A. 阿尔蒙德、小 G. 宾厄姆·鲍威尔：《比较政治学——体系、过程和政策》，曹沛霖等译，东方出版社 2007 年版，第 374 页。

分裂势力进行援助等,这都是某些发达国家隐性实行"和平演变"的策略。在格鲁吉亚、乌克兰和吉尔吉斯斯坦,美国利用国际非政府组织打前阵,直接策划和插手这些地区的"颜色革命"。国际非政府组织通过提供资金援助和技术指导等方式帮助政府反对派通过民主选举颠覆了政权。所以,中国政府应该加强对国际非政府组织在华活动的规范管理,加快法制化建设的进程,要对限制或禁止国际非政府组织在中国开展的活动以政府文件的形式做出明文规定,对威胁中国政治安全、意图颠覆中国政权的各种行为都必须严令禁止。

其次,控制网络信息安全。随着电子技术的发展,一种新的政治现象——网络政治——逐渐进入人们的视野。网络发展导致国家主权的相对化并且加剧了国家主权的分散化。网络政治是一把双刃剑,它在提供便捷的信息发布渠道和多样化的政治参与途径的同时也对政治安全带来了新的威胁与挑战。因此,政府既要增强网络政治安全意识和"网络边疆"意识,主动保卫网络信息安全,又要加强制度与法规建设,让网络从无序运作走向规范运作。同时要加强对"网络恐怖主义"的预防和惩处,尤其要对西方敌对势力的网络攻势保持高度警惕。

最后,控制破坏性意识形态。意识形态领域的斗争并没有因为冷战结束而结束,随着全球化的到来和中国与国际交流的加强,以美国为首的西方发达国家在全世界到处推销资本主义意识形态和价值观念,进行文化领域的扩张和渗透。同时随着中国社会转型的深入推进,中国的物质分配方式、利益格局构成、社会组织形式、社会阶层结构等逐步多样化,计划经济体制下的单一意识形态垄断地位正在逐渐消失。社会转型期所存在的诸如贫富差距拉大、地区发展不均衡等社会矛盾的加深导致政府政治公信力的下降,正在逐步弱化社会主义主流意识形态的说服力。网络技术的发展也打破了中国传统意识形态的传播方式和传播理念。所以加强社会主义政治文明建设,不断发展和完善中国特色社会主义政治体制,同时以马克思主义引领先进文化的前进方向,梳理中国特色社会主义共同理想,培育和弘扬民族精神和时代精神,加强社会主义荣辱观教育,增强社会主义意识形态的吸引力,是中国意识形态领域的一个崭新课题。

(三)与政治系统内部与外部互动相关的特征

第一,政治系统对社会系统具有较为强大的整合和动员能力,并能得到社会系统的响应和支持。政治合法性是公民产生的对国家或政府的政治忠诚，是将政府权威视为正当的道德条件，主要通过民众对政权的认可和拥护程度表现出来。当被统治者相信某种权力关系是正当的时候，该种统治便是正当的政治系统。[1] 一种政治统治能够得以维持，在很大程度上取决于社会系统对政治统治的响应和支持程度。如果政治合法性出现危机，而又不能及时得到调整，其后果可能就是整个政治体系的崩溃。政治合法性资源严重不足的政府，往往是依靠强制力来维持统治的，不但得不到民众的认可，而且会出现社会秩序的不稳定。

第二，政治系统的主流价值与文化不仅仅在政治系统内部得到有效坚持，而且受到作为政治系统基础的社会系统的广泛认同和支持。政治安全的实现和维系离不开各社会系统对政治系统主流价值与文化的认可和坚定的政治信念。政治信念不仅是参与政治活动的个人和团体所具有的对国家政治生活的一种固定看法和坚定的主张，而且是政治行为主体参与政治生活和维系政治关系的基本依据，影响和制约着人们政治生活的动机、态度和行为。政治信念不是指在政治领域已经发生了什么，而是指人们对所发生事情的接受程度。坚定的政治信念是政治主体的政治信念和价值取向，它与政治系统所体现的信念和价值观是基本一致的。政治系统的主流价值与文化得到社会系统的响应与支持有助于社会共识的形成和政治凝聚力的加强，有助于实现政治主体对政治系统的高度政治认同，是维系政治安全的坚实基础，也是保持政治系统良性运行的重要条件。相反，政治信念的丧失或迷失则可能会引起政治行为主体对政治现实的冷漠和怀疑，导致对政治组织及其制度的认同危机，造成政治系统的政策、方针失去最广泛的拥护和支持，是影响政治安全甚至引起社会动乱的潜在因素。

四 结论

当前中国正处于社会转型与深化改革的关键时期，整个社会的利益结构和阶层结构都处于转型阶段，这种利益结构和阶层结构的剧烈变革导致社会各阶层之间出现大量的利益冲突，各种群体性事件频发，这给维护国

---

[1] 马克斯·韦伯：《经济与社会》上卷，商务印书馆2004年版，第239页。

家政治安全和实现国家治理能力现代化带来了极大挑战。在这种背景下，从一个更系统的角度处理政治安全问题，在保证政治系统内部稳定有序发展的同时控制好政治系统的外部威胁，在政治系统内部与外部环境顺畅沟通中实现政治安全。

重要战略机遇期共识的凝聚与政治秩序

秦国民[*]

一

共识是人们在政治、社会、经济领域形成和共有的一系列信念、价值观念和行为规范准则的总和。共识不仅意味着对差异和对立存在的承认，而且还意味着需要对不同意见进行整合，凝聚共识不仅需要不同价值理念的交流、包容与合作，而且需要共同遵守一定的程序规则。中国要维持长期稳定的政治秩序，促进社会又好又快地发展，就必须凝聚共识，增强政治合法性。

（一）价值共识

价值或价值观是人们用来对事物的是非做出判断和评价并作为行为取舍的一套依据。价值具有引导人们超越实然束缚、探求应然世界、赋予生存世界以意义的特征。价值共识就是人们在社会政治生活中对价值认识和价值实践所形成的共同看法和共同观点。而价值共识作为隐藏于政治制度、政治行为和政治心理这些表层结构之下的深层结构，对人类的政治生活有着举足轻重的影响。价值共识一方面在信仰共识的规定和指导下形成，另一方面也以具体而理性的形式来体现信仰的精神。现代化在某种意义上也就是价值信念、社会结构与市场经济发展相调适的过程。随着市场经济的发展，社会转型与多元化时代的到来，共同体在价值和信仰方面不再是同质的，原有的共识被打破，不允许价值选择存在争议的情形已经成为过去，社会变革的环境与实践又为新共识的塑造提供了基础。价值共识

---

[*] 秦国民：郑州大学公共管理学院教授。

一旦形成，就会对人们社会政治实践活动起重要的导向作用，对政治秩序起促进作用。价值共识主要体现在以下方面：首先是凝聚核心价值观的共识。一个国家核心价值观的生成，是在科学揭示、正确把握社会的发展规律和正确认识价值观的内在生成规律的基础上，依赖国家意识形态的灌输、引导和强化，通过长期的积累和推进，逐步内化到人们的思想深处和意识深处，最终形成人们的自觉价值取向和价值追求。其次在公平问题上凝聚共识。公正是人类社会具有永恒价值的基本概念和基本行为准则。"政治共识的达成需要一个共同的生存语境，需要一个关照自我生存的公共领域以及一种反映在这种公共领域的共同价值追求。"① 公平正义是政治共识的基本价值理念追求。在一个价值、利益多元的共同体中，存在着生产方式、生活方式与精神生活等方面的差异性，在这些差异中达成价值共识需要以宽容为原则，养成一种审慎的交往理性，在对话中达到妥协，并形成共同认可的价值共识。在政治秩序的各种测度指标中，对公平的共识是一个重要的变量。合理有序社会的建立以及运行的有效与否，政治制度是否能够得以延续，归根结底取决于社会上人们对公平的认同程度。只有民众形成对社会公平的认同，才能形成对政治制度的信赖，从而有效地内化为社会成员自觉的价值尺度和行为准则，为政治秩序的稳定提供有序的发展空间和规范的行动逻辑。最后，在公共理性上凝聚价值共识。公共理性指在一切事情上人们都有公开运用自己理性的自由。公共理性被视为现代公共生活的一种精神气质，内含着一系列的价值要素和思维逻辑。作为现代社会政治生活的伦理道德，公共理性就是一种公共精神。这种精神以独立和理性的态度积极参与社会公共生活，并勇于承担公共责任和履行公共义务的意识。因此，公共理性对重要战略机遇期政治秩序的形成有着非常重要的影响。

（二）改革共识

改革共识是在改革开放的过程中，人们在改革的方向、重点和改革的行动规则上形成的一致观点和看法。中国的现代化建设已进入关键的重要战略机遇期，改革已成为中国社会发展的最重要推动力，但在改革的方向、改革的重点和行为准则上还有不同的认识，因此凝聚改革共识，形成

---

① 淦家辉、李雪强：《试论政治共识的蕴涵、基础与培育》，《三峡大学学报》2011年第1期。

改革活力，是当前的主要任务。改革共识的凝聚首先是在改革的方向上凝聚共识。中国的改革开放是中国共产党在总结了社会主义建设正反两方面的经验教训后，在新的历史条件下领导人民进行的又一次伟大革命，是社会主义制度的不断完善与发展。因此，坚持中国特色社会主义道路是改革开放的正确方向，也是改革开放应坚持的基本原则。中国的市场经济是社会主义的市场经济，发展社会主义生产力，促进社会的公平正义，不断满足人民群众日益增长的物质和文化水平的需要，实现社会主义的共同富裕是奋斗目标，也是出发点和落脚点。只有坚持中国特色社会主义的改革方向，才能进一步解放思想、解放和发展社会主义生产力、增强企业和社会活力。其次，立足于中国长期处于社会主义初级阶段这个实际，在全面深化改革上凝聚共识。当前中国处在重要的战略机遇期，面临着难得的机遇和复杂的问题与挑战，体制之间、政策之间和机构之间的关系错综复杂，使改革日益成为一个复杂的系统工程，任何一项改革措施都不是孤立的，产生的效果也不是单一的，都会涉及不同的利益主体和牵动其他领域，自然也会引起不同利益主体和不同领域的关注，也需要不同利益主体和其他领域的密切配合。这就要求我们坚持整体性的系统改革，而不是头痛医头、脚痛医脚的片面性改革。最后，在改革的核心问题和改革的重点问题上凝聚共识。十八届三中全会指出，全面深化改革的重点是经济体制改革，核心问题是处理好政府和市场的关系，这一关系的关键是发挥市场在资源配置中的决定性作用。通过市场在资源配置中起决定作用，更好地激发市场主体的创新和创造活力，加快国家经济结构的转型升级，解决好政府治理与市场功能边界模糊不清等问题，构建依法、高效、廉洁的法治政府和服务性政府。所以，其他领域的改革都应该紧紧围绕经济体制改革这个核心问题来进行和推进。从另外一个方面看，完善与规范的市场和政府关系，本身也是一种非常有效的社会治理方式，是在重要的战略机遇期社会治理方式的新突破。

（三）利益共识

利益共识是指在利益结构的变化和调整过程中，人们在利益观念、利益分配和利益行为准则等方面所形成的共同看法和评价。在重要的战略机遇期，改革进入深水区，既有一些原有的利益矛盾还没有解决，又增加了许多新的利益矛盾，形成了利益矛盾的叠加。在这种情况下，如何有效地推进改革，是一个需要认真思考的问题。改革是对旧的和现有既得利益的触动，也是新的利益形成的过程。新的利益共识力量越大，改革的阻力就越小，改革就越难逆转。从中国改革发展的历史经验看，形成与改革一致的新的利益共识是中国改革的一条主要经验。对目前的深化改革来说，凝聚利益共识首先要选准改革的突破口。在通常情况下，人们会对改革持某种欢迎态度，也经常会对变革持怀疑和反对态度，因为"第一，组织变革一般是以组织的整体利益作为发动和衡量变革的价值尺度，这就很难同时均衡地顾及每一个单位和每一位成员。利益受到损害的行为主体有可能采取反对态度。第二，变革要打破某些稳定性、传统性和习惯性，建立新的平衡体系，这容易造成人们心理的失衡。第三，由于人们对变革的方向缺乏了解，对不了解或不完全的东西人们本能地持怀疑态度"①。因此改革要按照公平的原则，通过选择使绝大多数人从改革中受益的突破口，形成大量新的改革成就，人们通过改革得到实实在在的利益，就会对改革充满信心和期望，既然是不讲抽象的条文，受益的人自然就会站在改革的一边，新的利益共识就会形成。其次，凝聚利益共识、加强顶层设计和整体谋划，认真研究各项改革不同利益之间的关联性、系统性、可行性，形成新的利益共识。通过深化改革来解决中国经济社会发展所面临的一系列突出利益矛盾，实现经济社会和文化、生态的可持续健康发展，不断改善人民生活，是改革的基本目标。解决发展中的一系列问题只能用改革的方法。如果说初期的改革主要是意识形态方面的问题，那么目前改革的主要问题应该是利益问题，社会利益问题主要体现在收入分配方面，较之于其他利益来说，收入分配问题更容易导致社会心理的失衡和政治不安定问题。解决利益问题是一项复杂的系统工程，需要加强顶层设计和整体谋划，加强各项改革过程中利益之间的关联性、系统性、可行性研究。在基本确定主要改革举措的基础上，深入研究各领域改革的关联性和各项改革的耦合性，深入论证各项改革举措的可行性，准确把握全面深化改革的重大关系，使各项改革举措在政策取向上相互配合、在实施过程中相互促进、在实际成效上相得益彰。一方面，在社会治理和制度建设工作中，形成科学有效的利益诉求机制、利益协调机制、利益整合机制、利益调处机制和利益权益保障机制；另一方面，以人民群众切身利益为导向，将维护公共利益和促进社会公平正义相结合，创新社会治理，提升治理效能，形

---

① 张国庆：《行政管理中的组织、人事与决策》，北京大学出版社1997年版。

成新的利益共识。

二

共识是在重要战略机遇期中国保持政治秩序稳定的一个关键。一个国家的价值共识决定了该国国家制度的基本原则及其价值基础，是该国国家制度得以确立并有效运行的内在灵魂，它还规定着一个国家制度发展和变革的基本走向。改革共识的凝聚意味着在改革的过程中，在既定的权力、资源、地位、收入分配和经济利益等关系中，在改革的每一个步骤、重点和举措等方面增加改革的动力，在重要战略机遇期全面深化改革是良好的政治秩序的内在要求。凝聚利益共识，在重要的战略机遇期已成为政治秩序稳定和深化改革的关键。

（一）价值共识的凝聚

首先，建立价值凝聚机制，寻找凝聚价值共识和认同的生长点。在重要战略机遇期政治秩序的形成、实现离不开广泛的价值共识，只有整个社会的价值共识真正建立起来，才能有效地实现社会力量不断发展下的政治秩序的稳定。在重要战略机遇期中国的政治、经济、社会等领域发生了结构性的甚至是急剧性的深刻变化，不同群体之间、不同阶层之间的收入差距，尤其是利益差距在持续扩大，公众对改革的共识和认同感呈下降趋势。20世纪80年代，改革开放早期的那种改革就是解放生产力，人人都能获利的改革时期已经过去，在改革的深水区，剩下的都是难啃的硬骨头，造成一些利益群体因在实现的改革过程中利益受损而又没有得到补偿，从而产生了对未来改革中利益将会进一步受损的恐惧。这种悄然而来的态度和心理变化，可能成为新的不稳定因素，有可能危及社会的稳定与安全。因此，在矛盾交织的重要战略机遇期，必须找到凝聚价值共识和社会价值认同的生长点，坚持社会公平正义和包容性增长，提高价值共识的凝聚力。其次，通过公平正义凝聚价值认同。"只有当人们相信制度是正义的或公平的时候，公民才会准备并愿意履行他们在这些制度安排中所应负的责任和一种正常而充分的正义感，以使他们能够长久持续地支持和忠诚于正义制度。公平同时也是社会制度设计的基本理念和重要价值。制度公平作为一种有效规范和约束人们行为的'游戏规则'，能为人们的社会交往提供一个相对稳定的活动空间，规范和约束人们的非理性和非制度化的越轨行为，减少和缓解人们之间的行为冲突。价值公平还规定着人们行为的选择空间，告诉人们能够做什么，不能够做什么，怎样做才既有利于自己又有利于社会，这对人们的行为选择实际上是一种激励和导向机制，具有强大的激励和导向功能。价值公平还保障了游戏参与者权利、责任和利益的统一，尤其是在地位、机会面前人人平等。当社会上多数人对价值的公平感得不到满足时，社会矛盾也就尖锐起来，社会秩序就受到了威胁，就会出现价值认同危机。"① 因此，价值公平会使社会成员产生心理感受上的公平感，导致一种对于社会制度的认同意识，从而促进社会政治秩序的稳定。最后，用包容性发展推动价值共识的凝聚。用包容性发展推动价值共识的凝聚，其目标是解决非均衡改革发展所导致的城乡之间、不同区域之间、不同职业之间的利益不均衡以及经济与社会、人与自然不和谐、不可持续等问题，实现人与人共享改革开放的成果。目前，中国的利益结构是一种非均衡性的利益结构，如何正确认识和处理改革开放所取得的成就与所面临的利益失衡问题，突破传统刚性体制的束缚，维持市场经济秩序和保持社会政治的稳定发展，是实现包容性发展所面临的一个重大问题。包容性发展既兼顾了程序性公平，也能兼顾在结果上解决利益分配是否均衡、公平问题，以实现利益共享。推动发展过程的公平，实现包容性发展，应有一个健康有序的制度环境尤其是市场经济制度作为保障。通过实现制度化的途径，推动价值共识的凝聚，及时协调不同利益主体之间的价值矛盾和关系，从而建构起一种长久的稳定秩序。

（二）改革共识的凝聚

首先，坚持公平正义是凝聚改革共识的基本原则。公平正义作为调节人们社会利益关系的一种价值评判标准，是社会公共利益关系的衡量尺度。社会的公共利益作为社会治理的核心价值或主导价值是人类社会发展的结果，体现了历史的必然性。在重要的战略机遇期全面深化改革，应该把公平正义作为凝聚改革共识的原则和最基本的前提。公平正义问题的实质是实现价值的合理共享，即让改革发展的成果惠及全体人民。分配不公，弱势群体基本生活得不到提高，就会产生心理失衡，破坏政治心理的安全性，就容易引发行为失序而产生利益冲突，破坏社会的政治稳定。因此解决政治秩序的稳定问题需要我们重新思考公平正义的内涵，深入研究

---

① 秦国民：《政治稳定视角下制度认同的建构》，《河南社会科学》2010 年第 1 期。

公平正义与政治秩序稳定的内在联系，在坚持效率优先的前提下，不失时机地把维护社会公平正义放在更加突出的位置，是当前中国关注民生的最佳选择。习近平总书记在中共十八届中央政治局第一次集体学习时的讲话中指出：公平正义是中国特色社会主义的内在要求，所以必须在全体人们共同奋斗，经济社会发展的基础上，加紧建设对保障社会公平正义具有重大作用的制度，逐步建立社会公平保障体系。其次，用公平正义保障社会政治生活的有序良性运转和利益均衡。政治秩序稳定的本质是发展中的平衡，任何社会都不可能没有矛盾，关键是如何解决这些矛盾，促进社会的良性发展。作为一种社会状态，政治稳定存在着一个质量问题，即政治稳定是在什么基础上达成的，这个基础决定着政治稳定的程度及存续的时间跨度。而公平是影响政治稳定的重要因素，政治稳定的程度在根本上取决于公平的实现程度，因此政治稳定的基本问题是公平的实现问题，而社会公平的实现在现实问题上又可以转换为利益的均衡机制和保障的实现机制。社会公平正义的实现可以解决保持社会政治稳定的两个问题：一个是完善的社会公平保障机制和利益均衡机制，另一个是权利保障的制度机制。这两种机制一方面可以弥合利益矛盾，把冲突保持在秩序的范围内，实现社会生活的有序良性运转；另一方面也可以保证市场经济的发展和效率的提高，并实现两者的良性互动：在改革发展中实现和谐，在和谐中促进改革发展，以改革发展保证和谐，以和谐推进改革发展。

（三）利益共识的凝聚

利益问题是在重要战略机遇期中国政治秩序形成必须面对的一个重大的现实问题。凝聚利益共识，实现人们之间的利益协调与平衡，构建一个和谐与稳定的社会成了当代中国政治和社会发展的时代主题。

首先，构建畅通的利益表达机制。在战略机遇期良好的政治秩序的本质是发展中的平衡，有序社会的发展是矛盾统一的动态过程。任何社会都不可能没有矛盾，关键是如何解决这些矛盾，保持发展中的稳定。经济持续增长期，往往也是社会不协调因素的活跃期和社会矛盾的多发期，利益多元和利益分化所引发的利益矛盾和利益冲突，在缺乏利益疏通和利益表达渠道的情况下，随着社会利益的持续分化，一些利益群体往往会采取非制度化的方式进行利益表达，对政治秩序和政治稳定造成危害，因此，一个和谐、稳定的利益格局，必须安排一定的利益表达渠道，并以兼顾社会各方面的利益为基本前提。利益表达可以解决改革中因利益结构调整而引发的社会矛盾，避免和缓解体制转轨、社会转型时期矛盾的激化。利益表达的一个特殊功能，就是以其特有的机制，为不同利益群体反映其要求，表达其愿望和不满提供了有效的途径、方式、方法。建立利益表达机制，通过不同利益主体之间互相协商，在考虑不同利益要求的条件下，能够按照规则和事先约定的程序解决冲突，减少公开冲突和对抗的概率，求同存异，使矛盾得到解决，从而更好地凝聚共识。

其次，建立公正的利益均衡和保障机制。公正是影响政治秩序稳定的重要因素，政治秩序稳定的程度从根本上讲取决于社会公平的实现程度，因此，政治秩序稳定的基本问题是社会公正的实现问题，而社会公正的实现机制在理论上又可以转换为利益均衡和利益保障的实现机制。在重要战略机遇期政治秩序稳定的现实问题上，利益均衡和利益保障机制的建设便构成了政治秩序稳定的两项基本任务。利益均衡和保障机制的建立是基于各社会阶层利益协调的价值认同，它不同于衡量收入分配均等程度的平等，它是在市场竞争之上维护共同利益生活的更高原则。通过再分配和转移支付来救助和扶持弱势群体，这既是理解现行利益分配制度的基础，也是进一步完善中国利益分配制度的保障。然而，利益的均衡和保障机制不可能自发形成，必须借助于政府的公共政策。"公共政策是实现利益均衡和保障的主导性机制，公共政策的性质，决定了利益均衡和保障的实现程度。政府作为公共政策制定的主体，制定的公共政策要发挥利益均衡和利益保障的作用，这样才能实现社会的公正，其公共政策如果不能捍卫社会的公正，政府存在的合法性就会受到质疑，造成社会与政治秩序的不稳定，这必然反过来影响经济的发展和效率的提高，从而影响整个国家经济的发展。从现实情况看，市场经济条件下发展的不平衡导致城乡、地区、个人的贫富差距和社会分化日趋严重，社会转型由于利益变化所引发的社会利益矛盾错综复杂，它表明现行的利益调节和利益补偿机制存在着缺陷，与社会的发展不相适应。"[①] 所以，要实现重要战略机遇期政治秩序的形成与稳定，有两个问题必须解决好，即"一个是完善的社会公平保障机制及利益的均衡制度机制，另一个是权利保障的制度机制。和谐社会只有在利益均衡、权利保障的制度机制科学配置和有效运行的条件下才能

[①] 秦国民：《政治稳定视野下的利益机制问题研究》，《郑州大学学报》2008 年第 2 期。

发生和存在。"① 具有良好政治秩序的社会不是利益的平均分配，而是在承认利益差别的基础上建立完善的利益均衡和保障机制，平衡各种利益关系，实现利益均衡和利益保障机制的规范化与制度化，从而以制度化的方式和机制解决由于不公平而产生的人民内部利益矛盾，并由此营造一种和谐的政治生态环境，从而有助于提高政治体系的合法性，奠定社会和谐的政治基础。

最后，建立健全利益共享机制，提高政治系统的合法性。对改革发展的价值认同的提升有赖于利益共享机会的平等。20世纪90年代以来，民众对改革认同感的下降，其根源在于改革过程中与民争利、改革措施在实施中走样变形现象的不断出现，致使社会各阶层享受改革发展成果的权利和机会出现了严重不平等情形，对稳定形成挑战。因此，应按照公平正义的原则，建立健全利益共享机制，让改革发展成果更多、更公平地惠及社会各阶层和不同利益群体。只有这样，整个社会的利益共识才能真正得到广泛凝聚，通过强化人们对改革发展的利益共识意识，提高政治系统的合法性水平，实现政治秩序的稳定性和有效性。

三

价值共识、改革共识和利益共识是在重要战略机遇期共识凝聚的主要方面，从现实情况看，中国正处在全面深化改革、发展的关键时期，在经济和社会现代化的过程中，面对重要战略机遇期这样的机遇和挑战，通过凝聚价值共识、改革共识和利益共识，进一步增强了人们的改革信心。以实现在重要战略机遇期的制度价值升华、结构优化和功能强化，实现国家治理体系和国家治理能力的现代化。

（一）把握社会主义核心价值观生成的一般规律，加强制度建设以推动价值共识的凝聚

1. 把握社会主义核心价值观生成的一般规律

首先，必须在思想观念上认识社会主义核心价值观的生成规律。社会主义核心价值观是坚持中国特色社会主义道路自信、理论自信、制度自信

---

① 程竹汝：《试论政治文明建设对构建社会主义和谐社会的意义》，《政治学研究》2006年第2期。

的内在要求。党的十八大报告分别从国家、社会、公民三个层面论述和阐释了社会主义核心价值观的内涵、层次，包含了社会主义的物质文明、精神文明和政治文明，它是在建设社会主义先进文化和弘扬民族精神基础上提出来的，系统地表述了中国社会主义建设过程中所形成的价值体系中最根本、最重要和最集中的精神内核，是社会主义核心价值体系的高度凝练和集中表达。目前改革开放已进入攻坚期、深水区，经济转轨和社会转型使利益矛盾错综复杂，与之相伴，文化上的激荡、思想观念的冲突、价值观的碰撞也会越来越激烈，造成社会政治秩序风险增大。社会主义核心价值观与中国特色社会主义的改革开放要求相契合，符合时代发展的要求。社会主义的核心价值观是中国制度建设的灵魂和内核，体现了与中国现行政治制度的一致性，同时很好地解决了核心价值观各要素之间的关联性。即符合社会主义的本质要求，又适应了现实中国发展的要求，也与中国优秀的传统文化和人类文明优秀成果相承接。社会主义核心价值观是在中国特色社会主义建设的伟大实践中，依据核心价值观生成的一般规律和社会主义本质规定性的内在要求，在充分借鉴和吸收世界文明成果与中国传统价值观的合理内核基础上，经过充分的论证、理论的升华，逐步凝练而成，它是中国特色社会主义思想体系的内核和行动指南，是国家政治制度安排的灵魂，也是社会核心机制体系的逻辑起点。体现了自生自发性、历史时代性、主观凝练性、制度凝结性和要素的相关性，是一个不断生成的规律过程。其次，在开放观念和利益观念上把握社会主义核心价值观的生成规律。社会主义核心价值观为改革开放的推进整合力量、凝聚共识。改革是一场深刻的社会变革，包括观念转变、体制转轨、社会转型，涉及艰难复杂的利益关系调整，改革过程中触动既得利益，形成新的利益矛盾和问题是在所难免的。当前改革已进入攻坚阶段，与改革初期我们选择风险比较小、容易推进的领域相比，目前一些深层次的利益矛盾越来越突现出来，造成改革的风险系数逐渐增大，这些复杂的利益矛盾既有改革过程中利益格局的重大调整，也多涉及机制体制等方面的改革，解决这些问题的难度更大。所以，目前凝聚共识的主要着力点，已经不是要不要改革的问题，而是如何改和改什么的问题。社会主义核心价值观从三个不同的层面体现了价值上的最大公约数，通过对社会利益观念和社会思潮的动态分析，强化对改革难点、热点问题的正确引导，在尊重差异中扩大改革认同、政治认同和社会认同，在包容不同利益主体利益追求的多样性中形成思想共识，最大限度地为改革过程中的利益调整减震和抗压。

2. 加强制度建设以推动价值共识的凝聚

价值共识只有体现在中国特色社会主义的基本制度中，才能逐步引导人们形成对社会价值共识的信念，才能产生对基本制度的忠诚。制度是一系列被制定出来的约束、激励人们行为的稳定的规则体系。可以发挥约束行为、确定活动边界、塑造个人选择偏好、营造环境和形成秩序等多种功能，将价值共识所倡导的理念有效地内化到人们的行为中去。首先，通过制度建设拓宽社会主义核心价值观践行的制度空间，促使社会主义核心价值观内化为制度文化。社会主义核心价值观能否转化为人们自觉的行为实践，是由其社会认同度和内化度来决定的。制度具有塑造个人选择偏好、提供行为预期的激励功能，要使社会主义核心价值观成为一个中国社会的支撑性价值观，就必须让这种价值观在现行的制度体系中得到体现，并内化为整个制度体系的精神内核，增强价值与制度间的耦合效应。其次，通过制度执行的环节，构建一套比较健全的、配套的、操作性强的具体制度，保证科学完善的制度得到有效运转和落到实处，从而创造社会主义核心价值观切实践行的条件和机会。制度建设不仅仅指制度的制定、完善，还包括制度的执行和制度的监督，三者是制度建设不可或缺的环节，其中，制度的执行是制度建设的关键环节。在践行社会主义核心价值观的过程中，普遍存在着重宣传轻制度的倾向。在这种倾向的影响下，一些价值理念不能内化到人们的日常行为中去，反而人类社会应该共同坚守的一些道德底线却不断被突破。因此，必须通过确立具体实施细则，增强制度的可行性和可操作性，有效化解制度执行乏力、执行扭曲或难以执行等问题。最后，通过制度的监督环节，促使制度管权、管事、管人，强化社会主义价值观的贯彻落实。一方面应建立健全保障践行社会主义核心价值观的工作机制，建立一套保障践行社会主义核心价值观的监督制度，明确践行社会主义核心价值观的责任和要求。另一方面应建立践行社会主义核心价值观的科学合理的绩效评估制度，增强践行者尤其是制度执行者的积极性，避免执行不力、执行走样的状况发生，从而确保社会主义核心价值观切实发挥制度行为的作用。

3. 从中国优秀的传统政治文化中汲取正能量

特定社会转型成功所采用的具体形式都是建立在特定的社会历史文化背景基础上的，这些社会历史文化背景是无法复制的，盲目照搬这些具有个性化的形式是没有用的。因此，对于传统政治资源需要进行创造性转换，对于现有政治资源需要加以适应性创新，需要坚持固本与纳新策略，创造途径来维持具有一定连续谱系的价值共识，以提高社会的凝聚力和国家的政治整合能力，为重要战略机遇期政治秩序的形成提供理念支撑。

传统政治文化与思想是在当时特定的时空中形成的，尽管在基本内涵、目标诉求、价值主体等方面与今天存在着差异，但其所包含的丰富的人民性和自主性精华，可以通过对传统政治文化和思想进行扬弃、改造、嫁接、借鉴，实现对它的超越和升华，从而达到一种更高的境界，使之融入今天流行的执政为民和民主执政学的语境中，形成具有中国风格的执政话语体系，为理论自信增添新的元素和支撑，丰富为民务实清廉、以人为本的马克思主义中国化理论成果。在重要的战略机遇期要全面深化改革，既有来自思想观念的障碍，也有来自利益固化的藩篱。要冲破这些障碍和藩篱，一方面要尊重市场经济发展的规律，另一方面也要尊重社会历史发展的规律。因此，在人们思想活动独立性、社会选择多样性、利益分配差异性、价值观念和价值追求多元性的今天，如何形成新的共识，是我们必须面对的一个重要问题。中国优秀的传统文化，是中华民族在漫长的历史发展进程中逐渐培育形成的，积淀着中国发展的巨大内力，它可以强化人们在文化价值信仰、心理习惯、思维方式等方面的共同性；坚守中国优秀传统文化精神，可以提升个体的自我超越能力和社会认同能力，与社会主义核心价值体系紧密相连，以增强对中华文化的认同感；是中华民族的精神标识，具有很强的感召力和凝聚力。通过对中国优秀传统文化的汲取并加以现代价值转换，对于强化社会主义核心价值观的引领，汇集成改革发展的正能量，激发人们参与改革、支持改革的情感向心力和责任感，为改革凝聚共识并注入更大的动力起着重要的作用。

(二) 把握改革共识的生成规律，坚持改革过程中正确的方法论

1. 把握改革共识的生成规律。改革共识是在改革开放的过程中，人们在改革的方向、重点和改革的行动规则上所形成的一致观点和看法。在重要战略机遇期，改革已成为中国社会发展的最重要推动力。目前，中国的改革已进入深水区和攻坚期，改革是全方位的改革，因此人们处在不同的社会阶层和不同的区域，自然在改革的原则、方向、改革的重点和行为准则上会产生不同的理解，形成不同的认识和看法，因此凝聚改革共识，形成改革活力，是当前的主要任务。凝聚改革共识首先是在改革的原则和

方向上凝聚改革共识。中国的改革是在坚持中国社会主义道路的前提下进行的改革，是社会主义制度的自我完善，因此坚持中国特色社会主义道路是改革开放的正确方向，也是改革开放应坚持的基本原则。其次，立足于中国长期处于社会主义初级阶段这个实际，在全面深化改革上达成共识。当前中国处在重要的战略机遇期，面临着难得的机遇和复杂的问题与挑战。中国的改革是全方位的改革，涉及社会生活的各个方面，任何一项改革政策的出台都会涉及不同的区域、不同的利益群体和牵动其他领域，自然也会引起不同利益主体和不同领域的关注，也需要不同利益主体和其他领域的密切配合。最后要在改革的核心问题和改革的重点问题上达成共识。十八届三中全会指出，全面深化改革的重点是经济体制改革，核心问题是处理好政府和市场关系的政府和市场关系的关键问题是发挥市场在资源配置中的决定性作用。

2. 改革共识的凝聚应坚持正确的方法论，要处理好经济体制改革与其他方面改革的关系。改革共识的凝聚应坚持正确的方法论，处理好政府与市场的关系。党的十八届三中全会决定强调指出："科学的宏观调控，有效的政府治理，是发挥社会主义市场经济体制优势的内在要求。"① "政府的职责和作用主要是保持宏观经济稳定，加强和优化公共服务，保障公平竞争，加强市场监管，维护市场秩序，推动可持续发展，促进共同富裕，弥补市场失灵。"② 全面深化改革要发挥经济体制改革的牵引作用。经济领域的改革和推进是围绕"使市场在资源配置中起决定性作用"这一主线来展开的。其目的是要进一步解放约束生产力发展的体制机制，在经济活动中让价值规律、竞争和供求规律等市场经济规律在资源配置中起决定性作用，最大限度地激发各类市场主体创新、创业的活力。解决体制机制中约束各类市场主体创新、创业的活力问题，一方面要在经济领域遵循市场规则、市场价格、市场竞争，进行资源配置，充分调动全社会所有人创业、创新的积极性和主动性，让创造财富的源泉充分涌流，让改革发展成果更公平地惠及全体人民；另一方面要通过经济体制改革这一主线，带动重要领域和关键环节改革上取得新的突破。为此正确处理经济体制改革与其他领域改革的关系，要按照全面深化改革这一重要要求，在改革的

---

① 《中共中央关于全面深化改革若干问题的重大决定》，人民出版社2013年版，第16页。
② 同上书，第6页。

过程中防止修修补补式的碎片化改革,用系统思维和全局观念,通过经济体制改革带动其他领域的改革,以其他领域的改革服务于经济体制改革,使其他方面的改革协同推进、形成合力,而不是各自为政、分散用力。

3. 政治沟通是凝聚改革共识的重要途径和手段。政治沟通是政治信息通过一定的通道进行交换与传递的过程。政治沟通在共识凝聚的过程中起着改革共识凝聚的整合作用。在改革的过程中,建立国家、社会和不同利益群体之间政治沟通机制,可以实现改革信息的共享、不同利益群体的利益表达,完成国家公共政策的传输,将国家社会和不同利益群体有机连接起来,降低因改革利益受损而导致的利益群体的潜在离心力,实现国家改革共识的凝聚与整合。正是有了政治沟通机制,政治体系才能更好地运行。国家、社会和不同利益群体之间也可以通过政治沟通网络,寻找相互之间的公共利益,促使他们之间更好地连接在一起,互通信息,共谋改革大计,共享改革成果,使政治系统与环境进行良性互动。

(三)把握利益共识生成的规律,创新社会治理机制

1. 凝聚利益共识首先要选准凝聚利益共识的突破口进行顶层设计和谋划。在重要的战略机遇期,改革进入深水区,既有一些原有的利益矛盾还没有解决,又增加了许多新的利益矛盾,形成利益矛盾的叠加。在这种情况下,如何有效地凝聚共识,推进改革,是一个需要认真思考的问题。改革是对旧的和现有既得利益的触动,同时也是新的利益的形成过程。因此要凝聚利益共识首先要选准凝聚利益共识的突破口。这首次体现在建立良好的利益机制上,通过形成良好的利益诉求机制、协调机制、整合机制和平衡机制,来保障重要战略机遇期政治秩序的形成。其次体现在加强凝聚利益共识的顶层设计和整体谋划上。不同利益主体的利益既有差异性,也有不同利益主体之间的关联性和公共利益性。通过凝聚利益共识找出利益的公共性,解决中国经济社会发展所面临的一系列突出利益矛盾,实现经济社会和文化、生态的可持续健康发展,不断改善人民生活,是形成重要战略机遇期政治秩序的重要举措。

2. 通过创新社会治理机制,形成党委和政府主导的社会治理联动机制。首先要有计划、分步骤地处理好群众关心的难点问题,维护好群众权益,为实现维稳与维权的和谐共赢创造有利条件。创新社会治理机制的关键在于健全和完善各种社会治理的互动机制和依法有序的维护公民政治权利机制,引导公民依法有序参与社会治理。其次要规范社会政治秩序系统

的运行。社会治理是一个不断发展变化的动态系统，需要有完善的制度环境，才能形成社会治理机制运行中的稳定性和连续性。社会治理的动态和完善这两个内在规定性，决定着社会治理机制需要不断的创新。当前健全和完善社会治理机制的创新，其重点主要在于以下方面的实现：第一，要在健全完善城乡统筹治理一体化机制上创新。战略机遇期的到来促使新的社会治理模式和社会结构的形成，在新旧社会结构交替之时，社会容易出现社会治理的"真空"，导致社会政治秩序出现失序的局面。为此应进一步深入推进户籍制度方面的改革，着力破解城乡二元结构壁垒，为城乡人员的合理流动创造有利的条件。与此同时，也应加强对城乡流动人口的管理服务，促使传统的被动管理模式转变为积极主动的治理服务模式。健全、完善社会政治安全保障机制和社会政治安全发展的防控机制，让政治秩序更加安全和稳定。第二，要健全、完善社会风险管理评估机制，着力化解利益矛盾风险。建立、健全社会风险管理评估机制，是加强和创新社会管理，促使利益结构健康、协调发展的重要制度安排，对于从源头上预防由于过度的利益结构变化导致的收入分配差距过大而引起的社会矛盾具有重要的意义。其关键问题：一是以人民群众利益问题为核心内容，科学地确定评估的范围，凡是直接关系到人民群众切身利益的重大问题都要进行社会风险管理的评估；二是界定责任归属，确立评估实施主体承担主要责任的问责制度；三是建立一套完整的、科学的评估体系，着力提升评估工作的系统性、规范性。同时还要科学地把握社会风险管理评估的主要着力点，正确处理改革的力度、发展的速度、社会政治稳定的刚度和利益调整的承受度之间的关系，以人民群众切身利益为导向，将维护公共利益和促进社会公平正义相结合，坚持以科学发展观为指导，运用现代社会风险监测工具，创新评估工作方法，强化主动性，着力化解利益矛盾风险。

网络边疆的治理

——信息化时代维护国家政治安全的新场域[*]

许开轶[**]

以互联网的普及为标志，人类已经进入了信息化时代。信息技术革命的日新月异，网络应用技术的层出不穷，深刻地改变着世界的面貌，造就了虚拟但却客观存在的网络社会与网络空间。在这无形的、貌似平静的世界中，同样也充斥着利益的博弈、权力的角逐乃至强权的肆虐，弥漫着越来越浓重的硝烟味。在这样一个信息化的时代里，网络主权不再是一个抽象的概念，而是民族国家的基本构成要件之一，网络边疆也随之应运而生，对其进行有效治理，已经成为维护国家政治安全的新场域。

一 网络边疆的内涵与特征

国家边疆是一个包含地理、政治、军事、经济、科技、文化等因素在内的综合范畴，并随着世界历史的演进、国际关系的转换与各国现实条件的变化而不断获得新的内涵。在古代传统国家阶段，受制于统治与管辖能力，执政者难以对远离政治中心的边远地区进行有效控制，往往采取册封、怀柔乃至联姻等策略，以治理权力的让渡换取其形式上的臣服与效忠，再加上彼时缺乏明确的国家主权观念和清晰的领土界定，故而只能是"有边陲而无国界"[①]，边疆只是个模糊的概念。随着近代民族国家的形成

---

[*] 本文系 2011 年国家社科基金项目"转型期的中国政治稳定机制研究"（编号：11BZZ018）的阶段性成果，本文还得到江苏省高校优势学科建设工程的资助。

[**] 许开轶：南京师范大学公共管理学院副院长、教授、博士。

[①] 美国陆军军事学院：《军事战略》，军事科学出版社 1986 年版，第 4 页。

和以条约体系为主的国际交往模式的奠定，以主权明确、边界清晰为基本特征的边疆及其治理才真正上升到国家政治生活形态的高度。而现代国家的边疆又经历了从陆疆到海疆再到空疆乃至天疆的建构过程，从一维的平面概念变为多维的立体范畴，由之产生了陆权、海权、空权、天权等主权理念，各国围绕着制陆权、制海权、制空权、制天权等展开了激烈的争夺。20世纪90年代以来的信息技术革命，特别是互联网的飞速发展，创造出所谓的第五维空间——网络空间，并不断地在全球范围内向人类生活的各个领域全面渗透，产生了"一网打尽"的巨大影响。网络空间是一个由技术权力、市场权力和政治权力组成的新权力场，其正改变着国际游戏规则，重组人类社会关系，使传统的以地域为疆界的主权国家面临着前所未有的挑战。确立网络主权意识，维护网络边疆安全，已经成为世界各国的共识。国家的边疆由此从实体的物理空间扩展到了无形的虚拟空间，其内涵也发生了革命性的变化，由传统意义上主权国家管辖的地理空间的边缘部分拓展为国家安全和国家利益所涉及的空间范围。

相较于国家的传统边疆，网络边疆具有以下特征：

1. 边界无形，空间范围不明确，打破了原有的国家防卫理念与格局。国家的传统边疆一般具有明确的地理空间上的边界线，防范和制止敌手逾越边界线是国家防卫的基本目标，国家也主要是围绕这一目标在相对比较明确的地理空间范围之内部署防卫力量。而网络边疆是相对于虚拟且无形的网络空间而言的，国家的网络疆域无法从地理空间意义上进行明确划分，自然也就不可能确定明确的网络边界线，敌人的攻击也不是以地理空间范围遭受侵犯为标志的。因此，除了防止基础性的网络、通讯和信息处理设备与设施遭到物理性的破坏之外，国家网络国防的主要目标是防范敌人对本国网络信息系统的技术性入侵和借助网络进行现实的颠覆和破坏活动，国家的网络防卫力量不是按照地理空间范围来部署，而是按照电子信息传输和网络系统构建的技术性环节来配置的。

2. 权利交错，利益交互，限制了国家防卫措施的选择度。在当今信息化时代，世界各国之间的相互依存度不断加深，已经形成了"你中有我，我中有你"的权利交错、利益交互格局，在网络空间中，这种特征更加明显。网络的联通性就是建立在各国对信息和技术的共用共享之上的，一些国家和网络行为主体（包括组织和个人）就是利用了这种依赖性攫取利益，从事网络攻击和破坏活动，而国家为此往往会陷入两难的困境：明知一些信息和技术存在着很大的风险，但又不得不使用。另外，权利的交错和利益的交互还加大了国家防卫过程中"杀敌一千，自伤八百"的可能性。这些都大大限制了国家防卫措施的选择度。

3. 网络攻击无处不在，防不胜防，加剧了攻与守的不对称性。在虚拟的、以数字为铰链的网络空间中，任何主体在任何时间、任何地点都可能会利用数据链条上的微小漏洞发动攻击，利用各式各样的信息平台随时传输、散播危害国家安全的言论和信息，这些攻击看不见、摸不着，毁坏于无形，攻心于无声，可谓防不胜防。

4. 以高科技为支撑，凸显了科技水平在网络边疆防卫中的决定性作用。网络空间是基于科学技术特别是信息技术的高度发达之上形成的，敌人的攻击也是利用高科技为手段，因此，网络国防同样需要高科技与之相对抗，网络边疆的值守也不再是传统意义上自然环境下的巡逻与放哨，而是在一台台计算机前的信息甄别与技术对抗。只有不断地进行科技创新，才能抢占网络国防的制高点。

5. 敌手多元化，要求提高网络边疆防卫的军民一体化水平。传统边疆的侵犯者主要是国家和一些跨境极端组织，普通民众在应对其威胁时发挥的作用有限，因而边疆的管理和防卫主要是由政府和军队承担的。而网络边疆的侵犯者除了组织化的侵略者之外，还可能是大量的个体化网民，除了蓄意破坏、训练有素的专业人员之外，还可能是漫无目的、图一时之快的普通黑客。单纯依靠政府和军队的网防策略已很难应对这种敌手多元化和攻击方式多样化的挑战，必须充分发动社会力量，全民皆兵，军民一体，才能有效应对。

二　网络边疆对于维护国家政治安全的重要性

所谓政治安全，就一般意义而言，主要是指国家政治体系具有对社会矛盾变迁演化的调适功能，能在社会内外矛盾发生、发展和解决过程中，保持原有的基本结构和基本性质，及时有效地解决社会张力，消除不安定因素，防止政治动乱，保证政治运作的秩序性、规范性和连续性。[①] 其根本目标是追求主权独立、政治制度和意识形态稳定、国家生存与发展不受

---

① 许开轶：《世纪之初的中国国家政治安全问题》，《中南民族大学学报》2005 年第 7 期。

威胁。① 国家政治安全所涉及的问题本就十分复杂，而信息化时代网络空间的形成，又使国家政治安全呈现出一些新的特点，其涵盖的领域进一步扩大，影响要素更加多元，影响方式日益多样。网络对于维护国家的政治安全而言是把双刃剑，一方面，网络的发展与普及有利于推动民主化进程和法治政府的建设，为国家主流意识形态的发展提供了新的机遇和平台，客观上有利于国家政治安全；② 另一方面，网络的特性又使国家政治安全面临着严峻的挑战，特别是来自境外的威胁尤为严重，从而凸显了网络边疆对于维护国家政治安全的重要性。

（一）抵御敌方利用网络发动的战争

现代战争以快速和远程打击为主，信息技术对抗在其中发挥着关键作用，网络边疆能否得到有效防御往往决定着战争的胜负。2007 年 9 月 6 日，以色列空军利用美国军方研制的名为"舒特"的网络武器系统成功侵入叙利亚防空雷达网，突破其防空系统，对其核设施实施了精确轰炸，实战验证了"舒特"系统的巨大作用。在俄罗斯与格鲁吉亚 2008 年 8 月爆发的军事冲突中，俄军运用大规模"蜂群"式网络攻击方式，瘫痪了格鲁吉亚的交通、金融、通信、物流等重要网站，严重干扰了格军的作战指挥和调度，极大地削弱了格鲁吉亚的战争能力，使得战场上的局势迅速呈现出一边倒的局面。上述两个发生在七八年前的战例已经充分说明了网络空间作战的威力与战略应用前景。近些年来，各国更是加大了网络武器的研发力度。据媒体透露，美国已经投入实战的网络空间武器除了"舒特"系统之外，还有"爱因斯坦"系统、"网络诱骗系统"等，美国还提出了"数字大炮""赛博飞行器""网络蚂蚁""赛博基因"等新概念技术，并大力推动研发相应的武器装备。可以说，网络空间的较量将成为未来战争的主战场，有效地抵御敌人来自网络的攻击，是打赢未来战争的前提，网络边疆的防御直接关系到国家的安危。

（二）防范敌方利用网络进行的窃密和破坏活动

信息化时代网络已经深入人类生活的方方面面，网络在给人们带来巨大便利的同时，也使人们对其依赖性越来越严重，而网络技术本身还存在

---

① 宋海龙：《论网络时代的政治安全》，《洛阳师范学院学报》2014 年第 4 期。
② 王存奎：《新时期网络传播媒介的发展与国家政治安全》，《大连大学学报》2011 年第 4 期。

着不少漏洞，正在不断发展改进之中，再加上各国在网络技术的研发和应用水平上的巨大差距，这就给敌对势力利用网络进行窃密和破坏活动提供了可乘之机。2010年，一款名为"震网"的恶意软件多次以伊朗核设施为目标，通过渗透进"视窗"操作系统，并对其进行重新编程而造成破坏，使伊朗蒙受了巨大损失，致使其核计划拖后了两年。① 2012年，在中东、北非爆发的"火焰"病毒使多个国家的网络系统几近瘫痪。"震网"及"火焰"病毒的爆发说明，无论是联网设施还是隔离的封闭设施都存在被攻击的可能。"棱镜门"事件更是使美国所操控的网络窃密活动昭然于天下。据斯诺登2013年8月31日披露，美国情报部门2011年实施了231次网络攻击，其中近75%是针对伊朗、俄罗斯、中国、朝鲜等国家的。在代号为"魔仆"的项目中，美国计算机专家将恶意软件秘密植入世界各地的计算机、路由器和防火墙，以对其进行秘密控制。据称，到2013年底，"魔仆"预计将会控制至少85000万个恶意植入软件（2008年为21252个），这表明美国网络攻击活动比之前了解得更广泛、更活跃。他还披露，作为"魔仆"的后继项目，美国国家安全局已在开发代号为"涡轮"的项目，目的是通过在线自动化系统收集大量恶意植入软件的信息，并进行主动攻击。② 这样严峻的形势凸显了大力加强网络边疆建设的重要性，唯有筑起网络边疆的铜墙铁壁才能有效防范敌人的窃密和破坏活动，维护国家的政治安全。

（三）遏制敌方利用网络进行的意识形态渗透和颠覆

意识形态的安全是国家政治安全的重要组成部分，关系到国家发展方向、发展方式和发展道路，关系到国家能否长治久安。一些国家的政治动乱往往就是从意识形态的混乱开始并发酵的，而意识形态危机除了自身因素之外，往往都与外部势力的渗透与煽风点火有关，网络信息传播的联通性、开放性、高效性、广泛性、强渗透性更是为其提供了极大的便利。西方国家尤其美国很早就意识到网络的这种功能，有意利用并不断强化通过网络进行意识形态的宣传渗透和颠覆、破坏活动。在中亚、中东、北非地区发生的"颜色革命""阿拉伯之春"事件过程中，西方国家利用电子邮

---

① 新华国际：《外媒："震网"令伊朗核计划拖后两年》，2010年12月16日，http：//news.xinhuanet.com/world/2010-12/16/c_12886785.htm。

② 龚钰哲、岳松堂：《美军赛博战装备技术发展分析》，《现代军事》2014年第3期。

件、微博、电子论坛、社交网络、留言板等网络途径极尽所能地大肆进行策划、鼓噪、串联等破坏活动，阴谋屡屡得逞，甚至有人干脆就把这些国家所发生的动乱称为"Twitter 革命"。中国的意识形态安全所面临的外部压力尤为严重。一直以来，西方国家始终没有放弃对中国进行和平演变的图谋，利用各种手段对我进行思想文化渗透。随着网络巨大威力的展现，近些年来，西方国家开始改变策略，着重通过网络来实现其企图。他们依托境外服务器设立了数千个网站，对中国实施全方位、全天候、不间断的舆论战，鼓吹所谓"互联网自由"，通过互联网大肆推销其价值观，炒作热点问题，扶植所谓"公知"和"意见领袖"，组织非法串联，发布虚假信息，诋毁中国政府和中国共产党的形象，激化中国的社会矛盾。2011年2月，美国广播管理委员会（BBG）决定，全面停止"美国之音"对华普通话短波、中波及卫星电视广播节目和粤语广播。① 美国此举绝不等于其放弃了对华意识形态攻势，实际上，在拟停对华广播的同时，是要将这部分人员、资金等资源都投入以微博为"主阵地"的对华网络新媒体传播攻势中。近年来，美国等西方国家对华的意识形态战略正经历转型，从传统媒体转向互联网新媒体。"美国之音""德国之声"等早就相继开设了中文网页、网络电台、网络电视台，在 Twitter 上注册了账户，并且不断资助一些有影响力的华人开设中文博客、微博。在"美国之音"公布的 2012—2016 年的规划中，也明确要进一步加强新媒体传播战略。② 西方国家对华意识形态战略和媒体传播战略的转型理当引起我们的高度重视，必须采取针锋相对的措施，着力提高网络边疆甄筛各类不良信息的能力，阻遏西方反华势力利用网络进行的意识形态渗透和颠覆企图，同时积极打造服务于自己政治需要的网络媒体宣传阵地。

（四）打击"三股势力"利用网络策划的分裂阴谋和恐怖活动

恐怖主义、分裂主义和极端主义"三股势力"是国家政治安全的严重威胁，一些国家政治动荡、社会混乱乃至四分五裂就是直接源于"三股势力"的破坏。网络在造福于人类的同时，也为"三股势力"的活动提供了便利，网络不仅成为其宣传活动、招募成员、筹集资金的渠道，而

---

① 2011 年 9 月 30 日，BBG 又宣布继续对华广播。
② 刘瑞生：《新媒体时代应高度重视意识形态安全》，《中国青年报》2011 年 12 月 15 日，http://news.qq.com/a/20111216/001287_1.htm。

且成为其制造政治阴谋、发动心理战的有效手段。极端组织可以通过网络以独特方式向潜在的支持者传递信息,网络的分散性和隐蔽性又使调查人员很难追踪和阻止极端分子在网上的活动。针对中国的三股势力活动也十分猖獗,目前呈现出境内外相互勾结、遥相呼应的态势,网络同样是其实施破坏活动的重要途径。2009年新疆乌鲁木齐"7·15"事件发生前夕,身处境外的以热比娅为首的"世界维吾尔代表大会"就指使分裂分子向维吾尔族群众发送谣言短信,煽动不明真相的维吾尔族群众集会游行。事件发生后,他们又利用网络等新媒介恶意传播不实信息,使社会矛盾政治化,国内矛盾国际化。类似的情况还发生在拉萨的"3·14"事件过程中。境外"东突"等极端组织也疯狂地利用互联网进行宣传煽动,发展成员,宣扬民族分裂理论、狭隘民族主义和暴恐思想。从已破获的暴恐案件中获知,目前在中国境内实施犯罪活动的暴恐分子绝大多数都曾通过网络下载和观看暴力恐怖视频并进行训练。由此可见,不仅仅要在现实生活中打击"三股势力",而且在网络空间中也必须能够做到围而歼之,尤其要通过网络边疆治理,净化网络环境,有效阻隔境内外敌对势力的相互勾结,这对于从根本上防范与制止三股势力的破坏活动,有效维护国家政治安全,具有十分重要的意义。

三 中国目前的网络边疆安全形势

网络边疆对于维护国家政治安全意义重大,然而中国的网络边疆不仅面临着巨大的挑战和压力,而且自身还存在不少问题。目前的整体安全形势十分严峻,突出表现在以下几个方面。

(一)在与西方国家的互联网竞争中,中国处于绝对弱势一方

虽然从理论上讲,互联网作为一个技术平台可以使每个国家、每个行为体通过网络资源的共享而共同受益,但实际上,由于机遇和能力的差异,以及在系统结构中权力地位的不同,每一个参与者的受益是不均等的,[1] 互联网世界中实际上存在着以趋利为导向的激烈竞争。互联网技术最早是由西方发达国家发明及应用的,并以西方国家为中心向全球扩张,西方国家占据着网络建设和发展的明显技术优势。到目前为止,全球大部

---

[1] 杨剑:《开拓数字边疆:美国网络帝国主义的形成》,《国际观察》2012年第2期。

分互联网资源和关键基础设施都由美国等西方国家掌控，全球 13 台根服务器，有 10 台在美国，日本、英国和挪威各 1 台，美国还拥有包括 IP 地址分配诸多源头服务的控制权，任何国家和地区的互联网支干线的通信，都必须经过美国互联网高速公路的主干线。[①] 美国政府通过总部设在美国的"互联网域名与地址管理机构"（ICANN）[②] 掌握对全世界每个国家和机构的域名乃至每台计算机的 IP 地址的分配权，管理并控制着全球互联网。凭借这样的特权，美国可以轻而易举地入侵包括中国在内的其他国家和地区的网络，事实上，美国也的确经常干出这样的勾当。德国《明镜》周刊 2013 年 6 月 28 日在其网站上曝光了一份美国 2010 年"监听世界"的地图，包含了世界 90 个国家和地区的监控点，中国作为美国在东亚的首要监听对象，北京、上海、成都、香港及台北等城市，均在美国国家安全局重点监控目录之下。不仅如此，西方国家还具有互联网信息的强大话语优势。当今互联网信息内容的 90% 以上为英语信息，主要是美英等西方信息。世界知名网站多为西方所占，而用于网络信息搜索、图像传输、视频演示的网站大都来自西方。西方国家利用这样的优势，以互联网为平台，在全世界范围内大肆推销其价值理念、意识形态、生活方式等，肆意围攻所谓的"问题国家"，无视其所取得的进步，刻意放大其存在的问题，甚至故意颠倒黑白，竭力抹黑其政府、政党及其领导人，将其在国际互联网中锁定为一种完全负面的国家形象，对不明真相的网民们的价值判断产生严重影响。中国是 1994 年才开始接入国际互联网的，作为后来者，在很多时候不得不接受和遵守由西方国家制定和主导的互联网游戏规则，再加上技术上客观存在的巨大差距，目前在与西方国家的互联网竞争中处于绝对弱势的一方，而且这种态势在短期内很难得到实质性的改变，这毫无疑问对于中国网络边疆安全的维护是极为不利的。

（二）中国现在虽是网络大国，但不是网络强国，缺乏自主创新的核心技术

中国现在的网民数量突破 6 亿，居世界第一，网站数量 400 万个，网站访问量仅次于美国；手机用户达 12 亿，移动网络用户超过 8 亿，是名

[①] 陈印昌、朱新光：《"棱镜门"事件及其对我国政治安全的影响和启示》，《云南社会科学》2014 年第 3 期。

[②] 该机构的英文全称为 Internet Corporation for Assigned Names and Numbers。

副其实的网络大国，但却难称网络强国，在互联网普及率、互联网上市企业的市值等若干关键性指标上明显落后于美国等西方发达国家，尤其缺乏自主可控的互联网核心技术，从硬件到软件，从基础到应用，从产品到服务，同西方发达国家甚至同韩国、印度相比都存在着很大差距。中国政府部门、重要行业82%的服务器、73.9%的存储设备、95.6%的操作系统、91.7%的数据库都是国外产品。中国年进口芯片总额已超过2000亿美元，这高于进口石油的1200亿美元。美国的互联网企业几乎渗透到中国网络空间的每一个节点上，覆盖了信息技术的所有领域。[1] 这些进口的计算机、交换机、路由器、操作系统等，其密钥芯片和程序上均可能被故意预留控制端口，存在着被非法"入侵"和"窃听"的可能。2013年底发现的Windows中的WMF（Windows图元文件）安全漏洞据称就是微软为了获得访问用户计算机的秘密通道而故意加上的后门。"棱镜门"事件还曝光微软等互联网巨头与美国国家安全局合作，不仅向其提供用在国家安全上的情报，还提供可用来入侵潜在对手电脑系统的资料。微软在发现电脑病毒和安全漏洞时，也是最先知会美国情报机关，然后才向外发布修复消息的，这可让美国情报机关借这个网络"脆弱"时机侵入潜在对手电脑。[2] 另外，由于能力有限，一些包括军工在内的中国企业在引进国外的技术设备后，技术升级、维修保养等售后服务还严重依赖外方，实际上使设备运转和生产情况时时处于外方的监控之下，可谓"门户洞开"，甚至还存在着被外方远程遥控、随时停止工作的可能性，从而造成致命打击。例如，中国部分金融机构使用的VISA支付系统，具有定期向其总部自动报告业务流量的功能，就极可能会受到恶意控制。还有一些西方跨国企业通过对信息技术产品网络效应的利用，采取用户的低门槛进入和锁定用户的策略，保证用户长期连续高价购买产品且无法转向其他产品提供者的目标，这样就可以形成一个由卖方控制买方需求的市场。[3] 只要在锁定客户的基础上，周期性升级电脑系统软件和硬件，卖方不仅可以赚取高额利润，而且可以几乎随心所欲地长期操作买方客户。正是由于我们自身的技术不过硬，自主可控、高技术含量的网络安全产品匮乏，关键设备和技术

---

[1] 任贤良：《推动网络新媒体形成客观理性的网络生态》，《红旗文稿》2014年第11期。
[2] 王军：《筑牢网络边疆的防护墙》，《中国国防报》2013年6月24日。
[3] 杨剑：《开拓数字边疆：美国网络帝国主义的形成》，《国际观察》2012年第2期。

严重依赖进口，不仅使中国的网络安全存在很大隐患，而且网络边疆的防御体系极为脆弱，有效的防御武器严重缺乏，防御能力十分有限。

（三）缺乏网络主权和网络防护意识，网上泄密事件屡屡发生

前文已经分析，网络主权和网络边疆不同于传统意义上的主权和边疆，更需要平战结合、军民一体来共同维护。然而在现实生活中，传统有形空间的国家主权和边疆受到挑战和侵犯，往往会引起举国关注，而无形网络空间的主权和边疆受到挑战，却不容易受到重视。这一方面是因为网络空间的虚拟性使人们无法直观、及时地感知到其发生的变化和出现的事端，但更重要的还是因为网络主权和网络防护意识的缺乏。据有关权威数据显示，目前中国正处于泄密高发期，其中计算机网络泄密发案数已占泄密案发总数的70%以上，并呈现出逐年增长的趋势。从已发生的网络窃密、泄密案件看，主要的安全漏洞有四种：(1) 计算机网络定位不准;①(2) 违规使用涉密计算机信息系统；(3) 涉密计算机信息系统违规连接互联网；(4) 交叉使用优盘。中国目前的网络安全技术水平原本就比较落后，而这些人为的漏洞更为敌手的网络窃密提供了可乘之机。除此之外，有的专业人员不能严格执行保密法律、法规，违规在私人计算机和存储设备中存放涉密文件，甚至发生丢失现象，给国家造成无法挽回的损失。再有，很多人只知道在互联网上可浏览和获取各种各样无穷无尽的信息和资料，但是却很少有人意识到，自己的电脑或移动介质一旦接了互联网，里面处理或者存储过的所有信息，都有可能被别人在网上窥视和窃取，而且是"随便拿走没商量"。有些人还在网络上随意谈论国家机密，更是为敌手的窃密打开了方便之门。

四 中国网络边疆治理的策略措施

鉴于网络边疆对于维护国家政治安全的重要性以及中国网络边疆安全所面临的严峻形势，强化网络边疆的治理可谓迫在眉睫、刻不容缓。为

---

① 目前，机关、单位使用的计算机网络大体上可分为三类：一类是公共信息网络，即互联网；二类是机关、单位用于处理内部工作的"内网"；三类是用于处理国家秘密信息的涉密网。按照有关保密规定，机关、单位的"内网"不准存储、传输、处理国家秘密信息。但可以处理工作秘密（又称内部或敏感信息）。一些机关、单位误以为内网就是涉密网，违规在安全保护措施等级较低的内网上存储、传输、处理国家秘密信息。

此,需要更新观念,提高认识,搞好顶层设计与战略谋划,软硬并举,内外兼修,以切实提高中国的网络边疆治理能力,改善国际网络生存环境。

(一)强化网络主权与网络国防意识,加强顶层设计,做好战略谋划

对于网络边疆治理这样事关国家安宁与稳定乃至前途和命运的重大工作,首先必须要从国家战略的高度加以重视和谋划。事实上,随着网络空间价值的日益凸显,当今世界上的主要国家已经纷纷把网络空间的安全和网络边疆的治理提升为国家战略。据不完全统计,已有50多个国家发布了网络安全战略,40多个国家组建了网战部队。① 尤其美国,不仅是互联网的缔造者,也是最早关注和全面谋划网络安全与网络边疆防护建设的国家。2002年,美国国会便通过了《联邦信息安全管理法案》,紧接着发布了《信息技术空间的安全战略》,强调信息技术空间的安全是美国整体安全的一部分,是美国国土安全部的重要任务组件。随后美国又先后出台了《国家网络安全综合计划》《国家网络安全战略报告》《网络空间政策评估》《网络空间行动军事战略》《网络空间国际战略》等一系列政策文件,关涉到不同的层面和不同的领域,形成了立体、全面的美国网络安全和网络边疆治理战略。不仅如此,美国还率先建立了强大的"网军",组建了赛博司令部②来统一指挥网络空间力量。可以说,美国之所以能够建立和维持其在网络空间的霸权地位,不仅仅是因为其技术上的优势,更在于其战略上的超人一步、高人一筹。虽然中国对网络安全的重视程度越来越高,但迄今为止,尚没有制定全面系统的网络安全战略,缺乏网络空间整体规划,军队缺乏网络空间行动指南,这严重制约了中国网络安全的防护和网络边疆的治理工作。2014年2月27日,中央网络安全和信息化领导小组宣告成立,这是党的十八届三中全会以后,由习近平总书记直接担任组长、李克强总理担任副组长的第三个跨党政军的重要机构,③ 它的成立意味着网络安全和网络边疆的治理工作正式上升到了中国国家战略的高度。在其举行的第一次会议上,习近平总书记提出了建设"网络强国"的战略目标,传递出中国将制定跨越部门的、统一的国家网络安全与网络边疆治理战略的信息。作为一项具有顶层设计性质的国家安全战略,结合

---

① 任贤良:《推动网络新媒体形成客观理性的网络生态》,《红旗文稿》2014年第11期。
② 美国赛博司令部是美国战略司令部下属的二级联合司令部,于2011年1月宣告成立。
③ 这三个机构分别是中央全面深化改革领导小组、中央国家安全委员会、中央网络安全与信息化领导小组。

网络边疆的特点，本文认为其在制订过程中应当强调以下几个原则：1. 要真正把"网络国防"提升到与陆防、海防、空防和天防同等重要的战略地位上，把它作为国家整体国防战略的一个有机组成部分，并与其他国防战略形成有效的配合与支持；2. 要着重建设和健全网络安全与网络边疆治理的领导体制，建立和完善各部门之间统一行动、资源共享、情况通报、技术交流等协调与运行机制；3. 要实现治理主体的多元化，充分利用好国家、军队、企业乃至个人的优势与特长，形成合力，共筑保卫国家网络边疆的信息长城；4. 要注重平战结合，既要考量战时的应对措施，更要抓平时的常态化演练，既要突出短期效应，更应重视长效机制的建设。

（二）锤炼内功，切实提高网络边疆的治理能力，保证对本国网络空间的控制权

在激烈的网络竞争和较量中，一国的成败得失最终还是取决于其自身的内在实力，只有夯实了网络国防的基础，拥有了强大的防御和反制敌人的能力，才能真正有效地治理网络边疆，维护国家的政治安全。"内功"的锤炼最为关键的是以下三个方面：1. 核心技术的研发、创新与使用。目前中国网络边疆治理的最大困境就是在技术上对西方国家的依赖性过大，这是一大硬伤，甚至可以说是我们受制于人的命门所在。鉴于目前中国的整体科技水平与西方发达国家还有较大差距，可以考虑以点带面的策略，首先要整合各方力量，重点联合攻关操作系统、CPU、网络加密认证、防病毒、防攻击入侵检测、区域隔离安全系统等维护网络安全的关键技术，给予政策倾斜，尽快使这些技术自主可控，然后再带动整体网络技术水平的全面提升；其次要重点研发若干独创的网络武器，增强网络战中的反制能力，以非对称性方式寻求破敌之策；最后要大力实施自主国产技术和产品的替代战略，提倡和推动政府、企业乃至个人尽可能使用国产技术和产品，尤其政府、军工涉密企业的采购可以考虑在这方面出台一些硬性规定。2. 高素质的网络技术人才的培养。不仅要培养高水平的技术研发人员，还要着力提高那些从事网络监控、网络执法、网络对抗等工作的专门人员的专业素质和业务技术水平，提高"网络哨兵""网络警察""网络卫士"的实战能力，建立起以专业部队为核心、外围力量多元互补的强大网络国防力量。3. 网络边疆治理的法律法规建设。网络边疆的治理是一个综合性课题，涉及的问题很多，包含各种各样的内容，能否对网

络进行有效管理，不仅关涉到良好的网络安全环境的塑造，更直接影响到各项网络边疆治理措施的实施成效。必须坚持依法治网，利用法律的规范性、强制性、普遍性、稳定性来有效维护网络秩序，这也是发达国家的成功经验。近年来，中国网络相关法律法规建设取得了很大成绩，据不完全统计，目前各种网络法律法规和部门规章多达70多部，如《关于维护互联网安全的决定》《互联网电子公告服务管理规定》《互联网信息服务管理办法》等，但这些法律法规存在着主体过多、层次较低、规定不细、执行困难等问题，远远不能适应网络高速发展的需要。当务之急是必须尽快制定一部专门的、权威性的"网络安全法"，进一步健全和完善网络法律法规体系，使得网络边疆的治理能够真正建立在法治的基础之上，从而有效震慑和打击境内外敌对势力的破坏活动，同时有效抑制各类泄密事件的发生。

（三）积极参与国际网络合作，努力改善国际网络环境，争夺国际网络空间的话语权

互联网时代，各国的网络空间实际上是不可分割的整体，一国网络边疆的有效治理还有赖于良好的国际网络环境。然而，目前的国际网络环境对中国十分不利，前文对此已做了详细的分析。面对这种困境，消极的躲避、退让肯定于事无补，任由其发酵、恶化也不可行，唯有积极主动地参与国际合作，在参与中趋利避害的同时，寻求国际网络环境的逐步改善。至于如何参与国际网络合作，本文提出以下几点建议：1. 积极参与国际合作治理世界各国共同面临的网络问题，塑造负责任的大国形象。国际网络空间存在的大量问题，如黑客攻击、网络窃密、网络恐怖主义等带有普遍的共性特征，各国都是不同程度的受害者，解决这些问题，需要各个国家之间的通力合作与紧密配合。为此，中国政府已经明确表态："网络安全是个全球性问题，国际社会应本着相互尊重、相互信任的原则，进行建设性的对话和合作。"[①] 今后应该进一步采取措施，通过双边、多边等多样化的形式，与有关国家和国际组织在开放信息平台、资源共享、提供网络公共产品、开展联合行动等方面进行切实有效的合作，共同治理国际网络问题，承担起力所能及的国际义务，树立起负责任的国际形象，有力地

---

① 《外交部回应"棱镜门"：双重标准无益于解决网络安全问题》，国际在线，2013年6月13日，http://gb.cri.cn/42071/2013/06/13/6611s4146787.htm。

回击西方敌对势力对中国的抹黑与诋毁，净化针对中国的国际网络舆论环境。2. 积极开展网络外交，充分宣传中国的网络政策主张，坚决抵制美国在网络领域的双重政治标准。美国在国际社会中长期奉行双重政治标准，在网络领域也不例外。它时常打着互联网自由的旗号对别国的网络安全政策说三道四、指手画脚，甚至公然干涉别国内政，侵犯别国主权。中国便深受其害。例如，2015年3月2日，美国总统奥巴马接受采访时，就对中国反恐法草案中所涉及的信息安全有关内容表示关切，并趾高气扬地无理要求中国对该政策做出调整。针对这种情况，要积极开展网络外交，利用一切可能的机会，向世界宣传中国的政策主张及其正当性与合理性，破除西方敌对势力炮制的反华舆论包围圈，争取那些正直公正的国家和国际力量的理解与支持，使受蒙蔽的民众能够认清一个真实的中国。同时，还要积极采取反制措施，抓住"棱镜门"这样的机会，大力揭露和批判美国的双重政治标准，充分暴露美国政府"只许州官放火，不许百姓点灯"式思维与做法的霸道、无理、自私与虚伪，把以美国为代表的西方反华势力扫下道德的高地。3. 充分利用美国与其他国家的矛盾，缓解中国网络边疆安全的外部压力。当下的国际网络空间是美国"一超独霸"的格局，可以说，中国网络边疆安全的外部压力主要来自美国的网络霸权主义，美国的霸道行径不仅侵犯了中国的权益，而且招致了公愤，甚至引起了其盟友的不满。目前，全世界都希望将国际互联网变成国际公共物品，而美国却顽固地坚持对国际互联网的控制，尽管"棱镜门"事件后，迫于国际社会的巨大压力，美国于2014年3月14日宣布将放弃对国际互联网名称和编号分配公司（ICANN）的管理权，但它同时又强调，不会接受"政府或政府间机构主导的解决方案"，即不能将管理权移交给政府组织或联合国机构。这不仅与世界大多数国家由联合国来掌管互联网的要求相违背，实践中也不具有可操作性，实际上只是美国以退为进的策略，目的还是拖延交权，继续维持其霸权地位。对于美国的蛮横做法，国际社会普遍予以反对，不仅广大发展中国家继续坚持应当由联合国管理互联网的立场，而且大多数发达国家鉴于"棱镜门"事件曝光的、同样受到美国网络监控与攻击这样的无情事实，转而改变原先的暧昧态度，明确支持发展中国家的要求。现在的美国在国际网络安全问题上几乎是众叛亲离，相当孤立。中国应当充分利用这样的形势，主动开展网络外交，团结一切可以团结的力量，抑制美国的网络霸权主义，缓解中国网络边疆安全的外部压力。4. 积极参与制定或修改现行国际网络空间行为规则，不断扩大中国在国际网络治理中的影响力和话语权。中国要以联合国等国际组织为舞台，加强与有关国家的对话与磋商，积极促成"国际互联网公约""打击计算机犯罪公约"等一系列相关的国际性公约的制定和国际网络领域反恐等合作机制的建立，坚定不移地继续推动以联合国为核心构建公正、合理的国际网络新秩序。

总之，信息化时代诞生的网络边疆治理问题是一个不同于传统国家边疆治理的崭新课题，需要我们不断深化对网络边疆的内涵、特征、规律的认识，需要适时把握时代变化的脉搏，紧跟网络技术日新月异的发展步伐，科学规划，未雨绸缪，积极探索符合中国国情的网络边疆治理之路。

网络信息技术发展与意识形态安全

王金水[*]

微博微信等网络新媒体作为公民参与的重要手段正在悄悄地改变着中国的政治生态环境，也改变着公民政治参与的内容和国家治理范式，为现代民主政治发展提供了全新的载体。近年来，随着互联网技术的普及，信息资源实现了全球范围的共享。但同时，不同意识形态通过互联网的传播对中国的意识形态安全形成巨大挑战：西方新自由主义、泛伊斯兰主义、恐怖主义等，与中国构建社会主义和谐社会的主流意识形态存在着明显的冲突。

一 微博微信等网络信息技术的独特功能

微博微信等网络新技术所具有的便捷性、低门槛、去中心化等特征，使得网络信息技术自身、内部交互、与传统媒体交互以及线上线下交互存在着不同的机理，颠覆了传统媒体的传播方式，拓展了网民的话语权和社会影响力，产生了独特的意识形态功能。

（一）颠覆了传统媒体的传播方式

微博微信的出现颠覆了传统媒体的传播方式。首先，微博微信传播方式是一种基于节点的传播。微博微信正在改变着中国信息传播的载体与方式，传统的信息传播主要是通过报纸、广播、电视等媒体，采用单向的、自上而下的方式来实现，民众是被动地接受信息。即使是在互联网诞生后，也仍然是由互联网站主导信息传播的内容。而微博微信传播方式则是

---

[*] 王金水：中共江苏省委党校、江苏省行政学院教授。

通过人与人之间的"关注"与"被关注"等方式，将自己或自己所关注的人发布的信息，通过"转发"，涟漪般地由里向外传播。所以，微博微信传播是一种基于节点的传播，其核心的特征是将媒介中的人变成了精确的节点。节点传播使得点面传播效果弱化。传统的信息快速传播是一种由点（信息源）向面上的迅速扩散，节点传播也存在点对面的传播，但阅读微博和转发微博属于两种行为态度：前者只是了解信息，后者则表示对信息"关注"的输出。微博的连续"转发"及其数量成为节点传播中衡量传播效果的重要因素，在节点传播模式中，点对面的传播效果被弱化，只有依靠节点之间的传递才能产生辐射效应。① 同时，节点传播使得双向传播效果被强化。传统媒体虽然也存在受众对信息传播的反馈机制，但这种主要通过报纸销量和收视/听率的衡量标准是被动而缓慢的，普通受众不能直接与拥有话语权的传播者进行互动。而在微博参与中，由"@"加上想要引起注意的对象信息，就极有可能引起整个社会的强烈关注，产生意想不到的轰动效应。例如，于建嵘教授的"微博打拐"（2011年初发起的一场随手拍照解救被拐儿童的社会活动）和"@淘宝聚划算"的"聚蕉行动"（2011年6月底，帮助海南蕉农销售滞销香蕉），都充分证明了节点传播能够促进双向传播。

其次，微博微信参与成为当今社会政治发展的重要场域，并促进互动政治的发展和演化，导致政府运行模式的异动，政府运行将"模仿私营部门，它将宣告庞大而笨重的国家运行模式的终结。从最初的单向垄断信息发布转变为双向互动，以至于对其公共服务进行完全的整合和改造"②。微博微信参与打破了政府与传统媒体议程设置一统天下的局面，今天民众不再是被动接受信息的受众，而能够主动参与议程设置。"微博微信等社会化媒体让更多的人透露更多的私人信息，而且比以往任何时候都更频繁。其内容能够披露性别角色和社会身份以及个人的倾向，并可能将内容反映在社会政治建设等方面。"③ 因此，微博微信参与正在促使公共政治领域的结构转型，不断助推着民众生活世界的网络化和交往空间的公共

---

① 金菁：《微博场域中公共事件的产生与特征》，《新闻知识》2012年第9期。
② 查德威克：《互联网政治学》，任孟山译，华夏出版社2010年版，第256页。
③ Courtney Walton, S. Rice, E., Mediated Disclosure on Twitter: The Roles of Gender and Identity in Boundary Impermeability, Valence, Disclosure, and Stage, *Computers in Human Behavior*. Jul. 2013, Vol. 29, Issue 4, pp. 1465-1474.

化,加速了网络公共领域的衍生与拓展,根本性地改变着民众政治参与的内容、方式与效果。微博微信使得"节点"成为政治参与关注的焦点,微博微信传播是一种"节点"传播,一方面是通过社会网络中的"节点"之间的联系,依靠信息流动来建立起关系链,利用微博微信的转发机制、评论机制,以及粉丝和关注对象间的互动,形成更为庞大的关系网;另一方面是超越关系链上的"节点",参与者可以通过微博微信灵活方便的推荐和互动机制来扩展交流群体。米尔格伦的"六度分隔"理论认为,任何"节点"之间都有可能通过某个路径连接起来,"节点"成为微博微信参与的焦点。同时,微博微信参与能够重构政治参与的舆论空间与公共空间。微博微信借助网络状裂变式传播方式,可以连续跟踪公共事件和热点话题,并且通过议程设置机制,将大众意见聚焦为网络公共舆论,能够把社会生活中某些被有意遮蔽、掩盖的东西从海量的客观事实中呈现出来,把潜在的社会矛盾与问题揭露出来,使得传统媒体的议程设置功能相形见绌。又由于微博微信参与者的参与自由度空前加大,话语空间被无限放大,有效突破了现实政治生活中的信息非对称困境,使其具有了其他媒体无法比拟的辐射广度和深度。微博微信参与所塑造的数字化世界,现实与虚拟二元交织、变幻互动,彻底改变了传统舆论空间的存在方式和作用模式。

(二)拓展了网民的话语权

微博微信的出现改变了互联网关注的重心,拓展了网民的话语权和社会影响力。互联网诞生以来的主要功能是信息传播的大容量、高速度和便捷化,其信息"内容"一直是网民关注的焦点,在网页上搜索内容、阅读信息成为使用互联网的主要目的。而微博微信的出现开始引导网民关注其感兴趣的"人",并与其建立"关注"与"被关注"的关系,互联网上的主角变成了一个个活生生的人,"人的关系"成为网民之间进行信息交流的重心。民众利用微博微信建立起由"人"汇聚成的不同社区,并在社区里相互分享信息、创意、观点和激情。微博微信参与超越了传统媒体的界限,具备了社区性、互动性和匿名性等特质。微博微信是一种真正平等的媒介工具,它消弭了使用者身份、性别和地位的差异,消除了精英与草根之间的鸿沟。普通民众与精英在微博微信上拥有了平等的话语权,超脱了传统媒体的议程设置,有机会直接面对当事人,直接面对信息源,人人皆可为媒体。

微博微信参与形成了一个开放民主的话语空间,卡尔·波普尔认为:"'开放社会'是一个理性和批判性的社会,而'封闭社会'则是巫术社会,在开放社会里,每个人都面临着个人决定,而个人决定权在封闭社会则不属于自己。"① 微博微信参与者有权对公共事务及感兴趣的焦点事件发表意见和见解,有权关心政治和参与政治的运作过程。正是这种开放性扩展了公共领域的空间,实现了对网络话语权的再分配,任何参与者都可以通过微博微信畅所欲言,参与主体的扩大化和参与者的匿名性实现了网络空间话语权的再平等,"一种平等、多元与开放的对话方式和民主氛围在没有上下尊卑的等级制度、没有意识形态束缚、没有虚伪掩饰和矫揉造作的'公共空间'里延续。"② 微博微信的互动交流扩展了网络空间的信息边界和知识内涵,通过不同观点、相异思想之间的碰撞,有利于达成广泛的社会认同与共识,进一步拓展公共领域的话语空间。

因此,网络新媒体尤其是微博微信不仅仅适应社会变化,被社会所形塑,反过来它会用自己的力量去推动和催化整个社会领域的变革,推动中国特色社会主义政治发展的进程。但是在网络新媒体参与所推动的国家、社会与民众的互动中,微博微信参与所形成的话语权能够掌控社会公共舆论传播体制的定义权,使得广大民众能够分享原本不属于自己的部分公共权力,并通过网络将这种权力逐渐放大。

二 互联网技术的意识形态特征

互联网无疑是一种新的传播技术,那么这种技术是否具备政治属性呢?如果具备,那么可以据此认为互联网是一种意识形态吗?技术决定论者克里斯托弗·梅认为,很多阐释都认定某些技术"内嵌特殊规则",如互联网就内嵌着像自由、共同体、平等、利他主义和民主等价值率。同时,安德鲁·查德威克认为,互联网内嵌着社会控制、纪律和等级。无论内嵌着什么样的内容,它都是这样一种理念:技术形式具有与生俱来的特性,而这些特性是人类无法干预的。而社会决定论者则认为,互联网没有

---

① 卡尔·波普尔:《开放社会及其敌人》,中国社会科学出版社1999年版,第324—325页。

② 陈潭:《网络时代的民主意象》,《人民论坛》2010年第11期。

特别之处,通过社会与政治变迁就能理解其影响。互联网是人类理性设计的产物,它在被设计的过程中一定被嵌入了某种价值,在设计完成之后,这些被嵌入的价值观念便会发挥作用,而这些价值观念可以从政治层面进行理解,也就是说,互联网是具有政治属性的。

微博微信新技术作为社会交往的平台而产生,渐渐地承担起民意表达的职能,从而具有了独特的民主功能。"技术形式具有与生俱来的特性,而这些特性是人类无法干预的。"[1] 在美国 Twitter 作为社交工具的同时,"Twitter 又是一个民主的媒体,因为它允许新闻和民主激进地报告。"[2] 微博微信在今天的中国渐渐成为舆论监督和民意表达的媒介,承担了超越于社交工具之外的社会职能,其作为媒体化工具而带来的民主化社会效应日益凸显。微博微信引发的微革命不仅涵盖技术因素,更逐渐关涉政治内涵,一个网络政治的时代或已到来。首先,微博微信政治参与拓展了民主政治的参与渠道。微博微信的去中心化特征消解了传统媒体的信息垄断和资源集中控制,颠覆了传统社会的行为规范,建立起以民众参与和多元化为准则的参与新渠道。互联网技术对传统的科层制组织结构形成了巨大的挑战,使互联网使用地区的权力结构从金字塔式向扁平化、网络化的方向发展,提供了一种传统社会所没有的资源配置与信息传播的平台。从政治学的角度讲,去中心化也就是权力中心的多元化。这种多元化表现在两个层面:纵向关系表现为国家与社会权力关系的重构,互联网的多元化政治属性使得社会权力有了一个较大的提升,在某些领域可以与国家"平起平坐",这极大地改变了国家与社会的关系,有益于社会自主性的成长与公民社会的形成。横向关系则表现为互联网技术的广泛使用冲破了传统政治区域划分——民族国家的界限,其范围覆盖了所有使用互联网的国家和地区,这个横向关系也叫做信息传播的全球化。这契合了政治学语境中权力中心的多元化特征:在纵向方面体现出国家与社会权力关系的重构,微博微信参与的政治属性导致社会权力的攀升,在参与决策领域有了较多的话语权,改变了传统的社会从属地位,有利于社会自主性、自治性的培养;在横向方面,微博微信参与冲破了传统的民族国家政治区域的界分,

---

[1] 安德鲁·查德威克:《互联网政治学:国家、公民与新传播技术》,任孟山译,华夏出版社 2010 年版,第 23 页。

[2] Tamara A. Small, What the Hashtag? *Information*, *Communication & Society*, Sep. 2011, Vol. 14, Issue 6, pp. 872-895.

其范围覆盖了所有使用互联网的国家和地区，分享与参与不再是少数人或者少数机构的特权，而成为人人都能享有的权利。① 尤其是这种权利的获取使哈贝马斯所主张的无强制共识的主体间交往所需的理想话语空间得以较好的实现，为现代公共领域的重构提供了现实可能性。微博微信作为网络传播的最新和最具潜力的方式正在发挥比网络论坛和博客更强大的信息传播力量和干预社会事务的能力，是永不落幕的新闻发布会和杀伤力最强的舆论载体。② 微博微信拓展了以双向互动为特征的民主渠道，为执政党与民众、政府与民众、官员与民众建立起良性的政治互动关系，使执政党、政府和民众在互动沟通中达成共识，形成决策。同时，在民主实现的路径上提供了自下而上的转型，例如建立起公共决策的"微"机制、官民互动的"微"平台、权力监督制约的"微"渠道、协商民主的"微"形式等。这些"微"机制渐进的发展和量的积累，能够有效落实现代民主的参与权、知情权、监督权和表达权，使得民主有了质的提高，能够实心化地有效运作，成为民主转型的新渠道和现代形式。

其次，微博微信参与优化了民主政治生态环境。民主政治是一个参与的系统，而参与需要自由、平等、开放的舆论生态环境，微博微信参与直接优化了政治舆论生态和社会舆论生态，公民有了更多更直接的话语权。从政治舆论生态方面看，微博微信参与提供了相对自由和平等地表达诉求的载体，正在消解传统利益表达与整合的科层制组织结构，实现了诉求表达的扁平化，这种扁平化形成"倒逼"机制，影响到政党的社会整合和政府的公共决策，其结果就是网络问政的出现与普及，政府部门通过网络与网民讨论政策，回应网民的诉求，政治舆论生态出现了根本性的变化。以前的任何政治舆论都是由官方和主流媒体制造、把控和传播的，而微博微信快捷简易的操作方式，轻松随意的表达方式，保证了意见表达的大众化，因而微博微信问政远比传统民主参与的公众性更强，只需几条短信或几句评论就可以完成，曾经被精英阶层所掌握的话语权开始下沉，草根阶层通过只言片语也能传递自己的感受和想法，借助微博微信的回复和转发等功能形成合力，就参政议题形成舆论，打破了政府及精英阶层对网络话

---

① 程同顺、张文君：《互联网技术的政治属性与意识形态传播——对互联网与意识形态研究的批判与反思》，《江苏行政学院学报》2013 年第 6 期。

② 汝信、陆学艺、李培林：《2010 年中国社会形势分析与预测（2010 年社会蓝皮书）》，社会科学文献出版社 2009 年版，第 246—252 页。

语权的掌控。尤其是各级民选代表可以利用微博微信汇聚民意，传统媒体则可以更多地结合网民的话题进行议程设置，在与网民的互动与深度发酵中不断澄清事实真相，甚至一些相对敏感的政治议题也能在网络空间相对自由地讨论，这些都有利于平等、自由、开放的公共政治舆论空间的形成。同时，从社会舆论生态来看，社会舆论借助微博微信参与呈现出更加平等、自由、开放的态势，使得网络空间日益成为观点的自由市场。普通民众通过微博微信可以制造大量的公民新闻，发布或转发自己掌握的最新信息，成为非专业的新闻媒体。而各种社会团体、非营利组织等公益机构，可以利用微博微信开展公益活动，提升全社会的公益意识。这些都打破了传统媒体的新闻垄断权，极大地解放了普通民众的话语表达权，进一步优化了民主政治的生态环境。

最后，微博微信参与丰富了民主政治形式。互联网技术所提供的是一个可以相对自由与平等地表达诉求的空间与平台，其最大的特点则是极大地消解了传统利益表达与整合的科层制组织结构，实现了诉求表达的平面化或扁平化。诉求表达的扁平化不仅拓宽了中国的民主参与渠道，更将对中国的政治过程产生更为深远的影响，对政党的社会整合和政府公共政策的制定形成前所未有的挑战。民主政治是凭借公共权力，通过建立一定的秩序来有效地管理社会，并实现平等、自由、人民主权等价值理念的方式和过程。公民的政治参与是民主政治实现的重要条件和基本要求，不同的参与形式产生了不同的民主实现形式。中国公民政治参与形式主要有选举、信访、听证等，形成了选举、监督、协商、参与、自治等民主实现形式。微博微信参与是一种网络民意的表达和拓展，由此衍生的网络民意形成了"电子民主"，开辟了网络时代公民参政议政的新渠道，提供了现代民主政治实现的新形式。公民通过微博微信参与表达民意，"知屋漏者在宇下，知政失者在草野"。微博微信参与成为个体政治社会化的重要途径，是启蒙政治意识、培育政治思想的新场域。微博微信空间里民众就感兴趣的身边趣事、社会热点、政府决策等话题进行充分自由的交流与辩论，这种开诚布公的意见交换和观点交锋有利于启蒙公民的政治意识、培养自由民主的政治思想。同时，微博微信参与开辟了网络民主的新阵地，有利于网络空间协商民主的建设。微博微信的独特功能有利于建立协商型的"微"公共话语空间，进而通过议程设置或舆论压力的方式输入政治系统，促使"微"公共话语空间与政治系统就公共决策进行线上线下的互动沟通，了解彼此立场，照顾彼此关切，最终达成共识，做出符合理性和照顾各方利益诉求的决策与安排。能够锻炼和培养公民的政治表达与沟通、政治动员和政治组织等能力。政府问政于民，能知施政之得失，决策才有依据；问需于民，能知群众所急需，决策才有针对性；问计于民，能凝聚民智，决策更科学合理。"网络问政"赋予网络空间民主协商的可能性，消解了利益政治的陈规陋习，开创了协商民主的新途径，大大丰富了民主政治的实现形式。

三 网络意识形态安全的规范路径

党的十八届三中全会《决定》指出，面对传播快、影响大、覆盖广、社会动员能力强的微博客、微信等社交网络和即时通信工具用户的快速增长，如何确保网络信息传播秩序和国家安全、社会稳定，已经成为摆在我们面前的现实突出问题。① 从国家的社会整合角度来讲，价值观的多元化对当前社会的主流意识形态与国家认同形成了巨大的挑战。抛开西方国家通过互联网对中国意识形态的渗透不谈，单是互联网技术的使用就为意识形态的多元化奠定了基础。网民被允许在互联网空间中平等而自由地表达，这正是互联网技术的多元化属性在实际运用中的表现，各种亚意识形态在网络空间中相互碰撞，大大增加了国家对社会的整合难度。② 就目前来讲，国家对互联网使用规范的制度安排尚未到位，有关互联网使用的道德伦理更是在探索之中，因此现在互联网的使用本身就存在着政治与道德的双重风险。互联网本身被内嵌的自由与平等会在无形之中将这种所谓的"自由平等"无限泛化，不断超出网络空间社会利益表达的制度渠道，向公共网站蔓延，在各种新兴媒体放大效应之下，很容易出现非理性的利益表达，甚至出现利用公共网络平台进行社会泄愤行为③，对社会的稳定造成极大的破坏。可见，互联网自身自由平等意识形态的传播在制度尚不健全的条件下对公共生活秩序的危害是不容小视的。在互联网空间里，这种

---

① 习近平：《关于〈中共中央关于全面深化改革若干重大问题的决定〉的说明》，新华网，2013 年 11 月 15 日。
② 禹贞恩：《发展型国家》，曹海军译，吉林出版集团有限责任公司 2008 年版。
③ 于建嵘：《抗争性政治——中国政治社会学的基本问题》，人民出版社 2010 年版，第 156 页。

个人主义的意识形态在很多情况下被指向西方自由主义意识形态下的、与集体主义相对立的个人主义,一切从个人出发,一切以个人利益为基础。这种西方自由主义意识形态化的个人主义对中国社会主义核心价值体系的集体主义政治认同造成了消极影响。加之网民的知识水平与文化素养参差不齐,制度规范尚未健全且难度较大,很容易对个人主义的意识形态作西方式的理解,造成主流意识形态凝聚与整合功能的弱化,不利于中国社会主义现代国家建设的健康发展。① 因此,网络不再是单纯的信息传播工具,而是被赋予更高、更多的言论自由权力。但是如果缺少网络伦理和道德的自律、缺乏法律的他律,网络空间将会变成意见的菜场、民粹主义或网络暴力的温床。

(一) 主流意识形态的包容性调适及观念的改变

社会政治稳定是现代国家社会经济正常发展的前提,亨廷顿认为,人类可以无自由而有秩序,但不能无秩序而有自由。众多发展中国家的实践证明,在发展过程中之所以会出现社会动荡或不稳定,是因为缺少一个能够维持公共秩序的政治权威。因此,政治稳定是一个国家政治发展过程中的优先目标。涂尔干在《社会分工论》中指出,单靠市场契约是无法维持现代社会正常运行的,还需要"契约背后的非契约因素",也就是共同的价值观和认同感。所以在公共秩序建立的过程中,社会精神和公共价值理念的作用弥足珍贵。一个社会的主流或中心价值需要社会成员的一致认同、共同遵循,如果分歧过大,就会走向极端、分裂,破坏社会政治的稳定。因此,需要从民主最基础最核心的意义上认识微博微信等网络新技术的价值。随着微博等新媒体的兴起,一个成员贫富不均、学历悬殊、身份各异、诉求有别和层次混杂的新型社会团体正在形成,这是一个追寻生存价值、现实意义和理想信念的虚拟社会。其成员可能互不相识、远隔天涯,但可以一起讨论共同关注的问题,塑造各种新的共识,在现实社会里扮演着"虚拟执政"角色。这种"虚拟执政"通过微博参与等媒介会导致现实的政治社会冲突,从而将其"共识"与愤懑转化成为现实的有组织的行动,释放出巨大的现实政治能量。执政主体需要具备战略眼光,充分认识到网络传播新技术不仅具有技术工具性,而且内嵌政治属性。所以

---

① 程同顺、张文君:《互联网技术的政治属性与意识形态传播——对互联网与意识形态研究的批判与反思》,《江苏行政学院学报》2013 年第 6 期。

需要规范引导微博技术，使其内嵌的政治属性有效释放，形成公民参与的规范化、制度化、理性化，防止大规模非制度性参与。作为个体的微博参与对执政的合法性影响极其有限，但是，作为一个整体的微博参与因其数量优势而使得其影响极其可观。因此，执政主体必须高度重视微博政治参与内嵌的政治属性，回应微博参与中的政治诉求，从而增加执政的合法性资源。同时，需要对主流意识形态进行包容性调适，因为在改革开放以及全球化的今天，故步自封与意识形态的僵化早已成为明日黄花，主流意识形态对多元价值的吸收与整合，并进行自身的不断调适才能充分发挥主流意识形态的功能。根据马克思主义经济基础决定上层建筑的基本原理，意识形态属于上层建筑的范畴，是由经济基础所决定的。经济基础与社会结构的深刻变化，需要主流意识形态在调适中发挥其政治功能。新中国成立以来的主流意识形态变迁，呈现出包容性调适的策略，即尊重社会经济发展的规律并吸收其中的先进要素，并在主流意识形态中体现出来。1978年发起的"实践是检验真理的唯一标准"的大讨论，意味着主流意识形态根据社会的发展而发展，不是主流意识形态决定社会的发展，同时这场大讨论可以看作主流意识形态调适的开端。从改革开放开始，主流意识形态的包容性调适逐渐展开。江泽民总书记"三个代表"重要思想的提出，特别是"第一个代表"即中国共产党要始终代表中国先进生产力的发展要求，明确表达了党要吸收先进生产力的代表，比如说民营企业家和知识分子。在经过20多年的经济改革之后，中国社会的阶级构成已经发生了变化；要保持无产阶级先锋队的地位，党就必须进一步把新兴的特别是私营企业中的工人阶级吸收进来。[1] 不仅如此，中国的中产阶级也应该是被吸收的对象，因为中产阶级的价值观，有时不同于主流意识相态或官方核心价值。有研究表明，对于官方意识形态以及中国现今的权力结构，中产阶级作为群体常常表示了超出一般的怀疑。[2] 因此，主流意识形态必须反映中国社会发展的现实需求，必须对当今世界的多元价值观或意识形态在选择性吸收的基础上实现自身的不断调适。唯有如此，才能在当前的社会生活中发挥积极的整合功能。

---

[1] 沈大伟：《中国共产党——收缩与调适》，吕增奎、王新颖译，中央编译出版社2012年版，第161—162页。

[2] 李成：《中产中国：超越经济转型的新兴中国中产阶级》，许效礼、王祥钢译，上海译文出版社2013年版，第71—72页。

(二) 网络意识形态的制度性规范

"少干预、重自律"是当前国际网络治理的一个共同思路。欧盟早在 2004 年就建立了"安全互联网论坛",吸引包括网络企业、法律强制机构、决策者以及网络群体的关注和参与,提供了一个经验交流以及网络应对的载体。美国电脑伦理协会制定了"十诫"、美国互联网保健基金会规定了八条准则。[①] 英国对互联网贯彻"监督而非监控"的理念,通过行业自律组织"网络观察基金会"来帮助解决网络日益增多的违法犯罪问题。有鉴于此,中国基于微博微信的网络管理应以行业监管为主,国家强制为辅。政府的管理职能主要集中在制定法律法规和政策导向上,减少政府的直接干预,从而也可降低国家治理的成本。另外要建立网民自律机制,营造健康文明的微博参与环境。网民道德修养决定着微博参与水平与微博运行的安全。因此,在微博参与中网民道德自律机制建构十分必要,提高网民的理性自律和自我约束,引导网民在微博参与中遵守网络道德和行为规范,从而建构维护政治稳定的网络自律机制。互联网时代必定是一个价值观多元的时代,主流意识形态的包容性调适取得了积极的成果。但同时不能忽略对互联网的规范,不管是从其传播西方意识形态的角度来讲还是自身"内嵌"的意识形态来讲,都是十分必要的。因为主流意识形态的包容性并不是无所不包的,也不是拥有完全免疫功能的。对互联网的规范应该从制度层面展开。就制度层面来讲,需要加快完善互联网使用的法律法规,在互联网空间逐步建立起一套符合中国主流意识形态的制度规范,通过制度起到选择与规范互联网本身意识形态的作用,使互联网在传播主流意识形态方面发挥积极的功效。同时,也实现了意识形态的互动式传播。主流意识形态调适的结果必定是对多元价值观选择并整合的结果,整合以后的意识形态在发挥作用的时候,一定要充分利用互联网本身,使符合中国国情的意识形态利用互联网在相关的制度规范下充分发挥作用。

(三) 网络意识形态的技术性约束

习总书记在《关于〈中共中央关于全面深化改革若干重大问题的决定〉的说明》中指出:网络治理需要整合相关机构的职能,形成从技术

---

① 崔文辉:《加强网络媒体管理的对策》,《吉林日报》2009 年 7 月 11 日。

到内容、从日常安全到打击犯罪的互联网管理合力，确保互联网的运行安全。① 马丁·海德格尔指出，技术正变成全球性的力量，渗入人类生活的方方面面，技术具有去蔽性，能够帮助人类发现原来被遮蔽的世界，现代技术所提供的设备、理论及思维方式为现代社会生活提供了丰富的精神和物质基础。网络技术的发展带来了国家治理体系的全新变革，利用微博微信技术能够重塑传统的官僚制组织结构，使其由垂直结构向扁平结构转化，有利于决策层与执行层之间的直接沟通。因此，微博微信等网络新技术能够将政府重塑成为一种扁平的、高效的网络状组织，使其成为适应微博参与的政府组织形态。一个有效的政府只有掌握了互联网领域的相关技术才能增强微博空间里国家治理和调控的能力。正如史蒂芬·E.弗兰泽奇所指出的：“未来对于执政党的挑战在于需要寻求一些方法来保证政党的政策动议基于广泛支持的同时，必须维持执政党在技术上的优越性。”② 因此，一个执政党要想巩固自己的执政地位，就必须掌握和应用好微博等网络新技术，否则，光靠传统意识形态的强制与制度规范的约束是不能解决网络治理问题的。网络治理需要精通相关的网络管理技术，进而努力将使用技术的手段嵌入执政党或政府的主流意识形态或价值观领域，从而达到网络技术为我所用的目标。

---

① 《关于〈中共中央关于全面深化改革若干重大问题的决定〉的说明》，《人民日报》2013年11月16日。

② 史蒂芬·E.弗兰泽奇：《技术年代的政党》，李秀梅译，商务印书馆2010年版，第421页。

国家治理现代化视域下政治安全的
内在机理与实现途径*

马雪松**

人类政治发展的实践表明，政治安全是关乎政权生存维系和社会安定发展的重要条件。从当前国家安全形势的变化和趋势来看，国内外政治、经济及社会因素相互交织并相互渗透，以网络为途径和载体的意识形态安全问题凸显，暴力恐怖势力、民族分裂势力、宗教极端势力严重危害社会稳定，国际和地区间冲突与对抗存在加剧的可能。国家政权面临着生存安全问题和发展安全问题、传统安全威胁和非传统安全威胁，运用整体安全思路并采取现代治理手段回应这些严峻而复杂的威胁和挑战显得尤为重要。

针对这样的现实形势，中共十八届三中全会将实现国家治理体系与治理能力现代化列入全面深化改革的总目标，提出"设立国家安全委员会，完善国家安全体制和国家安全战略，确保国家安全"[①]。2014年4月，习近平主持召开中央国家安全委员会第一次会议，指出成立国家安全委员会是"推进国家治理体系和治理能力现代化、实现国家长治久安的迫切要求""要准确把握国家安全形势变化新特点新趋势，坚持总体国家安全

---

* 本文系教育部哲学社会科学重大课题"实现基本公共服务均等化研究"（11JZD030）；国家社科基金项目"当代新制度主义政治学理论建构研究"（14CZZ03）；吉林省社科规划项目"整合式公共安全管理体系建设研究"（2013B290）的阶段研究成果。

** 马雪松：政治学博士，吉林大学行政学院副教授、硕士生导师，政治学系副主任，中国社会科学院政治学所博士后，现为中国政治学会理事，兼任吉林大学国家治理协同创新中心副研究员。

① 《中共中央关于全面深化改革若干重大问题的决定》，人民出版社2013年版，第52页。

观,走出一条中国特色国家安全道路"①。这高度强调了国家安全在新的历史时期和发展形势下对改革事业的保障功能,同时反映了国家治理现代化在实现国家长治久安目标中的根本地位,表明国家治理现代化与总体安全观对政治安全的维护作用。从政治学的角度来看,政治体系在安全状态下的良性运作不仅蕴含着权力运行、利益分配、权利保障的复合逻辑,还依赖政治领域中结构、资源与主体多重因素的协同联动。因此,基于国家治理现代化的视角考察政治安全的内在机理与实现途径,具有重要的理论价值与现实意义。

一 国家治理现代化与政治安全的关系定位

国家政权和政治生活的现实运作及功能发挥不能始终处于动荡不安的状态,人类社会的政治实践特别是政治体系的正常维系、健康运行与良性发展,要求以某种方式消除或抑制对政权稳定和社会安定造成威胁的内在或外在、潜在或显在的威胁性因素。历史上,很多思想家以质朴而辩证的话语思索政治生活和政权体系的安危问题,如"危邦不入,乱邦不居"②"凡蹈危者虑深而获全,居安者患生于所忽"③。近代以来,伴随着民族国家的确立、巩固与发展,国家统治目的与功能中的安全因素受到高度关注。安全被看作国家生存和发展的内在价值和基本条件,"国家状态的目的不外乎生活的和平与安全,凡是生活和睦、治安良好的国家就是最好的国家"④。与此同时,国家的生存和发展也要积极致力于维护自身的安全,"国家也需关心安全,既防范外敌又防范内部冲突维护安全,必须是国家的目的,必须是它发挥作用的领域"⑤。

在这样的认识基础上,有关国家政权安全的理论议题和现实问题得到充分审视,政治安全本身的内涵和意义也受到更多的重视。一方面,国家政权体系的维系及巩固需要从指涉对象、威胁类型、核心价值等方面理解

---

① 《坚持总体国家安全观,走中国特色国家安全道路》,《人民日报》2014年4月16日。
② 杨伯峻:《论语译注》,中华书局2009年版,第81页。
③ 欧阳修:《新五代史》,中华书局1974年版,第613页。
④ 斯宾诺莎:《政治论》,冯炳昆译,商务印书馆1999年版,第41—42页。
⑤ 威廉·冯·洪堡:《论国家的作用》,冯兴元译,中国社会科学出版社1998年版,第60页。

安全的丰富内涵。国家安全在对象上并不限于国家本身，还同非国家因素存在着密切联系，对国家政权构成威胁的类型包括传统意义上的军事安全因素与非传统意义上的资源、环境、人口安全等问题，国家安全所蕴含的核心价值是以维护人民福祉为取向的政权维系。[1] 另一方面，国家安全总体范畴下的政治安全在保障国家长治久安、社会安定有序、人民安居乐业过程中的作用被着重强调。联合国开发计划署在 1994 年发布名为《人类安全的新维度》的人类发展报告，指出人类安全包括七大领域，即经济安全、粮食安全、健康安全、环境安全、人身安全、社群安全与政治安全。[2] 其中，政治安全在与其他安全领域发生联系的同时，发挥着维护整体性安全的根本作用，从而确保"国家主权、领土疆界、民族尊严、意识形态、价值文化、国家制度和权力体制等方面的国家利益和国家安全的自主和免受各种干扰、侵袭、威胁和危害的能力和状态"[3]。由此可见，政治安全是一个有着丰富内涵和广阔外延的集合性与包容性范畴，处于不同社会发展阶段和秉持不同价值理念的人们对其认识必然存在差异，但在当代中国全面深化改革、推进现代化发展的时代背景下，围绕政治安全的价值意蕴、根本任务及实施路径等核心问题必须形成基本共识。具体来看，这样的共识应当涵盖以下方面：政治安全同其他领域和类型的安全因素的关系该如何界定？政治安全在处理生存安全问题和发展问题、传统安全威胁和非传统安全威胁时应坚持什么样的原则？政治安全作为国家安全的重要组成部分在新时期应如何树立人本安全价值取向？

国家治理体系与治理能力现代化作为社会主义建设特别是全面深化改革事业的现实要求和基本保障，集中体现了国家制度及其执行能力，有利于不断优化资源配置、协调利益格局、规范主体行为，在改革的攻坚期和关键期为国家建设的长治久安与经济社会的全面进步奠定必要的基础。政治安全在推进国家治理现代化的进程中意义重大，而国家治理现代化也为深入理解政治安全提供了关键性的视角。关于国家治理现代化与政治安全的关系定位，可从以下三个方面进行理解。

---

[1] 蔡育岱、谭伟恩：《双胞胎或连体婴：论证安全研究与和平的关系》，《国际关系学报》2008 年第 1 期。

[2] Human Development Report, *New Dimension of Human Security* (New York: UNDP, 1994), pp. 22-23.

[3] 王瑾：《以创新的理念维护国家政治安全》，《当代世界与社会主义》2006 年第 3 期。

第一，国家治理现代化的目标指向包括国家制度体系的完善发展，以及运用国家制度的治理能力对社会公共事务实施有效规制和良性管理，这不仅为政治安全设定了基本理念，还有助于从新的角度考虑政治安全的威胁因素与能力建设的相关问题，从而为国家治理现代化提供政治安全保障。国家政权的稳定与巩固是全面深化改革的前提，在政治发展中消除国家政治制度和基本政治秩序的威胁因素是确保政治安全的要求。基于传统安全观的理念定位和任务设定，政治安全主要指"一个主权国家有效防范来自外部的政治干预、压力和颠覆以及内部敌对势力的破坏活动，确保国家政治制度安全、稳定和意识形态的指导地位，维护国家主权和领土完整，增强国际地位"[1]。但是国家制度建设在国家治理现代化的视野下，不仅侧重于国家主权完整、主导意识形态、国家自主地位是否受到威胁或挑战，还重视国家政治制度及意识形态是否得到本国人民的拥护和认同，所以政治安全的关注点除了来自外部的武力威胁、军事入侵、政治颠覆和意识形态渗透外，还要保证国家政权从社会中汲取的合法性资源免于危险、不受威胁，实现并保证国家治理所设定的现代化目标。因此，国家制度建设作为国家治理现代化的核心内容以及连接国家治理体系和治理能力的枢纽，只有当其处于安全状态时，才能确保国家治理现代化的安全是真实的和有效的。这要求政治安全必须保障国家制度的体系建设和能力发展，在推进国家制度合理转型的基础上维护国家政权自身的合法性，及时发现国家制度建设进程中对改革发展造成威胁和挑战的消极因素。值得强调的是，国家治理现代化任务的扩展同政治安全能力的建设实际上是相辅相成的，政治安全能力建设在这个意义上也构成了国家治理能力现代化的重要内容。

第二，国家治理现代化的实质是现代国家基于善治理念建设之上的包含治理体系和治理能力在内的一套模式与结构，政治共同体内部各个领域、环节及层面的相互关系和治理效果，以及国家制度建设的结构性功能对政府、社会、市场等子系统会产生深刻的影响，从而对国家政权的长治久安发挥着至为关键的作用，这也为判断政治安全提供了参照标准与现代治理意义上的风向标。"对于国家治理体系来说，只有综合不同领域、层

---

[1] 刘文：《网络化对社会主义国家政治安全的挑战及对策》，《社会主义研究》2004年第2期。

面和环节的治理内容和治理形式,才能通过结构框架和组织体系的制度化运转起到联结国家治理体系不同部分的作用,发挥单个主体或组织无法实现的合意目标和良性效果;同样对于国家治理能力来说,国家治理体系能否发挥预期功能并不完全取决于治理主体的主观意愿,而是由制度建设的结构性效果决定的。"[1] 这要求政治安全在体制构建上必须采取相应措施以切实保障政治共同体内部的安定有序,同时要求政治安全在能力扩展上必须根据政府、社会、市场发展的现实情况发挥协调性与规制性的功能,通过制度建设的巩固和完善,克服传统与非传统领域的各类威胁,以在国家治理现代化进程中确保国家政权的安全。"国家的长治久安根本上还是取决于我国公共治理结构的制度变革。"[2] 基于这样的认识,判断政治体系在政治方面是否安全的标准除了基于主权和领土以及国家政权的稳定有序外,还应注重政治体系的运作和发展所依赖的治理结构、治理资源、治理主体之间的有机关联是否能够提供安全和有效的总体性治理框架。实际上,对判断标准认识的深化也为机制建设和职能设定提供了必要方向,在这方面应该充分认识到"中国的政治安全不是单向度的,而是复合的和交互的"[3],在维护政治安全的进程中发挥政府权力主体、市场经济主体、社会组织主体各自的能动性并共同参与建设政治安全的相关机制,合理界定政治安全的相关职能,同样也是国家治理体系现代化的重要内容。

第三,国家治理现代化的时代特征蕴含着改革实践与体制转型的任务和取向,在现代化背景下,当代中国快速转型期的特点表现为"经济体制深刻变革、社会结构深刻变动、利益格局深刻调整、思想观念深刻变化"[4],加之在民主化和市场化过程中的利益分化、权利诉求、社会矛盾在一定条件下可能引发冲突甚至动荡,这要求政治安全应具有引导机制和稳定功能的意蕴。后发国家的现代化实际上是以体制性和结构性改革为主要内容与路径的发展取向,中国作为历史悠久、幅员辽阔、传统深厚、人

---

[1] 马雪松:《论国家治理体系与治理能力现代化制度体系的功能建构》,《南京师大学报》(社会科学版) 2014 年第 4 期。

[2] 薛澜、张强、钟开斌:《危机管理:转型期中国面临的挑战》,清华大学出版社 2003 年版,第 162 页。

[3] 虞崇胜、舒刚:《从传统安全到人本安全:政治安全研究范式的转换》,《江汉论坛》2013 年第 1 期。

[4] 《中共中央关于构建社会主义和谐社会若干重大问题的决定》,人民出版社 2006 年版,第 2 页。

口众多、国情复杂的发展中大国,在国家治理现代化的背景下维护政治安全,实际上受到现代化自身复杂过程的长期性以及民主化与市场化建设任务多重性的影响,因而当代中国的政治安全形势与政治安全道路必然不同于发达国家,也往往不同于其他发展中大国。传统社会的现代化转型在一定领域和一段时期里会导致不同程度的社会变迁,相应的社会冲突和社会动荡既取决于社会本身的规模和社会转型的效果,还受引导性和稳定性因素的影响。正如亨廷顿所言:"一个高度传统化的社会和一个已经实现了现代化的社会,其社会运行是稳定而有序的,而一个处在社会急剧变动、社会体制转轨的现代化之中的社会,往往充满着各种社会冲突和动荡。"①在这样的现代化转型过程中,当代中国改革作为体制性和结构性的巨大转换,"主要在市场化和民主化两个层面上进行"②,这一点从根本上不同于西方国家现代化进程中市场化与民主化历时性展开的情况。市场经济与民主法治虽然具有密切的内在联系,但在传统社会向现代社会转型的背景下,各方利益博弈和观念冲突使政治体系在承受更大压力的同时也面临着更多的挑战。因此,在现代化背景下特别是从转型期社会的长治久安出发维护政治安全,不仅需要深刻认识到任务的长期性、复杂性和艰巨性,还应坚持总体国家安全观并以现代治理手段积极主动应对来自各领域的威胁和挑战。

二 长治久安的治理逻辑:政治安全的内在机理

基于国家治理现代化的视角审视政治安全,有利于从国家治理的体系架构、功能发挥及现代化进程全面概括政治安全的内涵和外延。政治安全不仅是一种免于危险、不受威胁的状态,还要注重其有效回应危险和威胁的能力;不仅指公共领域特别是政治生活维持秩序状态并运行良好,还要注重这样的秩序状态和连续性的权力运行是否得到相应制度架构和治理体系的有力支撑;不仅涵盖国家主权、领土、意识形态、执政党等重要对象,还要注重包括公共权力在内的整个国家治理体系发挥维护政治领域安

---

① 亨廷顿:《变化社会中的政治秩序》,王冠华等译,上海译文出版社1989年版,第40—41页。

② 谭安奎:《中大政治学评论》第3辑,中央编译出版社2008年版,第374页。

全的相应功能；不仅强调正视和应对当前政治体制和政治生活中的各类威胁性因素，还要注重以长远眼光和从战略高度考虑生存及发展安全问题、传统及非传统安全威胁。"必须从中国本地实际情况的角度来观察现代新事物。"① 对于综合性和现实性的政治安全思考来说，在关切当代中国政治运作特点及政治发展趋势的同时，还应重视并充分理解政治体系保持长治久安的治理逻辑，真正探寻当前政治安全的内在机理。就这个问题，下文将主要侧重于现代国家治理的权力逻辑、利益逻辑、权利逻辑，集中理解当代中国政治安全所蕴含的着权力运行、利益分配、权利保障的治理逻辑。

首先，政治安全的治理逻辑蕴含着权力运行的价值理念和现实诉求。"哪里有权力关系或冲突情况存在，哪里就有政治。"② 权力关系是理解社会生活本质属性的重要维度，而政治权力作为公共权威主体贯彻自身意志以实施政治统治和社会管理活动的核心要素，其运行状况和民主程度直接关系到政治体系的安全状况，同样也反映其维护国家整体安全的程度。

一方面，政治安全的维护就其本质而言尽管需要政府、市场、社会等主体发挥合力，但它无法在政治权力阙如的情况下实现。国家政权作为垄断性强制权力的实施者处于政治结构的核心位置，"政治结构的基本要素包括国家政治权力、政治法律制度、政治法律机构和设施、各种政治力量，国家和政党在其中具有特别重要的作用。"③ 在回应生存性安全问题和处理传统性安全威胁方面，政治权力的累积程度和运行效果扮演着不容置疑和不可挑战的角色，因此国家政权的巩固本身就意味着政治安全价值的实现。另一方面，在承认政治权力积极作用的同时，还要看到强制权力在纯粹意义上的累积并不等同于政权合法性的提升，缺乏社会信任和民众心理基础的权力不仅要耗费更高的统治成本，而且无法充分获取国家长治久安所依赖的合法性资源。从政治学的角度来看，合法性指"政治系统

---

① 麦克法夸尔、费正清编：《剑桥中华人民共和国史》上卷，中国社会科学出版社1990年版，第31页。
② 艾伦·艾萨克：《政治学：范围与方法》，郑永年译，浙江人民出版社1987年版，第20页。
③ 严强、魏姝：《社会发展力量：发展中国家视角》，南京大学出版社2005年版，第94页。

使人们产生和坚持现存政治制度是社会的最适宜制度之信仰的能力"①。政党的执政能力与各级政府公信力的提升是政权合法性的主要来源,政治权力运行在国家统治形式、国家管理途径、国家治理体系中内化为社会成员的价值期望,能够更好地发挥权力的行为约束机制和社会规范功能,这从根本上符合政治体系稳定性和连续性的内在要求。从中可以得到这样的认识,以国家政权为核心的国家政治制度建设是确保政治体系安全的重中之重,维护国家主权独立和领土完整是现代化事业的根本保障,而在此基础上通过民主法治、市场经济、和谐社会的整体建设以完善政府职能、促进民生发展,才能通过合法性资源的获取和积累,为国家政权的平稳发展与国家治理现代化目标的实现提供压舱石的作用。

其次,政治安全的治理逻辑同利益分配的状况与效果密切联系。"人们奋斗所争取的一切,都同他们的利益有关。"② 利益是人们在社会生活中开展行动的重要动力,社会性的利益分配与资源分享对于社会成员如何看待政治体系有着重要影响,同时也塑造着社会成员之间以及社会成员同政府之间的互动关系。社会转型期的利益格局调整所引发的一系列利益分配问题,不仅可能造成社会的动荡不安,还可能让政治体系面临较多的社会风险和突发情况,这势必会对政治安全的维护造成不利影响乃至严重威胁。

一方面,全面深化改革与国家治理现代化的现实背景是处于不断调整和深刻变革的转型社会,利益格局调整所导致的利益分配问题是影响当代中国政治稳定的主要原因。改革开放在取得令人瞩目成就的同时,还表现为居民收入及区域发展差距扩大、弱势群体权益保障不足的利益分配问题,不仅违背社会公正的价值目标,还会在社会成员中产生一种不断增强的相对剥夺感,从而抵消改革发展得来不易的成果。由此引发的社会冲突不仅仅是"'成长的烦恼'和'成长的代价',而且日益成为'成长的负担'甚至是'成长的障碍'",与这样的风险社会相伴相生的"则是高度的治理风险"③。面对那些无法由当前法律体系容纳的利益诉求,以及超

---

① 西摩·马丁·李普塞特:《政治人:政治的社会基础》,张绍宗译,上海人民出版社1997年版,第55页。
② 《马克思恩格斯全集》第1卷,人民出版社1956年版,第82页。
③ 彭勃、杨志军:《从"凝闭"走向"参与":公共事件冲击下的政策体制转向》,《探索与争鸣》2013年第9期。

出现有政治参与渠道承载力的利益表达,政治体系尤其是地方政府承受着极大的考验,一旦处理不当,往往会导致基层政府的治理危机。另一方面,政治生活的基本内容是不同主体基于利益的合作与冲突,利益博弈普遍存在于政府、市场、社会领域之中。无法否认也不容忽视的一个问题是,"既得利益遭受损失的旧势力以及在改革过程中形成的垄断性分利集团不可避免地会阻挠改革向纵深推进,传统体制中的消极因素也会降低利益分配的公正性并给改革发展设置陷阱"①。在国家治理现代化的进程中冲破既得利益者的阻挠,在公正、开放和不断扩大的利益空间配置社会资源,实际上不仅同社会的和谐安定以及新形势下腐败治理工作息息相关,而且直接关系到全面深化改革发展和全面建成小康社会的结果。

最后,政治安全的治理逻辑还包括权利保障的价值追求与现实归宿。"纳入法律的权利体系更为规范、有效,发挥确定性、稳定性和持续性的积极作用"②。权利是政治体系以强制性权力作为保障的合法利益,现代国家区别于传统国家的特征除了大规模的经济规制、政治整合与社会汲取能力以外,还涉及权利体系的健全程度以及国家同社会基于权利纽带的良性互动。可以说,国家权力强大但无社会生存与发展的状况是无法保证国家政权稳定的,而在强大的国家与权利无法得到充分保障的社会之间,往往存在着高度紧张甚至对抗的关系。对处于社会转型期和改革攻坚期的当代中国而言,权利保障不仅能够反映政治权力运行的效果,还以权威方式确保利益分配在秩序和稳定的框架下进行,这实际上是从国家和社会的关系角度为政治体系的长治久安提供了坚实的支撑。

一方面,从国家治理现代化的角度来看,权利保障的治理意蕴有助于人们认识生存权利同发展权利的关系。生存权和发展权是人的权利谱系中的两大范畴,人类社会发展的每个阶段都贯穿着生存权和发展权的关系问题,因而在国家治理现代化的多重任务里,人的现代化同样是不能被忽略的方面。人作为政治共同体成员,在生存权利保障的基础上进一步追求发展权利,既是现代国家所承认的人之为人的价值,也是国家治理现代化应致力实现的目标。但不可否认的是,生存权利向发展权利逐渐扩展的过

---

① 马雪松:《现代国家建设视域下改革发展成果共享的均衡机制》,《学习与探索》2015年第1期。

② 张贤明、张平:《论改革发展成果共享权及其实现》,《湖北社会科学》2013年第10期。

程，也往往伴随着生存安全问题和发展安全问题的相互交织。发展中的很多新情况、新趋势从长远来看，可能促进公民参与政治、社会、经济、文化生活并公平地享受发展所带来的利益，但其中某些因素会对当前政策结构和治理模式造成冲击。因此应以国家治理现代化的政策工具和治理手段予以疏导，并相应地调整总体治理格局，让社会的权利体系在发展中起到维护政权稳定、社会安定的长效作用。另一方面，权利保障在维护政治安全方面的意义还反映在它能够有效化解维稳困局上。社会系统在转型期出现的各类问题对社会控制施加了极大的压力，如果基于传统安全观以纯粹的强制性手段回应社会诉求、消除社会矛盾，而不是从体制性根源和结构性诱因上考虑政治体系的稳定问题，无疑只会在静态的稳定表象下放任甚至滋生政治安全的威胁因素。为了避免政治发展限于"越维越不稳"的困境，必须正视因巨大社会控制而导致"政府的大部分精力消耗于自我维系之中，这在政体上可以称为'安全维系综合征'"①。在这方面，权利保障不仅意味着公民个体或群体的正当利益诉求已得到法律的权威性认可，包括政府在内的各主体可对相关利益诉求或政策主张进行判断并做出预期，还意味着权利本身能够对政治权力实施必要限制，权利保障或权利的积极维护就是对合法利益的坚持和贯彻，以潜移默化的利益关系调整方式实现政府、市场、社会之间的动态稳定。"维权是维稳的基础，维稳是维权的保障，二者均衡发展方可实现和谐稳定。"② 需要强调的是，国家治理现代化背景下要做到切实维护公民权利，还需要民主法治、政治参与、社会组织建设等方面发挥协同作用。但在权利保障缺位的情况下，要实现在发展中维护稳定、在增长中实现共享、在参与中保持有序的目标，无疑是异常困难的。

三 结构、资源与主体的协同联动：政治安全的实现途径

在探讨政治安全的价值意蕴和现实诉求的同时，还应从治理体系和治理能力建设的角度考虑政治安全的实现途径。根据国家治理现代化的基本

---

① 费正清、费维恺编：《剑桥中华民国史》上卷，中国社会科学出版社1994年版，第73页。

② 秦国民：《发展中的稳定：重要战略机遇期我国政治稳定的实现之道》，《郑州大学学报》（哲学社会科学版）2014年第2期。

属性与政治安全的内在价值,要实现政治体系在安全状态下的连续性和发展性目标,必须充分保证体系化运作的协调性功能,基于善治理念遵循效率原则并兼顾社会成员的共识性价值,还要发挥治理体系中各主体的能动作用。因此,以下主要从政治领域的结构、资源与主体多重因素的协同联动三个方面探讨政治安全的实现途径。

首先,政治安全的实现途径依赖一定的治理结构,正是在这样的治理结构中,维护政治安全的相关资源和主体才得以在由职能界定、运行机制和法律保障所构成的制度体系中发挥最大化的治理效果。

其一,政治安全的实现途径依赖符合现代治理原则的制度体系,在该体系下首先需要对掌握不同资源的相关治理主体的职能予以划分和界定。狭义的政治安全职能指行使公共权力的权威部门特别是政府体系中承担政治安全管理活动的机构或组织的基本职责与主要任务,这类职能还可细化为"决策职能、组织职能、协调职能和监督反馈职能"[1]。广义的政治安全职能在此以外还涵盖社会组织和市场主体应承担的相应职责和任务。这要求不同主体在政治安全的治理体系与架构下划定各自职能的专门领域和交叉范围,公共权力主体在捍卫国家主权和领土完整的基础上,经常性地监控社会和市场领域可能危害社会有序与人民福祉的因素,社会组织与市场主体也在履行治理职能的同时,通过某种方式评估政府部门维护公共秩序的效果。

其二,在实现政治安全的治理结构中,政治安全的运行机制具体发挥着汲取和整合政治、经济、社会、文化资源的作用,通过各种渠道将安全信息传递到相关领域,协调不同机构或组织的关系,并在各个治理主体之间进行人力资源管理。治理体系的系统化运作功能必须通过具体的运行机制才能呈现,对政治安全构成威胁和挑战的非传统因素可能来自社会生活的不同领域,所以"需要建构更为复杂的安全威胁监测、识别、评估等机制来更为细致地区分安全的性质"[2]。此同时,维护政治领域秩序状态的支持性资源也分散在整体意义上的社会中,对此也应根据各相关领域和主体的相对优势和积极职能具体确定政治安全维护机制的目标、程序、反

---

[1] 李文良:《中国国家安全体制研究》,《国际安全研究》2014年第5期。

[2] 徐晓林、朱国伟:《国家安全治理体系:人民本位、综合安全与总体治理》,《华中科技大学学报》(社会科学版)2014年第3期

馈、评估等环节。

其三，政治安全的实现途径需要法律规范及法律体系的保障作用，这不仅能够让公共权力以规范方式维护政治安全，还可以使政治领域的秩序价值转化为社会成员共享的权益，最大限度地让政治安全体现人民属性。改革开放以来，国家安全立法工作在数量和质量上都取得了很大进展，但与复杂而严峻的国际国内安全形势相比，国家安全法制建设表现出相当程度的滞后性。在政治安全法制建设方面，个别法规立法目的不明确、内容宽泛陈旧、指向性和针对性不足、权责关系不清。只有在现有条件下及时推进政治安全法制建设，才能以法律规范形式为政治安全治理结构中的主体、职能和机制赋予必要权威。考虑到立法过程的人民属性与权利保障本身对法律性质及法治水平的要求，与时俱进、良性运行的法制体系既是政治安全治理结构的主要内容，还为其提供了重要的法治保障。

其次，政治安全的实现途径依赖国家治理现代化进程中包括制度性资源、合法性资源及社会性资源在内的各类资源得到充分、有效的汲取，这些资源在治理结构中被相关主体运用的效果直接关系到政治安全得到维护的程度。

其一，制度建设是贯穿国家治理现代化过程并联结治理体系建设和治理能力发挥的关键性因素。以现代国家治理为途径调动并吸收政治、经济、社会、文化领域相关资源促进国家制度和社会生活中相关机制的完善和巩固，并以制度建设的成果获取现代国家治理推进的动力，可以促进国家范围内不同治理主体在调动资源、协同合作及自身能力扩展的基础上更好地履行维护政治安全的职能。处于不同发展阶段、拥有不同指导思想的国家与社会在汲取制度性资源方面表现出不同的行动取向，在看待制度性资源的含义、范围和功能方面也存在较大的差异。但是从现代国家治理的角度来看，国家政权不断巩固、社会组织正常发育、市场经济良性运行、文化发展具有竞争力构成了制度性资源的主要内容，制度建构很难在上述资源缺失的条件下顺利进行，从而无法维护公共领域及政治生活的秩序状态。在认识到不同资源的重要性的同时，必须强调这些资源虽然相互交织并产生出有利于政治安全实现的合力，但国家政权的稳定和有序是制度建设的根本保障，"即使正统性遭受到巨大的损失后，一个国家仍然可能是相当稳固的,尤其是如果它的强制组织还是紧密和有效率的话"①。

其二,国家政权及其政策体系能否得到政治共同体成员的支持和信任,社会的发展方向是否符合多数社会成员的预期,经济生活取得的绩效成果能否被广大人民公平地分享,都涉及治理结构下合法性资源的构成。这些资源对政治领域不同主体之间的关系有着关键性的影响,在现代国家治理进程中也发挥着构筑制度结构、协调主体关系、凝聚行动共识的作用,这对政治安全的维护具有重要意义。合法性资源和制度性资源的关系可从两方面进行认识。一方面,包括政治安全实现机制在内的制度建设无法在低水平的合法性基础上实现。"低水平的合法性和有效性导致治理体系得不到社会成员认可,治理能力缺乏必要物质性和心理性支撑,则很可能出现国家治理失败或政策执行空心化的结果"②。另一方面,对现代化进程中的转型社会来说,政治安全的实现机制在重视合法性资源的基础上必须确保国家政权的巩固。"就新兴国家的政治建设而言,真正的诀窍不是去获得自己的合法性地位,而是如何去创设一套牢固的政治制度,以便提前为这种合法性奠定坚实的基础。"③

其三,当代中国政治发展和经济建设不断塑造着社会形态和社会运行特征,这样的社会秩序结构同样对民主法治建设和市场经济发展产生了不同程度的作用。"影响政治稳定的因素主要源于社会各种利益矛盾和冲突,政治安全的良好状态在某种程度上也可以解读为国家与社会关系的良性互动。"④ 蕴含在社会中的不同价值观念、利益诉求和行动准则在一定条件下既可以是冲击或打破现状的重要因素,也可能成为维系国家政治生活动态平衡的稳定机制和内在动力。在调动这些社会性资源的过程中,要注重国家制度建设中价值观念作为社会主体潜在支持性因素的功能,避免社会根基不稳所导致的非制度化,亦即"制度所蕴含的价值取向和角色

---

① 亨廷顿:《变化社会中的政治秩序》,王冠华等译,上海译文出版社 1989 年版,第 36 页。
② 马雪松:《论国家治理体系与治理能力现代化制度体系的功能建构》,《南京师范大学学报》(社会科学版) 2014 年第 4 期。
③ 安东尼·奥罗姆:《政治社会学导论》,张华青等译,上海人民出版社 2006 年版,第 270 页。
④ 舒刚:《从政治稳定到政治安全:转型期中国维稳战略的创新性转换》,《华中师范大学学报》(人文社会科学版) 2013 年第 5 期。

期望没有内化为组织或公民个体的价值取向和角色期望"①。与此同时，还要在全面深化改革发展中以治理手段引导市场经济的健康发展，运用国家的协调能力也就是国家驾驭和调节市场的能力来"调动和协调社会性资源"②，避免因市场发展失序而侵蚀社会性资源的基础，从而消除那些对政治稳定形成威胁或挑战的因素。

最后，政治安全的实现途径还依赖相关主体在治理体系的结构性关联中积极互动，其中同发展安全问题联系密切并易受非传统安全威胁的一些主体尤为关键，新形势下政治体系的稳定和有序还应注重对人本安全的价值追求，要求以综合性安全思维审视和处理相关主体的联系。

其一，中央国家安全委员会作为统筹协调国家安全重大事项和重要工作的顶层机构，其领导核心由执政党、中央政府、最高国家权力机关的主要负责人构成，反映了国家安全治理体系在当前"党委领导、政府负责、社会协同、公民参与"的安全治理组织体系中强调统一领导和统分结合，以居于核心位置并发挥联结纽带作用的统摄性及协调性机构发挥强化各主体协同治理的效果。为确保国家政权在治理体系下保持稳定，在全面深化改革发展进程中积极应对经济全球化背景下非传统安全因素的威胁和挑战，这也要求以现代治理手段调节和引导那些同非传统安全因素有密切联系的相关主体。

其二，人本安全作为现代国家安全治理的价值诉求和发展取向，是实现政治安全过程中各种价值观念和治理手段的交织点，必须始终把人本安全当作相关治理主体参与政治安全维护、构筑政治安全治理功能体系的基石。"中国的政治安全不是单向度的，而应该是复合的和交互的，即人的安全得到充分保障的政治安全，政治安全需要有效地维护人的安全需要，树立以人的安全为中心的人本政治安全观。"③ 从这个角度来看，政治安全的治理体系建构必须注重人的自主性价值以及安全所容纳的自由、尊严、权利等意蕴，只有在人本安全的观念维度和现实取向上巩固政治体系

---

① 郝宇青：《苏联政治生活中的非制度化现象研究》，华东师范大学出版社 2008 年版，第 12 页。
② Linda Weiss and John M. Hobson, *States and Economic Development: A Comparative Historical Analysis* (Cambridge: Polity Press, 1995), p. 3.
③ 虞崇胜、舒刚：《从传统安全到人本安全：政治安全研究范式的转换》，《江汉论坛》2013 年第 1 期。

的稳定和有序,才能实现长治久安与人民福祉的相互促进。

其三,在政治安全的治理体系中发挥相关主体的治理功能,并不代表不同主体对政治安全的维护作用是完全相等的,也不意味着仅以抽象的人本安全观念作为指导治理机制运行的原则,而是强调运用综合性安全思维指引政治安全治理主体的相互关系。"在某种意义上,所有的安全事务都属于政治范畴,社会、经济、环境和军事安全在真正意义上是'政治社会安全'和'政治经济安全'。"[1] 安全事务之间相互影响、相互转化的特点,非传统安全威胁在传统安全威胁的背景下日益凸显,生存安全问题同发展安全问题的融合交汇,这些均构成运用综合性安全思维的现实根源。坚持总体安全观的指引,也就是坚持在总体性的政治安全治理架构下,相关治理主体在国家治理现代化进程中根据新形势的变化特点和改革发展的趋势,充分评估政治安全的根本目标和阶段任务,通过制度、机制建设不断完善治理结构、治理资源和治理主体的契合性关联,在此基础上实现政治安全治理体系的路径优化。

---

[1] 巴瑞·布赞等:《新安全论》,朱宁译,浙江人民出版社2003年版,第192页。

政治传播视域下的国内政治安全维护

鞠丽华 方雷[*]

在总体国家安全中，政治安全是根本。在某种意义上，"所有安全事务都属于政治范畴，威胁和防卫都是从政治角度上构成和定义的。"[①] 没有国家政治安全，其他各项国家安全都将得不到保证。由于国内社会转型的深刻变化和国际因素的影响，当前中国国家政治安全面临着复杂的形势，这要求学界对此问题的研究要多学科、多角度、全方位的展开。本文试图从政治传播的角度对国内政治安全维护问题展开分析，以期更好地推进国内政治安全维护。

一 问题的提出

当前学界对国家政治安全的概念界定主要有"国家主权说""政治制度说""意识形态说""综合因素说"等。其中"国家主权说"主要受传统国家安全观的影响，从国际政治的角度界定政治安全，即国家的主权、领土不受外来势力的侵害。"政治制度说"和"意识形态说"主要是从国内政治的角度来界定政治安全，认为·国的政治安全乃是指国家政治制度稳定、意识形态安全、政权稳固、社会政治安定。"综合因素说"则囊括了上述观点，从国际和国内相结合的角度来界定政治安全；认为政治安全即"一个国家的主权、领土、政权和政治制度，以及意识形态不受别国

---

[*] 鞠丽华：山东大学政治学与公共管理学院，山东警察学院。方雷：山东大学政治学与公共管理学院。

[①] 巴瑞·布赞等：《新安全论》，浙江人民出版社2003年版，第192页。

的干涉和破坏,社会政治稳定,政权巩固,拥有自主性和独立性"①。

鉴于国家政治安全既取决于国内政治因素的状况又受国际因素的影响,本文在政治安全的概念界定上同意"综合因素说"。"安全"主要指一种客观上不存在威胁的状况,对国家政治安全来讲,这种威胁可能来自国家内部也可能来自国家外部。因此,国家政治安全既包括国内政治安全又包括国际政治安全,国内政治安全主要包括"国家政权稳定、政治意识形态广纳、政治制度恰适、执政党地位巩固、政治秩序良好"②等,国际政治安全主要包括一国主权独立、领土完整,不受国际因素的安全威胁。

国家政治安全包含着丰富的内容,由内到外可以分为三个层次,即观念和制度安全层次(主要指其合法性)、国内政治秩序稳定层次(包括政权稳定、政治参与有序等)、国际政治安全层次(包括主权和领土安全等)。前两个层次属于国内政治安全的范畴。其中,政治观念和制度的安全是国家政治安全的核心问题。从新安全观来看,观念和制度安全主要指其合法性问题。巴瑞·布赞从威胁的角度界定政治安全,认为"政治威胁瞄准的是国家的组织稳定性……国家的观念,特别是其民族认同与组织化的意识形态,以及表达这些观念的机制是政治威胁的一般性目标。……政治威胁与给予或否定'承认'、合法性有关"③。虽然政治威胁既针对政治单元的内部合法性,也针对国家的外部"承认",即外部合法性,但是,事实证明,来自外部的威胁并非必定指向主权,而经常是通过瞄准其意识形态的合法性——也就是说瞄准它的内部支柱来实现的。因此他认为:"政治安全完全是一个观念问题,根据该观念建立政治制度。人们通过质疑这些观念就能够进而威胁到政治秩序的稳定性。"④

既然国家政治安全的核心要素是观念和制度的合法性,那么在获得合法性的过程中,政治传播就起到了举足轻重的作用。所谓政治传播是指一定的政治传播主体运用有意义的符号,通过大众媒介与政治传播的对象之间进行的政治信息的传递、接受、反馈的行为和过程。其实质是国家如何运用传播手段获取同意的过程,主要是合法性的获得过程。国家政治安全

---

① 刘跃进:《国家安全学》,中国政法大学出版社 2004 年版,第 110 页。
② 虞崇胜、李舒婷:《政治安全视野下的反腐倡廉制度建设》,《理论探讨》2012 年第 2 期。
③ 巴瑞·布赞等:《新安全论》,浙江人民出版社 2003 年版,第 192—193 页。
④ 同上书,第 203 页。

维护与政治传播过程通过合法性的获得问题紧密联系在一起，从政治传播的角度研究国内政治安全问题在逻辑上是可行的。不仅如此，中国当前国内政治安全面临的新挑战，也为从政治传播角度维护国内政治安全提出了现实要求。当前中国的国内政治安全面临着意识形态多元化、社会认同感缺乏、网络政治参与无序化[1]等挑战，这些挑战要求我们通过有效的政治传播增强马克思主义理论的指导地位、制造社会认同、畅通传播的反馈渠道、实现网络参与有序等。从政治传播的角度研究国内政治安全维护问题是十分必要的。

二 政治传播与国内政治安全的理论契合

（一）政治传播主体与国内政治安全主体的一致性

在对政治传播主体的认识上存在着三种观点，第一种观点认为，政治传播的主体是政治共同体，主要指国家、政府、政党等。第二种观点认为，政治传播的主体是多元的。政治共同体、社会组织、市场、公众都有可能是政治传播的主体。第三种观点认为，政治传播没有主体。政治传播是政治信息沟通、交流、反馈的过程，政治传播的主客体之间是可以相互转化的，所以也就无所谓主体。[4]政治传播主体的状况与一国的社会结构，特别是国家与社会的关系密切相关。在国家主导社会的类型下，政治传播的主体就是政治家、政府、政治组织等。而在社会力量发达的国家中，政治传播就可以实现多主体甚至无主体的状态。在当代中国社会结构状况下，国家、政府、政党仍然是政治传播的主体，主导政治传播的过程，与此同时也要积极发挥社会组织在政治传播中的积极作用。[2]

从新安全观来看，国家政治安全的主体也是多元的，新安全观主要的贡献之一就是在安全主体上拓展了安全的外延，将安全的主体由国家发展到个体、有组织的个体集团、次国家集团、地区及国际体系。不过，在现代国家体系中，"安全"的标准单元是主权国家，即国家仍然是安全最主

---

[1] 参见虞崇胜《近年来关于政治安全问题研究述评》，《探索》2012年第3期。
[2] 参见荆学民《论中国特色政治传播中的"主体"问题》，《哈尔滨工业大学学报》（社会科学版）2013年第2期。

要的指涉对象。① 在国内政治安全领域中更是如此。国内政治安全的主体主要也是国家、政府、政党等政治共同体。

随着国家和社会关系的调整及国家安全局势的变化，政治传播与国家政治安全在主体上都面临着多元化的趋势。但是在中国目前的政治实践中，国家、政党、政府仍然是政治传播和国内政治安全的主体，这为两者在理论上的融通提供了主观条件，也为通过有效的政治传播维护国内政治安全提供了主体一致性的动力。同时也要求国家、政党、政府增强政治传播和维护国内政治安全的主体意识，通过目的明确、主动有效的政治传播促进国内政治安全的实现。

（二）政治传播内容与国内政治安全要素的相关性

政治传播的内容主要是政治相关信息。政治信息有两个来源：一是来自于政治共同体，如政治理念的传达、政治体系和政治制度的运行状况、政治决策的下达等；二是来自于民众，如民众政治意愿、政治认同、政治参与的表达等。"它既包括社会政治团体、执政者为进行政治统治而推行的观念形态的信息、制度形态的信息和具体政治行为的信息，又包括普通社会成员在社会政治生活中所表现的政治心理、政治参与等方面的信息。"②

根据前述界定，国内政治安全包括合法性和秩序两个层次，具体可以分解为执政党执政地位合法性、主流意识形态正当性、政治制度有效性、国家政权稳定性等要素。在政治传播的内容与国内政治安全的相关性中，关于党和国家发展的历史、党的执政绩效、党对民主政治的贡献等内容的政治传播能够促进党的执政合法性的获得。例如，党的执政合法性最初来源于历史的选择，之后在政治发展过程中，其合法性主要来源于其对国家民主政治的贡献和其执政绩效，对这些内容的宣传是政治传播的重要内容并能够增强党的执政合法性。再比如，主流意识形态的科学化及其大众化也是政治传播的重要内容，丰富和完善主流意识形态的内容并以通俗的形式传播给大众对于促进意识形态合法性的意义重大。此外，政治制度和政策的有效性、政权体系运行状况等信息的传播能够促进政治制度合法性的

---

① Barry Buzan, *People, States and Fear: An Agenda for International Security Studies in the Post-Cold War Era*, 2nd ed. (Boulder: Lynne Rienner, 1991), p. 1106. 转引自郑先武《安全研究：一种"多元主义"视角——巴瑞·布赞安全研究透析》，《国际政治研究》2006 年第 4 期。

② 李文冰：《政治信息沟通对传媒的诉求》，《浙江传媒学院学报》2004 年第 3 期。

获得，增强国家政权的稳定性。政治传播中关于民众政治意愿、政治参与信息的传播能够增进政权体系与民众之间的沟通，从而促进国内政治秩序的稳定。

（三）政治传播媒介在国内政治安全维护中的重要性

"政治传播是政治家、新闻媒体和公众之间有关信息传递的一个交互式的过程。"[1] 从广义上讲，政治传播包括正式渠道和非正式渠道的传播。人际传播、组织传播、大众传播等都属于政治传播的方式。大众传媒出现以后，对政治传播的内容和方式都产生了很大的影响，人际传播、组织传播在很大程度上裹挟着大众传播的内容。因此，现代意义上的政治传播是大众传媒产生以后政府和公众之间进行的政治信息的传递和反馈，包括报刊、广播电视、互联网等在内的大众传媒决定着政治传播的内容，在某种程度上起着"议程设置"（Agenda-setting）[2] 的作用。

在国内政治安全维护中，大众传媒的作用主要体现在以下几个方面：

第一，大众传媒在维护政治形象中的重要作用。"政治形象是政治主体在政治活动中给社会公众留下的整体印象和综合评价"[3]，包括政府形象、政党形象、政治社团形象、政治人物形象等。政治形象是一国国家安全状况的外在象征，良好的政治形象表明国家政权稳定、政治制度恰适、政治秩序良好。政治形象的塑造和宣传有助于民众对国家政治认同的形成。在政治形象传播过程中，大众传媒起着重要的作用。大众传媒的一项基本政治功能就是制造政治形象，它通过将政治主体的政治行为告知公众并做出解释从而起到扩音和放大的作用，并且通过对政治主体政治理念、政治绩效、品质风范的传播实现对政治主体良好形象的塑造，从而有助于国内政治安全的维护。

第二，大众传媒在意识形态宣传中的重要作用。意识形态是国内政治安全的核心组成部分。对主流意识形态的宣传是维护意识形态安全的重要途径。大众传媒由于其传播受众的广泛性必然会成为主流意识形态宣传的

---

[1] Neil J. Smelser & Paul B. Baltes, *International Encyclopedia of the Social & Behavioral Sciences*, Volume 17 (New York, Elsevier Science Ltd., 2001), p. 11631.

[2] Maxwell E. McCombs & Donald L. Shaw, "The agenda-setting Function of Mass Media," *Public Opinion Quarterly*, Vol. 36, Summer 1972.

[3] 张晓峰、赵鸿燕：《政治传播研究——理论、载体、形态、符号》，中国传媒大学出版社2011年版，第226页。

重要途径。"大众传播的发展大大扩大了意识形态在现代社会中运作的范围,因为它使象征形式能传输到时间与空间上分散的、广大的潜在受众。"① 政府通过对大众传媒传播内容的审查和传播过程的管理,使其成为意识形态传播的工具。大众传媒通过对意识形态传播内容、语言和过程的操纵,达到意识形态大众化的目的。②

第三,大众传媒在促进政治发展中的重要作用。政治发展是维护国内政治安全最根本的推动力。大众传媒作为所谓的"第四种权力"在政治发展中起着重要的推动作用。首先,大众媒介是现代政治观念传播的重要来源和途径,能够推动政治观念的现代化。其次,大众媒介能够促进民主监督。权力滥用和腐败问题是政治发展的阻碍,严重威胁着国内政治安全,大众传媒的舆论监督功能能够起到发现、揭露、预防腐败的作用。最后,大众媒介能够促进政治参与。大众媒介特别是新媒体的发展,拓宽了政治参与的渠道,提高了公民政治参与的意识。

(四)政治传播的功能与国内政治安全目标的吻合性

"政治传播的功能即政治传播的使命、能力和作用的总和。"③ 政治传播是政治信息在政治体系和社会公众之间进行传递、沟通和反馈的过程,协调的是国家与社会的关系。虽然政治传播的功能在很大程度上是通过大众传媒实现的,但是政治传播作为一个过程,其功能不能完全等同于政治传播中大众媒介的功能。政治传播的功能可以概括为三个方面:影响公共舆论,促进政治社会化,实现政治统治。④

国内政治安全的目标可以从国家和社会两个层面展开分析。从国家层面来讲,国内政治安全的目标主要是合法性的获得和秩序的维持;从社会层面来讲,国内政治安全主要是指公民对国家政治的认同,这构成了国内政治安全的一体两面。因为"在社会领域,最基本的概念即'认同'"⑤。国家政治认同主要是指公民对国家政治观念、政治制度、政治体系的赞同

---

① 约翰·B. 汤普森:《意识形态与现代文化》,译林出版社 2005 年版,第 286—287 页。
② 参见李宏《传媒政治研究的几个问题》,《上海交通大学学报》(哲学社会科学版) 2007 年第 1 期。
③ 李元书:《政治体系中的信息沟通——政治传播学的分析视角》,河南人民出版社 2005 年版,第 39 页。
④ 参见戴维·米勒、韦农·波格丹诺《布莱克维尔政治学百科全书》,中国政法大学出版社 2002 年版,第 547 页。
⑤ 巴瑞·布赞等:《新安全论》,浙江人民出版社 2003 年版,第 160 页。

性认同。政治传播的三项功能与国内政治安全的目标是相吻合的。

首先,政治传播对公共舆论的引领功能能够增强国家政权的合法性,维护政治秩序。舆论是指多数人对某一社会问题公开的、共同的意见,政治传播内容是公众舆论形成的主要信息来源。公共舆论能够起到增强政权合法性的作用。与意识形态的理论化、复杂性不同,公共舆论处于社会意识结构的外部位置,能够对公众的政治态度起到迅速、直接的作用。舆论能够通过生动鲜活、具体可感的内容和形式为政权合法性提供注解和例证,增强人们对现存社会制度和政治秩序的心理认同和支持。[1]

其次,政治传播的社会化功能能够促进个体政治认同的产生,维持政治体系的稳定。政治社会化从个体角度来讲是指个体获得政治态度、政治人格的过程,从政治体系来讲是指政治体系塑造政治意识、传承政治文化的过程。政治传播是政治社会化最主要、影响最大的渠道。一方面,政治传播通过传递政治信息、灌输意识形态主导着个体与主流政治观念相一致的政治态度的产生,并且通过对政治理想、多元化政治观念的传播培养公民独立性、参与性、现代性的政治人格,从而有助于民众达成理性政治认同。另一方面,政治传播通过塑造政治意识、传承政治文化维持政治体系的稳定性。任何的政治体系都要根植于一定的政治文化才能获得稳定。政治传播通过其传播内容的广泛性、传播方式的多样化促进了政治文化的传播、扩散与渗透。"通过政治文化的传递,来博得全体社会成员的广泛认同与支持以实现政治体系的运行。"[2]

最后,政治传播的政治控制功能能够直接促进政治秩序的稳定。政治体系的政治控制功能可以通过法律约束、经济约束、道德约束、文化约束、舆论约束等途径来实现。政治传播在控制过程中发挥着重要的作用。其中,道德约束、文化约束、舆论约束主要就是通过传播过程完成的,而"即便是经济约束、法律约束,如果能够在媒体上有所反映或得到相应的评价,其约束的效能将会明显加强。"[3] 因此,通过政治传播增强社会控制是任何政治体系都十分重视的。在不同的国家,政府对传播的控制方式和程度虽有不同,但对媒体的控制都是存在的,否则国家就可能会陷入思

---

[1] 参见赵强《中国国家舆论安全研究》,《政治学研究》2009 年第 2 期。
[2] 卢迎春:《论当代中国大众传媒的政治功能》,苏州大学 2010 年博士学位论文。
[3] 张昆:《大众媒介的政治属性与政治功能》,《武汉大学学报》(人文科学版) 2006 年第 1 期。

想混乱和无序的状态，政府只有通过对传播媒介的控制才能实现其政治控制的目的，进而维持政治秩序的稳定。

三 当前中国政治传播对国内政治安全造成的潜在威胁

当前，政治传播已经越来越得到党和政府的重视。立足于打造具有中国特色、中国风格、中国气派的话语体系这一目标，中国的政治传播建设得到了长足的发展。尽管如此，中国当前的政治传播在传播环境、传播内容、传播方式、传播策略等方面仍然存在着一些问题，这些问题对国内政治安全造成了威胁。

（一）马克思主义大众化传播手段的不当应用对意识形态安全造成的威胁

意识形态安全主要指一个国家主流意识形态地位不受威胁而保持相对稳定的状态，保持主流意识形态在政治制度和国家政权、文化、价值观念和生活方式等方面的指导地位。① 在中国，意识形态安全主要指马克思主义的指导地位不受威胁。马克思主义指导地位的稳定主要是通过其时代化、中国化和大众化来实现的。马克思主义的时代化、中国化是其大众化的前提，马克思主义大众化是推动中国意识形态安全的根本途径。因为意识形态安全的实质是主流意识形态的合法性信仰，即人们对于主流意识形态的认同和自觉践行，只有使广大人民群众了解、接受马克思主义及其中国化的最新理论成果，才能从根本上实现对马克思主义的认同和信仰，维护主流意识形态安全。马克思主义大众化的过程也就是不断推动实现主流意识形态安全的过程。②

传播是实现马克思主义大众化的基本手段。然而，现阶段我们对马克思主义大众化的传播仍然存在着一些问题，直接威胁到了意识形态安全。首先，传播内容不够通俗。马克思主义作为指导中国革命和建设的理论体系，有着严密的逻辑性和高度的理论性。在马克思主义大众化传播过程中必须要将深奥的理论转化为通俗易懂的内容，这样才能为人民群众所接受。目前对马克思主义的宣传存在着内容繁琐、含义不明、层次不清、理

---

① 参见赵兴伟《当代中国意识形态安全问题研究》，辽宁大学2012年博士学位论文。
② 参见冯宏良《意识形态安全与马克思主义大众化》，《探索》2010年第4期。

论性强、语言抽象等问题,其结果必然是难以为群众所理解和接受。其次,传播方式单一。目前,马克思主义大众化传播的主要方式就是灌输。不论是在学校教育、党政宣传,还是舆论宣传过程中,马克思主义理论工作者往往以较高的姿态进行灌输和教化,强迫学生和群众接受。这种单一的灌输方式使得马克思主义大众化事倍功半,甚至适得其反。最后,传播的实效性有待提高。当前的马克思主义传播存在着与实际脱节的现象,马克思主义的政治话语与群众的生活话语不一致,无法解释新现象、解决新问题,导致其说服力降低,不易被群众接受和认可。

(二)政治宣传的单向度对党的执政安全造成的威胁

所谓政党执政安全,就是指执政党能够掌握、控制和行使国家权力,保持执政地位稳固和执政体系稳健、有效、有序运转以及可与时俱进的客观状态。[1] 其实质是要保持执政党、国家、社会三者之间的一致性。其中,社会力量起着决定性作用,即获得执政安全就必须赢得人民群众的理解、支持和拥护。这不仅要求政党的纲领和政策能反映最大多数人或选民的要求,政党的领袖或领袖集团能受到最大多数人或选民的信任和拥护,还要求政党的执政活动及其形成的社会舆论有利于增强政党与最大多数人的交往和沟通。[2] 这必须通过有效的政治传播来实现。

中国共产党历来重视宣传工作。党的宣传工作在取得巨大成绩的同时也存在着一定的问题。突出的问题之一就是中共的宣传工作仅是单向度的"宣传",而不是双向沟通的"传播"。这种单向度的政治宣传模式带来了一些不良的影响。比如不尊重宣传受众的主体性,在现代传播中,受众不是被动的信息接受者,而是积极的参与者。政治宣传工作涉及党的理论、路线、方针、政策等内容,需要与人民群众的切身利益及其所关注的问题紧密结合起来。然而在实际的宣传工作中容易出现宣传内容脱离群众实际生活,宣传的实际影响力不大等问题。另外宣传方式相对单一、过于注重宣传的说服和动员功能等问题也极大地影响了宣传效果,阻碍了党和人民群众之间信息的沟通。从政治传播的视角来讲,这种单向度的政治宣传模式,自上而下的政治传播渠道通畅,而自下而上的反馈渠道不畅,这在一定程度上影响了党的群众基础,进而威胁到党的执政安全。

---

[1] 参见杨坤洋《中国共产党执政安全问题研究》,中共中央党校2011年博士学位论文。
[2] 参见李君如《中国共产党执政规律新认识》,浙江人民出版社2004年版,第218页。

(三) 政府信息传播的选择性对政府信任造成的威胁

政府传播是指政府通过媒介面向社会公众传递、交流信息的过程。政府信任是指公众相信政府的决策和行为能够代表公共利益，并由此产生的对政府的支持和认同，是政府绩效状况在社会层面的体现。政府信息传播过程的通畅是政府信任达成的前提。在当今社会，政府信任度下降是一个世界性的问题，造成这一问题的原因，除了包括风险社会的环境因素、民众诉求的多元化、理性化因素之外，政府自身在信息传播中存在的问题也是一个重要原因。

首先，政府对自身公共信息传播的主体性认识不足。政府传播的内容是公共信息，公共信息产生于社会公共领域，反映和体现公共利益，与公众实际生活密切相关，政府有责任将其传递给公众。然而，由于受到传统的政府传播理念的影响，政府不愿把公共信息公开而是置于"暗箱"之中，从而导致公众与政府之间沟通不畅，加重了公众对政府不信任的心理。其次，政府传播内容的真实性、全面性、公平性、时效性不够。政府传播中高质量的公共信息必须是真实、全面、公平、可靠、及时，而在现实中公共信息的质量不高成为影响政府信任的重要原因。特别是在公共危机事件中，一些地方政府出于权力或利益的考虑等，对公共信息进行了瞒报，当受众通过其他途径了解到事件真相，特别是了解到"瞒报"扩大了危害性后果后，其对政府的信任度必将大大降低。在危机事件传播中，政府传播反应慢、信息量不足、说服力不够、渠道不畅等也会严重影响民众对政府的信任程度。另外，某些地方政府提供的公共信息表面化、片面化、流于形式、无实际意义等也不利于公众对政府信任的建立。

(四) 民众对政治传播的反馈对政治参与和政治秩序的稳定造成威胁

如上所述，政治传播过程包含着受众对传播主体进行信息反馈的过程，这种反馈过程在互联网出现之后得到了前所未有的加强。互联网使人们获得了政治参与的非正式渠道。网络政治参与就是人们通过网络表达政治意愿和利益诉求，并试图影响国家决策和行为的过程。良好的网络政治参与可以为政治体系提供合法性支持并促进民主政治的发展。然而无序的网络政治参与会对政治体系的稳定造成威胁。亨廷顿的公式即政治参与/政治制度化＝政治动乱，就说明了这个问题。即如果一个国家政治制度化水平不高，政治参与的剧增就会导致政治不稳定。①

当前，中国网络政治参与呈现出井喷式的状况，数量激增的网民通过互联网表达意见、发泄不满，在一定程度上影响了政治秩序。首先，网络非理性参与会影响政治稳定的基础。网络信息更新速度快、内容庞杂，人们面对海量信息时，极易不知所措、人云亦云，导致非理性的政治参与，甚至舆论绑架民意的现象。网络政治参与的典型特点是批评多、肯定少，情绪宣泄多、理性思考少，一些网民对事件非理性的网络言论，不仅使当事人在网络甚至现实中受到"道德审判"和惩罚，而且破坏了公共规则，触犯了道德底线，影响了社会稳定。在网络上发生的有较多网民参与讨论的事件，因其广泛的舆论影响，甚至导致了影响司法审判的现象，这些都对政治秩序稳定产生了不利影响。其次，网络非法参与威胁着国内政治安全。在一些敌对势力或国际组织的宣传、蛊惑下，一些别有用心的人利用网络传播虚假信息，制造网络谣言，进行政治煽动，攻击和诋毁政府，破坏政治稳定性，对国内政治安全造成干扰。

四 实现有效政治传播，维护国内政治安全

从政治传播与国内政治安全在理论和现实中的相关性可以看出，有效的政治传播对于维护国内政治安全具有重大的理论和现实意义，推进有效政治传播，维护国内政治安全势在必行。从当前情况来看，单纯依靠提高经济绩效获得政权合法性、维护国家政治安全是越来越困难了，对政治合法性的谋求亟须通过对政治观念和政治制度的认同来达成，还必须通过有效的政治传播来实现。只有树立传播新观念，搭建话语新体系，推进传播新模式，才能实现良好的传播效果，构建国家与社会间的良性关系，从而增加认同、凝聚力量、促进政治秩序稳定、维护国内政治安全。

（一）树立政治传播新观念，提升政治合法性

1. 树立传播的公共理念，打牢政治合法性基础

政治传播并非是政府或政党意志的单方面表达，政治主体在进行政治传播过程中必须秉持公共理念，充分体察和考虑民意，这是实现政治合法性的基础。首先，要明确政治传播目的的公共性。政治传播的根本目的是

---

① 参见亨廷顿《变化社会中的政治秩序》，上海人民出版社2008年版，第42页。

通过促进政治体系与社会之间信息的沟通与交流，最大限度地实现公共利益。这要求政治传播的主体（政府、政党）不是从狭隘的自利性目的出发而是从公共利益出发进行政治传播活动。从根本上讲，秉持公共性目的的政治传播有利于政权合法性的实现，与政府或政党的根本利益是一致的。其次，要明确政治传播过程的公共性。政治传播的过程是政治系统和社会之间政治信息的输入—输出—反馈的过程。政治传播过程的公共性体现在传播的畅通性上，即政治系统的政治信息能够传递给受众，同时受众反馈的政治意愿能够畅通地输入政治系统。政治传播过程的公共性是政权合法性实现的重要途径，畅通的传播才能使政治体系获得民众的支持。最后，要明确政治传播内容和效果的公共性。政治传播传递的政治信息是关于资源的权威性分配的信息，体现着公共利益，因而不论是意识形态传播、党的政治传播还是政府传播的内容都应该体现出公共性的特点。政治传播要实现的重要效果之一就是使政治体系获得整个社会的支持，这一效果本身就是公共性的。[①] 这一公共性效果只有在保证政治传播目的、过程、内容公共性的基础上才能实现，从而为政治合法性的提升打牢基础。

2. 树立传播的开放思维，拓宽政治合法性获取渠道

传播的开放思维是指政治传播的过程由单一主体自上而下相对封闭的传播走向多主体交互式的相对开放的传播。政治传播主体的多样性、途径的多样化、注重双向沟通以及内传播与外传播并重等都是开放思维的体现。以开放的思维方式进行政治传播能够丰富传播主体、传播内容和传播形式，多层面地促进政治合法性的获得。传播的开放思维的实质就是注重社会因素在政治传播中作用的发挥。在传播主体上改变单一的由国家和政府发声的状况，注重社会力量的政治传播功能，在传播途径上注重网络等新媒体在政治传播中的作用，在传播过程中注重受众信息的反馈和双向沟通，在内外传播的关系上，注重内传播与外传播的协调一致。

3. 树立传播的人本理念，增强政治说服效果

政治传播不同于政治宣传，宣传关注主体，传播关注受众。公众是政治信息的接受者，也是政治传播主体进行政治控制的目标。但是受众在信息接受过程中并不是被动的。一方面，政治传播受众对于政治信息的接受是有选择性的，受众主体性因素如心理结构、价值观念、政治信仰、利益

---

① 参见荆学民、苏颖《论政治传播的公共性》，《天津社会科学》2014 年第 4 期。

关系、政治需求等会影响其信息选择；另一方面，由于政治传播受众的个体性差异，政治传播对于公众政治态度和政治行为的影响程度也往往存在着差异。① 因此，要提升政治合法性，维护国内政治安全就必须以受众为本进行传播活动。政治传播是说服的艺术，在说服过程中，要树立人本理念，根据不同的受众决定不同的传播内容和传播途径。对于素质较高，对政治问题有能力全面了解的受众，可以采取中心说服途径，即对政治观念和理论的传播证据要充分、逻辑要严密、论证要全面系统，从而真正做到以理服人。对于大多数的普通公众来讲，可以采取非逻辑推理的方式，借助外围线索如通俗的内容、感性的表达、增强传播者的权威性、增加宣传的次数等进行说服。

（二）搭建政治传播话语新体系，培育国内政治认同

话语是传播的语言载体。政治话语是对政治传播内容的承载和建构，影响着政治传播的过程和效果。政治传播的话语可以分为政治语境、政治信息、政治符号三个层次。从三个层次搭建话语体系有助于改善政治传播的效果，促进国内政治认同的达成。

1. 重视传播语境的融合性，全方位促进社会共识

政治语境指政治传播的叙事框架，即能够为受众所理解的传播的背景性内容，它属于社会共识的一部分。以哈贝马斯的观点来看，政治系统不能为自身提供合法性，只有系统以外的生活世界才能为系统提供合法性来源，而只有在生活世界中达成共识语境，公共领域才有可能产生，政治认同才有可能实现。在政治传播过程中，语境的融合程度决定了传播内容为受众所接受的程度。单纯以意识形态作为政治传播的语境并成为人们认识世界的框架和工具在政治主导型的国家中是可行的，但是却不适用于社会力量逐渐增强的国家。在社会力量不断发展的国家里，提高政治传播的有效性、实现政治认同就必须重视传播语境的融合。

重视传播语境的融合性就是要注重意识形态与多种社会思想、观念的交融。有学者从当代中国政治传播变迁的角度将政治传播的语境划分为革命语境、改革语境、治理语境三个时期。目前需要建构的治理语境是一种注重公共性传播的语境。治理语境的建构就是要在市场经济的框架下，剔

---

① 参见苏颖《政治传播系统的结构、功能与困境分析——基于政治结构—功能分析方法的视角》，《东南传播》2009 年第 5 期。

除国家的全能政治，把更多的社会问题纳入公共领域的范畴，为社会广泛关注。① 要实现这一目标就要求在话语上融合多种社会思想和观念，取得尽可能高的社会共识。西方政治文明所宣扬的民主、自由、平等等观念与中国主流意识形态在内容上是相连的，民族意识、宗教信仰所秉持的爱国主义、道德准则等观念与中国主流意识形态在价值追求上也是相同的。因此，要在意识形态与多种社会思潮的互动、交融中，在意识形态与民族意识、宗教信仰的和谐相处中增强政治传播语境的融合性，培育民众观念层面的政治认同。

2. 强化传播信息的多元化，多途径实现政治认同

对执政党和政府来讲，获得政治支持是政治传播的重要目的。在传播过程中，要注重民众政治认同多元化途径的建构。强化意识形态的宣传可以增强社会成员的政治忠诚度，获得意识形态上的认同。然而，历史经验表明，政治意识形态宣传的内容并不一定符合公共要求，甚至可能与公共性相悖。因此现代政治体系为谋求政治支持，需要探索推进政治认同的多元化途径。② 意识形态、政治体系、政治程序、个人品质等内容的传播都可以作为培育政治认同的途径。其中，对政治体制改革和调整内容的传播可以强化民众对政治体系开放性、创新性的认识，增强体制认同。对政治运作中的程序等内容的传播可以增强政治过程的程序合法性。对领导人政治形象的塑造和传播可以通过获得个人认同以实现对执政党和政府的认同等。

3. 注重传播符号的综合性，多方式提升政治认同

符号是人们共同约定用来指称一定对象的标志物，政治符号的运用是政治传播中常见的策略和技巧，主要包括政治修辞、政治象征等。"政治修辞是政治主体围绕政治利益，运用一定的政治语言技巧所进行的修辞行为，其目的是说服受众、达到政治主体的政治目标。"③ 在政治传播过程中，要运用符合受众心理需要的政治修辞方式，促进意识形态的传播，增强政治动员的号召力，促进政治对话与协商。政治象征是指通过直接呈现

---

① 参见边巍、刘宏《中国当代政治传播的变迁》，《现代传播（中国传媒大学学报）》2011年第2期。
② 参见荆学民、苏颖《论政治传播的公共性》，《天津社会科学》2014年第4期。
③ 张晓峰、赵鸿燕：《政治传播研究——理论、载体、形态、符号》，中国传媒大学出版社2011年版，第182页。

于感官的外在事物表征某些价值或意义,其表现是外在的,而意义是内在的。单纯价值或意义的传播是相对困难的,而通过外在物的象征则会变得形象、直观。要运用各种仪式化的象征活动,增强受众的心理满足感和政治归属感,形成政治认同。

(三)推进政治传播运作新模式,促进国家与社会关系的良性互动

政治传播模式是指对政治传播的三个要素(传播主体、大众传媒、受众)及其关系的描述。构建政治传播新模式需要在传播主体、传播向度、大众媒介、媒介管理等方面做出努力,使得传播主体与受众形成双向沟通交流的政治传播模式,促进国家与社会间关系的良性互动。

1. 在传播主体上:从单一权力主导传播到社会传播

当前中国政治传播的主体主要是国家、政府、政党等权力拥有者。这种单一权力主导的传播往往容易导致受众不听不信的"话语独白",不利于主体与受众之间的沟通。政治传播本身就是要协调国家与社会之间的关系,实现国家与社会的良性互动。因此,在传播主体上,要在发挥国家、政府、政党政治传播作用的同时,培育并发挥社会力量的政治传播功能。"就政治传播主体意义上的国家与社会关系来说,我们要认识到,政治传播不只是国家(政党、政府)的事情,要在保持国家(政党、政府)主体的主导地位之基础上,肯定'社会'在政治传播中的内在地位与作用。"[1] 利用企业、社会组织、个人等社会力量在政治传播中内容丰富、形式灵活的特点,增强政治传播的效果。为了保证社会力量对政治传播作用的发挥,既要保证这些政治传播主体不依附于国家权力,能够独立地发出自己的声音,又要保证国家与社会二者之间保持适度的张力,避免"各说各话"甚至相互矛盾的现象。

2. 在传播向度上:从单向度传播到互动传播

政治传播向度表明的是政治信息的流动方向,畅通的政治传播过程应该是政治信息自上而下和自下而上流动相结合的双向互动。中国目前的政治传播仍带有很强的政治宣传特征,即信息可以自上而下的传播,但自下而上的反馈途径不畅。因而,在传播向度上要实现从"宣传"到"传播"的转变,从自上而下单向度的传播到双向互动传播的转变。一方面,要求

---

[1] 荆学民:《论中国特色政治传播中的"主体"问题》,《哈尔滨工业大学学报》(社会科学版)2013年第2期。

国家充分利用互联网等新媒体的政治表达、政治参与的作用，引导民众理性、平和的反馈信息、参与政治；另一方面，要引入民意调查等专业技术准确体察民意。随着社会力量的不断壮大和社会分化程度的不断提高，民意已经不再是全体一致的，而呈现出复杂化、多元化甚至碎片化的特征，因此准确了解民意就必须引入民意调查技术。在发布具体政策或应对突发事件等政治传播中，引入民意调查技术可以准确定位相关利益群体，获得他们对政策或事件处理的反馈。总之，在传播向度上，就是从以制度内的大众传播为形式的政治宣传，转向以传媒（尤其是新媒体）和民意调查为支柱的政治传播，①实现国家意志与民意的双向互动与协调一致。

3. 传播媒介上：坚持媒体政治属性、社会属性、商业属性的结合

政治传播是政治体系、大众媒介、公众三者之间有机互动的过程，大众媒介在其中起着承上启下的作用。政治、资本、公众三者都会对大众媒介产生重要影响，大众媒介的属性偏好在很大程度上能够影响政治传播的结果，同时也表征着国家与社会间关系的不同模式。在现实中，传媒可能具备三张"面孔"：社会公共信息传播的渠道；官方进行意识形态宣传和控制的机构；具有商业属性。②在中国，我们一直强调主流媒体宣传"喉舌"的政治属性。然而，随着市场经济的发展，资本渗透的领域越来越广泛，大众传媒的商业属性凸显；随着社会力量的壮大，公众和媒体自身对其所应承担的社会责任也有着越来越多的要求。这些变化要求媒体不仅是政府意志的传达者，还必须成为受众政治参与、利益表达的工具，并要特别强调媒体所应承担的社会责任。媒体的政治传播应该在政治体系和受众之间实现一种平衡，成为双方意志传达与沟通的媒介，即"媒体可以同时作为政府的喉舌及监督者的双重身份存在，同时还可以担负其它的角色功能，例如反映其它阶层和利益群体的声音。……媒体的作用应该是工具性的，即为各种不同观点、不同利益的表达提供一个公共平台"③。

4. 在媒介管理上：构建政府与媒介的新型关系

政府与媒介的关系本质上也是国家与社会关系的体现。在当今社会，政府对媒介进行严厉的管控已经变得不现实，然而，中国媒介宣传"喉

---

① 参见苏颖《多元共识社会中中国政治传播的转型思路》，《哈尔滨工业大学学报》（社会科学版）2013年第2期。
② 参见荆学民、苏颖《论政治传播的公共性》，《天津社会科学》2014年第4期。
③ 魏恭：《媒体的第三种功用》，《凤凰周刊》2004年第30期。

舌"的政治属性不能放弃。这就要求政府和媒介建立起新型的关系。良性的政府与媒介的关系应是政府对媒介进行适度的管理，这主要体现在政府对传播媒体的分类管理和对传播内容的导向管理上。① 首先，要根据媒体的性质进行分类管理。对于公益性事业，媒体要坚持政事均衡的原则，确立媒体相对独立的地位，同时宣传部门与媒体应建立起协商式的指导关系。对于产业性企业媒体，要引入市场竞争机制，坚持政企分开，政府主要利用市场手段和经济手段进行管理。其次，在传播内容上坚持导向管理。逐步改变政府既"划桨"又"掌舵"的宣传管理模式，建立舆论导向管理模式。政府对媒体传播内容要以间接管理、开放引导、事后追惩为主，而不是直接干预媒介传播内容或者事无巨细地对传播内容进行审批。

总之，从政治传播的角度维护国家政治安全，需要注重适当的传播内容、通畅的信息沟通、良好的传播效果在国家与社会之间关系建构中的重要作用，有效的政治传播所带来的政权合法性和社会认同必将促进政治体系的良性运转和政治秩序的稳定，从而从根本上起到维护国家政治安全的作用。

---

① 参见孔洪刚《政治传播：中国镜像与他国镜鉴》，法律出版社 2012 年版，第 198—200 页。

在国家治理的制度化和法制化中
实现政治安全

刘 辉 张向东[*]

为深入学习贯彻中共十八届三中全会和四中全会精神，推动中国政治安全问题的学术研究，"全国政治安全学术研讨会"于2015年3月下旬在河南省开封市召开。本次会议由中国政治学会主办，河南大学哲学与公共管理学院承办，来自中国社会科学院、清华大学、武汉大学、吉林大学、北京师范大学、北京航空航天大学、华中师范大学、云南大学、国家教育行政学院等单位的50多位专家学者围绕"政治安全"议题进行了深入探讨。现将会议的相关学术观点综述如下。

一 政治安全的内涵、特征及其研究的未来走向

与会专家认为，政治安全是制约政治发展的价值目标和理想追求之一；政治安全在不同的社会形态、不同的历史发展阶段，具有不同的形式和不同的内容。在经济全球化、政治多极化、文化多样化和社会信息化的时代背景之下，中国社会结构和利益格局发生了剧烈的调整和变动，政治安全日益面临诸多的挑战。因此，什么是政治安全？新时期政治安全内涵如何界定？传统的政治安全和非传统的政治安全有哪些相同之处，又有哪些不同的特点？影响政治安全有哪些因素？在新的历史条件下，对外政治安全和对内政治安全应当如何维护？这些问题已经成为政治学者必须一一解答的问题。

---

[*] 张向东、刘辉：河南大学地方政府与社会治理研究所。

有学者指出，关于政治安全的概念目前有两种主要的解释角度。一种是消极的角度，也就是从防范的角度进行的解释；一种是积极的角度，也就是说，从自强的角度进行的解释。前者将政治安全解释为免于外来的颠覆与侵害，后者将政治安全解释为政治体系处于一种良好的状态；前者可称为防范性的政治安全，后者可称为自强性的政治安全。认为从积极的角度解释政治安全更有价值和意义。政治安全体系除了包括传统政治安全的国家主权安全、国家政权安全和意识形态安全之外，还包括政治制度安全、政治文化安全、政治秩序安全、执政党执政安全及网络政治安全等。动态性与静态性的统一、主观性与客观性的统一、绝对性与相对性的统一、主导性和交互性的统一及确定性和不确定性的统一是政治安全的主要特征。构建政治安全保障体系和政治安全保障机制是实现政治安全的必然选择。

有学者基于系统论的视角探讨了政治安全的含义和特征，认为政治安全系统并非孤立存在的，是国家安全系统的重要子系统；只有政治安全得以保障，经济、军事、科技、文化、社会等其他领域的安全才有了稳固的基础；没有政治安全，就没有国家的稳固和强大。政治安全是各个国家不断追求的根本目标，是国家安全的基础，有序性、稳定性和可持续性是其重要特征。政治系统的安全必须是一种动态型安全，而不能将之视为一种僵化的或者是一种基于强制性的稳定态势。为此，政治安全建设须把握与政治系统内部相关的特征，与政治系统外部环境相关的特征及政治系统内部与外部互动相关的特征。

安全主要是一种防御心理，强调封闭性和被动性，如何既认真对待安全问题，同时又不陷入处理安全问题时的封闭性和被动性并实现制度自信，是政治安全研究应关注的重点问题和重点领域。有研究者认为，日益风险化的世界要求中国采取积极措施来应对安全问题，泛安全化的趋势又使得中国一直主张的一些价值如民主和法制在某种程度上受到影响，这构成政治安全研究和建设的难题。这就需要后续研究者深入探讨如何处理好政治安全与制度自信的辩证关系，如何从思辨和规范的角度深化政治安全研究的理论性及如何从实证和科学的角度将政治安全研究操作化等问题。

与会学者认为，政治安全研究要有时空感，不能脱离中国的实际，参照系要基于中国的现实场景，如社会转型、中国特色社会主义、人民的主体地位以及政治社会发展的新常态化要求等现实场景。有学者提出了实证方法的合理利用问题,认为数据的合理利用及其合法性与有效性是政治安全实证化所面临的重要问题,不能为了理论而寻找实证,须做好理论基础与实证研究的合理衔接。也有学者提出,政治安全研究要从政治哲学和行政哲学的角度,并从政治伦理和行政伦理与政治安全研究关系的维度进行阐发。

二 网络治理是政治安全建构的重要内容

与会学者就意识形态安全在政治安全体系中的重要地位、新媒体环境下维护意识形态安全的突出困境和实现意识形态安全的可能路径等问题进行了探讨。有学者认为,讨论政治安全要围绕政治体系这个主轴展开。而意识形态既是政治体系安全的核心构成要素,也是国家软实力的重要体现;意识形态的安全对于国家利益的维护、社会力量的整合和执政党执政合法性的提升都起着重要作用;意识形态安全在政治安全体系中的地位十分突出,意识形态安全是政治安全的灵魂。网络普及不仅改变了社会组织结构,也深刻地影响着人们的思维方式,使得人们原有的社会关系群、社会资源的配置、互动空间及权力关系等都要加以调整和重构,并处于不断的变动之中。网络社会本质上就是一个风险社会,因此维护意识形态安全的突出困境包括信息传播环境的巨大变化容易导致意识形态安全的认知错位,新媒体环境下意识形态之间的竞争日趋激烈及对网络信息的处理不当增加了维护意识形态安全的难度等。基于新媒体传播背景下政府如何获得意识形态的话语权问题的考虑,学者们提出要对新时期意识形态安全的话语模式进行重构,从而实现维护国家意识形态安全的目的。

有学者提出,信息化时代国家的边疆从实体的物理空间扩展到了无形的虚拟空间,诞生了全新的网络边疆。相较于传统的国家边疆,网络边疆具有五大特征:一是边界无形,空间范围不明确;二是权力交错,利益交互;三是网络攻击无处不在,防不胜防;四是以高科技为支撑;五是网络治理多元化。网络边疆的治理对于维护国家政治安全的意义重大,但是目前中国网络边疆治理面临着诸如与西方国家互联网竞争处于劣势,中国虽是网络大国但还不是网络强国,因缺乏网络主权和防护意识以致网络泄密事件屡屡发生等挑战。因此,中国应强化网络主权与网络国防的意识并加强顶层设计、提高网络边疆治理能力以保证对本国网络空间的控制权、重视网络边疆和法律法规建设以实现依法治网及积极参与国际网络合作治理以扩大中国的影响力和话语权。

有学者认为，互联网不仅仅是一种技术，同样是一种意识形态的载体，互联网内嵌了自由、民主、利他主义这样的价值，研究网络信息技术发展与意识形态安全是一项重要课题。近年来，随着互联网技术的普及，特别是新媒体的兴起，不同意识形态通过互联网的传播对中国的意识形态安全形成了巨大挑战，与中国构建社会主义和谐社会的主流意识形态存在着明显的冲突。实现网络意识形态安全要有主流意识形态的包容性调试及自身观念的改变、实施制度性的规范及技术性的规范等措施。

有学者从科技哲学的角度，分析了网络化与虚拟化发展会消解现代政治体系的执政合法性并会侵蚀主流文化；认为网络空间的政治沟通出现了技术化的趋势，这种趋势背后所展示的是一种现代政治体系的去封闭性；这种虚拟空间不仅为意识形态的自我辩护和自我完善提供了新的平台和空间，也为社会公众宣泄负面政治情绪提供了平台和"减压空间"；面对传播方便、快捷的现代化网络技术，如何有效抵制外来敌对势力对中国主流意识形态的冲击则成为当前重要的、亟须解决的问题。因此，中国的政治体系必须顺应技术和时代的发展趋势，加大正式制度供给，构建网络虚拟空间政治沟通与执政合法性互动生存的机制——构建诸如网络虚拟空间政治信息采集分类存档和备案机制、网络舆情及时上报和回应机制、网络谣言侦察和公布机制、网络群体性特发事件的危机公关和处理机制、网络负面情绪和政治心理的塑造和矫正机制及网络诚信和网络道德责任倡导和惩戒机制等。

三 推进国家治理的现代化是实现政治安全的现实路径

与会学者认为，研究政治安全要有治理的视角。有学者认为，国家政治安全问题实质上就是国家治理问题，要实现国家治理体系和治理能力的现代化，最重要的就是要实现政党治理的现代化、政府治理的现代化和社会治理的现代化；提出国家治理体系和治理能力现代化是中国共产党的一种新的理论自觉，开辟了维护和实现国家政治安全的新境界；只有通过制度化和法制化实现国家治理体系和治理能力的现代化，中国的国家安全和政治安全才会有根基。

有学者提出，国家治理的目的之一就是追求政治安全，个人和国家的关系、国家与国家之间的关系是探讨国家治理和政治安全的两个重要维度，并基于这种认识指出国家治理和安全有两种基本类型。传统国家是一种家国体系、先有国再有家，维护家国体系主要依靠血缘关系；百姓和政权之间没有血缘关系，因此国家和个人就没有关联，民只是顺民；国家和国家的关系尚未形成一种全球性的联系；传统的国家治理追求的是消极安全，所谓消极安全就是给共同体中的人提供基本的生存保护。现代国家处于世界体系之中，国家是人民的国家，也就是说，人民授权于国家，所以国家和人民群众之间的关系紧密；现代化的国家治理追求的是积极安全，所谓积极安全就是对外为公民提供保护，对内给公民带来幸福生活；如何将国家和公民勾连为命运共同体，是实现国家治理现代化和积极政治安全的关键。

传统安全观主导下的政治安全实践单纯强调秩序价值，仅着眼于国家对社会的控制，极易导致对秩序的片面追求。有研究者基于对这种现象的反思，指出这种片面的追求极易以牺牲公民权利为代价，为了安全而安全；应将"公民权利保障"置于与"国家权力运行"同等重要的位置，以此作为政治安全的基本考察维度，确立起"国家权利有效运行和公民权利切实保障相统一"的政治安全实践原则，从增强国家运行的有效性和提高公民权利保障效能之间的一致性出发保障国家政治安全，将公民权利的保障作为进一步维护国家政治安全的有效方式。

有研究者认为，政治共识是维护政治秩序、维护政治安全的一个心理基础。当前中国正处在一个重要的战略机遇期和改革创新的机遇期，面临着价值多元、利益冲突等一些深层次矛盾，存在着价值共识、利益共识、改革共识等共识不足的困境，这些都影响并挑战着政治秩序。应以公平正义的原则作为凝聚价值共识、利益共识、改革共识的核心原则，通过加强制度建设和创新社会管理体制等实现政治共识，为维护政治安全创造条件。

与会专家认为，政治安全问题与国家构建问题紧密联系在一起，国家构建是国家成长和发展的根本，包括国家制度构建、国家能力构建、国家合法性构建及国家认同构建等内容。有研究者从国家制度构建、国家能力构建、国家合法性构建等方面对乌克兰国家建构和国家危机问题进行了探讨，认为国家构建的困厄是乌克兰危机向深度发展的重要原因，乌克兰危机又成为国家构建的重要障碍。

有学者认为，政治安全对于国家治理现代化实现的意义重大，而国家治理现代化则为理解政治安全提供了一种视角。国家政权的稳定和巩固是全面深化改革的前提，在政治发展中消除国家政治制度和基本政治秩序中的威胁因素是确保政治安全的要求。国家制度建设是国家治理现代化的核心内容，也是连接国家治理体系和治理能力的枢纽。只有当它处于安全状态之下，才能确保国家治理现代化的安全是真实和有效的。政治安全建设不仅要关注是否受到威胁，还要注重能否有效回应威胁；不仅是指政治领域秩序的良好维持，而且是指这种秩序状态和连续性的权力运行是否得到制度架构和制度体系的有力支撑；不仅涉及国家主权领土及意识形态等对象，还涉及国家治理体系及其维护政治领域安全的相关功能；不仅要强调正确认识和应对当前政治体制和政治生活中的威胁性因素，还要以长远的眼光和从战略的高度考虑传统和非传统的安全威胁。

总的来说，与会专家认为，随着全球化时代、信息化时代的来临和中国全面深化改革的总体要求，政治安全议题已经成为摆在理论界和实务界面前必须深入思考和认真应对的问题，政治学学术群体有责任也有能力做出应有的贡献。目前相关研究者已基于不同的参照系，对于政治安全的内涵、特征、内容、与政治体系其他组成部分的关系等问题进行了探讨；从国家层面、政府层面和社会层面就安全的悖论、政治发展与政治安全的关系、治理与政治安全的关系、政治安全面临的挑战及出路，特别是对网络空间中政治安全的建构进行了探讨；认为应通过国家治理能力的现代化转向，特别是制度化和法制化建设中构建政治安全的实现路径。同时，与会专家也认为，现正在推进政治安全的研究与实践，本次研讨会所搭建的学术对话平台已初步实现了这些研究间的对话，但如何实现这些研究间对话的常态化并深化其国情意识，特别是建设中国特色社会主义和建设法治中国的国情意识，是进一步深化和推进政治安全研究的关键。